中国轻工业"十四五"规划教材
"互联网+"新形态立体化教学资源精品教材

电动汽车
动力系统

申永鹏　姚　雷　刘东奇 ◎ 编著

中国轻工业出版社

图书在版编目（CIP）数据

电动汽车动力系统 / 申永鹏，姚雷，刘东奇编著. --北京：中国轻工业出版社，2025.4
ISBN 978-7-5184-4984-2

Ⅰ.①电… Ⅱ.①申… ②姚… ③刘… Ⅲ.①电动汽车—动力系统 Ⅳ.①U469.72

中国国家版本馆CIP数据核字（2024）第104047号

责任编辑：王　淳　　责任终审：李建华
文字编辑：宋　博　　责任校对：吴大朋　　封面设计：锋尚设计
策划编辑：宋　博　　版式设计：致诚图文　　责任监印：张　可

出版发行：中国轻工业出版社（北京鲁谷东街5号，邮编：100040）
印　　刷：河北鑫兆源印刷有限公司
经　　销：各地新华书店
版　　次：2025年4月第1版第1次印刷
开　　本：787×1092　1/16　印张：14.75
字　　数：360千字
书　　号：ISBN 978-7-5184-4984-2　定价：49.80元
邮购电话：010-85119873
发行电话：010-85119832　010-85119912
网　　址：http://www.chlip.com.cn
Email：club@chlip.com.cn
版权所有　侵权必究
如发现图书残缺请与我社邮购联系调换
221541J1X101ZBW

序

　　汽车产业是国民经济的重要支柱产业,发展新能源汽车是我国从汽车大国迈向汽车强国的必由之路,是应对气候变化、推动绿色发展的战略举措。 在"纯电驱动"战略引导下,我国新能源汽车产业已进入规模化快速发展新阶段,各大整车企业、汽车零部件企业、科研院所亟需大量电动汽车相关高素质人才。

　　动力系统是新能源汽车区别于传统燃油汽车的关键,其性能直接影响整车的动力性、经济性。 对电动汽车动力系统进行深入系统的深入学习,对于掌握核心关键技术、培养新能源汽车关键零部件设计开发、整车设计制造领域人才队伍具有重要意义。 此外,电动汽车动力系统关键技术涉及控制科学与工程、汽车电子、电化学、车辆工程、电气工程等多个学科,具有显著的多学科交叉特征。推动我国新能源汽车产业更高质量发展,亟须建立适应新能源汽车与相关产业融合、相关学科发展需要的人才培养机制。

　　《电动汽车动力系统》一书,分基础、储能和驱动3篇,从电动汽车动力系统结构、车辆驱动基本原理、电动汽车储能系统概述、动力电池管理、动力电池系统荷电状态估计、充电导引控制与绝缘检测、动力电池组均衡控制、电动汽车混合储能系统、电动汽车V2G技术、电驱动系统功率变换原理、异步电机矢量控制系统、永磁同步电机矢量控制系统、电机控制器硬件和软件等方面,较为详尽地介绍了电动汽车动力系统的结构、工作原理和控制方法。

　　该书是申永鹏、姚雷、刘东奇在完成国家863计划课题"电动汽车整车智能控制技术"、国家自然科学基金项目"复杂运行条件下智能网联电动汽车综合节能优化控制研究""增程式电动汽车辅助动力单元综合效率模型与优化方法研究""边缘计算架构下多电动汽车与电网互动协同优化控制方法",以及多项省部级项目、横向项目过程中研究实践的总结,具有以下特征:①宏观导入、以面盖点。 以电动汽车定义与分类、动力系统结构为导入,引导学生逐步深入到各相关知识点,确保学生先树立整体概念,而后对相关知识点各个击破。 ②应用导向、适度前沿。 紧密结合实际整车及关键零部件开发过程,突出工程应用导向,同时结合领域发展方向,适度引入前沿热点,体现前瞻性。 ③交叉共融、由浅入深。 针对电动汽车领域学科交叉特征,突出知识点的实用性,由浅入深引导不同专业背景的学生进行系统学习。

　　在此,我将《电动汽车动力系统》这部教材推荐给车辆工程、自动

化、电气工程等相关专业的本科生、研究生和教师，以及相关领域技术人员。我相信，随着一批批电动汽车领域高素质人才走向科研、设计、开发、生产制造一线，我国的新能源汽车产业一定会取得更加辉煌的成就。

中国工程院院士　王耀南

于湖南大学

前言

当前，全球新一轮科技革命和产业变革蓬勃发展，汽车与能源、交通、信息通信等领域有关技术加速融合，电动化、网联化、智能化成为汽车产业的发展潮流和趋势。

动力系统是电动汽车的核心。本书分基础、储能和驱动3篇，较为详尽地介绍了电动汽车动力系统的结构、工作原理和控制方法等共13章：

第1章 电动汽车动力系统结构　对电动汽车的定义和分类、电动汽车的动力系统结构及工作原理进行了介绍；

第2章 车辆驱动基本原理　聚焦车辆的速度性能、爬坡性能、加速性能和经济性和制动性能，讨论了车辆的纵向动力学、动力和传动装置特性以及动力性和经济性指标；

第3章 电动汽车储能系统概述　对储能装置的分类、基本工作原理进行了阐述，并重点分析了电池及超级电容的电学特性、安全特性及其他特性；

第4章 动力电池管理　分析了电池管理系统的基本功能、系统结构，以及采集单元和主控单元的硬件和软件总体方案等；

第5章 动力电池系统荷电状态估计　从工程应用和科学研究两个维度，较为系统地阐述了近年来锂离子动力电池的SOC估计方法；

第6章 充电导引控制与绝缘检测　根据国家标准，讨论了电动汽车传导充电导引控制和绝缘检测的基本要求和设计要点；

第7章 动力电池组均衡控制　分析了动力电池组单体不一致性产生的原因以及具体表现，并对动力电池组均衡控制方法进行了综述分析；

第8章 电动汽车混合储能系统　对混合储能系统的工作原理、DC/DC变换器结构、系统拓扑结构进行了综述分析，并对电动汽车混合储能系统的发展方向进行了展望；

第9章 电动汽车V2G技术　从电动汽车接入给电网带来的影响、电动汽车V2G的概念和原理、规模化电动汽车有序充电和规模化电动汽车与风力/火力发电系统协同优化运行四个方面介绍了V2G技术；

第10章 电驱动系统功率变换原理　讨论了逆变主电路结构及基本原理、功率开关器件基本特性、PWM基本工作原理、正弦波脉冲宽度调制、电流滞环跟踪脉冲宽度调制和电压空间矢量脉冲宽度调制；

第11章 异步电机矢量控制系统　分析了异步电机结构、工作原

理、数学模型，以及转子磁链定向矢量控制系统的原理和结构；

第 12 章 永磁同步电机矢量控制系统 分析了永磁同步电机结构、工作原理、数学模型和矢量控制系统，并对弱磁控制、转子位置估算进行了介绍；

第 13 章 电机控制器硬件和软件 阐述了电机控制器逆变主电路及其驱动保护单元、低压辅助电源单元、相电流采样与信号处理单元等功能电路的结构原理，以及交流电机控制系统软件结构。

申永鹏负责第 1~4 章、第 6~8 章、第 10~13 章的编写；姚雷负责第 5 章的编写；刘东奇负责第 9 章的编写；全书由申永鹏统稿。 参与本书资料整理、插图绘制、部分文字撰写的研究生有葛高瑞、郑竹风、孙建彬、王前程、闻勋枢、郑杰、赵长胜、代慧林、李元丰、孙嵩楠、王帅兵、刘迪、武克轩、刘洋、赫婷、谢俊超、马梓洋、周波、黄弘源、金书斌。

在书稿的编写过程中，得到了许多专家和学者的指导和帮助，他们是：湖南大学王耀南院士、袁小芳教授；郑州轻工业大学王延峰教授、郑安平教授、王明杰博士、杨小亮副教授；湖南工程学院张细政教授；湘潭大学孟步敏副教授。 在此，作者谨向他们表示衷心的感谢。

由于作者能力、研究视野有限，书中难免有疏漏和不妥之处，敬请读者批评指正。

作者

于郑州轻工业大学

目 录

基 础 篇

第1章 电动汽车动力系统结构 ·· 2
  1.1 电动汽车定义与分类 ·· 2
    1.1.1 节能汽车 ·· 2
    1.1.2 新能源汽车 ·· 3
    1.1.3 电动汽车 ·· 3
  1.2 电动汽车动力系统结构及工作原理 ·· 3
    1.2.1 纯电动汽车 ·· 3
    1.2.2 插电式混合动力汽车和增程式电动汽车 ·· 6
    1.2.3 燃料电池汽车 ·· 9
    1.2.4 混合动力汽车 ·· 11
  本章小结 ·· 13
  参考文献 ·· 14

第2章 车辆驱动基本原理 ·· 15
  2.1 车辆纵向动力学基础 ·· 15
    2.1.1 车辆纵向动力学方程 ·· 15
    2.1.2 车辆阻力 ·· 15
    2.1.3 车辆牵引力 ·· 16
  2.2 动力装置特性 ·· 18
    2.2.1 动力装置外特性 ·· 18
    2.2.2 动力装置效率特性 ·· 19
    2.2.3 电机的四象限运行 ·· 20
  2.3 车辆动力性能 ·· 20
    2.3.1 最高车速 ·· 20
    2.3.2 爬坡能力 ·· 21
    2.3.3 加速性能 ·· 21
  2.4 车辆经济性 ·· 22
    2.4.1 燃油经济性 ·· 22
    2.4.2 能量消耗量与续驶里程 ·· 22
  本章小结 ·· 23

参考文献 … 23

储 能 篇

第 3 章 电动汽车储能系统概述 … 25
3.1 储能装置分类、原理及结构 … 25
3.1.1 储能装置分类 … 25
3.1.2 电池和超级电容工作原理 … 28
3.2 电池和超级电容器结构 … 31
3.2.1 电池单体、电池模块、电池包与电池系统 … 31
3.2.2 超级电容器单体、模组与系统 … 33
3.3 电池特性 … 34
3.3.1 电池电学特性 … 34
3.3.2 电池安全特性 … 41
3.3.3 电池其他特性 … 43
3.4 超级电容器特性 … 45
3.4.1 电压特性 … 45
3.4.2 容量特性 … 46
3.4.3 ESR 特性 … 47
3.4.4 电流特性 … 47
3.4.5 功率密度和能量密度 … 49
本章小结 … 49
参考文献 … 49

第 4 章 动力电池管理 … 51
4.1 动力电池管理系统概述 … 51
4.1.1 动力电池系统 … 51
4.1.2 动力电池管理 … 52
4.2 动力电池管理系统功能 … 53
4.2.1 单体采集与均衡 … 53
4.2.2 状态监测 … 54
4.2.3 电池状态分析 … 54
4.2.4 安全防护和故障诊断 … 55
4.2.5 充放电管理 … 58
4.2.6 信息管理 … 59
4.3 BMS 系统结构与典型 BMS 系统 … 60
4.3.1 BMS 系统结构 … 60
4.3.2 典型 BMS 系统 … 61
本章小结 … 70
参考文献 … 70

第 5 章　动力电池系统荷电状态估计 …… 71
5.1　经典估算方法 …… 71
5.1.1　安时积分法 …… 71
5.1.2　开路电压法 …… 72
5.1.3　安时积分-开路电压复合法 …… 73
5.2　基于模型法 …… 73
5.2.1　等效电路模型 …… 73
5.2.2　电化学模型 …… 74
5.2.3　电化学阻抗模型 …… 77
5.2.4　基于非线性模型观测器 …… 79
5.3　数据驱动法 …… 81
5.3.1　神经网络及其衍生方法的状态估计 …… 81
5.3.2　支持向量机的状态估计 …… 83
5.3.3　极限学习机的状态估计 …… 84
本章小结 …… 85
参考文献 …… 85

第 6 章　充电导引控制与绝缘检测 …… 86
6.1　充电接口与充电导引控制 …… 86
6.1.1　交流充电接口 …… 87
6.1.2　交流充电控制导引 …… 87
6.1.3　直流充电接口 …… 89
6.1.4　直流充电控制导引 …… 90
6.2　绝缘检测 …… 91
6.2.1　传统电桥法绝缘电阻检测方法的分析 …… 92
6.2.2　不平衡电桥法绝缘电阻检测方法分析 …… 92
6.2.3　绝缘电阻检测系统的硬件设计 …… 95
6.2.4　绝缘电阻检测系统的软件设计 …… 95
本章小结 …… 97
参考文献 …… 97

第 7 章　动力电池组均衡控制 …… 98
7.1　动力电池组单体不一致性机理分析 …… 98
7.1.1　动力电池组单体不一致性产生原因 …… 98
7.1.2　动力电池组单体不一致性表现 …… 100
7.2　动力电池组单体不一致性改善方法 …… 102
7.2.1　提高设备精度 …… 102
7.2.2　改进生产工艺 …… 102
7.2.3　分选技术 …… 103

　　　　7.2.4　均衡控制技术 ……………………………………………… 103
　7.3　动力电池组均衡控制方法 …………………………………………… 104
　　　　7.3.1　动力电池组均衡控制意义 ………………………………… 104
　　　　7.3.2　动力电池组均衡方法 ……………………………………… 105
　　　　7.3.3　智能单体与分布式主动均衡 ……………………………… 107
　本章小结 …………………………………………………………………… 111
　参考文献 …………………………………………………………………… 111

第8章　电动汽车混合储能系统 …………………………………………… 114

　8.1　混合储能系统概述 …………………………………………………… 114
　　　　8.1.1　混合储能系统 ……………………………………………… 114
　　　　8.1.2　典型储能装置分析 ………………………………………… 115
　8.2　混合储能系统拓扑结构 ……………………………………………… 116
　　　　8.2.1　双向DC/DC变换器 ……………………………………… 116
　　　　8.2.2　被动式拓扑 ………………………………………………… 120
　　　　8.2.3　半主动拓扑 ………………………………………………… 121
　　　　8.2.4　全主动拓扑 ………………………………………………… 121
　8.3　混合储能系统控制策略 ……………………………………………… 122
　　　　8.3.1　基于规则的控制策略 ……………………………………… 123
　　　　8.3.2　基于优化的控制策略 ……………………………………… 126
　　　　8.3.3　混合控制策略 ……………………………………………… 128
　本章小结 …………………………………………………………………… 129
　参考文献 …………………………………………………………………… 129

第9章　电动汽车V2G技术 ………………………………………………… 135

　9.1　电动汽车接入给电网带来的影响 …………………………………… 135
　　　　9.1.1　负面影响 …………………………………………………… 135
　　　　9.1.2　积极影响 …………………………………………………… 136
　9.2　电动汽车V2G的概念与功能 ………………………………………… 137
　　　　9.2.1　电动汽车V2G的概念 …………………………………… 137
　　　　9.2.2　电动汽车V2G的原理 …………………………………… 137
　　　　9.2.3　电动汽车V2G的功能 …………………………………… 139
　9.3　规模化电动汽车有序充电 …………………………………………… 141
　　　　9.3.1　系统控制架构 ……………………………………………… 141
　　　　9.3.2　电动汽车群集总参数模型 ………………………………… 142
　　　　9.3.3　上层控制层协调策略 ……………………………………… 143
　　　　9.3.4　就地控制层控制策略 ……………………………………… 143
　9.4　规模化电动汽车充放电与风/火力系统协同运行 ………… 143
　　　　9.4.1　系统整体框架 ……………………………………………… 144

9.4.2 火电机组模型 …………………………………………………… 144
9.4.3 风电机组模型 …………………………………………………… 145
9.4.4 优化问题描述 …………………………………………………… 145
9.4.5 算例分析 ………………………………………………………… 146
本章小结 ………………………………………………………………………… 147
参考文献 ………………………………………………………………………… 148

驱 动 篇

第10章 电驱动系统功率变换原理 ………………………………………… 151
10.1 电驱动系统概述 ……………………………………………………… 151
10.2 逆变主电路及工作原理 ……………………………………………… 152
  10.2.1 单相桥式逆变电路及工作原理 ……………………………… 152
  10.2.2 三相桥式逆变电路及工作原理 ……………………………… 153
  10.2.3 基波与谐波 …………………………………………………… 155
10.3 功率开关器件 ………………………………………………………… 155
  10.3.1 MOSFET ……………………………………………………… 156
  10.3.2 IGBT …………………………………………………………… 157
  10.3.3 SiC MOSFET ………………………………………………… 158
10.4 脉冲宽度调制 ………………………………………………………… 159
  10.4.1 PWM 基本原理 ……………………………………………… 159
  10.4.2 正弦波脉冲宽度调制 ………………………………………… 160
  10.4.3 电流滞环跟踪脉冲宽度调制 ………………………………… 161
10.5 电压空间矢量脉冲宽度调制 ………………………………………… 164
  10.5.1 电压空间矢量的定义 ………………………………………… 164
  10.5.2 开关状态与基本电压矢量 …………………………………… 165
  10.5.3 电压矢量合成 ………………………………………………… 167
  10.5.4 SVPWM 实现 ………………………………………………… 170
本章小结 ………………………………………………………………………… 172
参考文献 ………………………………………………………………………… 172

第11章 异步电机矢量控制系统 …………………………………………… 174
11.1 异步电机基本结构与工作原理 ……………………………………… 174
  11.1.1 异步电机结构 ………………………………………………… 174
  11.1.2 异步电机工作原理 …………………………………………… 175
11.2 交流电机矢量控制基本原理 ………………………………………… 179
  11.2.1 运动控制系统的基本运动方程 ……………………………… 179
  11.2.2 直流电机电磁转矩 …………………………………………… 180
  11.2.3 交流电机电磁转矩 …………………………………………… 180
  11.2.4 矢量控制基本原理 …………………………………………… 180

11.3 异步电机数学模型 ·· 181
　11.3.1 静止三相坐标系中的异步电机数学模型 ············· 181
　11.3.2 静止两相坐标系中的异步电机数学模型 ············· 183
　11.3.3 旋转正交坐标系中的异步电机模型 ···················· 186
11.4 异步电机转子磁链定向矢量控制系统 ···················· 187
　11.4.1 转子磁链定向原理 ··· 187
　11.4.2 转子磁链观测 ·· 189
　11.4.3 异步电机转子磁链定向矢量控制系统 ················ 190
本章小结 ·· 191
参考文献 ·· 191

第12章　永磁同步电机矢量控制系统 ·············· 192

12.1 永磁同步电机结构及工作原理 ································ 192
　12.1.1 永磁同步电机结构 ··· 192
　12.1.2 永磁同步电机工作原理 ······································ 194
12.2 永磁同步电机数学模型 ·· 195
　12.2.1 永磁同步电机物理模型 ······································ 195
　12.2.2 静止三相坐标系中的永磁同步电机数学模型 ···· 195
　12.2.3 旋转正交坐标系中的永磁同步电机模型 ··········· 197
12.3 永磁同步电机矢量控制系统 ···································· 198
　12.3.1 永磁同步电机矢量控制系统总体结构 ··············· 198
　12.3.2 弱磁控制与转子位置估算 ·································· 199
本章小结 ·· 201
参考文献 ·· 201

第13章　电机控制器硬件和软件 ························ 202

13.1 系统硬件总体结构 ·· 202
13.2 逆变主电路及其驱动保护单元 ································ 203
　13.2.1 分离元件或PIC ··· 203
　13.2.2 IPM ··· 204
13.3 低压辅助电源单元 ·· 205
13.4 相电流采样与信号处理单元 ···································· 205
　13.4.1 霍尔/磁通门电流传感及信号处理电路 ············· 205
　13.4.2 分流器电流采样及信号处理电路 ······················ 208
13.5 控制单元 ·· 209
　13.5.1 过流检测与PWM脉冲封锁电路 ······················· 209
　13.5.2 转速与位置检测电路 ··· 210
　13.5.3 通信接口 ·· 212
　13.5.4 模拟量输出电路 ·· 215

13.5.5　调试接口与存储电路 …………………………………………… 216
　　　13.5.6　微控制器核心板 ……………………………………………… 216
　13.6　交流电机控制系统软件 ……………………………………………… 218
　　　13.6.1　前/后台软件总体结构 ………………………………………… 218
　　　13.6.2　系统时钟及主中断软件实现 …………………………………… 219
　　　13.6.3　SVPWM脉冲发生及电流采样软件实现 ……… 220
本章小结 …………………………………………………………………… 221
参考文献 …………………………………………………………………… 221

第1章 电动汽车动力系统结构

汽车的电动化时代正加速到来。动力系统是电动汽车的核心，其主要由储能系统、驱动系统和辅助系统构成，其中储能系统主要包括动力电池组及BMS（Battery Management System，电池管理系统）；驱动系统主要包括电机控制器和驱动电机；辅助系统包括车载充电机、DC/DC变换器等。

本章主要对电动汽车的定义和分类、电动汽车的动力系统结构及工作原理进行介绍，进而阐明电动汽车的基本概念和运行特性。

配套课件

第1章 电动汽车动力系统结构

1.1 电动汽车定义与分类

节能与新能源汽车、电动汽车定义与分类如图1-1所示，具体如下。

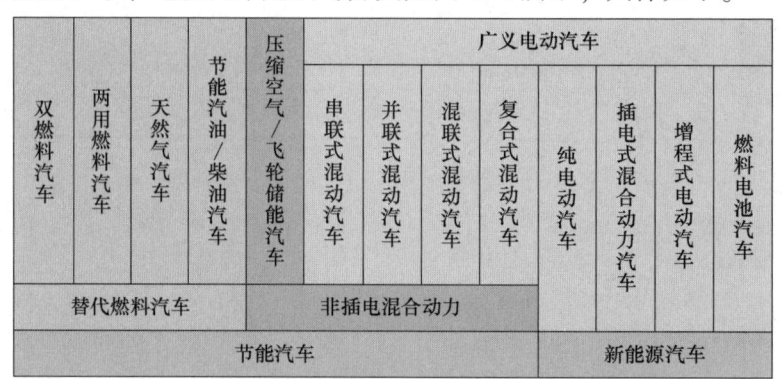

图1-1 节能与新能源汽车、电动汽车定义与分类

1.1.1 节能汽车

节能汽车是指以内燃机为主要动力系统，综合工况燃料消耗量优于特定限值的汽车，包含替代燃料汽车和非插电混合动力汽车两大类[1]。

替代燃料汽车具体包括双燃料汽车、两用燃料汽车、天然气汽车以及综合工况燃料消耗量优于特定限值的节能汽油、柴油汽车。两用燃料汽车指具有两套相互独立的燃料供给系统，可分别但不可共同向气缸供给燃料的汽车，如汽油/压缩天然气两用燃料汽车、汽油/液化石油气两用燃料汽车等；双燃料汽车同样具有两套燃料供给系统，两套燃料供给系统按预定的配比向燃烧室供给燃料，在气缸内混合燃烧的汽车，如柴油-压缩天然气双燃料汽车、柴油-液化石油气双燃料汽车等。

非插电混合动力汽车是指除插电式混合动力汽车以外的混合动力汽车，包含压缩空气/飞轮储能混合动力汽车、串联式混合动力汽车（Series Hybrid Electric Vehicle，SHEV）、并联式混合动力汽车（Parallel Hybrid Electric Vehicle）、混联式混合动力汽车（Series-Parallel Hybrid Electric Vehicle）以及复合式混合动力汽车（Complex Hybrid Electric Vehicle）。对于混合动力汽车（Hybrid Electric Vehicle，HEV），所谓"混合"，是指唯一外部能量来源于车载燃料（通常为汽油或柴油），燃料的化学能经内燃机以可能的最高效率转换成机械能以后，除用于驱动车轮以外，通过将多余的部分机械能存储于压缩空气、飞轮、动力电池、超级电容器等介质，并在车辆需要峰值动力时重新转换为机械能，进而起到优化内燃机运行效率的目的。

1.1.2 新能源汽车

新能源汽车是指采用新型动力系统，完全或主要依靠新型能源驱动的汽车，包含纯电动汽车、插电式混合动力汽车（Plug-in Hybrid Electric Vehicle，PHEV）、增程式电动汽车（Range Extended Electric Vehicle，REEV）及燃料电池汽车（Fuel Cell Vehicle，FCV），又称燃料电池电动汽车（Fuel Cell Electric Vehicle，FCEV）[1]。

新能源汽车具有如下特征：

① 其外部能量部分或者全部来源于新型能源，现阶段应用于车辆的新型能源主要为电力、氢能。

② 现阶段新能源汽车均具有电能存储装置、电机控制器和驱动电机，所产生的动力部分或者全部参与车轮驱动。

1.1.3 电动汽车

电动汽车是指以车载电源为能量源，用电机驱动车轮行驶，符合道路交通安全法规各项要求的车辆。串联式混合动力汽车、并联式混合动力汽车、混联式混合动力汽车、复合式混合动力汽车、纯电动汽车、插电式混合动力汽车、增程式混合动力汽车和燃料电池汽车均以车载电源为能量源，且电机全部或部分参与驱动车轮行驶，因此均属于广义电动汽车的范畴。

尽管新能源汽车在我国特指纯电动汽车、插电式混合动力汽车、增程式电动汽车及燃料电池汽车，但是鉴于本书所研究的电动汽车动力系统适用于所有类型的电动汽车，因此本书在特定语境下将电动汽车和新能源汽车两个术语互换使用。

1.2 电动汽车动力系统结构及工作原理

1.2.1 纯电动汽车

如图1-2所示，纯电动汽车动力系统主要由动力电池组、BMS采集单元、BMS主控单元、高压配电盒、电池预热系统、车载充电机、DC/DC变换器及铅酸蓄电池、电动空调系统、电机控制器（Motor Control Unit，MCU）和驱动电机、整车控制器（Vehicle Control Unit，VCU）等部分组成。由于低压车身电器、电子助力转向机构等部件与传统燃油汽车无差异，故图 1-2 中未予显示。

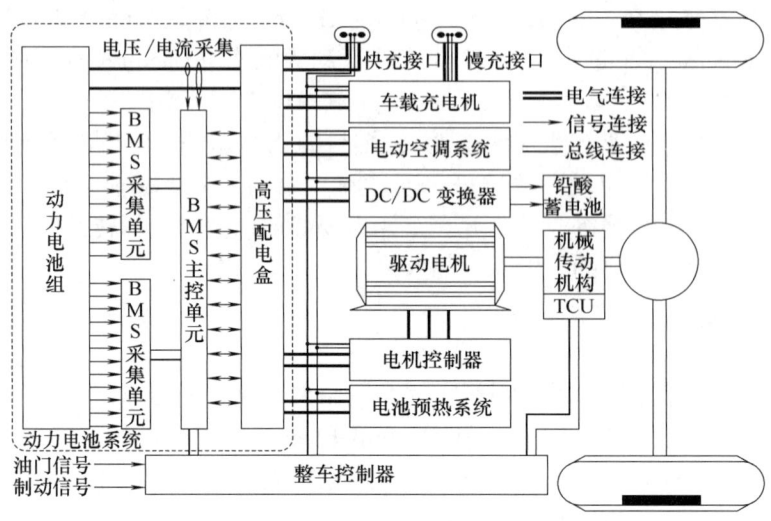

图 1-2　纯电动汽车动力系统结构示意图

（1）动力电池组

动力电池组是整车的能量源，通常由多节三元锂离子动力电池、磷酸铁锂离子动力电池等单体构成。多节单体通常先并联构成"电池模块"以增加容量，然后多个"电池模块"再以串联形式连接以提高电压。例如，某型电动汽车动力电池组由 45 并 90 串共 4050 个三元锂离子动力电池单体组成，每节单体标称电压为 3.7V、容量为 2600mA·h，所组成的动力电池组标称电压为 333V、容量为 117A·h。

（2）BMS 采集单元

由于动力电池组由多个串联的"电池模块"构成，不同"电池模块"的温度、内阻、初始 SOC（State of Charge，荷电状态）的差异会造成在使用过程中"电池模块"间 SOC 和单体电压差异不断扩大，进而降低动力电池组的实际使用效能。因此，必须通过 BMS 采集单元对"电池模块"的电压、温度和 SOC 等参数进行采集，以实时监测"电池模块"的工作状态，并进行单体均衡管理。

（3）高压配电盒

高压配电盒是整车能量的分配中心，内部一般由直流母线正极继电器、直流母线负极继电器、预充电控制继电器、快充控制继电器、慢充控制继电器、电池预热控制继电器、电动空调控制继电器、DC/DC 控制继电器、预充电阻以及相关熔断器构成。高压配电盒接收 BMS 主控制器的相关控制指令，通过控制相关继电器实现对相应用电部分的供电控制。某些车型的高压配电盒控制由整车控制器完成。

（4）BMS 主控单元

BMS 主控单元是整个车辆储能系统的管理中心，其主要功能为：直流母线电压和电流采集、SOC/SOP（State of Power，功率状态）/SOH（State of Health，健康状态）等电池状态分析、过温/过流/过充等故障诊断及安全预警、绝缘电阻检测、充电控制导引、高压配电管理、电池历史信息存储和总线通信等。通常将动力电池组、BMS 采集单元、BMS 主控单元和高压配电盒统称为动力电池系统。

(5) 电机控制器与驱动电机

电机控制器与驱动电机是整车的动力中心。电机控制器是可实现直流—交流逆变和交流—直流整流变换的电力电子装置，接受整车控制器的控制指令，将高压配电盒输出的直流电变换成频率、电压均可调的三相交流电，控制交流电机的转矩或转速。同时，电机控制器还负责在车辆制动时，控制电机产生相应的制动转矩，并将电机发出的电能回馈至动力电池组。用于车辆驱动的电机一般为三相永磁同步电机、三相异步电机或者开关磁阻电机。

(6) DC/DC 变换器

DC/DC 变换器用于将高压配电盒输出的高压直流电转换为低压直流电，并采用恒压/恒流充电策略对 12V 或者 24V 铅酸电池进行充电管理，进而为车身电器、电子助力转向、电子液压制动等低压用电设备及 BMS 和整车控制器提供电能。DC/DC 变换器通常采用全桥隔离或者推挽式隔离 DC/DC 变换器结构。

(7) 车载充电机

车载充电机用于将车辆慢充接口输入的单相交流电转换为与动力电池组电压等级相匹配的直流电，进而向动力电池组充电。车载充电机的功率通常为 5kW 左右。同时，车载充电机还需要根据相应的接口标准，完成与慢充充电桩的控制导引，我国目前的充电控制导引标准为 GB/T 18487.1—2023《电动汽车传导充电系统 第 1 部分：通用要求》。

(8) 电池预热系统

动力电池作为化学储能装置，其性能与温度密切相关。低温下，锂离子动力电池的充放电容量和功率大幅度降低，内阻急剧增加，使得电动汽车出现续驶里程缩短，动力不足和充电困难等问题。另外，低温下电池负极的析锂现象更加显著，负极表面锂枝晶的生长引起电池寿命缩短以及潜在的安全隐患[2]。电池预热系统用于当动力电池温度低于设定阈值时，通过薄膜加热、液体加热等方式对动力电池进行预热，预热所需的电能通常来源于动力电池组或者充电桩。目前，也有部分研究探索通过电池放电或者在电池两端施加交流电，利用电池自身内阻进行产热从而直接加热电池，或者改变电池结构以及在电池内部加入产热元件等内部加热方式实现电池预热[2]。

同样，过高的温度也会降低动力电池的使用效能。当电池温度过高时，需要采用风冷、液冷等方式对电池进行降温。不过，散热风扇或循环泵均采用 12V 或 24V 低压电，因此图 1-2 中未予显示。

(9) 电动空调系统

电动空调系统原理与传统燃油汽车空调系统基本相同。传统燃油汽车由发动机通过电磁离合器带动压缩机，而电动汽车则采用电动压缩机，由动力电池提供直流电源，并经由电动压缩机控制器实现电动压缩机的驱动与控制。

(10) 机械传动机构与 TCU

电机的外特性曲线非常接近车辆牵引动力装置理想外特性，故电动汽车的机械传动机构通常采用固定减速比的单挡传动装置，即可满足车辆运行性能需求[3]。TCU（Transmission Control Unit，变速箱控制单元）用于接收整车控制器或者驾驶员的相关控制指令，控制变速箱处于驻车、倒车或者行车状态。

(11) 整车控制器

整车控制器是电动汽车动力系统的控制核心，负责对驾驶员输入的油门、制动、挡位以及工作模式等信息进行解析。同时根据动力电池 SOC、车速、直流母线电压、直流母线电流等车辆状态信息，以及相应的能量管理策略控制动力电池的输出功率以及驱动电机的工作状态。此外，整车控制器通常还充当整车动力系统的 CAN 总线网关功能，负责 BMS CAN 总线、车载充电机 CAN 总线以及充电桩 CAN 总线之间的数据转发。

纯电动汽车是我国发展新能源汽车的重点支持车型，尽管受限于动力电池的能量密度、充电时间、充电便捷性等因素，纯电动汽车尚不能完全满足消费者对理想新能源汽车的预期。但是发展纯电动汽车，具有以下显著优点：

① 作为二次能源，电能的来源较为广泛，可来源于风力、光伏、核能、潮汐能等清洁渠道，纯电动汽车的推广应用可消耗上述清洁能源，避免了对石油战略资源的依赖，对于优化我国能源消费结构、降低碳排放具有重要战略意义。

② 纯电动汽车可作为储能设施，可充分发挥夜间充电对电网负荷的"填谷"作用，促进夜间风电消纳，提升电网运行效率和可靠性。

③ 纯电动汽车动力系统结构简单，可避开内燃机、复杂传动机构等技术短板。同时，经过二十余年的技术积累，我国已经在动力电池与管理系统、驱动电机与电力电子等核心技术方面积聚了足够的技术优势。

④ 我国锂矿资源较丰富，可支持以锂离子动力电池为主的纯电动汽车大规模市场推广。

1.2.2 插电式混合动力汽车和增程式电动汽车

（1）插电式混合动力汽车和增程式电动汽车的诞生背景

历经多年发展，尽管纯电动汽车在续驶里程和充电时间方面均取得了显著的进步，市场上已经涌现出了一批续驶里程大于 600km、最大充电功率 250kW 的高性能纯电动汽车，但是由于充电基础设施尚未完全普及，续驶里程和充电时间仍然是限制纯电动汽车大规模市场推广的主要因素[4]。

德勤（Deloitte）全球制造业组的调查结果显示，中国消费者对电动汽车感兴趣的比重最高，高达 93%。但是中国只有少数人每天实际驾驶距离超过 80km，美国、日本和欧洲日均驾驶距离超过 80km 的人也仅仅是少数，如图 1-3 所示。尽管消费者日均驾驶距离并不长，但是各国消费者对电动汽车的续驶里程期望值均在 160~300km，欧洲和美国消费者的续驶里程期望值大多在 160~480km[4,5]。

由此可见，消费者对续驶里程的担忧（里程恐慌），严重地阻碍了纯电动汽车的大规模市场化推广。在这种情况下，插电式混合动力汽车和增程式电动汽车应运而生，两者的技术思路分别为：

① 通过增大现有混合动力汽车电池容量以满足部分纯电动行驶需求。

② 在现有纯电动汽车的基础上增加由发动机和发电机构成的辅助充电装置以延长里程。

（2）插电式混合动力汽车和增程式电动汽车的定义及结构

插电式混合动力汽车特指具有可外接充电功能，且具有一定纯电动续驶里程的混合动力汽车[6]。增程式电动汽车首先是一台配置了较小容量动力电池的纯电动汽车，动力电池容量一般能够满足车辆一定里程的纯电动行驶，当动力电池 SOC 降至一定程度时，启

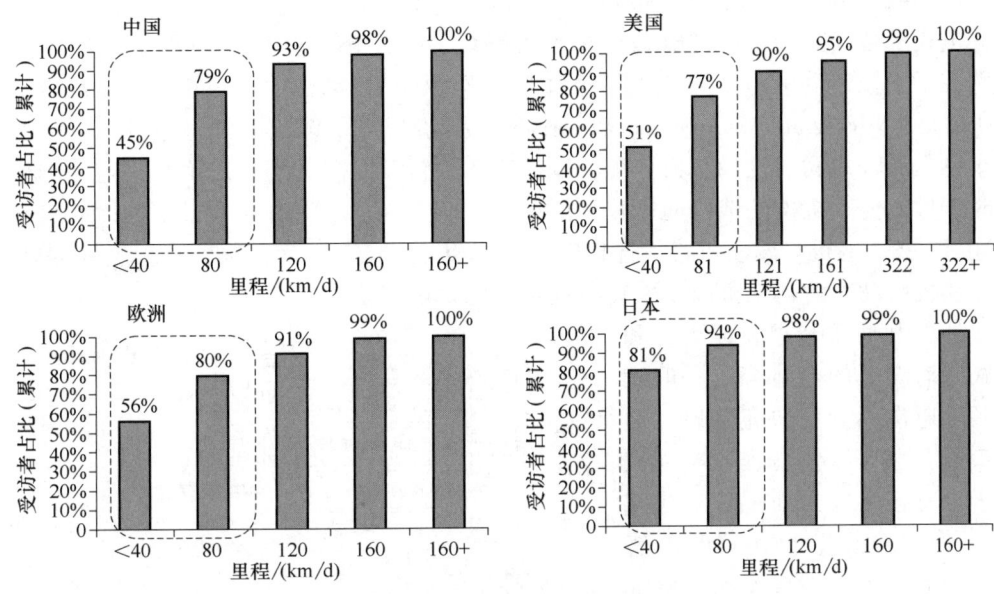

图1-3 中国、美国、欧洲和日本典型日均行驶里程

动由小容量发动机和发电机构成的增程器（Range Extender 或 Auxiliary Power Unit，APU）以延长车辆的续驶里程[4]。

根据定义可知，插电式混合动力汽车和增程式电动汽车的共性主要为：

①均可外接充电，且装备有发动机。

②均有一定的纯电续驶里程，且纯电驱动模式下可以达到其所有的动力性能。

两者的主要区别在于：

①插电式混合动力汽车本质上是混合动力汽车，其发动机和驱动电机具有机械动力环节的耦合。即在某些工况下，发动机输出的动力部分或者全部参与车轮的驱动。

②增程式发动机和驱动电机无机械动力环节的耦合，发动机仅在动力电池SOC下降至一定程度时驱动发电机为车辆提供电能。应当注意的是，以上仅仅是从技术层面对插电式混合动力汽车和增程式电动汽车共性和差异的描述，某些情况下市场对两者并无严格区分。例如，通用汽车公司推出的VOLT沃蓝达增程式电动汽车，其Voltec电驱动系统中发动机部分参与了车辆的驱动。

此外，需要强调的是，尽管从动力系统构型来看，增程式电动汽车与串联式混合动力汽车非常相像，但是两者存在区别：

① 串联式混合动力汽车不需要外接充电，其所有能量均最终来自油箱，其设计思路是通过优化发动机工作状态实现燃油效率的提升，本质上属于节能汽车。

② 增程式电动汽车设计思路是通过由小容量发动机和发电机构成的增程器延长整车的续驶里程。

由于插电式混合动力汽车和增程式电动汽车既存在技术上的共性，同时也具有显著的区别，因此当出现相关名词时，一般会进行特殊说明。例如，GB/T 32694—2021《插电式混合动力电动乘用车 技术条件》的适用范围为"插电式（含增程式）混合动力电动乘用车"；《新能源汽车产业发展规划（2021～2035年)》中指出插电式混合动力（含增程式）汽车是我国新能源汽车整车布局"三纵"之一。

插电式混合动力和增程式电动汽车动力系统结构总体上类似，如图1-4所示。其主要区别在于机械传动机构，插电式混合动力汽车的机械传动机构较为复杂，通常需要提供发动机、ISG（Integrated Starter and Generator，启动/发电一体化电机）电机、主驱动电机以及车辆驱动轴之间的复杂动力分配，以适应各种行驶工况；当采用增程式电动汽车动力系统时，机械传动机构的结构通常较为简单，一般主驱动电机直接通过单挡传动装置与驱动轴连接。ISG电机与发动机直接连接，与主驱动电机之间不存在机械连接。ISG电机仅用作发动机启动时的起动机以及发动机运行时的发电机。

此外，由于插电式混合动力和增程式电动汽车的电池容量一般较小，两者通常不配备快充接口。但是，市面上也有某些增程式电动汽车由于电池容量较大而配备有快充接口，例如理想 ONE 配备有 40.5kW·h 的三元锂离子动力电池和快充接口；赛力斯 SF5 配备有 35.0kW·h 的三元锂离子动力电池和快充接口。

相比纯电动汽车，插电式混合动力和增程式电动汽车由于增加了发动机、ISG电机和电机控制器以及较为复杂的机械传动机构，因此整车控制器必须依据相应的能量管理与运行优化策略，对上述部件进

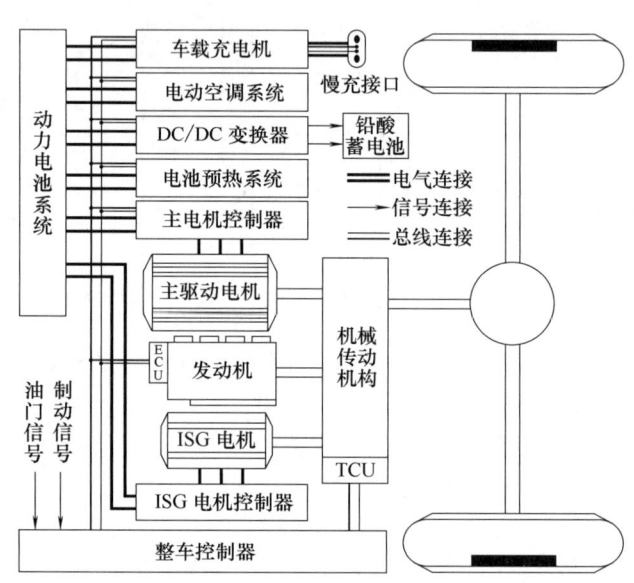

图1-4 插电式混合动力和增程式电动汽车动力系统结构

行优化管理，以各动力源之间的特定功率分流和各动力源的优化运行为途径，达到充分挖掘动力系统的潜力，提高运行效率的目的。

由于插电式混合动力和增程式电动汽车基本实现了发动机转速和转矩与驱动轮之间的解耦（对于插电式混合动力汽车，某些工况下，发动机转速和转矩与驱动轮之间仍可能存在耦合），并且主驱动电机在整个运行工况内均具有较高的运行效率。因此可通过优化发动机的工况点，实现整车驱动效率的优化。

插电式混合动力和增程式电动汽车仍然需要加油，并且排放 HC、CO 和 NO_x 等污染物，并非完全意义上的清洁能源汽车，但现阶段具有以下优点：

① 由于配备的动力电池容量较小，整车成本比同型的纯电动汽车有所降低，有助于提高消费者对电动汽车的接受度，有利于其市场推广。

② 既可以满足消费者日常的短距离清洁高效出行，又可以免除长距离行驶时消费者对续驶里程的担忧，同时也缓解了消费者对充电时间的要求。

③ 当短距离日常出行时，车辆完全由动力电池提供能量，具有零排放的环保优势；当超出其纯电动行驶里程行驶时，整车可以通过对发动机工况点的优化来提高发动机的燃油经济性和排放性能。

④ 可充分利用现有的加油和电力基础设施，避免了纯电动汽车用户猛增对电网造成的负荷冲击。

1.2.3 燃料电池汽车

燃料电池汽车是指以燃料电池系统作为动力源或主动力源的汽车。由于燃料电池的功能是输出电能，而最终作用于车辆驱动装置的所有能量均来自燃料电池输出的电能，因此又称为燃料电池电动汽车。

虽然燃料电池电动汽车名称中包含"电池"二字，但不同于其他化学储能装置，燃料电池不具备储能功能，其本质上是将外部供应的燃料和氧化剂中的化学能通过电化学反应直接转化为电能、热能和其他反应产物的发电装置。根据燃料电池电解质类型，燃料电池可分为碱性燃料电池（Alkaline Fuel Cell，AFC）、磷酸盐燃料电池（Phosphorous Acid Fuel Cell，PAFC）、熔融碳酸盐燃料电池（Molten Carbonate Fuel Cell，MCFC）、固体氧化物燃料电池（Solid Oxide Fuel Cell，SOFC）、质子交换膜燃料电池（Proton Exchange Membrane Fuel Cell，PEMFC）和直接甲醇燃料电池（Direct Methanol Fuel Cell，DMFC）[7,8]。其中，采用氢气作为燃料、空气作为氧化剂的质子交换膜燃料电池系统具有启动温度低、比能量高、启动快、寿命长等优点，是车用燃料电池的首选[9]。目前，如无特殊说明，燃料电池汽车均指氢气-空气质子交换膜燃料电池汽车。

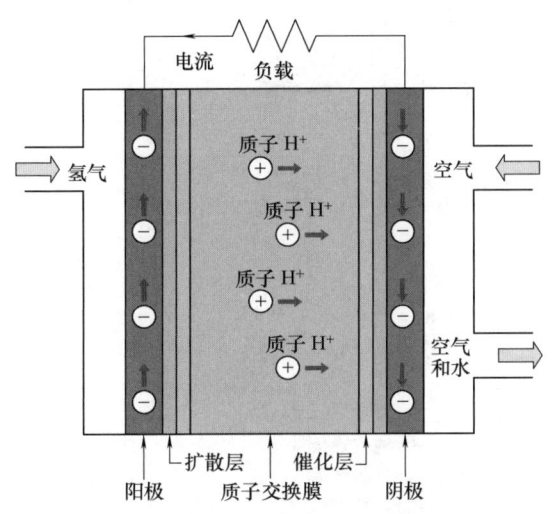

图1-5 氢气-空气质子交换膜燃料电池堆结构及工作原理

燃料电池系统由高压储氢罐、电池堆、DC/DC变换器及相关辅助设备构成。其中电池堆是进行电化学反应的核心装置，DC/DC变换器用于将电池堆输出的电能调整至与整车相匹配的电压等级，辅助设备包括空气循环泵、冷却水循环泵、氢气循环泵等辅助电池堆运行的设备。如图1-5所示，氢气-空气质子交换膜燃料电池堆结构主要包含阳极、扩散层、催化层、质子交换膜和阴极。其中阳极和阴极为带有气体流道的石墨或表面改性金属板；扩散层主要起收集电流的作用，同时也是氢气和空气扩散通道；催化层由催化剂[一般为Pt（铂）金属或者Pt的合金]组成，是电化学反应活性中心；质子交换膜紧邻催化层，是一种固态的电解质，仅能通过质子，而无法通过电子，主要起隔绝正负极的作用，相当于锂离子电池中的隔膜和电解质，是整个燃料电池堆的核心[10,11]。

氢气-空气质子交换膜燃料电池堆基本工作原理为电解水的逆反应，即氢气进入燃料电池的阳极流道，氢分子在阳极催化剂的作用下被离解成为两个氢质子和两个电子，其中质子穿过质子交换膜被氧"吸引"到阴极方向，使得阴极变成带正电的端子（正极）；电子不能通过质子交换膜到达阴极，而是累积在阳极，变成带负电的端子（负极）。如果此时通过外部负载将阳极和阴极相连，由于电位差的存在，电子则通过负载从阳极流向阴极,从而产生电流。同时,氢质子、电子以及由阴极流道输送来的空气中氧气,汇集在阴极催化层,经阴极催化剂催化反应生成纯净水,并释放热量,完成电化学反应[8,11,12]。电极反应如下:

阳极: $$H_2 \rightarrow 2H^+ + 2e^- \tag{1-1}$$

阴极: $$\frac{1}{2}O_2 + 2H^+ + 2e^- \rightarrow H_2O \tag{1-2}$$

总反应: $$H_2 + \frac{1}{2}O_2 \rightarrow H_2O \tag{1-3}$$

典型的燃料电池汽车动力系统结构如图1-6所示,主要由作为基本电源的燃料电池系统、峰值电源系统、功率分配装置、整车控制器以及完全等同于纯电动汽车的驱动电机及电机控制器、DC/DC变换器及铅酸蓄电池、电动空调系统、机械传动机构和TCU构成。

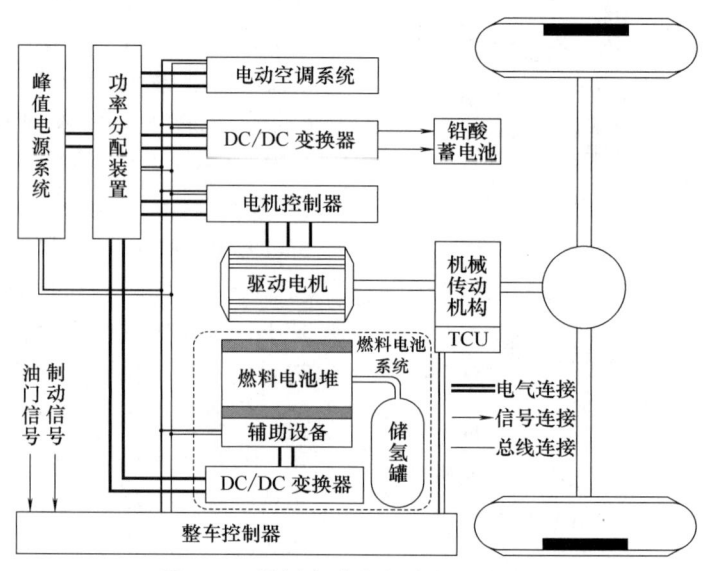

图1-6 燃料电池汽车动力系统结构

从动力系统结构上来看,燃料电池电动汽车与串联式混合动力汽车非常相像,只是将串联式混合动力汽车中的发动机、发电机系统替换为燃料电池系统。同样,由于燃料电池系统的功率响应较为缓慢,并且在燃料电池系统升温起动之前,其输出功率有限,因此必须配备峰值电源系统以在任何时刻均能向整车提供足够的功率[3]。峰值电源应具备较大的功率密度,同时必须有足够的容量以防止过度放电导致功率供应中断。峰值电源系统可采用动力电池、超级电容或者两者结合构成的混合储能系统。

由于燃料电池汽车拥有峰值电源系统和燃料电池系统两种电能输出装置,并且当车辆工作于制动回馈状态时,电机控制器也会输出电能。因此必须安装相应的功率分配装置,对功率的流向进行管理。例如,当车辆急加速时,可由燃料电池系统和峰值电源系统同时向电机控制器和驱动电机供电;在制动回馈状态时,电机控制器回馈的电能存储于峰值电源系统;当负载功率小于燃料电池系统的额定功率时,燃料电池系统同时向负载和峰值电源系统供电,以维持峰值电源系统的SOC处于合理区间。

燃料电池汽车排放物为纯净水，并且具有非常高的转换效率（可达65%），是真正意义上的清洁能源汽车。但是，现阶段燃料电池汽车也存在以下不足：

① 氢气密度仅为$0.0899kg/m^3$，是一种易燃易爆气体，且当其在空气中的体积分数处于$4.0\%\sim75.6\%$区间内均会产生爆炸。目前，普遍采用高压气态储氢方式，压力高达70MPa，一旦泄漏存在较大的安全风险。因此，燃料电池汽车的安全性仍有待进一步提升。

② 燃料电池汽车依赖完整的制氢、储运、加氢基础设施，对现有的加油、电力基础设施没有任何继承，创建完整的制氢、储运、加氢基础设施体系所需投资巨大。在基础设施不健全的情况下，燃料电池汽车的市场推广将面临巨大挑战。

③ 目前，燃料电池系统成本较高，约占整车成本的50%，而燃料电池电堆又占据了燃料电池系统的约65%，其中质子交换膜等核心材料仍以进口为主，成本和核心技术仍是限制燃料电池大规模推广的制约因素。此外，作为催化剂的Pt金属或者Pt合金全球储量较小，我国Pt金属储量极少，2017年的查明储量仅365.3t，是我国亟须且紧缺的矿种之一[13]。

1.2.4 混合动力汽车

尽管混合动力汽车不属于新能源汽车，但是串联式混合动力汽车、并联式混合动力汽车和混联式混合动力汽车均拥有电机及其控制系统，属于广义电动汽车范畴。

1.2.4.1 混合动力汽车诞生背景

1996年，美国道奇汽车公司制造了Intrepid ESX-1、ESX-2和ESX-3等混合动力车型；福特汽车公司研制了Prodigy并联式混合动力汽车，通用汽车公司研制了Precept并联式混合动力汽车，这两款汽车均达到了美国政府"新一代汽车合作伙伴计划（PNGV）"所提出的80mile/gal（34km/L）燃油经济性目标，但并未量产；在欧洲，法国雷诺公司研制了Next并联式混合动力汽车，燃油经济性达到29.4km/L；德国大众公司研制了串联式混合动力汽车Chico，其平均能耗为每100km消耗燃油1.4L和电能13kW·h；混合动力汽车最成功的案例在日本，1997年丰田公司推出了Prius混合动力汽车，本田公司推出了Insight混合动力汽车，在全球范围内实现了大规模量产和销售，有效地实现了燃油经济性的优化，是当代首批商品化混合动力汽车[14,15]。

1.2.4.2 混合动力系统

对于以内燃机为主要动力的车辆，其主要节能潜力体现在：

① 尽可能使内燃机工作于高效率区域。

② 最大程度回收制动能量。

③ 避免车辆静止时内燃机怠速运行。

为挖掘节能潜力，通过配置由电池、电机构成的电力驱动系统，并通过电力或机械耦合装置，实现与原有内燃机系统的动力耦合，便构成了混合动力系统。

混合动力系统中，通常由内燃机以较高运行效率提供车辆行驶所需的稳态功率，由电驱动系统提供动态功率需求并进行制动能量回馈。

根据能量流通路径，混合动力系统通常可分为串联式、并联式和混联式三大类，如图1-7所示[14,15]。

（1）串联式混合动力系统

如图1-7（a）所示，串联式混合动力系统结构与增程式动力系统结构非常类似，区

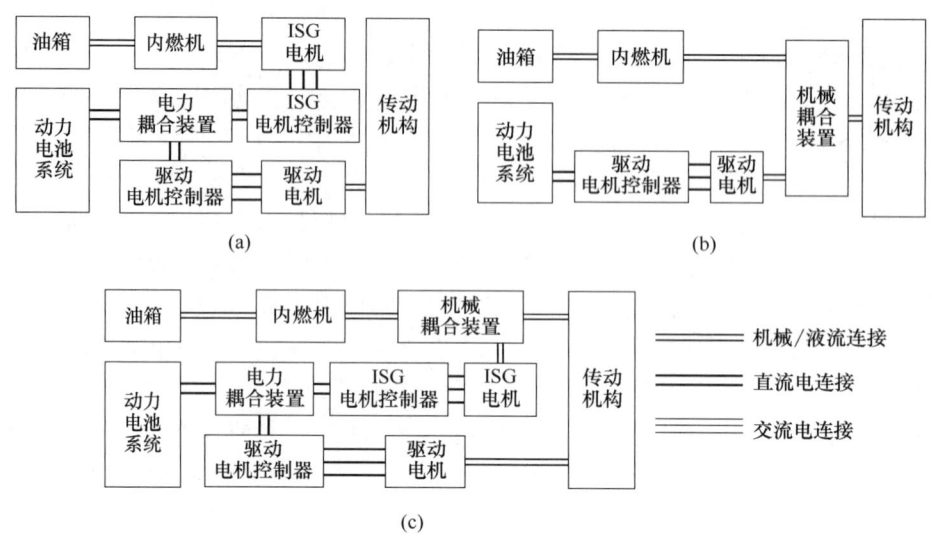

图 1-7 混合动力系统分类
(a) 串联式 (b) 并联式 (c) 混联式

别在于前者所有能量均来自油箱，不具备外接充电功能。

串联式混合动力系统中，内燃机的输出动力全部用于驱动 ISG 电机，进而产生交流电能，经由 ISG 电机控制器整流之后，其输出的直流电能与电驱动系统经由电力耦合装置进行耦合。因此串联式混合动力系统是典型的"电耦合"混合动力系统。

实际串联式混合动力系统中，电力耦合装置一般为多端口 DC/DC 变换器，也可直接将 ISG 电机控制器输出的直流电接入动力电池系统的高压配电盒，实现被动电力耦合。

串联式混合动力系统的工作模式可描述为：内燃机根据整车控制器指令，工作于特定的转速；ISG 电机控制器将 ISG 电机输出的交流电转换为直流电；电力耦合装置根据整车控制器指令，控制直流电能在 ISG 电机控制器端口、动力电池系统端口和驱动电机控制器端口之间的能量流动；驱动电机控制器根据整车控制器指令，控制驱动电机工作于特定的转速或转矩，驱动车辆行驶或者进行制动能量回馈。

串联式混合动力系统中，通常内燃机工作于特定的高效率区域，以提升车辆燃油经济性。

其优点主要为：

① 内燃机与传动机构及车轮之间没有机械连接，其工作状态与车辆的行驶状态完全机械解耦，可始终运行于高效工作区域。

② 无须复杂机械耦合装置，可靠性较高。

③ 工作模式相对较少，控制策略简单。

其缺点主要为：

① 内燃机输出能量经多次能量转换（机械能—交流电能—直流电能—交流电能—机械能）才能传导到车轮，导致较高的效率损耗。

② 驱动电机是驱动车辆行驶的唯一动力源，必须按车辆的预期动力性能指标进行电驱动系统设计。

（2）并联式混合动力系统

如图 1-7（b）所示，并联式混合动力系统中内燃机和电机的输出动力，经机械耦合装置耦合之后，共同驱动车辆行驶。

机械耦合装置是并联式混合动力系统的核心，包括转矩耦合和转速耦合两种类型[14,15]。

对于转矩耦合，内燃机和驱动电机的输出转矩均可独立控制，输出转速和车速以特定关系耦合，不可独立控制。转矩耦合装置将两者的输出转矩合并后，驱动车辆行驶。典型的转矩耦合并联式混合动力系统包括双轴式转矩耦合系统、前后轴转矩耦合系统、同轴式转矩耦合系统等。

对于转速耦合，内燃机和驱动电机的输出转速均可独立控制，转速耦合装置以特定关系将两者的输出转速耦合，驱动车辆行驶。同时，内燃机、驱动电机、转速耦合装置的输出转矩以特定关系耦合，不可独立控制。典型的转速耦合并联式混合动力系统包括行星齿轮转速耦合系统、双转子电机转速耦合系统等。

并联式混合动力系统中，车辆具有电机独立驱动、内燃机独立驱动、电机和内燃机混合驱动、再生制动、内燃机向动力电池充电等多种工作模式。

其主要优点为：

① 内燃机和电机均直接向车辆提供动力，不存在额外的能量转换，效率损耗较少。

② 驱动电机即可用来驱动车辆行驶，也可作为发电机，由内燃机驱动向动力电池充电，部件相对较少。

③ 由于内燃机和发动机可同时向车辆提供动力，因此两者峰值参数均可低于车辆预期动力性能指标进行配置。

其主要缺点为：

① 内燃机与传动机构及车轮之间存在机械耦合，发动机不能持续工作于特定高效率区域，进而影响发动机的燃油经济性和排放性能。

② 相比串联式混合动力系统，由于具有多种工作模式，其控制策略较复杂。

（3）混联式混合动力系统

如图 1-7（c）所示，混联式混合动力系统既具有机械耦合装置，又具有电力耦合装置，可看作串联式和并联式混合动力系统的结合。其主要优点是工作模式灵活，内燃机即可以高效率直接参与车辆的驱动，又可向车辆提供电力。但也存在部件多、控制逻辑复杂等不足。

本 章 小 结

本章介绍了节能汽车、新能源汽车和电动汽车的定义与分类；梳理了纯电动汽车、插电式混合动力汽车、增程式电动汽车、燃料电池汽车以及混合动力汽车的动力系统结构和工作特性。

此外，随着多电机驱动、分布式轮毂/轮边电机驱动等新型动力系统结构不断涌现，都将推动着电动汽车的飞速发展。

参 考 文 献

[1] 国务院办公厅. 节能与新能源汽车产业发展规划（2012~2020 年），2012.
[2] Hu X, Zheng Y, Howey D A, et al. Battery warm-up methodologies at subzero temperatures for automotive applications: Recent advances and perspectives [J]. Progress in Energy and Combustion Science, 2020, 77: 100806.
[3] 爱赛尼，高义民，埃玛迪. 现代电动汽车，混合动力电动汽车和燃料电池车：基本原理、理论和设计 [M]. 北京：机械工业出版社，2010.
[4] 申永鹏. 增程式电动汽车能量管理与运行优化方法研究 [D]. 长沙：湖南大学，2015.
[5] 德勤全球制造业组. 全球消费者对电动汽车的购买意愿调查. [EB/OL]. http://auto.gasgoo.com/News/2011/04/210820472047318864724.shtml, 2011-04-21.
[6] GB/T 32694—2021, 插电式混合动力电动乘用车 技术条件 [S].
[7] Berlowitz P J, Darnell C P. Fuel choices for fuel cell powered vehicles [J]. SAE transactions, 2000: 8-18.
[8] 胡长娥，刘琼，周敏. 质子交换膜燃料电池的研究现状 [EB/OL]. 中国能源网, www.china-nengyuan.com/tech/97388.html, 2016-08-15.
[9] 帕斯夸里·科尔沃，福图纳托·米格莱. 车用氢燃料电池 [M]. 张新丰，译. 北京：机械工业出版社，2019.
[10] 刘朝玮，王保国，何小荣. 质子交换膜燃料电池研究及应用现状 [J]. 现代化工，2004, 24 (09): 10-13.
[11] 宁凡迪. 高比功率质子交换膜燃料电池关键材料与技术研究 [D]. 合肥：中国科学技术大学，2021.
[12] 安德鲁·迪克斯，戴维·兰德. 燃料电池系统解析：第 3 版 [M]. 张新丰，张智明，译. 北京：机械工业出版社，2021.
[13] 马腾，张万益，贾德龙. 铂资源现状与需求趋势 [J]. 矿产保护与利用，2019, 39 (05): 90-97.
[14] Ehsani M, Gao Y, Emadi A. Modern Electric, Hybrid Electric, and Fuel Cell Vehicles: Fundamentals, Theory, and Design. 2nd Edition [M]. Boca Raton: CRC press, 2010.
[15] 爱赛尼，高义民，埃玛迪. 现代电动汽车、混合动力电动汽车和燃料电池车：基本原理、理论和设计 [M]. 北京：机械工业出版社，2010.

第 2 章

车辆驱动基本原理

车辆在加速、制动等行驶过程中的性能表现是施加在车辆上的力的响应。本章聚焦车辆的速度性能、爬坡性能、加速性能、制动性能和经济性,讨论车辆的纵向动力学、动力和传动装置特性以及动力性和经济性指标。

第2章 车辆驱动基本原理

2.1 车辆纵向动力学基础

2.1.1 车辆纵向动力学方程

如图 2-1 所示,当质量为 m 的车辆以速度 V 行驶于坡度为 θ 的坡道时,驱动轮轮胎与路面之间的牵引力 F_t 驱动车辆前进。F_t 由车辆动力装置输出,经传动装置最终作用于驱动轮。同时,车辆运动时,还受滚动阻力 F_r、爬坡阻力 F_g 和空气阻力 F_w 等阻力的阻碍。根据牛顿第二定律,可得车辆的纵向动力学方程:

$$m \frac{dV}{dt} = F_t - (F_r + F_g + F_w)$$
$$= F_t - \left[mg(f_r \cos\theta + \sin\theta) + \frac{1}{2}\rho A_f C_D (V - V_w)^2 \right] \quad (2\text{-}1)$$

式中,m 为质量;g 为重力加速度;f_r 为滚动阻力系数;ρ 为空气密度;A_f 为车辆有效迎风面面积;C_D 为车辆的空气阻力系数;V_w 为车辆运动方向上的实时风速。

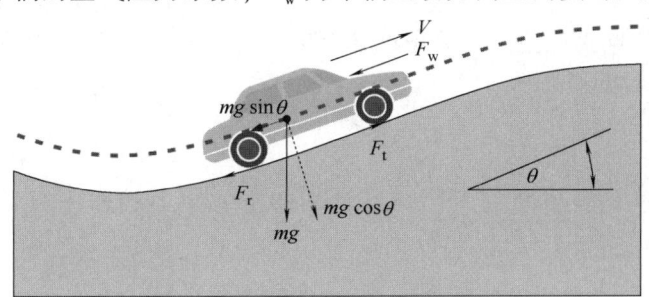

图 2-1 车辆行驶过程中的纵向力

2.1.2 车辆阻力

车辆阻力为与运动方向相反的力,包括轮胎滚动阻力 F_r、爬坡阻力 F_g 和空气阻力 F_w 三部分。

(1) 滚动阻力

由于具有弹性，当车轮旋转时，轮胎将会沿着法向变形，部分轮胎材料不断进入接触区域；当离开接触区域时，这部分材料又反弹恢复至原来形状。由于轮胎内部阻尼作用，在接触部分的材料恢复至原来形状的过程中，所消耗的能量并没有全部恢复，这部分丢失的能量即为阻碍车辆前进的滚动阻力[1]。

如图 2-2（a）所示，非旋转状态下，轮胎承受载荷 $P=mg$，与地面接触区域上的压力对称分布，反作用力 P_Z 与 P 共线。当传动装置输出转矩 T_t，驱动车轮旋转时，轮胎产生形变，与地面接触区域上的压力非对称分布，反作用力 P_Z 与 P 偏移距离 a，进而产生滚动阻力矩 $T_r = Pa$[2]。当轮胎有效半径为 r_d 时，所产生的滚动阻力为：

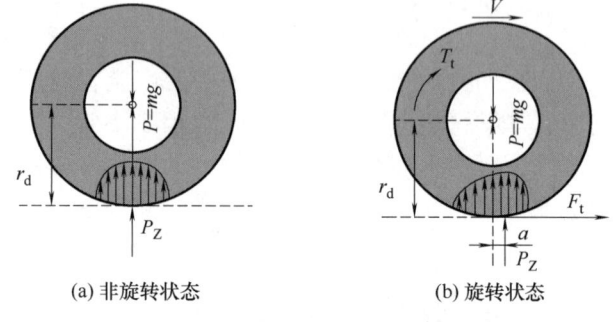

图 2-2 滚动阻力示意图

$$F_r = \frac{T_r}{r_d} = \frac{Pa}{r_d} = Pf_r \quad (2-2)$$

式中，$f_r = a/r_d$ 为滚动阻力系数。当考虑路面坡度 θ 时：

$$F_r = Pf_r\cos\theta \quad (2-3)$$

滚动阻力系数取决于轮胎材料、轮胎结构、轮胎温度、轮胎充气压力、外胎面几何形状、路面粗糙度、路面材料、车速等因素[2,3]。当采用特定轮胎的车辆行驶于特定路面时，滚动阻力系数可简化为车速的函数。例如，混凝土路面上行驶的轿车，滚动阻力系数可描述为：

$$f_r = f_0 + f_s \left(\frac{V}{100}\right)^{2.5} \quad (2-4)$$

式中，f_0 和 f_s 取决于轮胎的充气压力[2,4]。

(2) 爬坡阻力

当车辆爬坡时，车辆行驶需要克服重力在坡度方向上产生的分量；同理，当车辆下坡时，重力将在坡度方向上产生一个分量推动车辆向前运动。如图 2-1 所示，以上坡为例，因道路坡度产生的爬坡阻力为：

$$F_g = mg\sin\theta \quad (2-5)$$

(3) 空气阻力

以特定速度运动的车辆将遇到阻碍其运动的空气阻力的作用，此力被称作空气阻力[2]，可描述为：

$$F_w = \frac{1}{2}\rho A_f C_D (V-V_w)^2 \quad (2-6)$$

式中，C_D 为由车身形状特征所决定的空气阻力系数，典型轿车的风阻系数为 0.2~0.5[2]。

2.1.3 车辆牵引力

(1) 能量传输路径

如图 2-3 所示，典型车辆驱动系统由动力装置（电机或发动机，或者两者结合）、传动装置（离合器、变矩器、变速箱等）、主减速器和差速器装置构成。令动力装置输出的转速和转矩为(n_p, T_p)，经传动装置后输出(n_g, T_g)，经主减速器后输出(n_t, T_t)至驱动轮。当两驱动轮受力状态相同时，分别获得$\left(n_t, \dfrac{T_t}{2}\right)$[2]。

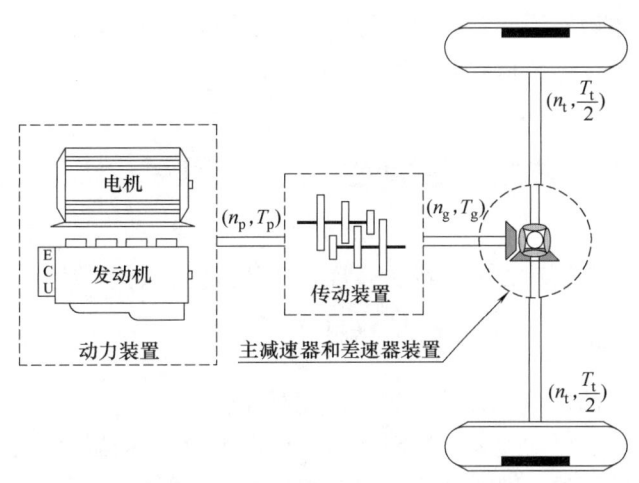

图2-3 典型车辆驱动系统结构示意图

不考虑最大牵引力限制时，驱动轮上获得的牵引力为：

$$F_t = \frac{T_t}{r_d} = \frac{T_p i_g i_r \eta_t}{r_d} \tag{2-7}$$

式中，i_g为传动装置的传动比；i_r为主减速器的传动比；η_t为从动力装置到驱动轮的传动效率[2]。同理，可知驱动轮转速n_t（r/min）为：

$$n_t = \frac{n_p}{i_r i_g} \tag{2-8}$$

当轮胎滑移率为0时，可得车速V（m/s）为：

$$V = \frac{\pi n_t r_d}{30} = \frac{\pi n_p r_d}{30 i_r i_g} \tag{2-9}$$

式中，n_p和n_t的单位为r/min；V的单位为m/s。

（2）轮胎与路面附着力和最大牵引力

受轮胎与路面附着力的限制，动力装置不可能无限制地输出转矩，并转换为牵引力。当车辆牵引力超出轮胎与路面之间的附着力时，驱动轮将在路面打转（滑）。典型的当车辆行驶于结冰、积雪路面时，该现象尤为明显。因此，驱动轮所能输出的最大牵引力由轮胎与地面附着力决定[2]。通常定义最大牵引力：

$$F_{tmax} = P \cdot \mu(s) \tag{2-10}$$

式中，$\mu(s)$为路面附着系数，它是滑移率s的函数[2]。不同路面上，滑移率与路面附着系数的关系，如图2-4所示。

滑移率是指车辆运行中，轮胎与路面之间产生的相对滑移，其定义为：

$$s = \left(1 - \frac{V}{r_d \omega_t}\right) \tag{2-11}$$

式中，ω_t为轮胎的角速度。在牵引状态下，V小于$r_d \omega_t$，s介于0~1.0之间[2]。

由图2-4可知，当滑移率为0.15~0.20时，路面附着系数达到其峰值μ_{max}，称为路面峰值附

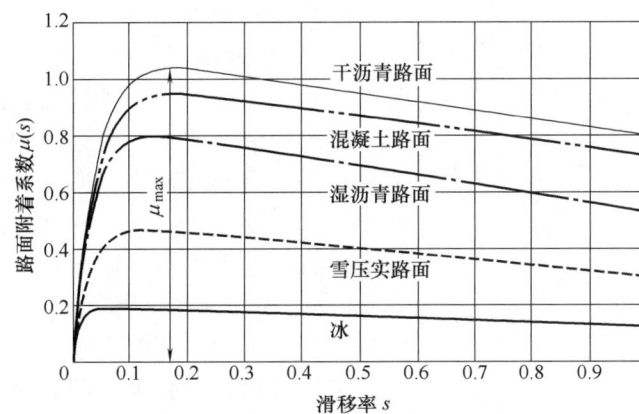

图2-4 滑移率与路面附着系数

着系数。因此，车辆运行中，为获得更大的牵引力，应确保处于特定滑移率，进而获得路面峰值附着系数。

2.2 动力装置特性

车辆动力装置特性通常包括外特性、效率特性。此外，电机具备四象限运行能力。

2.2.1 动力装置外特性

（1）车辆动力装置的理想外特性

车辆动力装置的理想运行特性为全车速范围内为恒功率输出，根据公式（2-12）所示的转速、转矩和功率之间的关系，其转矩应随车速呈双曲线变化。同时，由于车辆低速时应限制牵引动力装置输出转矩不超过轮胎与路面之间的最大附着力[2]。因此，车辆牵引动力装置的理想外特性应为低速恒转矩、高速恒功率，如图2-5所示。

$$P = T \cdot \omega = \frac{T \cdot 2\pi \cdot n}{60} = \frac{T \cdot \pi \cdot n}{30} \quad (2-12)$$

（2）电机外特性

由FOC矢量电机控制器驱动的永磁同步电机，典型的外特性，如图2-6所示。在零速至基速，磁通保持恒定，电压增至额定值，电机保持恒定转矩。当转速超过基速后，电压保持为恒定值，

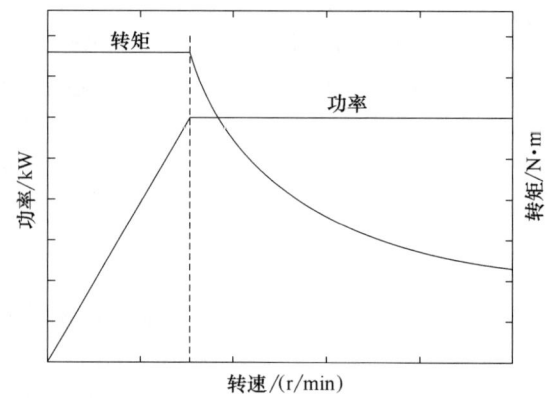

图2-5 车辆牵引动力装置的理想外特性

电机控制器通过弱磁实现转速的持续增加，电机保持恒功率输出，而最大转矩随转速呈双曲线下降。可见，电机的外特性曲线非常接近如图2-5所示的车辆牵引动力装置的理想外特性，故电动汽车的机械传动机构通常采用固定减速比的单挡传动装置，即可满足车辆运行性能需求[2]。

（3）发动机外特性

典型的内燃机外特性（节气门全开）如图2-7所示。其输出转矩从怠速开始缓慢增加，当达到中间转速时，输出最大转矩。进一步增加转速时，由于进气管损耗增加，机械摩擦增加等因素，输出转矩减小。可见，内燃机的外特性曲线与如图2-5所示的车辆牵引动力装置的理想外特性相差较大，同时由于

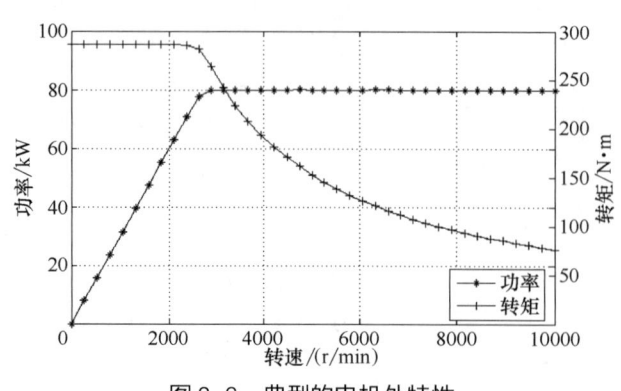

图2-6 典型的电机外特性

内燃机存在怠速，必须采用多挡传动装置或者无级变速器来满足车辆要求。

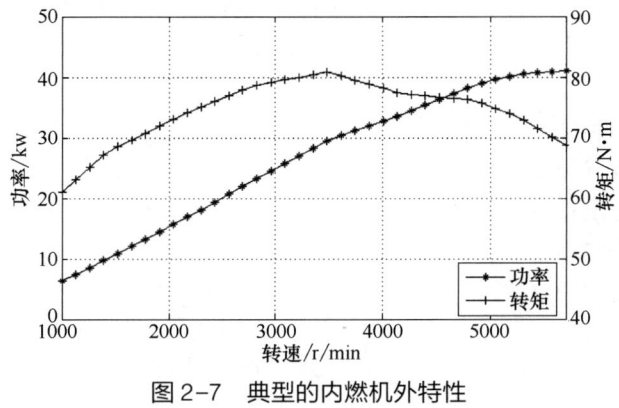

图 2-7 典型的内燃机外特性

2.2.2 动力装置效率特性

（1）电机效率特性

在工作范围内，电机通常具有较高的运行效率。如图 2-8 所示为典型的电机转速-转矩-效率特性，可见其最高效率达 93.0%，并且在整个运行工况内效率均较高。故电动汽车通常采用固定减速比的单挡传动装置，即可满足车辆高效运行要求，但伴随着对续驶里程和能效要求的进一步提高，目前已有研究人员尝试通过安装多台不同效率特性的电机，或者安装多挡变速器来实现驱动效率的进一步提升。

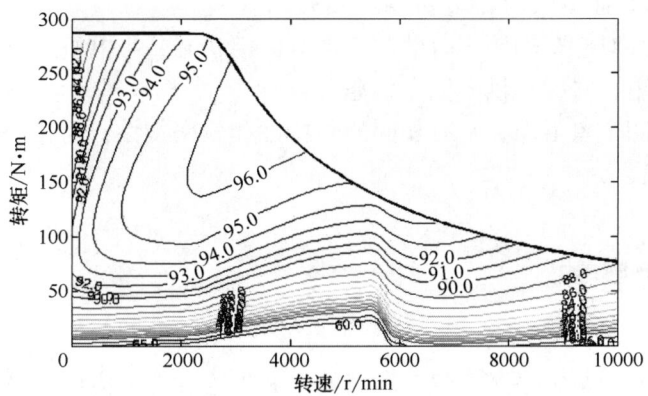

图 2-8 典型的电机转速-转矩-效率特性

（2）发动机的效率特性

相比电机，发动机的运行效率较低，并且受运行工况影响较大。如图 2-9 所示为典型的发动机转速-转矩-效率特性，可见其最高效率仅为 33.0%，低转矩时效率仅 12.0%。因此，多挡

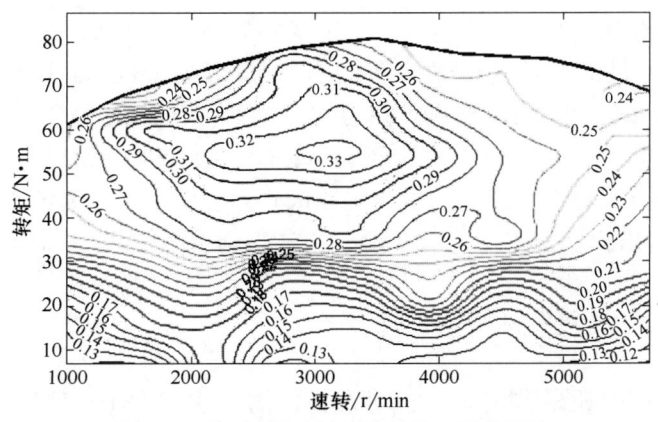

图 2-9 典型的发动机转速-转矩-效率特性

传动装置或者无级变速器的另一作用是将控制发动机运行于高效工作区域，以提升驱动效率。

2.2.3 电机的四象限运行

与发动机只能单方向输出正转矩不同，电机可四象限运行。因此电驱动车辆通常不需要机械倒挡，仅通过调整电机控制器输出便可实现倒车。同时，电机还可以提供制动转矩，并将制动转矩转换为电能，以提升车辆综合运行效率。

如图2-10所示，当电机运行于Ⅰ象限时，电机输出正转速和正转矩，对应车辆的驱动状态；当电机运行于第Ⅱ象限时，电机输出正转速并提供制动转矩，对应车辆的制动能量回馈状态；当电机运行于Ⅲ象限时，电机输出负转速并提供制动转矩，对应车辆倒车时的制动能量回馈状态；当电机运行于Ⅳ象限时，车辆输出负转速和正转矩，对应车辆的倒车状态。

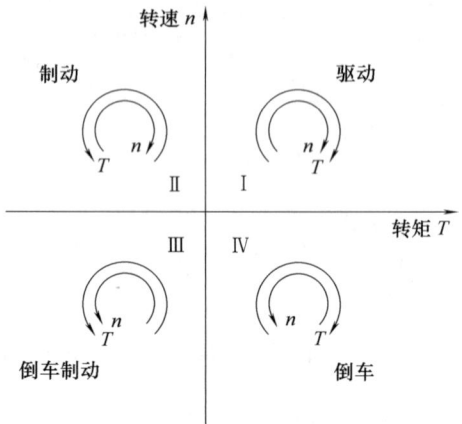

图2-10 电机的四象限运行

此外，电机在四个象限内，具有相同的外特性和效率特性，简化了传动机构设计，是车辆的理想动力装置。

2.3 车辆动力性能

车辆的动力性能通常由最高车速、爬坡能力和加速性能三方面衡量，且假定最大牵引力不受轮胎与路面附着力的限制[2]。

2.3.1 最高车速

最高车速指按规定的试验方法，车辆能够保持的最高稳定车速[5]。不同标准下，最高车速的试验方法有所差异。例如，GB/T 18385—2024《纯电动汽车 动力性能 试验方法》定义的最高车速（1km）为电动汽车能够往返各持续行驶1km以上距离的最高车速的平均值，30min最高车速为电动汽车能够持续行驶30min以上的最高平均车速[6]；GB/T 19752—2005《混合动力电动汽车动力性能试验方法》对混合动力电动汽车混合动力模式下的最高车速试验方法做了具体规定[7]；GB/T 12544—2012《汽车最高车速试验方法》对直线道路上和环形道路上的最高车速试验方法做了具体规定[5]。

当动力装置输出最大转矩 T_{pmax}，车辆稳定于最高车速时，牵引力和阻力保持平衡，即：

$$\frac{T_{pmax} i_g i_r \eta_t}{r_d} = \left[mg(f_r\cos\theta + \sin\theta) + \frac{1}{2}\rho A_f C_D (V - V_w)^2 \right] \quad (2\text{-}13)$$

当动力装置工作于最高转速 n_{pmax}，动力装置仍可输出大于车辆阻力的扭矩时，最高车速由动力装置的转速决定，此时：

$$V_{\max} = \frac{\pi n_{\text{pmax}} r_{\text{d}}}{30 i_{\text{r}} i_{\text{g}}} \tag{2-14}$$

2.3.2 爬坡能力

爬坡能力通常由车辆的最大爬坡度定义，即车辆在满载状态下所能通过的极限坡道，采用坡道垂直高度与水平距离的百分比表示（坡度角的正切）[8]。

依据 GB/T 12539—2018《汽车爬陡坡试验方法》，最大爬坡度采用相应坡度的测试路段进行，当没有相应坡度的道路时，可采用增减装载质量或采用高一挡位进行试验，并采用公式（2-15）折算得到：

$$\tan\theta_{\max} \times 100\% = \tan\left\{\sin^{-1}\left(\frac{\sin\theta_1 G_{\text{a}1} \frac{i_1}{i_2} + \left(G_{\text{a}1} \frac{i_1}{i_2} - G_{\text{a}}\right) f}{G_{\text{a}}}\right)\right\} \times 100\% \tag{2-15}$$

式中，$\tan\theta_{\max} \times 100\%$ 为最大爬坡度；θ_1 为实际坡道角度；$G_{\text{a}1}$ 为车辆实际总质量；G_{a} 为车辆最大设计总质量；i_1 为最低挡位时车辆总速比；i_2 为测试时的实际总速比；f 为滚动系数。

2.3.3 加速性能

加速性能通常由车辆从速度 V_1 加速到 V_2 所需的最短时间来定义。例如，GB/T 18385—2024《纯电动汽车 动力性能 试验方法》定义了 m_1 和 n_1 类纯电动汽车的 0～50km/h、50～80km/h 加速性能试验程序，以及 m_2 和 m_3 类纯电动汽车的 0～30km/h、30～50km/h 加速性能试验程序[6]；GB/T 12543—2009《汽车加速性能试验方法》定义了 0～100km/h 全油门起步加速性能试验程序和 60～100km/h 全油门超越加速性能试验程序[9]。根据牛顿第二定律，车辆加速度 a 可定义为：

$$a = \frac{\mathrm{d}V}{\mathrm{d}t} = \frac{F_{\text{t}} - (F_{\text{r}} + F_{\text{g}} + F_{\text{w}})}{m\delta}$$
$$= \frac{T_{\text{p}} i_{\text{g}} i_{\text{r}} \eta_{\text{t}} / r_{\text{d}} - [mg(f_{\text{r}}\cos\theta + \sin\theta) + \frac{1}{2}\rho A_{\text{f}} C_{\text{D}} (V - V_{\text{w}})^2]}{m\delta} \tag{2-16}$$

式中，δ 为车辆的总转动惯量系数。由于试验时，一般取 $\theta=0$，$V_{\text{w}}=0$，因此公式（2-16）可简化为：

$$a = \frac{T_{\text{p}} i_{\text{g}} i_{\text{r}} \eta_{\text{t}} / r_{\text{d}} - mg f_{\text{r}} - \frac{1}{2}\rho A_{\text{f}} C_{\text{D}} V^2}{m\delta} \tag{2-17}$$

进一步地，根据公式（2-16）可知，当车辆从 V_1 加速到 V_2 所需时间 t_{a} 和行程 S_{a} 分别为[2]：

$$t_{\text{a}} = \int_{V_1}^{V_2} \frac{m\delta}{T_{\text{p}} i_{\text{g}} i_{\text{r}} \eta_{\text{t}} / r_{\text{d}} - mg f_{\text{r}} - \frac{1}{2}\rho A_{\text{f}} C_{\text{D}} V^2} \mathrm{d}V \tag{2-18}$$

$$S_{\text{a}} = \int_{V_1}^{V_2} \frac{m\delta V}{T_{\text{p}} i_{\text{g}} i_{\text{r}} \eta_{\text{t}} / r_{\text{d}} - mg f_{\text{r}} - \frac{1}{2}\rho A_{\text{f}} C_{\text{D}} V^2} \mathrm{d}V \tag{2-19}$$

除最高车速、爬坡能力和加速性能三方面外,对于纯电动汽车,我国还定义了4%坡度和12%坡度最高车速、坡道起步能力指标[6]。

2.4 车辆经济性

2.4.1 燃油经济性

对于传统内燃机车辆而言,通常采用一定距离所消耗的燃油(容积或者质量)来衡量车辆的燃油经济性,例如每100km所消耗的燃油体积(L)。

燃油消耗量的测定方法有容积法、质量法和碳平衡法等。其中,容积法和质量法可直接采用各种形式的油耗仪直接测定,碳平衡法通过对车辆排放污染物中的CO、CO_2和HC排放量进行测量分析,间接得到燃油消耗量。

国家标准GB/T 19233—2020《轻型汽车燃料消耗量试验方法》对轻型汽车的燃油经济性试验方法做了详细规定[10]。该标准规定,试验应采用全球统一轻型车测试循环(WLTC)或中国汽车行驶工况(CLTC-P或CLTC-C)[11],测量车辆的CO、CO_2和HC排放量,对于汽油车辆和柴油车辆分别根据公式(2-20)和公式(2-21)计算每100km所消耗的燃油体积。

$$F_C = \frac{0.1155}{D}\left[(0.866 \times M_{HC}) + (0.429 \times M_{CO}) + (0.273 \times M_{CO_2})\right] \quad (2-20)$$

$$F_C = \frac{0.1156}{D}\left[(0.865 \times M_{HC}) + (0.429 \times M_{CO}) + (0.273 \times M_{CO_2})\right] \quad (2-21)$$

式中,F_C为燃油消耗量(L/100km);M_{HC}、M_{CO}和M_{CO_2}分别为碳氢化合物、一氧化碳和二氧化碳的排放量(g/km);D为288K(15℃下试验燃料的密度(kg/L))[10]。

2.4.2 能量消耗量与续驶里程

对于纯电动汽车,通常以W·h为单位计量在动力电池充电期间来自电网的能量,配合车辆的行驶里程,最终以W·h/km为单位来衡量车辆的经济性能。国家标准GB/T 18386.1—2021《电动汽车能量消耗率和续驶里程试验方法 第1部分:轻型汽车》对电动汽车能量消耗率计算方法做了详细的规定[12]。

对于混合动力汽车,GB/T 19753—2021《轻型混合动力电动汽车能量消耗量试验方法》规定了电量消耗、电量保持、电量消耗+电量保持和电量保持+电量消耗四种模式下,可外接充电式混合动力汽车和不可外接充电式混合动力汽车的全电里程、电量消耗续驶里程、电量消耗循环里程和等效全电里程的定义和测试方法[13,14]。

本 章 小 结

本章以车辆纵向动力学方程为切入，从滚动阻力、爬坡阻力和空气阻力三方面分析了车辆的阻力；从能量传输路径、轮胎与路面附着力和最大牵引力两方面分析了车辆的牵引力；从车辆动力装置的理想外特性、电机外特性、发动机外特性三方面分析了车辆动力装置的外特性；从电机效率特性和发动机效率特性两方面分析了车辆动力装置的效率特性；从最高车速、爬坡能力和加速性能三方面分析了车辆的动力性能；从燃油经济性、能量消耗量与续驶里程两个方面分析了车辆的经济性。

参 考 文 献

[1] Rajesh Rajamani. 车辆动力学及控制 [M]. 王国业，江发潮，译. 北京：机械工业出版社，2011.
[2] 爱赛尼，高义民，埃玛迪. 现代电动汽车、混合动力电动汽车和燃料电池车：基本原理、理论和设计 [M]. 北京：机械工业出版社，2010.
[3] J. Y. Wong. Theory of Ground Vehicles [M]. New York：John Wiley&Sons，1978.
[4] Robert Bosch GmbH. Automotive Handbook [M]. Germany：Karlsruhe，2000.
[5] GB/T 12544—2012，汽车最高车速试验方法 [S].
[6] GB/T 18385—2005，电动汽车动力性能试验方法 [S].
[7] GB/T 19752—2005，混合动力电动汽车动力性能试验方法 [S].
[8] GB/T 12539—2018，汽车爬陡坡试验方法 [S].
[9] GB/T 12543—2009，汽车加速性能试验方法 [S].
[10] GB/T 19233—2020，轻型汽车燃料消耗量试验方法 [S].
[11] GB/T 38146.1—2019，中国汽车行驶工况 第1部分：轻型汽车 [S].
[12] GB/T 18386.1—2021，电动汽车能量消耗量和续驶里程试验方法 第1部分：轻型汽车 [S].
[13] GB/T 19753—2021，轻型混合动力电动汽车能量消耗量试验方法 [S].
[14] GB/T 19754—2021，重型混合动力电动汽车能量消耗量试验方法 [S].

储能篇

第 3 章

电动汽车储能系统概述

本章在对储能装置的分类、基本工作原理进行分析的基础上，重点讲述了目前电动汽车领域的以锂离子动力电池为代表的电化学储能装置，以及以超级电容器为代表的物理储能装置的工作原理。然后，从电学特性、安全特性及其他特性三个方面对动力电池的关键特性及参数进行了分析。最后，对超级电容器的基本特性进行了分析。

配套课件

第3章 电动汽车储能系统概述

3.1 储能装置分类、原理及结构

储能装置特指能够将电能转换成另外一种形式或者直接存储起来，并能够在特定条件下向外可控输出电能的装置。根据不同的储能原理，储能装置有很多类型。应用于电动汽车领域的储能装置应具备高能量密度、一定的功率密度、适当的成本、良好的环境适应性、较高的安全性、较长的使用寿命，同时还应易于维护。

3.1.1 储能装置分类

如图 3-1 所示，储能装置可分为机械储能、电化学储能和电磁储能三大类。

3.1.1.1 机械储能

机械储能的原理是将电能转换为动能、势能或者内能（严格意义上内能不属于机械能）等形式，并在需要时转换成电能进行输出。典型的机械储能装置包括抽水蓄能电站、压缩空气储能和飞轮储能，其储能介质分别是水的势能、压缩空气的内能及高速转动飞轮的动能。显然，抽水蓄能电站是不适用于电动汽车的，一般应用于电网的调峰。压缩空气储能和飞轮储能曾经在混合动力汽车领域初步应用，但是由于转换效率、功率和能量密度以及安全性等原因，目前已经基本淡出汽车领域[1]。

3.1.1.2 电化学储能

电化学储能的原理是依据电化学反应，将电能转换为化学能进行存储，并在需要时转换成电能进行输出。电化学储能装置一般称为"蓄电池"，简称"电池"。电池可分为一次电池和二次电池两大类。一次电池又称"原电池"，其电化反应不可逆转，不能再次充电，当内部的化学物质全部起了化学作用后便废弃。显然，一次电池不适用于电动汽车，一般应用于玩具、遥控器、军用设备等。二次电池可反复充电再循环使用，根据其主要化学材料，包含铅酸电池、镍基电池、锂基电池、液流电池及钠离子电池等新型电池。

铅酸电池（Lead-acid Battery）于 1859 年由法国物理学家普兰特发明，技术成熟、性能可靠、成本低廉、维护方便，具有较小的内阻，可应对大电流放电需要，广泛用于 UPS

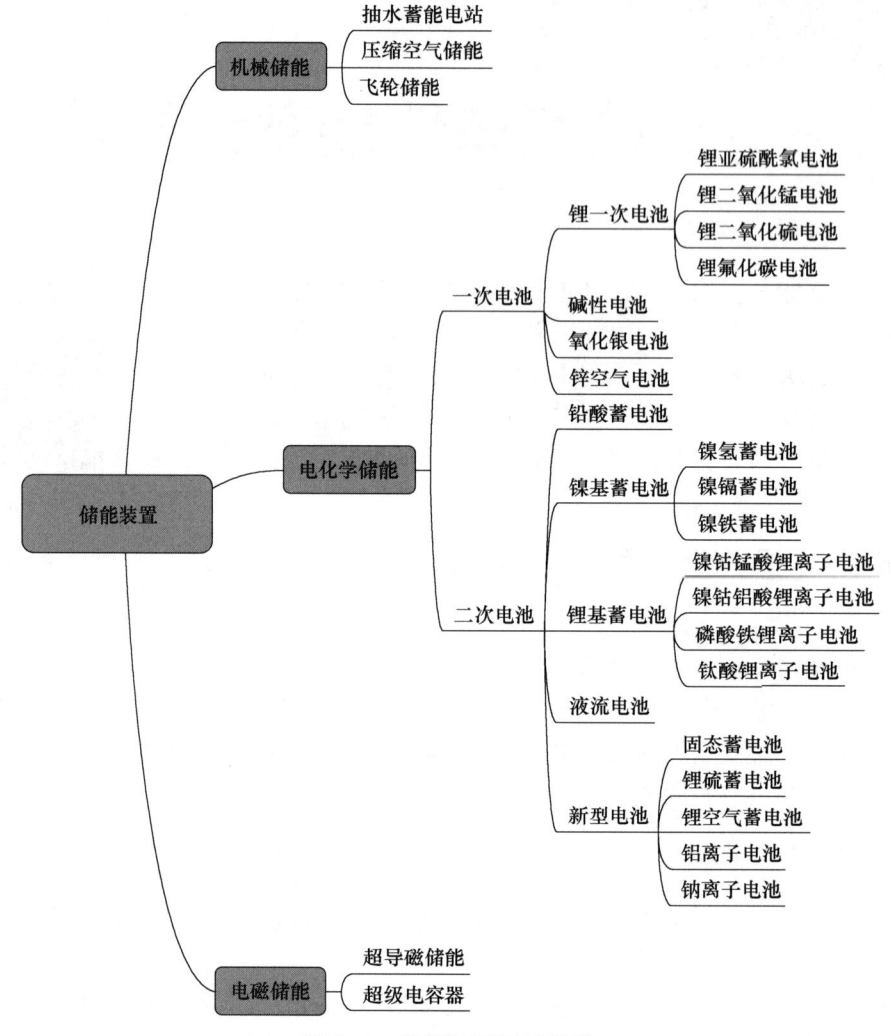

图 3-1 储能装置及其分类

不间断电源、汽车电源、电动自行车、低速电动汽车、通信基站后备电源等领域。在所有电池中，铅酸电池生产规模最大，单单汽车起动电池，全世界年产量达 10 亿个之多，每年生产铅酸电池消耗的铅高达 200 万吨，占全球铅总产量的一半以上[2]。目前，铅酸电池的能量密度为 50~70W·h/kg，循环寿命约 500 次，阀控式密封铅酸电池循环寿命可达 1000~1200 次，自放电率为 3%~20%/月，寿命一般在 5 年以内，难以满足电动汽车对高能量密度、长循环寿命、低自放电率的需求。铅酸电池早期曾短暂应用于电动汽车，目前仅用于低速电动汽车。

镍基电池主要包含镍镉电池（Ni-Cd Battery）、镍铁电池（Ni-Fe Battery）和镍氢电池（Ni-MN Battery）。镍镉电池 1899 年由瑞典的 Waldemar Jungner 发明，镍铁电池 1901 年由美国的爱迪生发明。镍镉电池的优势是放电时电压变化不大，充电为吸热反应，内阻小，对轻度的过充过放相对镍氢电池和锂离子电池来说容忍度较大。镍镉电池曾广泛应用于便携式电子产品、玩具，二十世纪七八十年代也曾用作电动车辆动力电池，其主要缺点是镉的重金属污染，目前正处于逐步淘汰阶段。镍铁电池在 1910~1960 年间曾风靡一时，主要应用于牵引机车电源等领域。其主要优点是长寿命、良好的抗过充电/过放电能力。其主要缺点则是能量密度较低、低温性能差以及与铅酸电池相比时所突显的高制造成本。目前，主流的镍基电池为在镍镉电池基础上发展出来的镍氢电池。镍氢电池于 1988 年进入实用化阶段，1990 年在日本开始规模生产，其特性类似于镍镉电池。两者之间原理上的差异在于使用金属氢化物代替了镉，用作活性负极材料。镍氢电池的显著优势是较低的环境污染、较高的回收再利用效率，被称为最环保的电池。镍氢电池具有 70~95W·h/kg 的能量密度、200~300W/kg 的功率密度、较平坦的放电电压、良好的低温性能和快速充电能力。除了广泛应用于电子产品、电动自行车和电动工具之外，镍氢电池也是 20 世纪末至 21 世纪初电动汽车和混合动力汽车的重要选择。1993 年以来，Ovonic 公司的镍氢电池已装车于 Solectric GT Force 电动汽车，续驶里程达 206km。丰田和本田公司在其 Prius 和 Insight 混合动力汽车中，均采用镍氢电池[1]。镍氢电池在电动汽车应用场景下最大的不足是较低的能量密度，不足以为纯电动汽车提供足够的续驶里程，因此一般应用于混合动力车辆。

目前，电动汽车领域最主流的电池当数锂基电池。需要说明的是，锂基电池包含锂一次电池和锂二次电池两大类，其中锂一次电池的负极材料为金属锂，故简称"锂电池"；锂二次电池依靠锂离子在正极和负极之间的移动来输出电流或者充电，一般采用碳作为负极材料，以含锂化合物作为正极材料，不存在金属锂，只有锂离子存在，故称"锂离子电池"。根据正极材料的不同，锂离子电池主要包含镍钴锰酸锂离子电池（$LiNiMnCoO_2$ 或 NCM）、镍钴铝酸锂离子电池（$LiNiCoAlO_2$ 或 NCA）、磷酸铁锂离子电池（$LiFePO_4$ 或 LFP）、钛酸锂离子电池（$Li_4Ti_5O_{12}$ 或 LTO）。

较高的能量密度、适中的功率密度、较长的循环寿命、较好的可靠性和生产友好性，以及越来越低的成本，使得锂离子电池成为电动汽车的首选[3]。锂离子电池技术的成熟直接助推了汽车动力系统电动化的第三次浪潮，当前几乎所有的纯电动汽车和多数混合动力汽车均采用锂离子电池作为储能装置。

液流电池的概念由 Thaller 于 1974 年提出，该电池通过正、负极电解质溶液活性物质的可逆氧化还原反应实现了电能和化学能的相互转换。由于活性物质存储于可流动的电解液中，液流电池可实现电化学反应场所和存储活性物质容器在空间上的分离，适合于大规模储能需求[4,5]。液流电池包含铁/铬液流电池、多硫化钠/溴液流电池、锌/溴液流电池、锌/镍液流电池、全钒液流电池等多种体系。液流电池的显著优点是成本低、寿命长，非常适合于电网储能以及其他大规模储能场景。但是，由于液流电池的工作原理和结构特征，其显然不适用于电动汽车。

如何开发新型电化学储能体系或结构，进一步提升能量密度、功率密度、循环寿命、安全性，降低成本，始终是电化学领域的研究热点，固态蓄电池、锂硫蓄电池、锂空气蓄电池、铝离子电池[6]、钠离子电池[7] 等新型电池也逐渐被提出。固态电池方面，随着高电导率高稳定性固态电解质、高稳定性正负极材料、固相界面修饰调控等技术的逐步成熟，未来首先能够规模化生产的是介于液态锂离子电池和固态锂离子之间的电池类型。在此基础上，逐步减少液体或凝胶类电解质的比例，最终过渡到固态锂电池，能量密度有望达到 500~600W·h/kg[3]。锂硫电池的体积能量密度和循环寿命仍是当前的技术难点，解决正极多硫离子溶解穿梭问题，构建高载量和高压实硫电极，减少电解液用量，消除电池燃烧安全隐患，提升金属锂负极的电化学可靠性等方面仍需持续攻关。锂空气电池方面，主要需解决性能衰退问题，解决含氧中间态产物与碳材料、电解液的化学反应技术难题[3]。

3.1.1.3 电磁储能

电磁储能属于直接式电能存储，可直接将电能以电磁场形式存储起来，无需变换为其他形式[8]。电磁场主要包括静电场和磁场两种形式，其中超导磁储能采用磁场储能形式，超级电容器采用静电场储能形式。

超导磁储能是利用超导体的电阻为零特性制成的电能储存装置，其不仅可以在超导体电感线圈内高效的储存电能，还可以通过电力电子换流器与外部系统快速交换有功和无功功率。超导磁储能装置一般由超导线圈、低温容器、制冷装置、变流装置和控制电路组成，具有功率大、损耗低、功率响应速度快等优点，非常适用于电能质量治理、提高大电网的动态稳定性方面的高功率、快速响应需求。其主要缺点是成本高、能量密度低、需要复杂的电力电子设备支持，不适用于电动汽车应用场景。如何降低成本、优化超导线材的工艺和性能、开拓新的变流器技术和控制策略、降低超导储能线圈交流损耗、提高储能线圈稳定性、加强失超保护等方面，是超导磁储能装置亟待解决的问题[9]。

超级电容器利用两个多孔导电电极之间的电场存储电能。为防止电极之间的直接接触，之间布置有隔膜，电极和隔膜浸于电解质中。超级电容器的典型优点是功率密度高，可达58.5kW/kg，远高于电池的功率密度水平；循环寿命超长，高速深度充放电循环50万次至100万次后，其容量仅降低10%~20%；温度适应性好，由于在低温状态下超级电容器中离子的吸附和脱附速度变化不大，因此其容量受温度的影响较小，商业化超级电容器的工作温度范围可达-40℃~80℃。此外，超级电容免维护、环境友好。超级电容器的缺点主要在于其较低的能量密度，通常仅1~10W·h/kg[10]。基于超级电容器的上述特征，其一般用作混合动力汽车中的峰值电源，或者混合储能装置中的功率型储能装置。

3.1.2 电池和超级电容工作原理

3.1.2.1 电池工作原理

所有电化学储能装置的工作原理基本类似，在此以经典的丹尼尔电池为例，简述电化学反应的基本工作原理（图3-2）。

将Zn（锌）置于$ZnSO_4$（硫酸锌）溶液中，将Cu（铜）置于$CuSO_4$（硫酸铜）溶液中，并用盐桥或离子膜将两电解质溶液连接起来，就构成了丹尼尔电池。

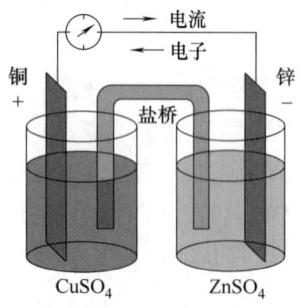

图3-2 丹尼尔电池工作原理示意图

该电池中，电化学反应发生时，Zn失去电子，构成负极；Cu得到电子，构成正极。在外电路中，电子由Zn负极流出Cu正极流入，电流方向则相反。电极反应如下：

正极： $$Cu^{2+}+2e^-\rightarrow Cu \tag{3-1}$$

负极： $$Zn\rightarrow Zn^{2+}+2e^- \tag{3-2}$$

总反应： $$Cu^{2+}+Zn\rightarrow Cu+Zn^{2+} \tag{3-3}$$

由于离子的大小及性质不同，当两种离子接触时会产生液接电势。若不进行特殊处理，液接电势将附加到电池的总体电动势上，进而降低电池电势。盐桥或者离子膜的作用是消除液接电势。通常盐桥由 U 形管和管内的惰性电解质组成，电解质通常使用饱和氯化钾（KCl）或硝酸铵（NH_4NO_3）。

丹尼尔电池的化学反应是不可逆的，因此属于一次电池。如果上述反应是可逆的，那么就构成了典型的二次电池。丹尼尔电池中 Cu 为正极材料、Zn 为负极材料、$CuSO_4$ 和 $ZnSO_4$ 为电解液，盐桥或离子膜为隔膜。

根据丹尼尔电池的基本原理，替换相应的正极材料、负极材料、电解液和隔膜便构成了其他类型的电池。典型的电池工作原理，如图 3-3 所示。

以镍钴锰酸三元锂离子电池为例，其正极材料为 Li_xNiO_2、Li_xCoO_2 和 $Li_xMn_2O_2$ 以一定的配比组成，通常用 NCMabc 表示三种材料的配比，常见的配比有 NCM523、NCM622 以及 NCM811；负极材料为锂碳层间化合物 Li_xC_6；电解液为 $LiPF_6$、$LiAsF_6$ 等有机溶液；隔膜通常为聚烯烃隔膜材料，包括聚乙烯（PE）单层、PE 多层、聚丙烯（PP）单层和 PP-PE-PP 三层材料。

锂离子电池工作时，由 Li^+ 在正负电极间的往返嵌入和脱嵌形成充放电过程。充电时，Li^+ 正极脱嵌，经过电解液和隔膜嵌入负极，正极处于贫锂态，负极处于富锂态，同时电子的补偿电荷从外电路供给到负极，保持负极的电平衡[2]；放电时，则正好相反。锂离子电池的工作原理，如图 3-4 所示。

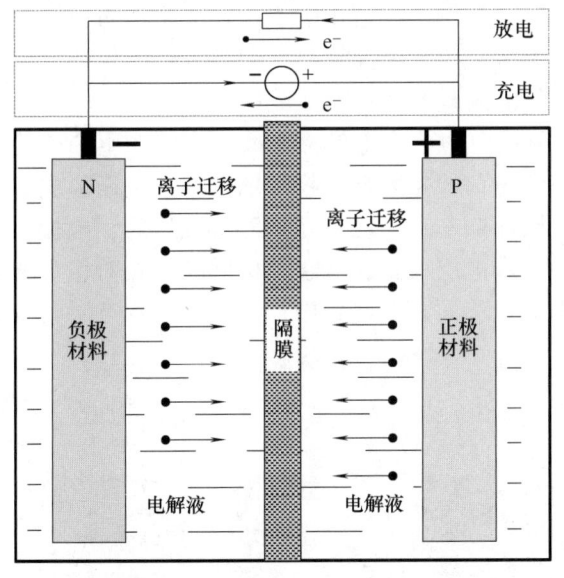

图 3-3 典型电池工作原理示意图

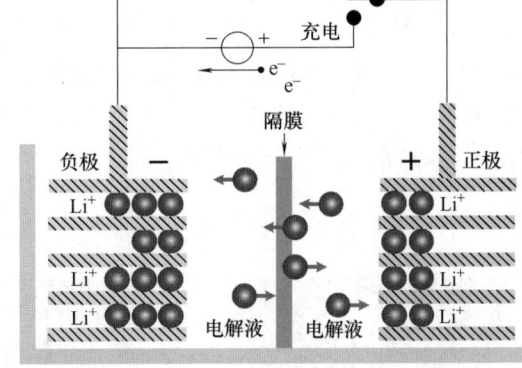

图 3-4 锂离子电池工作原理示意图

正常充放电时，锂离子在层状结构碳材料和层状结构氧化物的层间嵌入和脱出，一般只引起层面间距的变化，不会破坏晶体结构。因此，锂离子电池的充放电过程是理想的可逆过程，确保了其良好的循环寿命[2]。

上述电极反应如下：

正极： $$LiMO_2 \underset{\text{放电}}{\overset{\text{充电}}{\rightleftharpoons}} Li_{1-x}MO_2 + xLi^+ + xe^- \tag{3-4}$$

负极： $$6C+xLi^++xe^- \underset{放电}{\overset{充电}{\rightleftharpoons}} Li_xC_6 \tag{3-5}$$

总反应： $$LiMO_2+6C \underset{放电}{\overset{充电}{\rightleftharpoons}} Li_{1-x}MO_2+Li_xC_6 \tag{3-6}$$

由于镍钴锰酸三元锂离子电池有三种正极材料，因此式中的 M 代表 Ni、Co 和 Mn。

3.1.2.2 超级电容工作原理

超级电容器的能量存储机制整体上可以分为双电层电容（Electric Double Layer Capacitor，EDLC）与赝电容（Pseudocapacitor，又称法拉第准电容）两类[10]。其中，双电层电容器技术是实现超级电容器的主要途径。典型双电层电容器的基本原理，如图 3-5 所示，其主要由电极、集流体、隔膜和电解液构成。电极一般由活性炭或者碳纳米管等多孔材料制成；集流体的主要作用是汇集电流；电解液主要有硫酸、氢氧化钾等水溶液，以及碳酸丙烯酯系（PC 系）以及乙腈系（AN 系）等有机电解液；隔膜位于两个电极之间与电极一起完全浸润在电解液中，在反复充放电过程中起到隔离的作用，阻止电子传导，防止两极间接触造成的内部短路，但是隔膜能保证电解液的顺利通过[11]。

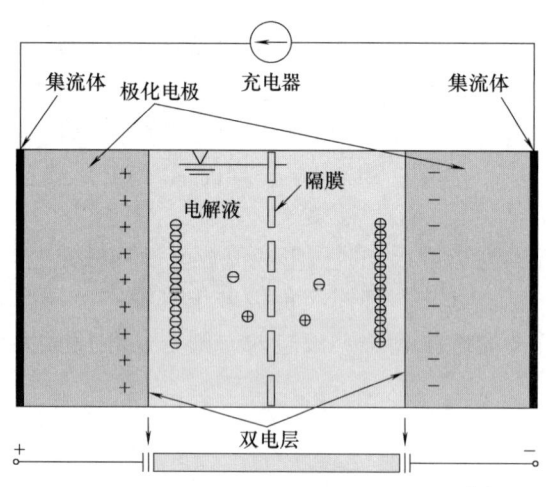

图 3-5 典型双电层电容器的基本原理[1]

电极和电解液之间会自然产生一个绝缘层。当两电极之间施加电压进行充电时，正负电荷便排列在绝缘层的两边，进而形成了一个电容器。由于该绝缘层的内部分为两层，因而叫作双电层。撤销外部电压后，电极上的正负电荷与溶液中的相反电荷离子相吸引而使双电层稳定，在正负极间产生相对稳定的电位差。当两极与外电路连通时，电极上的电荷迁移而在外电路中产生电流。双电层电容器充放电过程，如图 3-6 所示。

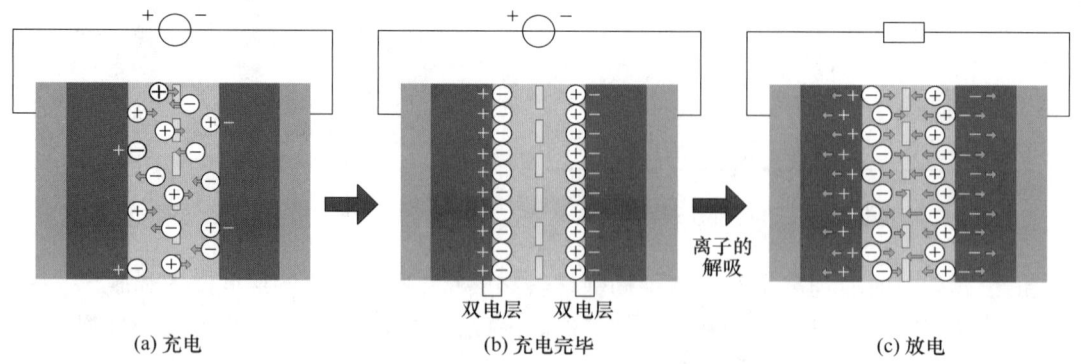

(a) 充电　　　　　(b) 充电完毕　　　　　(c) 放电

图 3-6 双电层电容器充放电过程示意图

需要强调的是，双电层是指在电极侧与电解液之间，电子和空穴彼此吸引进行排列的状态，如图 3-7 所示。

可见，虽然双电层电容器的结构和电池类似，但它依靠电解液内带电离子在电极表面电荷吸附产生的双电层实现电荷存储。该过程是电荷吸附脱附的过程，没有任何的氧化还原过程参与，也没有电荷穿过双电层。因此，双电层电容器在原理上是没有循环寿命限制的。

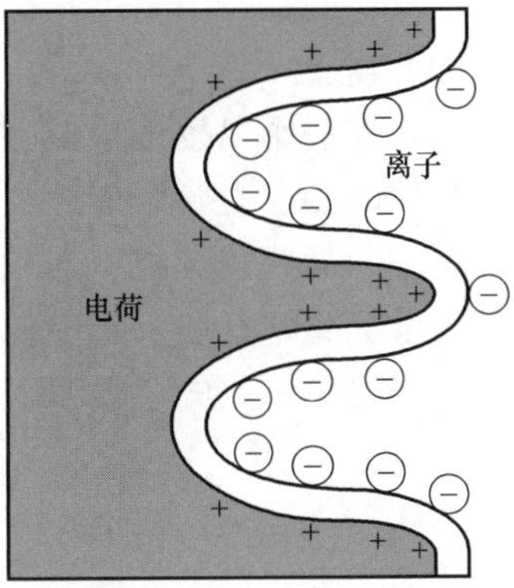

超级电容器中存储的能量可表示为：

$$E_{\text{cap}} = \frac{1}{2}CV^2 \tag{3-7}$$

式中，C 为电容量（F）；V 为有效电压（V）。超级电容器的单体有效电压由电解质的分解电压决定，典型的单体电压为 1～3.0V。为获得更高电压，必须多个单体串联。根据平板电容器的基本原理，电容量与极板面积 S 成正比，与绝缘体厚度 d 成反比，即：

$$C = \varepsilon S/d \tag{3-8}$$

图 3-7 双电层示意图

式中，ε 为绝缘体的介电常数。

3.2 电池和超级电容器结构

3.2.1 电池单体、电池模块、电池包与电池系统

依据强制性国家标准 GB 38031—2020《电动汽车用动力蓄电池安全要求》中的相关定义，对相关术语介绍如下：

（1）电池单体（Battery Cell，简称 Cell）

将化学能与电能进行相互转换的基本单元装置，俗称"电芯"。通常包括电极、隔膜、电解质、外壳和端子等，如图 3-8（a）所示。

（2）电池模块（Battery Model）

将一个以上电池单体按照串联、并联或串并联方式组合，并作为电源使用的组合体。例如，汽车起动机使用的 12V 铅酸电池，是由 6 只标称电压为 2.0V 的电池单体串联而成的。电动汽车中通常将多节电池单体并联构成电池模块，以增加容量，如图 3-8（b）所示。

（3）电池包（Battery Pack）

具有从外部获得电能并可对外输出电能的单元。通常包括多个电池模块、电池管理系统（不含主控

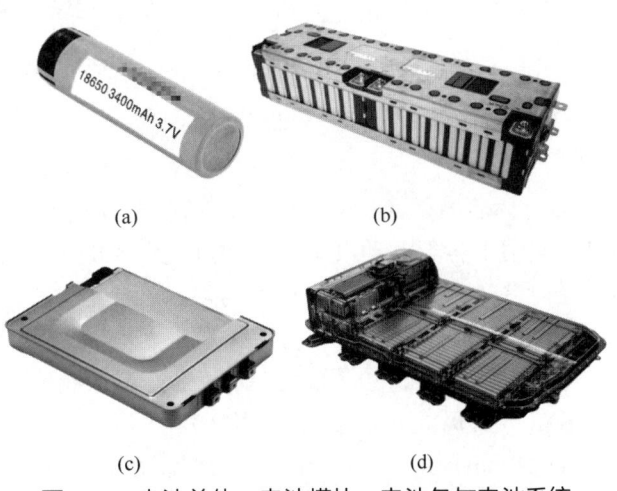

图 3-8 电池单体、电池模块、电池包与电池系统

单元)、电池箱及相应附件(冷却部件、连接线缆等),如图3-8(c)所示。

(4) 电池系统(Battery System)

一个或一个以上的电池包及相应附件(管理系统、高压电路、低压电路及机械总成等)构成的能量存储装置[12],如图3-8(d)所示。

此外,某些情况下,电动汽车动力电池系统并不完全遵守以上定义划分。例如,乘用车电池系统通常仅由一个电池包构成,电池包内直接集成了高压电路、机械总成等附件。由多个电池包构成的电池系统通常用于动力电池容量较大的商用车。

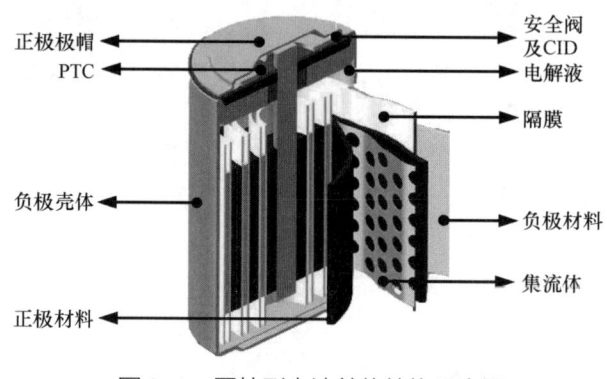

图3-9 圆柱形电池单体结构示意图

适用于电动汽车的电池单体通常有圆柱形、方形及软包三种结构,分别如图3-8(a)和图3-10(a)(b)所示。

方形和软包结构一般应用于大容量单体场合,因此能获得较高的能量密度。但由于标准结构尺寸共识度不高,不同厂家生产工艺不统一,一般应用于定制场合。圆柱形电池单体的优点主要包括:

① 卷绕工艺成熟、自动化及标准化程度高、生产效率高、一致性好、成本相对较低。

② 成组时,单体间有较大的空间,易于散热,可采用风冷等低成本冷却方式。

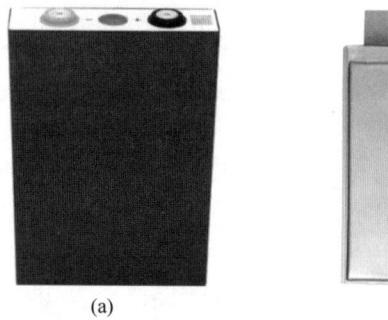

图3-10 方形电池单体和软包电池单体

③ 单体容量较小,安全性较高且成组方式更灵活。鉴于圆柱形电池单体的上述优点,其广泛应用于各类电动汽车。其缺点主要为能量密度较低导致连接损耗和管理成本较高,同时径向导热差导致温度分布不均匀。

方形、软包和圆柱形电池单体原理上完全一致,仅形状和部分材料略有区别。圆形电池单体结构,如图3-9所示主要包含:正极材料、负极材料、隔膜、电解液、集流体、正极极帽、负极壳体、安全阀及CID(Current Interrupt Device,电流切断装置)、PTC(Positive Temperature Coefficient,正温度系数)电阻等部件。正极材料、隔膜和负极材料以及集流网均匀卷绕于充有电解液的圆柱形壳体内,壳体充当负极,正极通过极帽引出。

安全阀及 CID、PTC 是单体电池的重要安全防线，安全阀及 CID 的工作原理为：由于过充电、短路等原因，单体内部产生大量气体，压力升高至一定程度时，安全阀上方的碗形铝片会向上弹起，与下方的铝片脱离接触，使电路立即断开；若是压力继续上升，安全阀将破裂，使内部压力得以释放，避免压力过高导致爆炸。

PTC 电阻的工作原理为：当电池充放电电流过高时，PTC 发热升温；当温度达到相应阈值时，PTC 电阻会突然增大，从而切断电流。

目前，电动汽车电池尺寸国家标准为 GB/T 34013—2017《电动汽车用动力蓄电池产品规格尺寸》，常见的 18650 型、21700 型圆柱形电池，其直径分别为 18mm、21mm，高度分别为 65mm 和 70mm[13]。

3.2.2 超级电容器单体、模组与系统

同电池类似，超级电容器也有单体、模组与系统的概念，依据国家标准 GB/T 34870.1—2017《超级电容器 第 1 部分：总则》和汽车行业标准 QC/T 741—2014《车用超级电容器》[14]，相关定义分别如下。

（1）超级电容器单体（Supercapacitor Cell，简称 Cell）

超级电容器的基本单元，由电极、隔膜、电解液、端子、外壳等构成的组装体，如图 3-11（a）所示。

图 3-11 超级电容器单体和模组

（2）超级电容器模组（Supercapacitor Model）

由两个或两个以上超级电容器单体以串联、并联或者串并联结合方式成组，及其相关附件构成的组合体，如图 3-11（b）所示。

超级电容器的单体有效电压由电解质的分解电压决定，常见的单体额定电压为 2.7V、3.0V，通常难以满足车辆对高电压的需求。因此需要采用串联方式提升工作电压。此外，单体容量一般从数法拉（F）至数百法拉（F）不等，当需要更大容量时，可通过并联实现扩容。

同电池类似，多节超级电容器单体的串联易造成单体间电压的不均衡，因此同样需要单体间电压平衡电路、过压保护、温度监测等辅助电路。

（3）超级电容器系统（Supercapacitor System）

可依据相应的控制策略从外部获得电能并可对外输出电能，且具有相应的安全防护、状态监测和通信功能的完整系统。通常包括多个超级电容器模组、管理系统、箱体及相应附件（冷却部件、连接线缆等）。

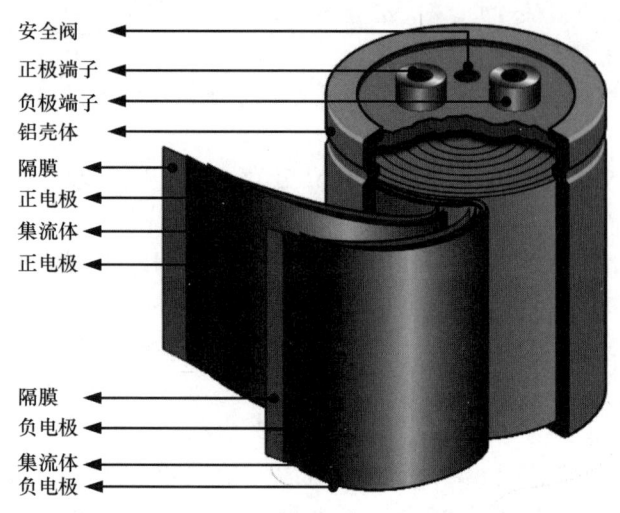

图 3-12 圆柱形超级电容器单体结构示意图

超级电容器单体也存在圆柱形和方形两种形式。如图 3-12 所示是典型的圆柱形超级电容器单体的，正极由分布于集流体两侧的正电极构成，负极由分布于集流体两侧的负电极构成，正极和负极之间由隔膜进行分割，带状卷绕于充盈有电解液的铝壳体内。正极集流体和负极集流体分别引出至位于圆柱上端部的正极端子和负极端子。

如果外部电压高于超级电容单体额定电压，内部的电解液将会分解形成气体，当气体的压力逐渐增强时至一定阈值时，通过安全阀进行压力释放，以防止壳体爆炸。

3.3 电池特性

作为复杂的电化学储能装置，电池的基本特性包括：电学特性、安全特性，以及循环寿命特性、成本特性等其他特性，如图 3-13 所示。

3.3.1 电池电学特性

3.3.1.1 电压特性

作为电压源，电池的电压特性为基本特性。但是，由于电池依赖于化学反应来存储、输出电能，其电压特性与温度、SOC、充放电电流密切相关。一般而言，温度越高、SOC 越高、放电电流越小，其输出电压越大。反之，温度越低、SOC 越低、放电电流越大，则输出电压越低。某 18650 型镍钴铝酸锂离子电池不同放电倍率下的"放电容量-电压"特性，如图 3-14 所示，其不同温度下的"放电容量-电压"特性，如图 3-15 所示，其不同温度下的"充电时间-电压/容量"特性，如图 3-16 所示。

室温下，不同类型电池的典型"SOC-电压"特性，如图 3-17 所示。

尽管电池的电压特性受温度、SOC、充放电电流的复杂影响，通常用标称电压、充电终止电压和放电终止电压来表征电池的电压特性。

（1）标称电压（Nominal Voltage）

标称电压指在规定条件下电池的标准工作电压，不同电化学体系的电池具有不同的标称电压，如表 3-1 所示为常见电池的标称电压。

（2）放电终止电压（Discharge Cut Voltage）

放电终止电压又称为放电截止电压，指电池放电时，电压下降到不宜再继续放电的最低工作电压。根据不同的电化学体系或不同的放电条件，电池的放电终止电压也不相同。

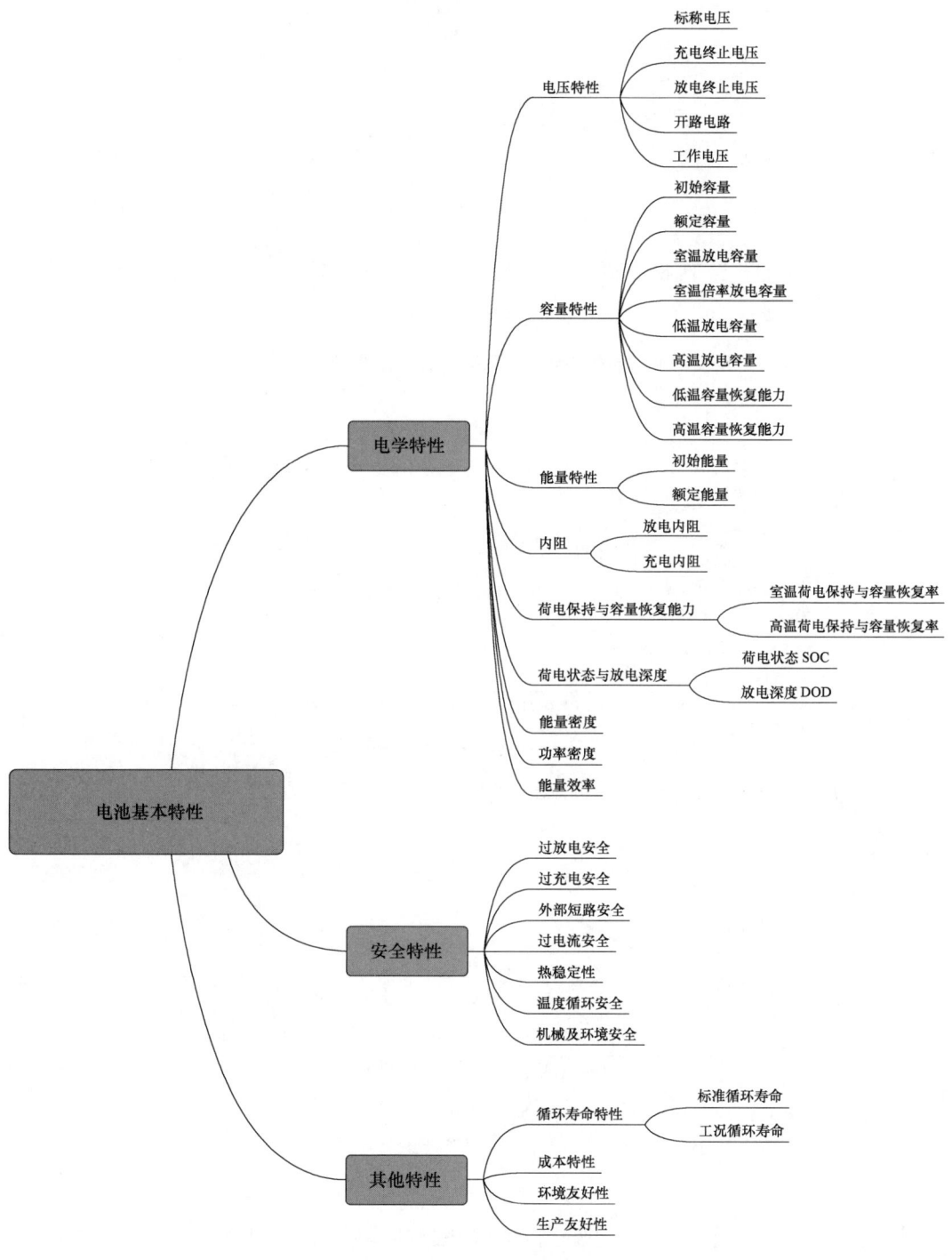

图3-13 电池基本特性

一般而言，低温或者大电流放电时，终止电压规定的较低；小电流长时间或间歇放电时，终止电压规定的较高[2]。典型的放电终止电压为三元锂离子电池和磷酸铁锂离子电池2.50V、钛酸锂离子电池1.80V。

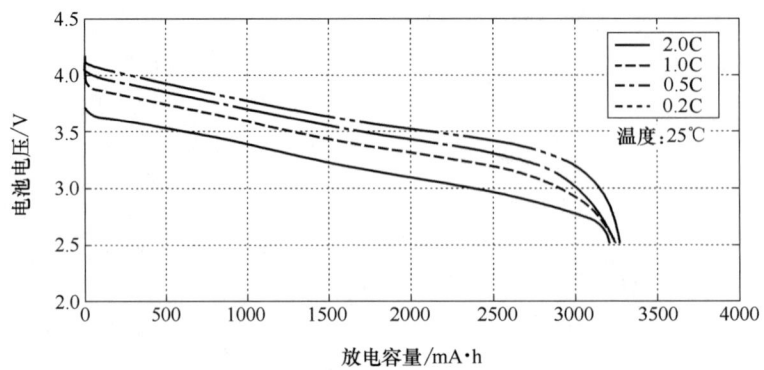

图 3-14　不同放电倍率下的"放电容量-电压"特性

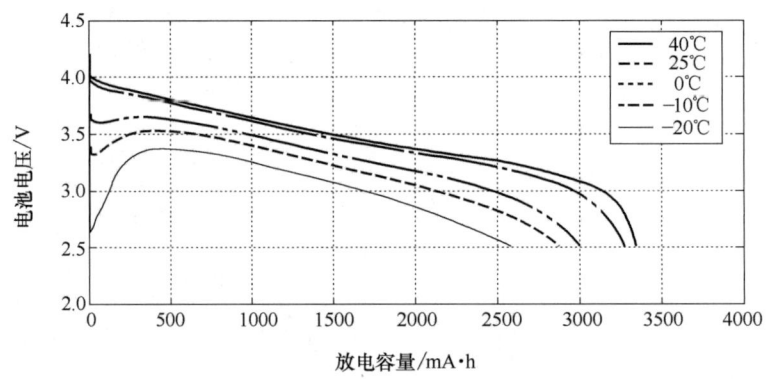

图 3-15　不同温度下的"放电容量-电压"特性

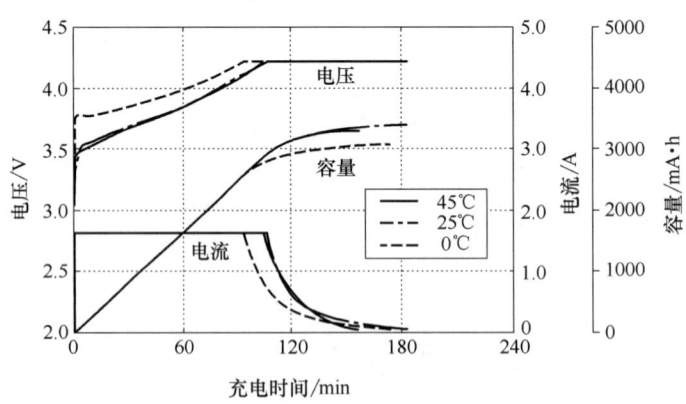

图 3-16　不同温度下的"充电时间-电压/容量"特性

（3）充电终止电压（Charge Cut Voltage）

充电终止电压又称为充电截止电压，指在规定的恒流充电期间，电池达到完全充满时的电压。如超过充电终止电压继续充电，则将对电池的性能和寿命造成损害[2]。典型的充电终止电压为三元锂离子电池 4.20V，磷酸铁锂离子电池 3.65V、钛酸锂离子电池 2.85V。

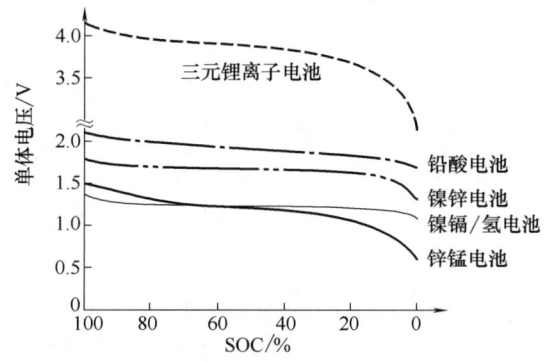

图 3-17 不同类型电池的"SOC-电压"特性

表 3-1 常见电池的标称电压

序号	电池类型	标称电压/V	序号	电池类型	标称电压/V
1	镍钴锰酸锂离子电池	3.70	6	镍镉电池	1.20
2	镍钴铝酸锂离子电池	3.60	7	镍氢电池	1.20
3	磷酸铁锂离子电池	3.20~3.30	8	镍铁电池	1.20
4	钛酸锂离子电池	2.40	9	镍锌电池	1.65
5	铅酸电池	2.00	10	铝空气电池	1.20

此外,关于电池的电压特性,还包括开路电压和工作电压。开路电压指电池在开路状态下,两极之间的电势差,开路电压取决于电池正负极材料、温度等因素;工作电压指电池接通负载后在放电过程中输出的电压,由于内阻的存在,电池的工作电压低于开路电压[2]:

$$U_o(t) = E - I(t) \cdot R_i \tag{3-9}$$

式中,U_o 为工作电压;E 为开路电压;I 为工作电流;R_i 为电池内阻。

3.3.1.2 容量特性

作为储能装置,电池的容量指其在规定的放电条件下,所能放出的电量,单位为毫安·时(mA·h)或者安·时(A·h)。根据不同的放电条件,具体包括初始容量、额定容量、室温放电容量、室温倍率放电容量、低温放电容量、高温放电容量、低温容量恢复能力。相关国家标准对上述特性的定义及试验规程进行了详细描述[16~18]。

另外,在放电试验时,通常用时率和倍率两种方式来衡量放电速率:

(1) 时率

以放电时间表示的放电速率。例如额定容量 50A·h 的电池以 10h 放电完毕,称为"C10 放电率"或者"10h 放电率",放电电流为 5A,或者称"10h 放电率电流"。

(2) 倍率

以放电电流相对额定容量大小的比率来表示的放电速率。例如额定容量 50A·h 蓄电池以 0.1C 放电率放电时,放电电流为 5A。

3.3.1.3 能量特性与内阻特性

(1) 能量特性

与容量特性类似,电池的能量指其在规定的放电条件下,所能放出的电能,单位为瓦·时（W·h）或者千瓦时（kW·h）。

（2）内阻特性

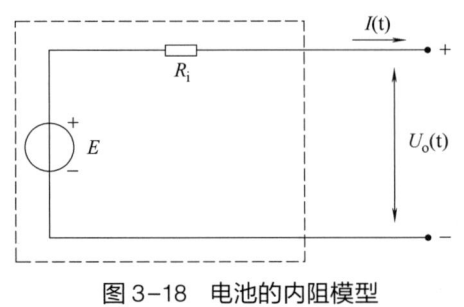

图3-18 电池的内阻模型

电池并非理想电压源，可将其等效为理想电压源 E 和等效电阻 R_i 的串联，如图3-18所示。R_i 即为其内阻，电池的内阻由欧姆内阻 R_o 和极化内阻 R_p 两部分构成。

欧姆电阻主要由电极材料、电解液、隔膜电阻及集流体、极耳等各部分零件的接触电阻组成，与电池的材料、尺寸、结构、连接方式等有关。温度恒定时，欧姆内阻基本不变。

极化内阻指电化学反应进行时由于极化所产生的电阻，是电池内部各种阻碍带电离子抵达目的地的趋势总和。极化电阻可以分为电化学极化和浓差极化两部分。

电化学极化由电解液中电化学反应的速度无法达到电子的移动速度造成的；浓差极化由锂离子嵌入脱出正负极材料并在材料中移动的速度小于锂离子向电极集结的速度造成。

极化内阻与活性物质特性、电极结构、电池的制造工艺、SOC状态、温度及充放电电流等因素有关。大电流放电时，电化学极化和浓差极化均增加，造成内阻增加；低温时，离子扩散速度变慢，极化内阻增加。

此外，对于锂离子电池而言，由于正负极材料的嵌锂状态不同，锂离子电池的充电内阻和放电内阻有差异。

测量电池内阻的方法包括直流放电法和交流注入法两大类。根据直流放电法的基本原理，工程中通常采用基于混合脉冲功率特性法（Hybrid Pulse Power Characterization，HPPC）的欧姆内阻测量方法。类似地，相关国家标准对车用动力电池的放电内阻和充电内阻测试方法进行了规定。对于高功率应用，所采用的电流脉冲功率特性曲线和电压脉冲功率特性曲线分别如图3-19和图3-20所示[18]。

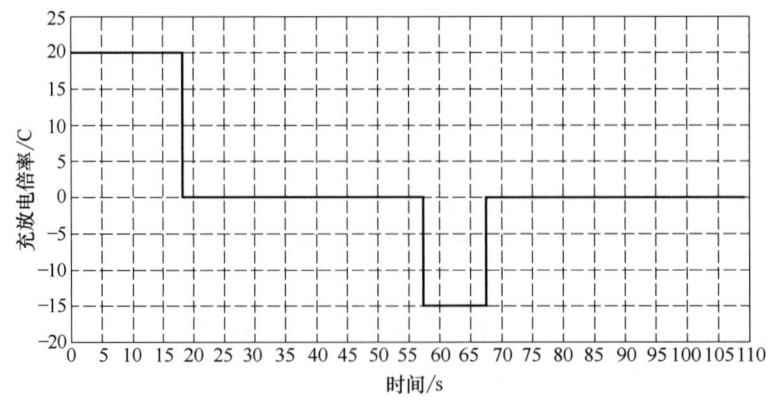

图3-19 脉冲功率特性曲线（电流）

全过程放电内阻和充电内阻的计算方法分别如公式（3-10）和公式（3-11）所示：

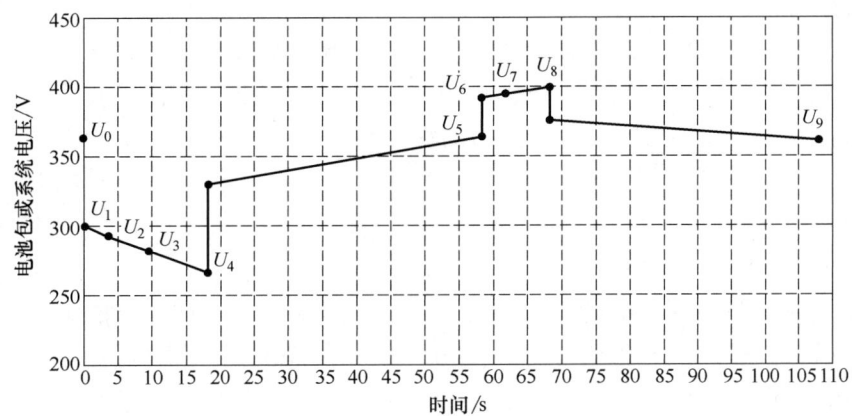

图 3-20 脉冲功率特性曲线（电压）

$$R_{\text{idis}} = \frac{U_5 - U_4}{I_4} \tag{3-10}$$

$$R_{\text{icha}} = \frac{U_9 - U_8}{I_8} \tag{3-11}$$

式中，U_5、U_4、U_9 和 U_8 为图 3-20 中相应时刻测量得到的电池电压；I_4 为当前环境温度和 SOC 下，电池最大允许的脉冲放电电流；I_8 为当前环境温度和 SOC 下，电池最大允许的脉冲放电电流的 0.75 倍。

3.3.1.4 荷电保持与容量恢复能力

荷电保持率指电池按规定的方式充满电后，在特定温度下存储一定时间后，再按规定的方式所能释放的电能占初始容量的百分比。

容量恢复率指进行荷电保持率试验后，蓄电池再次按规定的方式充满电后，所能释放的电能占初始容量的百分比。

国家标准 GB/T 31486—2015《电动汽车用动力蓄电池电性能要求及试验方法》规定的室温和高温荷电保持与容量恢复能力试验规程中，室温存储时间为 28d，高温（55℃±2℃）存储时间为 7d；以 1h 放电率放电电流进行放电，要求锂离子电池的室温及高温荷电保持率不低于 85%、容量恢复率不低于 90%；要求镍氢电池室温荷电保持率不低于 85%、高温荷电保持率不低于 90%、室温和高温容量恢复率均不低于 95%。

3.3.1.5 荷电状态与放电深度

荷电状态（State of Charge，SOC）是电池的一个重要参数，指电池当前剩余电量与实际容量（当前放电条件下可输出 A·h）的比值，范围为 0%~100%。电池 t 时刻的 SOC 定义为：

$$\text{SOC}(t) = \text{SOC}_0 - \int \frac{i}{Q(i)} dt \tag{3-12}$$

式中，$Q(i)$ 为相对于当前电流 i 的电池容量，放电时 i 为正值，充电时 i 为负值。

放电深度（Depth of Discharge，DOD）是衡量电池剩余电量的另一个参数，指放电容量与额定容量的比值，范围为 0~100%。当电池实际容量等于额定容量，且按规定放电条件进行放电时：

$$\text{DOD}(t) = 100\% - \text{SOC}(t) \tag{3-13}$$

3.3.1.6 能量密度

能量密度又称比能量，指单位质量或单位体积电池所具有的最高能量，单位分别为 W·h/kg 和 W·h/L，分别称为"质量能量密度"和"体积能量密度"。

目前，高端 21700 型圆柱形高镍低钴的镍钴铝酸锂离子电池的质量能量密度已达到 260W·h/kg；采用高镍三元正极材料（NCM811）的量产软包电池的质量能量密度已达到 288W·h/kg；磷酸铁锂离子电池的质量能量密度已达到 190W·h/kg。到 2030 年，预计高端能量型电池的质量能量密度有望突破 400W·h/kg[3]。

未来 3~5 年，固液混合电解质的锂离子电池质量能量密度和体积能量密度有望达到 300~400W·h/kg 和 800~1000W·h/L；锂硫电池质量能量密度和体积能量密度有望达到 500W·h/kg 和 600W·h/L[3]。

3.3.1.7 功率密度

功率密度又称比功率，指在规定的放电条件（放电深度、温度等）下，单位质量或单位体积电池所能提供的最大功率，单位分别为 W/kg 和 W/L，分别称为"质量功率密度"和"体积功率密度"。典型储能装置的能量密度和功率密度，如图 3-21 所示[10]。

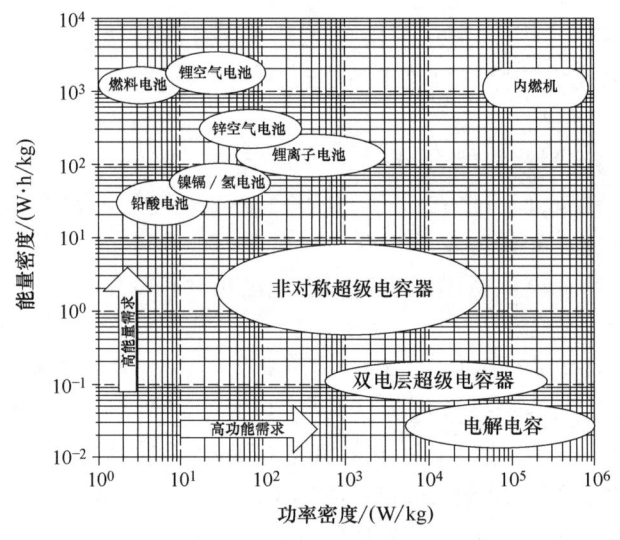

图 3-21　典型储能装置的能量密度和功率密度[10]

功率密度由电池的电化学体系、设计目标有关。例如，磷酸铁锂离子电池的功率密度一般比三元锂离子电池要高，可达 5600W/kg。此外，同一种电化学体系的电池，根据不同的应用需求，可设计为具有较高功率密度的功率型电池，或具有较高能量密度的能量型电池。但是，同一电化学体系电池的功率密度和能量密度一般而言是互相矛盾的两个指标。例如，功率型三元锂离子电池功率密度已达 4000W/kg，但能量密度仅 108W·h/kg；能量型三元锂离子电池的能量密度可达 288W·h/kg，但是功率密度低于 1500W/kg。

预计到 2030 年，高端能量型电池的质量功率密度可达 1200W/kg，体积功率密度可达 2400W/L；功率型电池的质量功率密度可达 6000W/kg，体积功率密度可达 12000W/L[3]。

3.3.1.8 能量效率

电池的能量效率用于衡量电池存储和释放能量过程中的损耗特征。典型的电池充电和放电效率特性，如图 3-22 所示。

能量效率定义为电池的放电能量与充电能量之比[2]，即：

$$\eta = \frac{\int_0^{t_0} U_o(t) I_{dis}(t) dt}{\int_0^{t_1} U_o(t) I_{cha}(t) dt} \times 100\% \quad (3-14)$$

式中，$U_o(t)$ 为电池充放电时的实时端电压；$I_{dis}(t)$ 和 $I_{cha}(t)$ 分别为电池放电和充电时的实时电流。

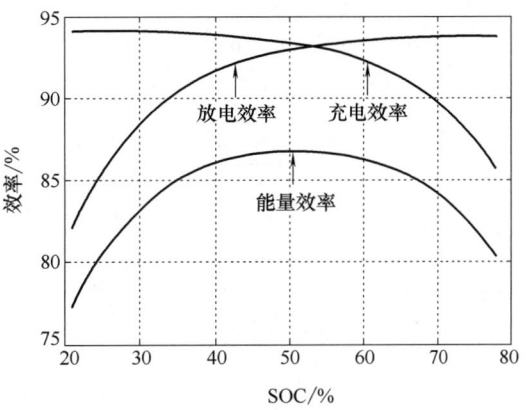

图 3-22 典型的电池充电和放电效率特性[1]

3.3.2 电池安全特性

作为化学储能装置，如使用不当，或者质量、性能不符合规定，则可能造成爆炸、起火、外壳破裂、泄漏、热失控、热扩散等故障，并对整车及司乘人员构成巨大的安全隐患。因此，电池的安全特性至关重要。根据 GB 38031—2020《电动汽车用动力蓄电池安全要求》[12]，电动汽车用电池单体或电池包/系统的安全特性主要包括。

（1）过放电安全

过放电安全分单体和电池包/系统两个层面。对于充满的电池单体，按 1h 率放电电流放电 90min 后，应不起火、不爆炸；对于电池包/系统，持续放电至其自动终止放电电流，或者发出终止放电电流信号，或者电压低至额定电压的 25%，应无泄漏、外壳破裂、起火或爆炸现象，试验后的绝缘电阻应不小于 100Ω/V。

（2）过充电安全

过充电安全分单体和电池包/系统两个层面。对于电池单体，以不小于 3h 率电流恒流充电至充电终止电压的 1.1 倍或 115%SOC 之后，应不起火、不爆炸；对于电池包/系统，采用电池系统厂家许可的用时最短充电策略进行充电至其自动终止充电电流，或者发出终止充电电流信号，或者电池系统温度升至最高工作温度加 10℃，或者持续充电 12h，应无泄漏、外壳破裂、起火或爆炸现象，且不触发异常终止条件，试验后的绝缘电阻应不小于 100Ω/V。

（3）外部短路安全

外部短路安全针对电池单体，对于满充的电池单体，将正极和负极端子用线路电阻应小于 5mΩ 的导体短路 10min，应不起火、不爆炸。

（4）过电流安全

过电流安全针对电池包/系统，充电时首先将充电电流调整至最高正常充电电流；然后，将电流在 5s 内从最高正常充电电流增加至某一过电流值（电池包/系统厂家提供）继续充电，直至电池包/系统自动终止放电电流，或者发出终止放电电流信号，或者自动终止放电电流，或者温度变化在 2h 内小于 4℃。应无泄漏、外壳破裂、起火或爆炸现象，且不触发异常终止条件，试验后的绝缘电阻应不小于 100Ω/V。

(5) 热稳定性（表3-2）

通常从电池单体和电池包/系统两个层面，考虑电池的热稳定性，具体试验方法及要求如表3-2所示。

表3-2　电动汽车电池单体、电池包/系统的热稳定性试验方法及要求[12]

对象	类别	试验方法	要求
单体	加热	对于满充的锂离子电池，温度箱以5℃/min升温至130℃±2℃，并保持30min	应不起火、不爆炸
		对于满充的镍氢电池，温度箱以5℃/min升温至85℃±2℃，并保持2h	
	温度循环	对于满充的电池单体，按规定的温度循环5次[12]，并保持1h	应不起火、不爆炸
电池包/系统	湿热循环	依据GB/T 2423.4—2008，最高温度设定60℃，循环5次[20]，在试验环境温度下观察2h	应无泄漏、外壳破裂、起火或爆炸现象，试验后30min之内绝缘电阻应不小于100Ω/V
	外部火烧	在规定的试验条件下，经预热、直接燃烧、间接燃烧、离开火源四个阶段[12]，观察2h或外表温度降至45℃	应不爆炸
	热扩散	在规定的试验条件下，选择靠近电池包中心位置的单体，在规定位置布置温度监控点，采用针刺或加热方式触发热失控[12]，以对热扩散乘员保护进行分析和验证	热失控引起热扩散，进而导致乘员舱发生危险之前5min，应提供一个热事件报警信号
	温度冲击	置于(-40℃±2℃)~(60℃±2℃)的交变温度环境中，两种极端温度的转换时间在30min以内。试验对象在每个极端温度环境中保持8h，循环5次，在试验环境温度下观察2h	应无泄漏、外壳破裂、起火或爆炸现象，试验后的绝缘电阻应不小于100Ω/V
	过温保护	由外部充放电设备进行连续充电或放电，温度箱温度从20℃±10℃逐渐升高，然后保持于电池系统的最高工作温度或相应的过热保护温度阈值[12]，直至电池包/系统自动终止或限制充放电，或者发出自动终止或限制充放电的信号，或者温度变化在2h内小于4℃	应无泄漏、外壳破裂、起火或爆炸现象，且不触发异常终止条件，试验后的绝缘电阻应不小于100Ω/V

3.3.2.1　机械及环境安全（表3-3）

表3-3　电动汽车电池单体、电池包/系统的机械及环境安全试验方法及要求[12]

对象	类别	试验方法	要求
单体	挤压	对于满充的电池单体，采用规定形状的挤压板，垂直于电池单体极板方向施压，以不大于2mm/s的挤压速度，直至电压达到0V或变形量达到15%或挤压力达到100kN或100倍试验对象重量时停止挤压，保持10min，在试验环境温度下观察2h	应不起火、不爆炸
电池包/系统	挤压	采用规定形状的挤压板，在汽车行驶方向及垂直于该方向上，同时或者分别以不大于2mm/s的挤压速度，直至挤压力达到100kN或挤压变形量达到挤压方向的整体尺寸的30%时停止挤压，保持10min，在试验环境温度下观察2h	应不起火、不爆炸

续表

对象	类别	试验方法	要求
电池包/系统	振动	将电池包/系统的SOC调至不低于正常SOC工作范围的50%,按照GB/T 2423.43—2008《电工电子产品环境试验》车辆的实际安装位置及安装要求[21],按照规定的测试条件[12],根据GB/T 2423.56—2023规定的试验过程完成试验[22],同时监控内部最小监控单元的电压、温度等状态,在试验环境温度下观察2h	应无泄漏、外壳破裂、起火或爆炸现象,且不触发异常终止条件,试验后的绝缘电阻应不小于100Ω/V
	机械冲击	对电池包/系统±z方向施加规定的半正弦冲击波各6次,相邻两次冲击的间隔时间以两次冲击在试验样品上造成的响应不发生相互影响为准,一般应不小于5倍冲击脉冲持续时间,在试验环境温度下观察2h	应无泄漏、外壳破裂、起火或爆炸现象,试验后的绝缘电阻应不小于100Ω/V
	模拟碰撞	按照GB/T 2423.43—2008《电工电子产品环境试验》车辆的实际安装位置及安装要求[21],将试验对象水平安装在带有支架的台车上,根据试验对象的使用环境给台车加规定的脉冲,在试验环境温度下观察2h	应无泄漏、外壳破裂、起火或爆炸现象,试验后的绝缘电阻应不小于100Ω/V
	浸水	对于振动试验后的电池包/系统,按照整车连接方式连接好线束,接插件等零部件,选择两种方式之一进行浸水试验:①以实车装配方向置于质量分数为3.5%的氯化钠溶液中2h;②按照GB/T 4208—2017《外壳防护等级(IP代码)》中14.2.7所述方法和流程进行试验[23],水温、水位深度符合规定要求[12]。试验结束后,在试验环境温度下静置观察2h	①应不起火、不爆炸;②试验后需满足IPX7要求,应无泄漏、外壳破裂、起火或爆炸现象,试验后的绝缘电阻应不小于100Ω/V
	盐雾	按照GB/T 28046.4—2011《电气及电子设备的环境条件和试验》5.5.2的测试方法和GB/T 2423.17—2008《电工电子产品环境试验》的试验条件,依据规定的溶液配制、循环方式进行6个循环试验[12,24,25]	应无泄漏、外壳破裂、起火或爆炸现象,试验后的绝缘电阻应不小于100Ω/V
	高海拔	气压条件为61.5kPa(模拟海拔高度为4000m),温度为20℃±10℃试验环境温度下搁置5h后,以不小于3h率放电电流放电至截止条件,在试验环境温度下观察2h	应无泄漏、外壳破裂、起火或爆炸现象,且不触发异常终止条件,试验后的绝缘电阻应不小于100Ω/V

3.3.3 电池其他特性

电池的其他特性包括循环寿命特性、成本特性、环境友好性、生产友好性等,具体如下:

3.3.3.1 循环寿命特性

作为电动汽车的关键部件,动力电池的使用寿命至关重要。一般采用特定循环次数下放电容量,或者放电容量与初始容量的百分比来表征电池的寿命特性,包括标准循环寿命和工况循环寿命。

① 标准循环寿命:以1h率放电电流进行完全放电,搁置至少30min,并以规定的充电方式进行完全充电,搁置至少30min,以1h率放电电流完全放电并记录放电容量。连

续循环 500 次后,如放电容量低于初始容量的 90% 则停止实验;否则,继续循环 500 次[16]。

GB/T 31484—2015《电动汽车用动力蓄电池循环寿命要求及试验方法》要求循环次数 500 次时,放电容量不低于初始容量的 90%,或者循环次数 1000 次时,放电容量不低于初始容量的 80%[16]。

② 工况循环寿命:针对混合动力乘用车用功率型电池、混合动力商用车功率型电池、纯电动乘用车能量型电池、纯电动商用车能量型电池和插电式/增程式电动汽车电池,分别采用特定的工况循环进行测试,当总放电能量与初始能量的比值达到 500 时,计量所得的放电容量。

3.3.3.2 成本特性

作为最昂贵的部件之一,低成本的电池系统对电动汽车大规模市场推广至关重要。电池系统中,电芯成本占总成本的一半左右,是降低总成本的关键突破口。

随着锂离子电池技术的逐步成熟,产能的稳步提升,其成本呈现出逐步下降趋势。2010 年时,锂离子电池系统的成本约为 3.0 元/(W·h);目前,其成本已经降至 1 元/(W·h),并且有望于 2025 年降至 0.45 元/(W·h)、2030 年降至 0.40 元/(W·h)、2035 年降至 0.35 元/(W·h)[3]。

3.3.3.3 环境友好性

作为大批量生产的工业产品,电池及其关键材料在生产制造、使用及循环利用过程中的环保特性至关重要。

在生产制造阶段,由于铅酸电池、镍镉等电池材料中富含铅、镉重金属,污染性较大。锂离子电池中,$LiCoO_2$、$LiMn_2O_4$、$LiNiO_2$ 等正极材料中的钴、锰、镍重金属会使环境 pH 升高;碳及石墨等负极材料生产过程中易造成粉尘污染;$LiPF_6$、$LiBF_4$、$LiClO_4$、$LiAsF_6$ 等电解质生产过程中易造成氟污染和有毒气体污染;碳酸乙烯酯(EC)、碳酸丙烯酯(PC)、甲基乙基碳酸酯(EMC)等电解质溶剂易形成醛、有机酸、醇等有机物污染。不过总体而言,相较其他电池,锂离子电池的污染性较低。

使用过程中,铅酸电池会释放少量硫化氢、砷氢化物和锑氢化物,并带出气体酸雾,造成一定的环境污染。锂离子电池、镍氢电池使用过程中基本无污染。

循环利用阶段,主要涉及有价金属浸出、分离富集、萃取分离以及有机电解质无害化处理等。目前,退役动力电池的回收通常分为湿法回收和火法回收两大技术路线。

湿法回收是我国动力电池循环利用的主流技术,主要包括预处理(放电、破碎、分选、正极活性物质材料与集流体分离)、浸出、净化分离和材料再生制备等步骤。对于磷酸铁锂离子电池,其回收形成的产品主要为磷酸锂和磷酸铁,相比三元锂离子电池,其回收价值较低,已成为制约磷酸铁锂离子电池发展的关键因素[3]。

欧洲主要采用火法回收技术,其主要工作原理为:将退役电池直接放入 1200~1500℃ 的熔炼炉中进行高温冶炼,实现了隔膜、电解液、黏结剂及负极石墨等有机物的燃烧脱除,并充分利用了铝和有机材料的还原性与蕴含能量,实现了有机物质的集中无害化处理[3]。

3.3.3.4 生产友好性

作为大批量生产的工业产品,生产过程中除了要确保对人员、环境无害外,还应确保生产工艺易于大规模批量制造、一致性好、成品率高，统称生产友好性。

目前，国外主流动力电池企业拥有较好的自动化生产技术、工艺装备和质量控制水平，特别是智能化无人制造技术为制造高一致性的动力电池产品提供了保障。目前我国动力电池企业多数生产过程处于单机自动化和局部信息链接阶段，核心工序的制程能力在1.33~1.67，产品直通率为92%~94%，材料利用率约92%[3]。

目前，我国动力电池低端材料设备已全部实现国产化，但隔膜设备、正极材料设备、负极材料设备等核心高端设备仍依赖进口。现有涂布速度已突破120m/min，卷绕线速度突破3m/s，叠片效率突破600片/min，已实现制浆、涂布、辊压、分条集成一体化，激光模切卷绕、激光模切叠片、组装过程一体化[3]。

未来新型工艺装备主要包括预锂化设备、干法制片制备设备、极片隔膜复合设备、智能化成设备。此外，在动力电池智能制造方面，核心目标是利用工业互联网平台，基于大数据、云计算和人工智能技术，提升动力电池制造质量、安全性和效率[3]。

3.4 超级电容器特性

3.4.1 电压特性

作为电压源，额定电压和绝对最大工作电压是超级电容器的两个基本电压特性。

（1）额定电压

又称为标称电压，设计时所规定的电容器的最高工作电压，通常由电解质的分解电压决定，典型的额定电压为2.7V、3.0V等。

（2）绝对最大工作电压

电容器可短时、非重复承受的最高电压。所能承受的时间由制造商提供，通常略高于额定电压。

不同于电池，超级电容器一般是可以放电至0V的。如图3-23所示为额定电压2.7V、电容量为1F的超级电容器，分别采用0.03A、0.10A、0.20A和0.30A恒流放电时得到的放电时间-电压特性曲线，该超级电容器以0.05W、0.10W、0.30W和0.50W恒功率放电得到的放电时间-电压特性曲线，如图3-24所示。从图3-23可以看出，超级电

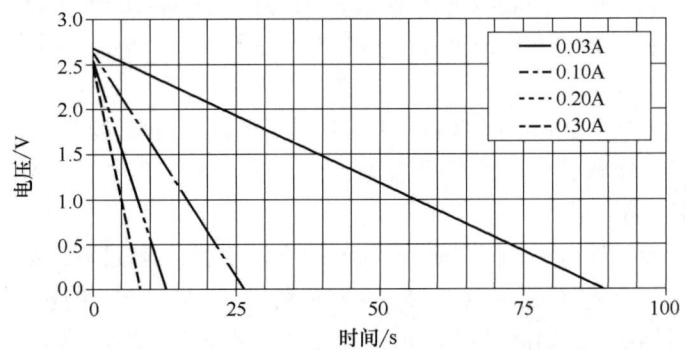

图3-23 典型的超级电容器恒流放电时间-电压特性

容器以恒流放电时，输出电压随时间线性下降。

3.4.2 容量特性

（1）额定容量

设计超级电容器时，所规定的电容量，单位为 F（法拉）。目前，超级电容器单体的容量为数法拉至数千法拉。

（2）频率-容量特性

超级电容器的时间常数远高于电解电容器，通常为 1s 左右。因此，如超级电容器工作于高频纹波

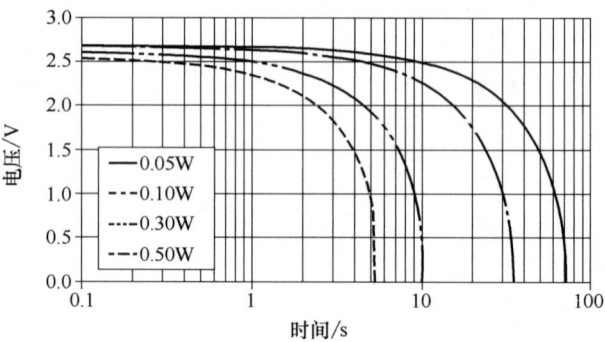

图 3-24 典型的超级电容器恒功率放电时间-电压特性

电流中时，将会导致异常发热。某额定容量为 350F、额定电压 2.7V、等效串联电阻为 3.2mΩ 的超级电容器的频率-容量特性如图 3-25 所示。

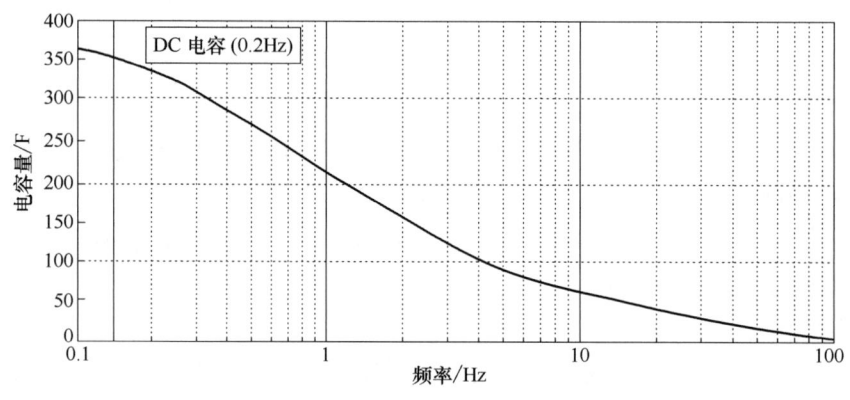

图 3-25 超级电容器的频率-容量特性

（3）工作时间-容量特性

如果电容器长期工作于高温下，其有效容量将随时间衰减。影响容量衰减速度的关键因素为温度和工作电压。温度越高，衰减速度越快，通常温度每升高 10℃，容量衰减速率将会增加一倍；电压越高，衰减速度越快，某超级电容器在 65℃ 最高工作温度时，在 2.5V 和 2.7V 工作电压下的工作时间-容量特性，如图 3-26 所示。图中 R_C 为有效电容量相对于额定容量的百分比。

在不间断电源（Uninterrupted Power Supply，UPS）等应用场景下，超级电容器通常需要长期处于带压工作状态，必须结合实际工作温度，评估其容量衰减状态。

（4）循环次数-容量特性

通常，超级电容器拥有远高于锂离子电池的循环寿命。室温下，某型超级电容器以分别从 2.7V 和 2.5V 连续电流放电至 1.35V，然后静置 15s 为一个循环周期，进行连续测试得到循环次数-容量特性，如图 3-27 所示。可见，从 2.7V 开始放电，100 万次循环时，超级电容器的容量才降至额定容量的 80%。

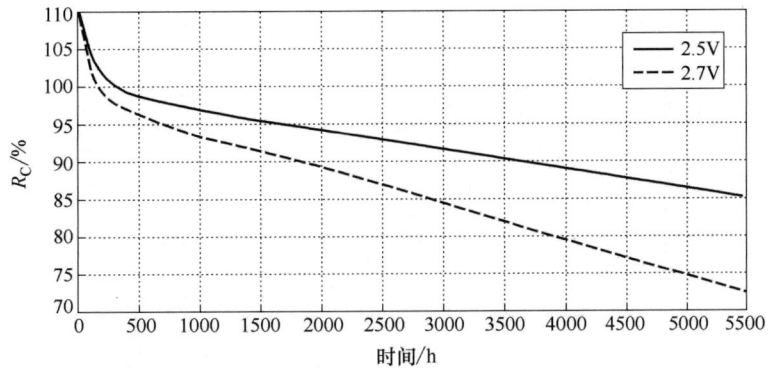

图 3-26 超级电容器的工作时间-容量特性

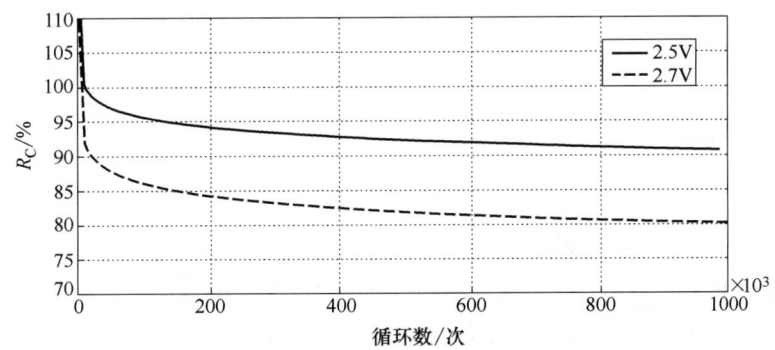

图 3-27 超级电容器的循环次数-容量特性

3.4.3 ESR 特性

（1）等效串联电阻（Equivalent Series Resistance，ESR）

超级电容器并非理想无损耗装置，集流体、电极、隔膜和电解质均存在一定的电阻，当电流通过时，有一部分能量将会转化成热能损失。因此，超级电容器可等效为理想电容和电阻的串联，该串联电阻即等效串联电阻。超级电容器的等效串联电阻通常为数毫欧（mΩ）至数十毫欧（mΩ）不等，容量越大等效串联电阻越小。

（2）频率-等效串联电阻特性

ESR 并非定值，而是取决于施加于超级电容器上的电流频率，且随频率增加而降低。某超级电容器的频率-等效串联电阻特性，如图 3-28 所示。

（3）工作时间-等效串联电阻特性

如果电容器长期带压工作，其 ESR 随工作时间而增加。影响 ESR 增加速度的关键因素为工作电压。电压越高，ESR 增加速度越快。某超级电容器在 65℃ 最高工作温度时，在 2.5V 和 2.7V 工作电压下的工作时间-等效串联电阻特性，如图 3-29 所示，图中 R_E 为实时 ESR 相对于初始 ESR 的百分比。

3.4.4 电流特性

（1）峰值放电电流

峰值放电电流指超级电容器短时间内可提供的最大电流。通常定义为在 1s 内，可将

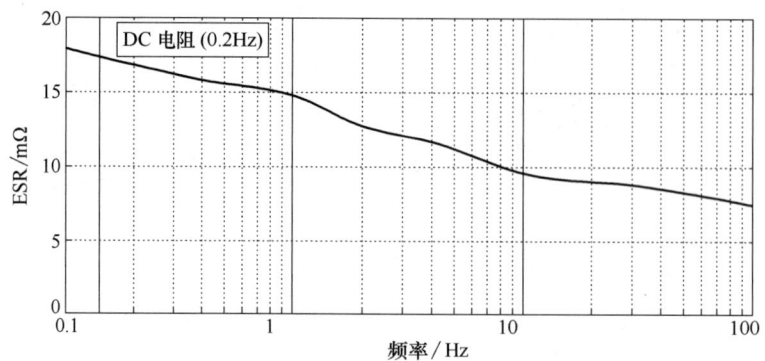

图 3-28 超级电容器的频率-等效串联电阻特性

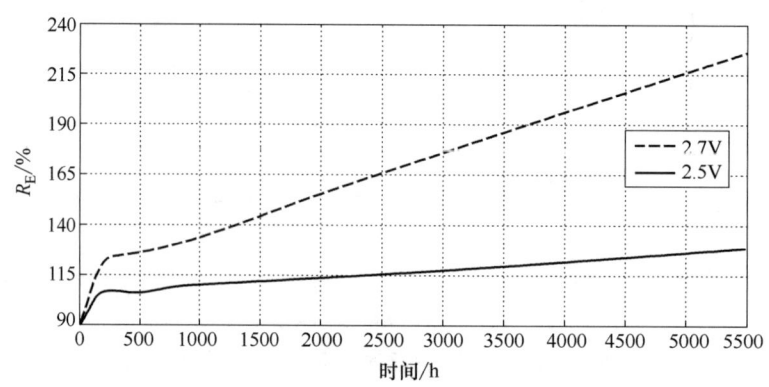

图 3-29 超级电容器的工作时间-等效串联电阻特性

超级电容器从额定电压降至一半的最大电流:

$$I_{peak} = \frac{0.5V_R}{\Delta t/C_R + ESR_M} \tag{3-15}$$

式中,V_R 为额定电压;C_R 为额定容量;ESR_M 为最大 ESR;Δt 为放电时间;通常定义 $\Delta t = 1s$。例如,当 $V_R = 3.0V$,$C_R = 50F$,$ESR_M = 16m\Omega$ 时,$I_{peak} = 41.67A$。

(2) 最大连续放电电流

最大连续放电电流指在容许的温升范围内,超级电容器可提供的连续放电电流:

$$I_{max} = \sqrt{\frac{\Delta T}{R_{th} \times ESR_M}} \tag{3-16}$$

式中,ΔT 为容许的最大温升范围,R_{th} 为热阻(℃/W)。

例如,当 $\Delta T = 15℃$ 时,$R_{th} = 22.89℃/W$ 时,$I_{max} = 6.4A$。

(3) 漏电流

当超级电容器施加特定的直流工作电压时,随着时间而逐步下降的充电电流将最终稳定于某一电流终值,该终值电流称为漏电流。漏电流对温度非常敏感,随着温度的增加,超级电容漏电流将急剧增加。此外,通常容量越大,漏电流越大,从数十微安(μA)至数毫安(mA)不等。

典型的漏电流测试方法为:25℃时,对超级电容器施加额定工作电压,72h 后的充电电流即为漏电流。

3.4.5 功率密度和能量密度

超级电容器的功率密度和能量密度定义与电池相同，如图3-21所示。只是超级电容器的功率密度远高于电池，可达数千瓦每千克（kW/kg）至数十千瓦每千克（kW/kg），但是能量密度通常较低。

本章小结

本章对机械储能、电化学储能和电磁储能三类储能装置的基本工作原理进行了分析；从电池单体、电池模块、电池包与电池系统四个层面阐述了电池的结构；从超级电容器单体、模组与系统三个层面阐述了超级电容器的结构；从电压特性、容量特性、能量特性、内阻特性、荷电保持与容量恢复能力、荷电状态与放电深度、能量密度、功率密度、能量效率等方面分析了电池的电学特性；从过放电安全、过充电安全、外部短路安全、过电流安全、热稳定性和机械及环境安全等方面分析了电池安全特性；从循环寿命特性、成本特性、环境友好性和生产友好性等方面分析了电池的其他特性；从电压特性、容量特性、ESR特性、电流特性、功率密度和能量密度等方面分析了超级电容器的基本电学特性。

参 考 文 献

[1] Ehsani M, Gao Y, Emadi A. Modern Electric, Hybrid Electric, and Fuel Cell Vehicles: Fundamentals, Theory, and Design [M]. 2nd Edition. Boca Raton: CRC press, 2010.

[2] 王震坡, 孙逢春, 刘鹏. 电动车辆动力电池系统及应用技术: 第2版 [M]. 北京: 机械工业出版社, 2017.

[3] 中国汽车工程学会. 节能与新能源汽车技术路线图2.0 [M]. 北京: 机械工业出版社, 2021.

[4] 贾志军, 宋士强, 王保国. 液流电池储能技术研究现状与展望 [J]. 储能科学与技术, 2012, 1 (1): 50-57

[5] 谢聪鑫, 郑琼, 李先锋, 等. 液流电池技术的最新进展 [J]. 储能科学与技术, 2017, 6 (5): 1050-1057.

[6] Lin M C, Gong M, Lu B, et al. An ultrafast rechargeable aluminium-ion battery [J]. Nature, 2015, 520 (7547): 324-328.

[7] Xia H, Zhu X, Liu J, et al. A monoclinic polymorph of sodium birnessite for ultrafast and ultrastable sodium ion storage [J]. Nature Communications, 2018, 9 (1): 5100.

[8] 佩塔尔 J. 格尔波维奇. 超级电容器在功率变换系统中的应用、分析与设计—从理论到实际 [M]. 北京: 机械工业出版社, 2017.

[9] 郭文勇, 张京业, 张志丰, 等. 超导储能系统的研究现状及应用前景 [J]. 科技导报, 2016, 34 (23): 68-80.

[10] Shao Y, El-Kady M F, Sun J, et al. Design and mechanisms of asymmetric supercapacitors [J]. Chemical reviews, 2018, 118 (18): 9233-9280.

[11] 郝静怡，王习文. 超级电容器隔膜纸的特性和发展趋势 [J]. 中国造纸，2014，33（11）：62-65.

[12] GB 38031—2020，电动汽车用动力蓄电池安全要求 [S].

[13] GB/T 34013—2017，电动汽车用动力蓄电池产品规格尺寸 [S].

[14] GB/T 34870.1—2017，超级电容器 第1部分：总则 [S].

[15] QC/T 741—2014，车用超级电容器 [S].

[16] GB/T 31484—2015，电动汽车用动力蓄电池循环寿命要求及试验方法 [S].

[17] GB/T 31486—2015，电动汽车用动力蓄电池电性能要求及试验方法 [S].

[18] GB/T 31467—2023，电动汽车用锂离子动力电池包和系统电性能试验方法. [S].

[19] GB/T 2423.4—2008，电工电子产品环境试验 第2部分：试验方法 试验Db：交变湿热（12h+12h循环）[S].

[20] GB/T 2423.43—2008，电工电子产品环境试验 第2部分：试验方法 振动、冲击和类似动力学试验样品的安装 [S].

[21] GB/T 2423.56—2023，环境试验 第2部分：试验方法 试验Fh：宽带随机振动和导则 [S].

[22] GB/T 4208—2017，外壳防护等级（IP代码）[S].

[23] GB/T 28046.4—2011，道路车辆 电气及电子设备的环境条件和试验 第4部分：气候负荷 [S].

[24] GB/T 2423.17—2008，电工电子产品环境试验 第2部分：试验方法 试验Ka：盐雾 [S].

第 4 章 动力电池管理

4.1 动力电池管理系统概述

4.1.1 动力电池系统

动力电池系统是电动汽车的核心关键部件，主要体现在成本、技术和安全三个方面。

(1) 成本方面

动力电池系统是整车中成本最高的部件。

(2) 技术方面

动力电池在能量密度、循环次数、充电速率、安全性等方面仍是影响电动汽车接受度的主要技术瓶颈。

(3) 安全方面

动力电池问题引发的故障是电动汽车安全事故的主要原因。

纯电动汽车整车成本典型占比及新能源汽车国家监测与管理中心统计的 2019 年底全国电动车辆安全事故情况分析，如图 4-1 所示。

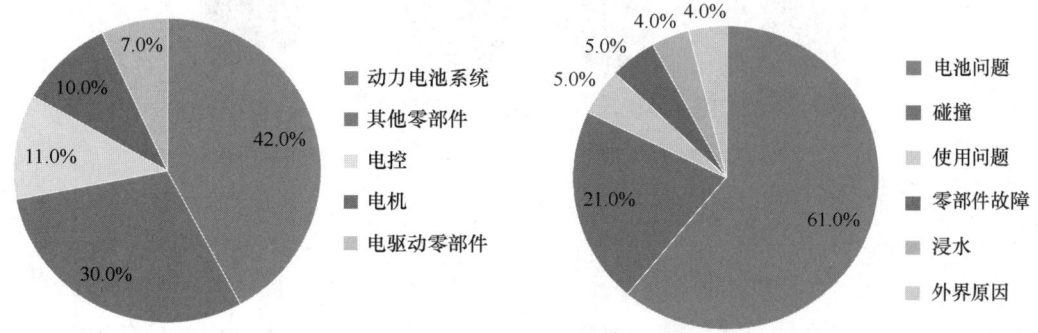

图 4-1 纯电动汽车整车成本占比及全国电动车辆安全事故情况分析

动力电池系统是集化学、机械和电气特性于一体的复杂系统，主要包含由多节单体先并联再串联而成的动力电池组、BMS（Battery Management System，电池管理系统）、结构件（含箱体、汇流条、密封垫等）、高压线束、配电盒、维修开关、热管理组件（含水冷板、风扇及加热板）等部分，其结构如图 4-2 所示。

技术层面，动力电池系统涉及电池技术、成组技术及 BMS 技术，其中电池技术是动力电池系统的"基因",从根本上决定了动力电池系统的基础性能;成组技术是动力电池系统的"体格",决定了电池系统的可靠性;BMS技术则是动力电池系统的"大脑",决定了动力电池系统的状态监测精度、故障预警可靠性。工程层面,动力电池安装于车辆,需承受高温、高湿、振动等恶劣工作环境,要确保动力电池系统长期安全、耐用,必须在设计阶段定义好如何使用和维护。所以,动力电池系统工程开发时,应定义和控制全生命周期,从产品设计、产品实现及产品维护三个方面综合考虑,以确保动力电池系统各方面性能。动力电池技术和工程层面的两个"铁三角"关系如图4-3所示[1,2]。

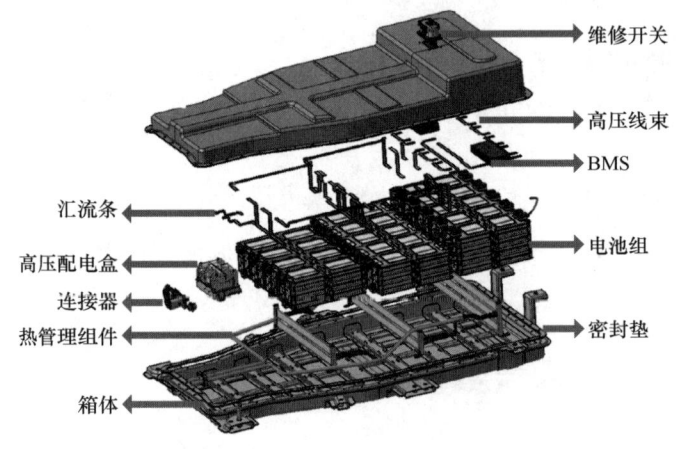

图4-2 动力电池系统结构

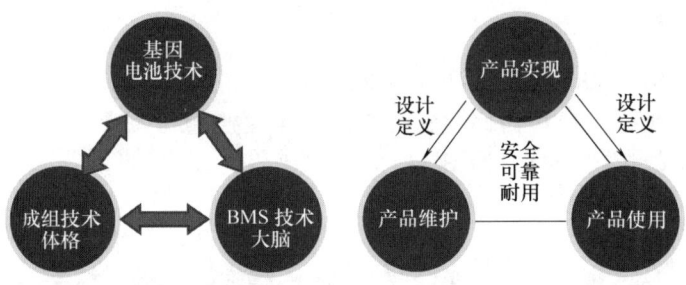

图4-3 动力电池系统技术与工程层面的两个"铁三角"关系

4.1.2 动力电池管理

作为动力电池系统的"大脑",BMS的核心关键地位主要体现在以下几个方面。

(1) 成本方面

BMS占动力电池系统总成本的12%左右,是除了动力电池组以外成本最高的零部件。

(2) 功能方面

由于动力电池组普遍采用"先并联再串联"的成组方式,整个动力电池系统由数千只电池单体、数十个电池模块(多节单体并联)构成,每个电池模块的电压均需要由BMS进行监控及均衡管理;动力电池的复杂放电倍率-容量特性、温度-容量特性、容量-功率特性、充放电特性、过充过放特性、安全特性需要BMS完成SOC/SOH/SOP状态估计、热管理、故障诊断等任务;BMS负责完成与充电桩、充电枪之间的充电控制导引功能；BMS 负责电池历史信息的存储、整车的配电管理以及与其他控制器之间的通信交互。

（3）安全方面

BMS 担负着动力电池系统过流过压保护、过温保护、过充过放保护、绝缘电阻检测、故障分析处理等与安全息息相关的各项功能，其可靠性直接决定整个动力电池系统的安全。

（4）技术层面

单体电池一致性演化规律与抑制恶化策略、多个体动力电池系统的建模理论与状态估计方法、单体电池及电池系统故障诊断理论算法及故障处理机制等仍然是需要进一步深入研究，是提升整个动力电池系统状态监测精度、安全性及可靠性的关键。

4.2 动力电池管理系统功能

BMS 是一个为管理电池而设计的电子控制系统，BMS 最核心的功能是根据车辆运行工况对动力电池的各项状态进行检测和控制，从而在保证电池安全的前提下最大限度地利用电池储存的能量。此外，BMS 还应具有充放电管理和信息管理等辅助功能。动力电池管理系统功能的 6 大类、18 项功能，如图 4-4 所示。

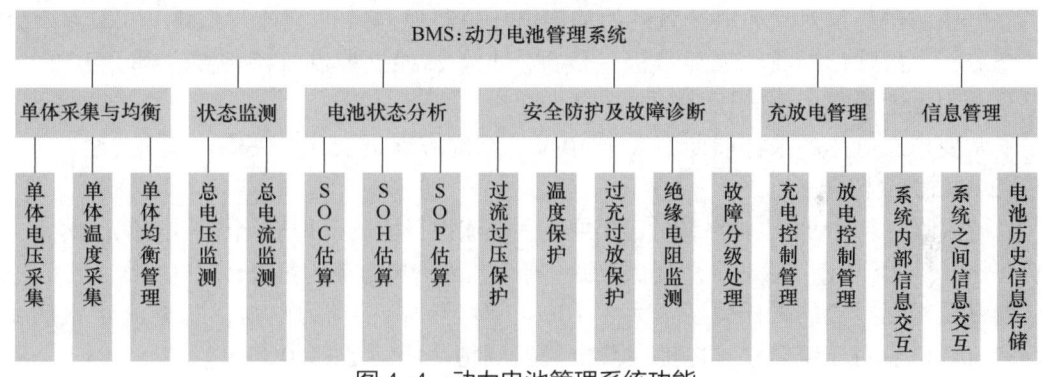

图 4-4 动力电池管理系统功能

4.2.1 单体采集与均衡

单体采集与均衡主要包括单体电压采集、单体温度采集、单体均衡控制三项功能。

（1）单体电压采集

单体电压采集是指对电池模块的电压进行采集，以获取所有电池模块的实时工作电压。单体电压最能直接体现电池的状态，通过对单体电压的采集可以判断单体电池是否过充、过放，同时可以根据单体电压估算电池模块的 SOC；通过对所有单体的监控可判断单体的一致性，进而为整个动力电池系统的 SOH 估算提供依据。

通常要求电池模块电压检测的测量范围为 0~5V，测量周期不超过 50ms。对于锂离子动力电池，电池模块电压检测精度应满足±0.5%FS（Full Scale，满量程），且最大误差的绝对值应不大于 10mV；对于镍氢动力电池，电池模块电压检测精度应满足±1.0%FS[4]。

（2）单体温度采集

单体温度的采集目的是防止电池组温度过高引发安全事故，同时在充电或者放电时，通过热管理系统将动力电池组加热或者冷却至最佳温度，以便于提升动力电池系统的使用效能。一般通过在动力电池组内选择几个代表性的位置安装温度传感器，根据热模型实现对整个动力电池系统温度的估算。同时，还应具备传感器断线和短路故障检测能力。

通常要求温度采集范围-40~125℃，采集周期不大于1s。对于锂离子动力电池，在-20~65℃范围内，温度检测精度应满足±2℃；在-40~20℃以及65~125℃范围内，温度检测精度应满足±3℃。

对于镍氢动力电池，在-20~65℃范围内，温度检测精度应满足±3℃；在-40~20℃以及65~125℃范围内，温度检测精度应满足±5℃。

（3）单体均衡管理

由于受生产工艺不稳定等"先天"因素或者使用环境不一致等"后天"因素的影响，电池组内的各个电池模块电压存在一定程度的不一致性。电池均衡管理指采取一定的措施尽可能降低电池模块电压不一致的负面影响，以达到优化电池组整体放电效能，延长电池组整体寿命的效果。均衡管理可通过被动均衡技术或主动均衡技术实现。

4.2.2 状态监测

（1）总电压监测

总电压监测是指对动力电池系统的输出电压进行监测（即直流母线电压），为动力电池状态分析、故障诊断或仪表显示提供数据。此外，根据控制策略需要，部分BMS还需要采集动力电池系统内侧电压。

通常要求总电压的采样周期不大于10ms，精度应满足±1.0%FS[3]。

（2）总电流监测

总电流监测指对动力电池系统的输出或输入电流进行监测（即直流母线电流），为动力电池状态分析、故障诊断或仪表显示提供数据，通常规定充电电流为负值、放电电流为正值。

通常要求总电流的采样周期不大于10ms。对于锂离子动力电池，总电流监测精度应满足±2.0%FS；对于镍氢动力电池，总电流监测精度应满足±3.0%FS[4]。

4.2.3 电池状态分析

（1）SOC估算

SOC是动力电池系统的核心参数，是整车控制系统评估动力电池系统电量的唯一依据。工程中，通常依据动力电池系统的初始SOC，根据SOC-OCV（Open Circuit Voltage，开路电路）曲线，结合温度、单体电压、总电压、总电流等实时信息，按照相应的算法对SOC累积误差进行修正，并对SOC的变化能进行平滑处理来实现SOC估算。典型的不同温度条件下三元锂离子动力电池的SOC-OCV曲线如图4-5所示。工程中，通常根据该曲线，通过插值获得动力电池的单体"温度-OCV-SOC"特性，并将其预置于BMS主控单元。车辆启动或者充电启动时，BMS主控单元根据实时温度和OCV确定当前初始SOC，然后通过对充放电功率进行积分，获取当前的动力电池系统的实时SOC。

对于纯电动汽车、插电式混合动力汽车或者增程式电动汽车，SOC估算的累计误差应不大于5.0%；对于混合动力汽车，锂离子动力电池SOC估算的累计误差应不大于15.0%，镍氢动力电池SOC估算的累计误差应不大于20.0%[3]。

（2）SOH 估算

依据电池当前状态和电池初始参数，SOH 估算通过电池充满和放电结束过程的电量数据，在满足设定条件情况下估算出电池的实际容量与初始容量的比例。此外，SOH 需要能体现累积充放电容量和电芯内阻变化对电池寿命的影响。

（3）SOP 估算

SOP 估算又称功率限值估算。SOP 估算根据电池实际状态，实时告知整车控制系统当前可用持续充

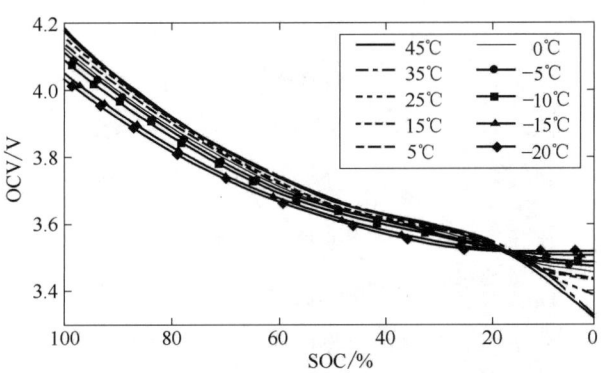

图 4-5 不同温度下三元锂离子动力电池的 SOC-OCV 曲线

放电功率及峰值充放电功率。工程中，一般根据动力电池特性及相关实验数据，分别获取"温度-SOC-最大放电电流"特性和"温度-SOC-最大充电电流"特性，预置于 BMS 主控单元。车辆运行时，BMS 主控单元根据实时温度和 SOC，通过插值获取当前动力电池系统的最大放电或者充电电流。某动力电池系统的"温度-SOC-最大放电电流"特性和"温度-SOC-最大充电电流"特性分别如图 4-6 和图 4-7 所示。

通常功率限值估算误差绝对值应满足 ±5.0%。

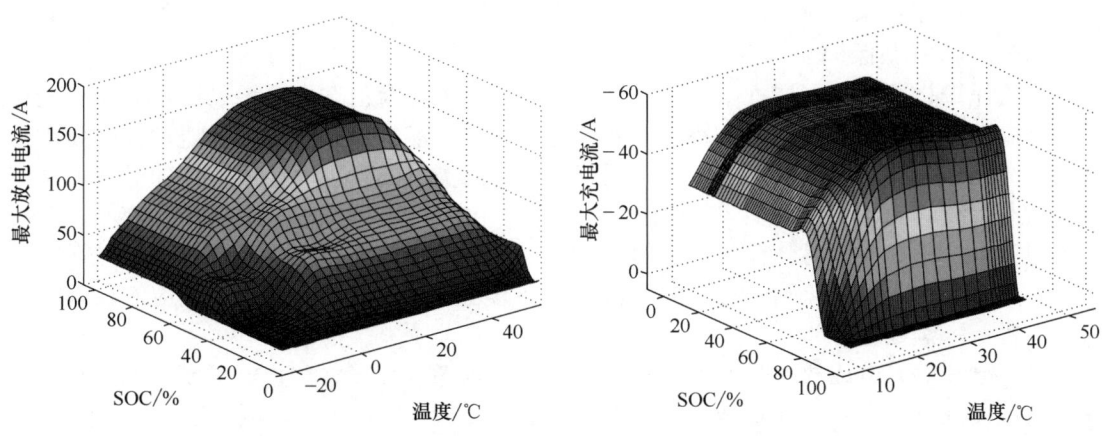

图 4-6 温度-SOC-最大放电电流特性　　图 4-7 温度-SOC-最大充电电流特性

4.2.4 安全防护和故障诊断

作为化学储能装置，动力电池的特性与充放电电流、电压、温度等因素密切相关。一旦出现过充、过放、过温等情况，可能导致电池的使用效能降低、电池损坏甚至引发安全事故，危及司乘人员生命健康。动力电池的安全失效及防护机制如图 4-8 所示，可以看出，尽管为了防止动力电池的过温、低温、过流、过放，整个动力电池系统构建了 BMS、CID（Current Interrupt Device，电流切断装置）、熔断器、压力阀多重防护机制，但是后三者均位于电池单体或者电池组内，一旦发生，会对动力电池系统造成不可逆转的损害。只有 BMS 才能对故障进行预警，并执行相关安全防护策略。因此，BMS 需要具备以下四方

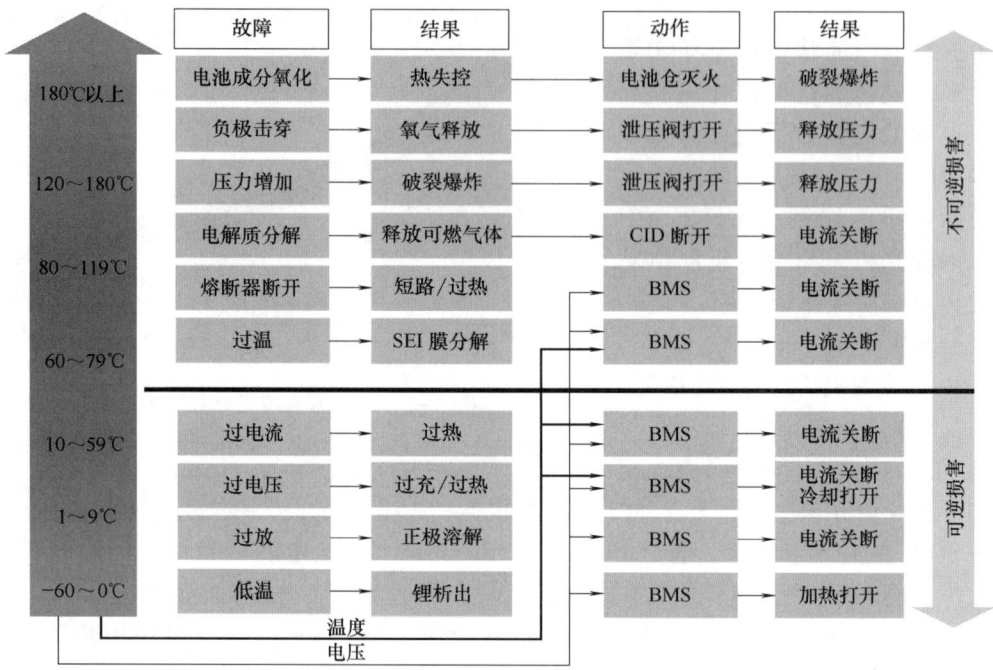

图 4-8 动力电池安全失效及防护机制

面的安全防护和故障诊断功能。

(1) 过流过压保护

过流保护指在充放电过程中，如果工作电流超过了安全值，则应该采取相应的安全保护措施。大多数的动力电池都支持短时间的过载放电，能在汽车起步、提速过程中提供较大的电流以满足动力性能的要求，但不同厂家、不同类型的动力电池所支持的过载电流倍率、过载持续时间不同，并且与动力电池的 SOC 和温度等因素密切相关。作为电压源，动力电池系统很难主动对其输出电流进行限制。工程中一般通过当前 SOP 状态，判定是否发生过流。一旦过流，则通过总线向整车控制器发送过流报警，以根据相应的控制策略对整车进行降额处理。

动力电池对充电或放电时的电压极为敏感，一旦超过其充电截止电压或者低于其放电截止电压，则可能会对电池造成永久性损耗。因此，BMS 需实时监测动力电池系统的总电压及单体电压，一旦超过限值，则执行相应的保护及故障分级处理机制。

(2) 温度保护

一方面，动力电池的特性与温度密切相关，应根据动力电池的温度特性，通过加热、冷却等方式使其工作于适宜的温度范围，以最大化发挥电池的效能；另一方面，动力电池充放电过程中均会产生热量，热量累积将会造成温度的升高，进而影响动力电池的效能。因此，当温度超过一定的限值时，BMS 应对动力电池采取保护性的措施。此外，由于温度的变化需要一个过程，温度控制往往也具有滞后性，因此温度保护通常需要预留足够的提前量。

(3) 过充过放保护

过充是指使用超过特定值的电压对动力电池进行充电。过放是指当动力电池电压降至指定值时，仍继续放电。电化学储能装置普遍对过充过放敏感，以锂离子电池为例，当过充时，会引起正极活性物质结构的不可逆变化及电解液的分解，产生大量气体和热量，使电池温度和内部压力剧增，存在爆炸、燃烧等隐患；过放电会使电池正负极活性物质的可逆性受到破坏，电解液分解，内阻增大，进而造成容量衰减。因此，BMS 需时刻监测动力电池电压，以在过充过放时发出保护信号，避免损害电池。

(4) 绝缘电阻监测

通常，电动汽车动力系统直流母线的正极与负极均与车身完全绝缘。但是由于电机及其控制器、车载充电机、DC/DC 变换器等高压电器，受振动、酸碱气体的腐蚀、温度及湿度的变化影响，均可能造成绝缘材料老化甚至破损，使设备绝缘强度降低，进而危及司乘人员安全。因此，对直流母线的正极、负极与车身之间的绝缘电阻进行实时检测，是对电动汽车的基本安全要求之一。

我国的强制性国家标准 GB 18384—2020《电动汽车安全要求》规定：车辆应有绝缘电阻监测功能。在车辆 B 级电压（即直流 $60V<U\leqslant 1500V$、交流 $30V<U\leqslant 1000V$）电路接通且未与外部电源传导连接时，绝缘电阻监测装置能够持续或者间歇地检测车辆的绝缘电阻值，当该绝缘电阻值小于制造商规定的阈值时，应通过报警装置提醒驾驶员，并且制造商规定的阈值不应低于"在最大工作电压下直流电路绝缘电阻应不小于 $100\Omega/V$，交流电路应不小于 $500\Omega/V$"的要求[4]。

强制性国家标准 GB 38031—2020《电动汽车用动力蓄电池安全要求》进一步要求：电池包或系统在所有测试前和部分试验后需进行绝缘电阻测试。测试位置为：两个端子和电平台（与整车连接的可导电外壳）之间，测得的绝缘电阻值除以电池包或系统的最大工作电压不小于 $100\Omega/V$[5]。

推荐性国家标准 GB/T 38661—2020《电动汽车用电池管理系统 技术条件》中要求：对于标称电压 400V 以上的动力电池系统，绝缘电阻检测相对误差应满足 ±20.0%；对于标称电压 400V 以下的动力电池系统，绝缘电阻检测相对误差应满足 ±30.0%；绝缘电阻小于或等于 $50k\Omega$ 时，检测精度应满足 $\pm 10k\Omega$[3]。

(5) 故障诊断与分级处理

BMS 故障诊断与分级处理功能示意图，如图 4-9 所示。根据故障发生的位置和环节，

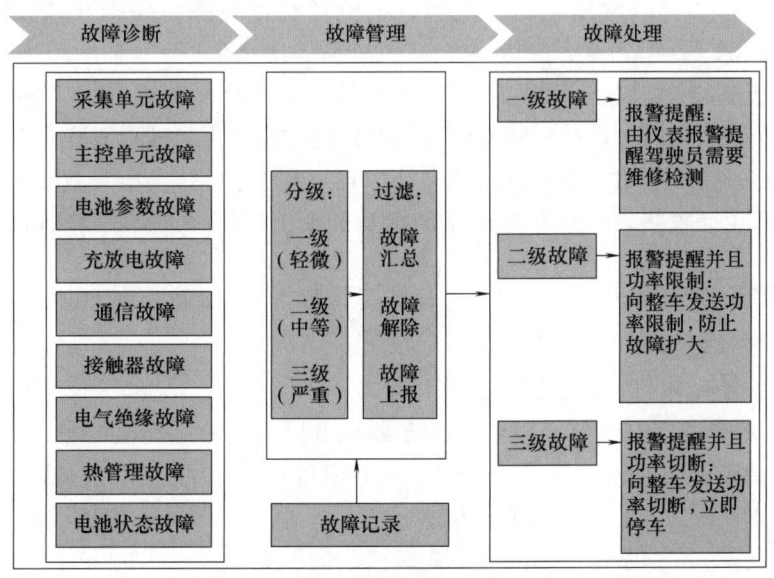

图 4-9 BMS 故障诊断与分级处理

BMS 故障诊断功能通常需要进行采集单元、主控单元、电池参数、充放电、通信等部位或者环节的故障诊断；依据故障的类型和严重程度，可将故障分为一级（轻微）、二级（中等）、三级（严重）故障，并结合故障发生的时间进行过滤处理，以判定是解除故障或者汇总上报故障；一旦故障被上报，整车控制系统则根据相应的故障处理机制进行故障处理。

国家标准 GB/T 38661—2020《电动汽车用电池管理系统技术条件》对 BMS 分基本项目和可扩展项目两类对 BMS 故障诊断项目进行了规定，如表 4-1 所示。

表 4-1　　　　　　　　　　BMS 故障诊断项目列表

序号	故障状态	诊断项目	类别
1	电池温度大于设定值	电池温度高	基本项目
2	单体电压大于设定值	单体电压高	基本项目
3	单体电压小于设定值	单体电压低	基本项目
4	单体一致性偏差大于设定条件	单体一致性偏差大	基本项目
5	充电电流/功率大于设定值	充电电流/功率大	基本项目
6	放电电流/功率大于设定值	放电电流/功率大	基本项目
7	绝缘电阻小于设定值	绝缘薄弱	扩展项目
8	电池温度小于设定值	电池温度低	扩展项目
9	SOC 值大于设定值	SOC 高	扩展项目
10	SOC 值小于设定值	SOC 低	扩展项目
11	SOC 值发生不连续变化	SOC 跳变	扩展项目
12	总电压小于设定值	总电压低	扩展项目
13	总电压大于设定值	总电压高	扩展项目
14	外部通信异常	外部通信故障	扩展项目
15	内部通信异常	内部通信故障	扩展项目
16	内部温差大于设定值	电池系统温差大	扩展项目
17	高压回路异常	高压互锁故障	扩展项目

需要指出的是，为确保 BMS 系统的可靠工作以及便于维修，实际 BMS 故障诊断项目包括但不限于表 4-1 所列诊断项目，还包含继电器粘连故障、高压互锁故障、预充电故障、低压电源故障、维修开关故障、快充互锁故障等检测项目。

此外，关于电动汽车电池管理系统的功能安全要求及试验方法，国标 GB/T 39086—2020《电动汽车用电池管理系统功能安全要求及试验方法》对防止电池单体过充电导致热失控、防止电池单体过放电后再充电导致热失控、防止电池单体过温电导致热失控、防止动力蓄电池系统过流电导致热失控四个方面对 BMS 功能安全的要求、验证和确认进行了规定[6]。

4.2.5　充放电管理

（1）充电控制管理

充电控制管理具体包含以下四部分子功能：

① 充电控制导引：与交流充电桩、非车载充电机、充电用连接装置之间的连接确认、充电连接装置载流能力及供电设备功率识别、充电过程的监测、充电过程的终止等。国家标准 GB/T 18487.1—2023《电动汽车传导充电系统　第 1 部分：通用要求》对上述过程进行了具体规定[8]。

② 与非车载充电桩之间的连接与通信管理：包括低压辅助上电、充电握手、充电参

数配置、充电过程交互、充电结束五个阶段的连接与通信管理。国家标准 GB/T 27930—2023《非车载传导式充电机与电动汽车之间的数字通信协议》对上述过程进行了具体规定[8]。

③ 充电过程的优化管理：在充电过程中，根据电池系统状态，对充电电压、充电电流等参数进行实时的优化控制，以实现对充电时长、充电效率、电池寿命等参数的优化。

④ 制动能量回馈管理：车辆行驶过程中，根据电池温度、SOC 等参数确定动力电池系统是否允许制动能量回馈以及最大允许的回馈功率，并将结果通过总线发送至整车控制器。

（2）放电控制管理

放电控制管理具体包含以下两方面子功能：

① 高压配电管理：按照预定的控制逻辑，对高压配电盒内的直流母线正极继电器、直流母线负极继电器、预充电控制继电器、快充控制继电器、慢充控制继电器、电池预热控制继电器、电动空调控制继电器和 DC/DC 控制继电器等进行控制，实现整车的高压配电。

② 根据动力电池的实时 SOP 值，通过总线向整车控制器发送当前最大放电电流值，以避免动力电池系统过流。

4.2.6　信息管理

典型纯电动汽车的 CAN（Controller Area Network，控制器局域网）网络拓扑结构，如图 13-18 所示，可分为整车 CAN 网络、电池 CAN 网络与充电 CAN 网络三个子网。其中整车 CAN 网络主要用于仪表盘、VCU①、TCU②、DC/DC③、MCU④ 之间以及与电池系统之间的通信；电池 CAN 网络用于 BMS 主控单元与采集单元、充电 CAN 网络的通信；充电 CAN 网络用于 BMS 主控单元与车载充电机以及直流充电桩之间的通信。工程中，BMS 主控单元通常设计有 3 个物理隔离的 CAN 总线通道，以实现 3 个子网之间的电气隔离。BMS 主控单元需要同时完成与采集单元之间的通信、与充电 CAN 网络的通信以及与整车 CAN 网络的通信，具有系统内部信息交互、系统之间信息交互以及电池历史信息存储功能。

（1）系统内部信息交互

由于纯电动汽车电池模块数量较多，因此多采用分布式 BMS 结构。系统内部信息交互特指采用分布式结构的 BMS 系统中，BMS 主控单元与多个 BMS 采集单元之间的数据通信，俗称"BMS 内网通信"。所交互的信息通常包括由 BMS 采集单元发送至主控单元的电池单体电压、单体温度、采集板工作状态信息，以及由 BMS 主控单元发送至采集单元的均衡控制信息、参数设置信息等。

（2）系统之间信息交互

指电池 CAN 网络与整车 CAN 网络及充电 CAN 网络之间的通信。通信数据通常包括：

① 由 BMS 主控单元发送至整车 CAN 网络的电池容量、标称电压、电芯厂家代码、电池箱体序号、电池系统序号等参数信息；动力电池 SOC、SOH、SOP、电池温度最小/最

---

① VCU：Vehicle Control Unit，整车控制单元。
② TCU：Transmission Control Unit，变速箱控制单元。
③ DC/DC：直流/直流变换器。
④ MCU：Motor Control Unit，电机控制单元。

大值、单体最高/最低电压、整车高压配电等状态信息；SOC 过低、单体电压过高/过低、温度过高/过低、高压继电器粘连等报警信息。

② BMS 主控单元从整车 CAN 网络中接收的 MCU 工作状态及报警信息，VCU 发送的高压配电控制命令、整车工作状态、整车报警状态等信息，TCU 发送的驻车执行反馈、驻车解锁执行反馈等信息，以及仪表盘发送的里程信息。

③ 由 BMS 主控单元发送至充电 CAN 网络的车载充电机最高允许输出电压/电流、充电机工作模式等控制指令。

④ BMS 主控单元从充电 CAN 网络中接收的交流慢充接口 CC 连接状态、CP 占空比、S2 状态、输入交流电压/电流信息，车载充电机输出电压/电流/功率等状态信息以及车载充电机过温、硬件故障等报警信息[7]。

⑤ BMS 主控单元与直流充电桩之间的充电握手、充电参数配置、充电过程交互、充电结束四个阶段的通信交互，具体报文要求见国家标准 GB/T 27930—2023《非车载传导式充电机与电动汽车之间的数字通信协议》[8]。

此外，新能源车辆须依据国家标准 GB/T 32960—2016《电动汽车远程服务与管理系统技术规范》要求，接入新能源汽车国家监测与管理平台。尽管多数新能源汽车配备了专门的车载终端来完成与平台的数据对接，但 BMS 仍需根据 GB/T 32960.3—2016《电动汽车远程服务与管理系统技术规范 第 3 部分：通信协议及数据格式》要求，完成数据的准备[9]。

(3) 电池历史信息存储

类似于飞机的黑匣子，对电池历史信息的存储一方面有助于当事故发生时，通过电池历史数据进行故障溯源；另一方面，也可通过电池历史数据对电池状态进行追溯，以揭示电池的老化规律，为改进电池系统性能提供数据支撑。

4.3　BMS 系统结构与典型 BMS 系统

4.3.1　BMS 系统结构

在乘用车领域，BMS 通常采用集中式和分布式两种系统结构。在大型商用车领域，还存在总线式 BMS 系统结构，即由多个具有完整 BMS 功能的子系统通过 CAN 总线构成一个总系统，BMS 子系统既可以采用集中式也可以采用分布式结构。

集中式 BMS 系统结构，如图 4-10 所示，其主要特征为：整个 BMS 系统仅由一个集中式 BMS 控制器构成，单体电压/温度采集、总电压/电流监测、电池状态分析、高压配电管理、充放电管理、绝缘电阻监测等所有功能均由该集中式 BMS 控制器完成。集中式 BMS 系统成本较低，适用于电池模块数较少、电池包体积较小的动力电池系统。例如丰田 PRIUS 等混合动力车型、日产 LEAF 等早期纯电动车型。

分布式 BMS 系统结构，如图 4-11 所示，其主要特征为：整个 BMS 系统由多个 BMS 采集单元和一个 BMS 主控单元通过 CAN 总线连接构成。其中采集单元负责单体电压/温度采集和均衡控制，其余功能均由主控单元完成。分布式 BMS 系统可满足电池模块数较多的应用场合，且可通过配置采集单元数量灵活适配不同数量电池模块的应用场景，具备

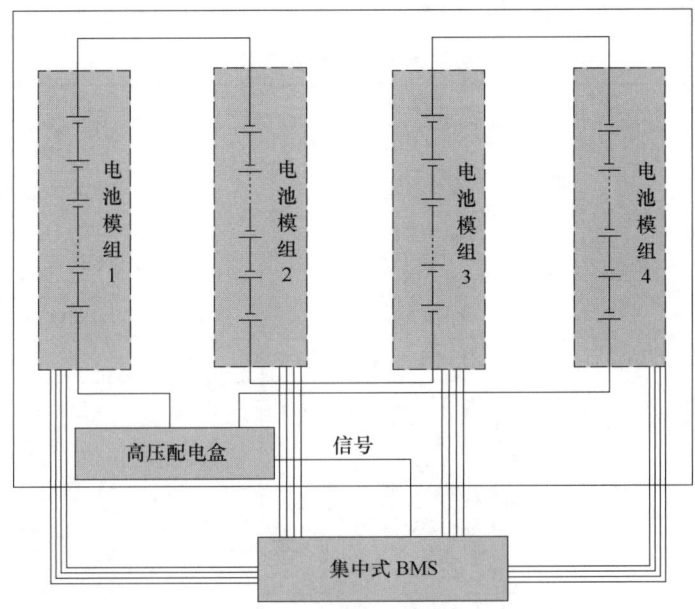

图 4-10 集中式 BMS 系统结构

较高的适应性。同时，由于采集单元与电池模组之间的线束长度较短，且较均匀，可获得更高的采样精度和可靠性。目前，多数纯电动车型均采用该结构。

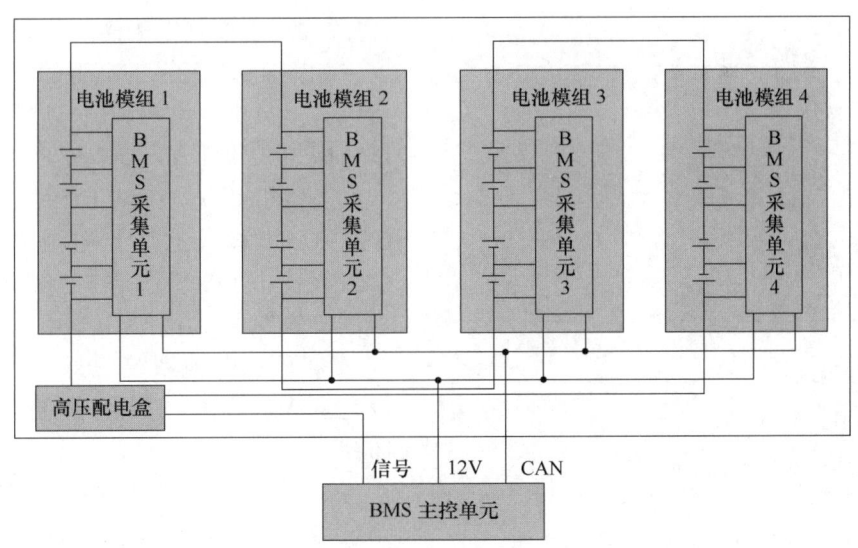

图 4-11 分布式 BMS 系统结构

4.3.2 典型 BMS 系统

本节以某型纯电动汽车动力电池组为例，从动力电池系统基本参数、主要开发工作、系统总体方案、采集单元硬件总体方案、主控单元硬件总体方案、采集单元软件总体方案、主控单元软件总体方案以及关键性能参数八个方面分别展开阐述。

4.3.2.1 动力电池系统基本参数（表4-2）

表4-2   动力电池系统基本参数

类别	参数	数值
动力电池单体	型号	ISR18650
	化学类型	镍钴锰酸锂 NCM532
	标称电压	3.7V
	工作电压	2.4~4.2V
	标称容量	2600.0mA·h
成组方式	电池模块并联数	45
	串联模组数	90
动力电池系统参数	标称电压	333.0V
	标称容量	117A·h
	最大连续放电电流	150A
	加热方式	PTC 薄膜加热
	最大连续充电电流	60A
	工作温度（充电）	-10~45℃
	工作温度（放电）	-24~60℃
	箱体防护等级	IP 67

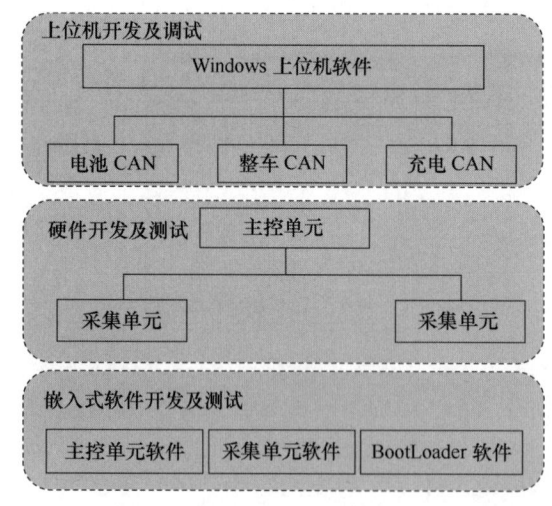

图4-12 BMS系统主要开发工作

4.3.2.2 主要开发工作

如图4-12所示，典型的BMS系统开发包含上位机开发及调试、硬件开发及测试、嵌入式软件开发及测试三大类工作。

上位机开发与调试工作用于开发通过USB-CAN总线工具与电池CAN、整车CAN及充电CAN通信的上位机软件，该上位机软件主要用于：

① 显示电池系统信息、整车信息以及充电状态信息，以用于系统调试及状态监控。

② 配置动力电池参数、BMS 地址等系统参数、手动控制相关继电器状态等。

③ 通过CAN总线对BMS主控单元及采集单元进行程序更新。典型BMS上位机软件界面，如图4-13所示。

硬件开发及测试工作包括BMS主控单元及采集单元的PCB硬件、线束及相关结构件开发测试。由于汽车电子对相关控制器的硬件可靠性要求极高，因此测试工作通常是该环节的重点工作之一。一般而言，包括电气性能测试、EMC测试、CAN网络测试、功能测试与防护等级测试五大类测试项目。

嵌入式软件开发及测试主要包含主控单元软件、采集板软件及BootLoader软件的开发

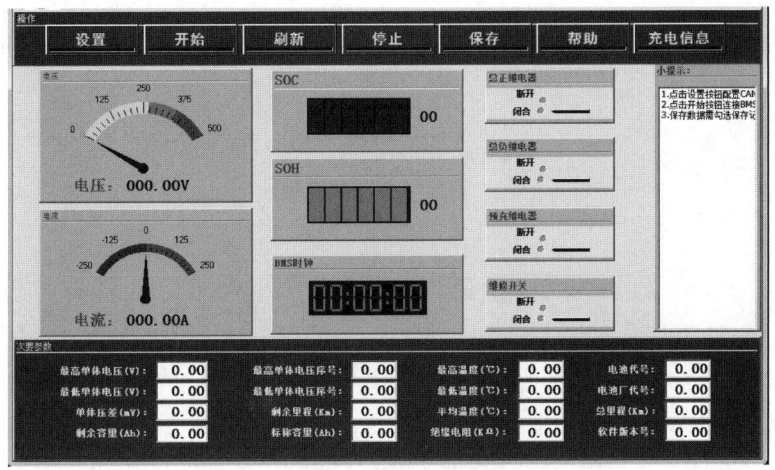

图 4-13 典型 BMS 上位机软件界面

及测试。通常，采用 CAN 总线对 BMS 主控单元软件及采集板软件进行 BootLoader 程序升级。

4.3.2.3 系统总体方案

结合如表 4-2 所示的动力电池系统基本参数，根据 BMS 相关技术发展趋势，采用如图 4-14 所示的"一主两从"分布式 BMS 系统结构。

每个 BMS 采集单元各负责 45 个电池模块的电压采集及被动式电阻均衡管理，同时还各负责 16 路外部温度采集和 4 路 PCB 温度采集，温度传感器采用 NTC 热敏电阻。

BMS 采集单元与主控单元之间通过 500kbps CAN 总线网络进行数据通信。BMS 采集单元的供电由主控单元通过高边开关输出端口予以控制。

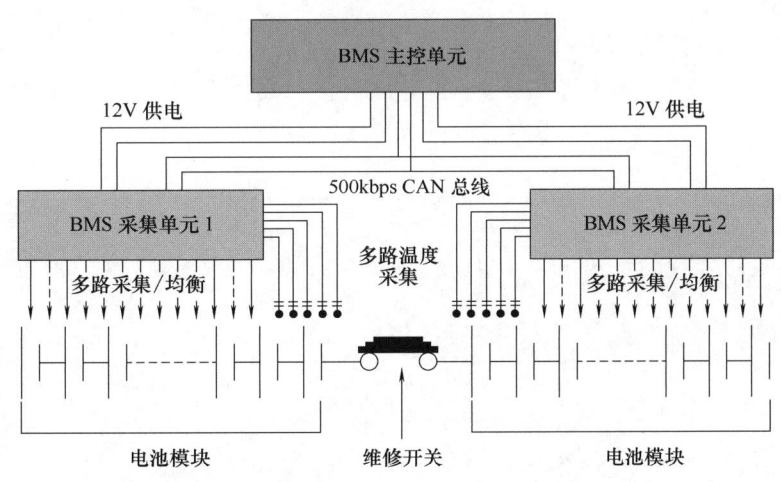

图 4-14 "一主两从"分布式 BMS 系统结构

4.3.2.4 采集单元硬件总体方案

如图 4-15 所示，采集单元主要由以 MC9S12XET256 为核心的微控制器及其电源、晶振、看门狗与 E2P 等周边电路；CAN 总线、PWM 接口；LTC6820 SPI-isoSPI 总线转换电路；由 4 颗 LTC6811-1 以菊链（daisy chain）方式连接而成的模拟采样前端电路构成。

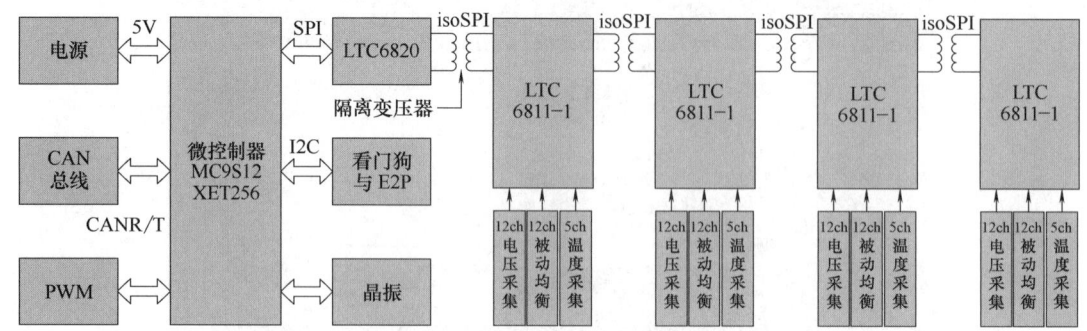

图 4-15 采集单元硬件总体方案

每颗 LTC6811-1 模拟采样前端可完成 12 个串联单体的电压采集以及由 PWM 控制的被动均衡，所提供的 5 个 GPIO 接口可在不添加外围 IC 的情况下提供 5 路温度采集。

LTC6811-1 的 isoSPI 总线可提供 1Mbps 的总线速率以及 100m 的传输距离，确保了数据的可靠传输；具备 1.2mV 的最大单体采样误差，且可在 290μs 完成所有单体的测量；睡眠模式下仅消耗 4μA 电流。

整个系统共可支持 48 个电池模块电压采样及被动均衡，可支持 16 个外置 NTC 热敏电阻温度采集及 4 个 PCB 板载 NTC 温度采集。

BMS 采集单元的图纸结构、PCB 版图及实物图分别如图 4-16、图 4-17 和图 4-18 所示。

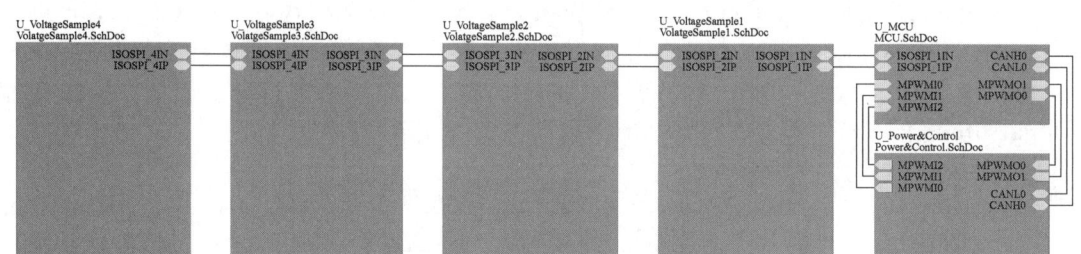

图 4-16 采集单元图纸结构

图 4-17 采集单元 PCB 版图

图 4-18 采集单元实物图

4.3.2.5 主控单元硬件总体方案

如图 4-19 所示，主控单元主要由以 MC9S12XEP100MAL 为核心的微控制器及其时钟、晶振、看门狗与 E2P、LED 与拨码开关等周边电路；包含隔离充电 CAN 总线、非隔离电池 CAN 总线、非隔离整车 CAN 总线和 PWM 在内的通信接口；开关量检测及输出接口；电阻采样接口；控制导引电路；绝缘检测电路；功率计量电路和高压采样电路；整板电源电路构成。

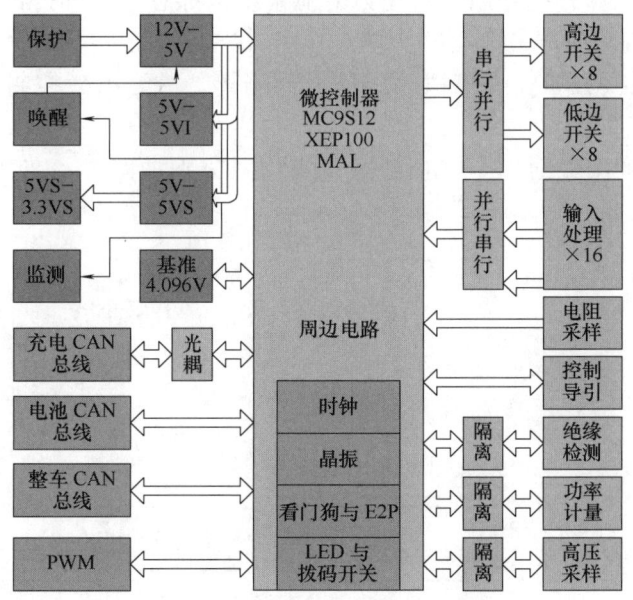

图 4-19 主控单元硬件总体方案

由于 BMS 主控单元要完成包含绝缘检测、功率计量及高压采样在内的高压信号处理，因此其整板必须做相应的隔离处理。整板电源电路主要由输入保护、电压检测、基准及为整板供电的 12V 转 5V 电路、为绝缘检测电路供电的 5V~5VI 隔离电源电路、为功率计量及高压采样供电的 5V~5VS、5VS~3.3VS 隔离电源电路构成。

隔离式充电 CAN 总线由集成 DC/DC 转换器的隔离式 CAN 收发器 ADM3053 实现、非隔离电池 CAN 总线和整车 CAN 总线由 PCA82C251T 实现，均可提供高达 1Mbps 的总线速率。

由于 BMS 主控单元需要完成多种高压配电继电器的控制，同时实现继电器辅助触点及互锁状态检测，因此需要微控制器提供较多的开关量输入检测和输出控制通道。为节省微控制器 I/O，采用 2 颗 74HC162 逻辑芯片完成并行输入至串行的转换、采用 74HC595 逻辑芯片完成串行输出至并行的转换，微控制器仅需要提供 MISO、MOSI、SCK、CS 四个串行总线接口及 1 个 74HC595 的输出使能端子即可，不仅节约了微控制器 I/O 数量，同时还便于程序处理。8 路高边开关输出由 2 颗集成式高边功率开关 BTS724G 实现，每通道可提供最大 3.3A 的驱动电流；8 路低边开关输出由 4 颗 BTS3410G 集成式低边开关完成，每通道可提供最大 1.3A 的驱动电流。

电阻采样电路主要用于电阻式温度传感器检测、充电控制导引电路中的相关电阻检测。控制导引电路主要用于实现 GB/T 18487.1—2023《电动汽车传导充电系统 第 1 部分：通用要求》规定的与直流充电桩或交流充电枪之间的充电导引控制。

绝缘电阻检测电路采用 GB 18384—2020《电动汽车安全要求》所提供的检测方法，实现直流母线正极和负极与整车之间的绝缘电阻检测；功率计量电路采用集成式电能计量 IC CS5490，通过对直流母线电流和电压的检测，得出动力电池系统的瞬时功率值，并通过在时间上的积分处理得出累计所输出/输入的能量，按照相应的 SOC 算法得出动力电池的实时 SOC 值；高压采样电路用于对动力电池系统内部总电压和外部电压的检测，采用 AQW216 光隔离实现相应测量通道的切换，采用 AD628 精密差分放大器实现差分信号的处理，采用 ACPL-C87BT 实现模拟电压信号的隔离，最终由微控制器实现模拟信号的测量。

BMS 主控单元的图纸结构、PCB 版图及实物图分别如图 4-20、图 4-21 和图 4-22 所示。

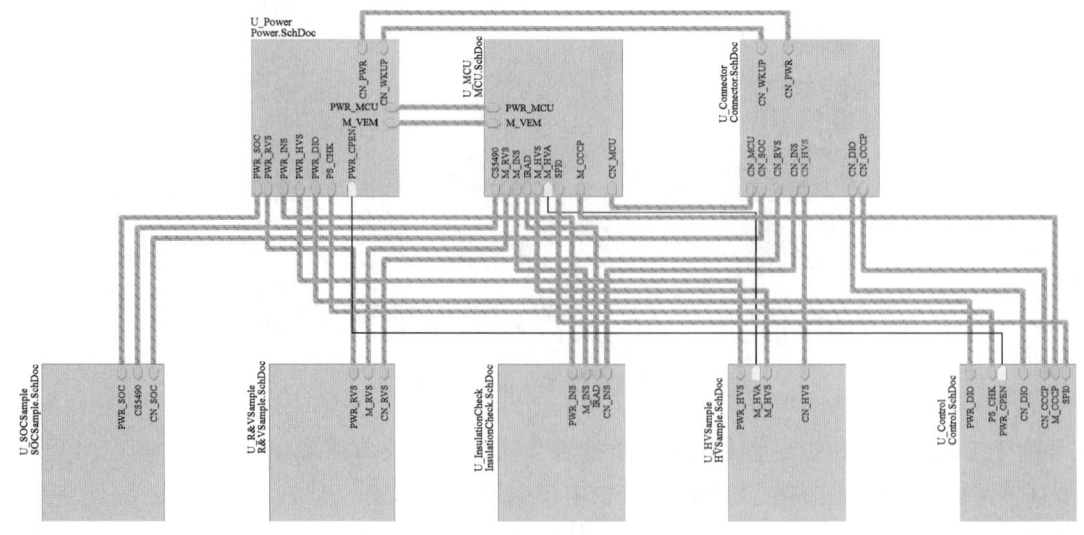

图 4-20 主控单元图纸结构

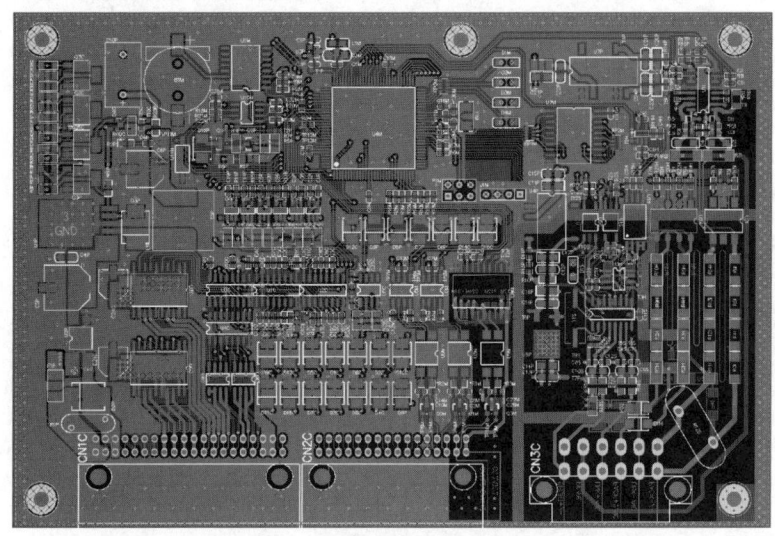

图 4-21 主控单元 PCB 版图

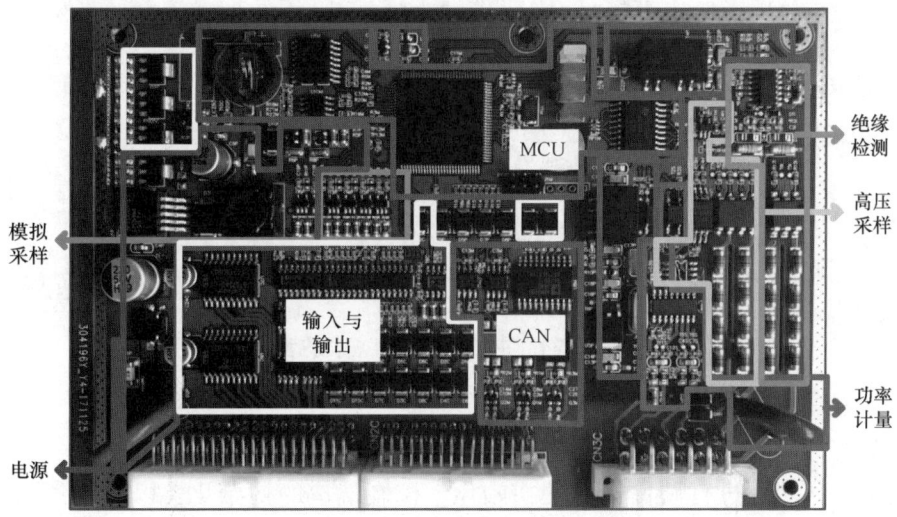

图 4-22 主控单元实物图

4.3.2.6 采集单元软件总体方案

如图 4-23 所示，采集单元软件采用分层设计总体思路。应用层是软件的最高层次，用来实现包含参数配置、电压及温度采集、均衡控制在内的采集单元的具体功能；管理层用于实现 CAN 网络及数据管理、诊断服务及相关应用数据的管理；硬件驱动层包含 CAN 总线驱动、LTC6811-1 驱动、PWM 接口驱动和 CAT1021 驱动；功能层包含 CAN 数据的收发处理、电压采集、温度采集、均衡控制和参数存储等具体功能。

4.3.2.7 主控单元软件总体方案

如图 4-24 所示，主控单元程序的运行分为 Boot 启动阶段、初始化阶段和运行阶段。主控单元上电或者复位后，Boot 程序进行必要的初始化，然后判断是否需要程序更新。如需，则采用校验通过后的 S19 程序文件，更新运行程序并运行。否则直接进入初始化

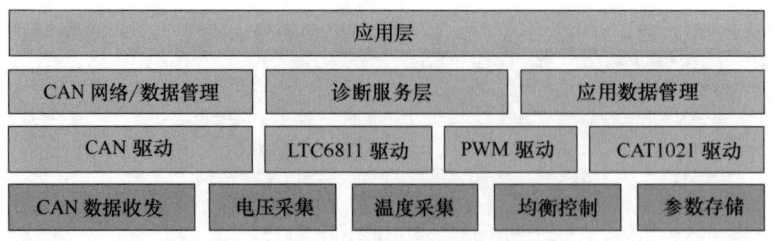

图 4-23 采集单元软件总体方案

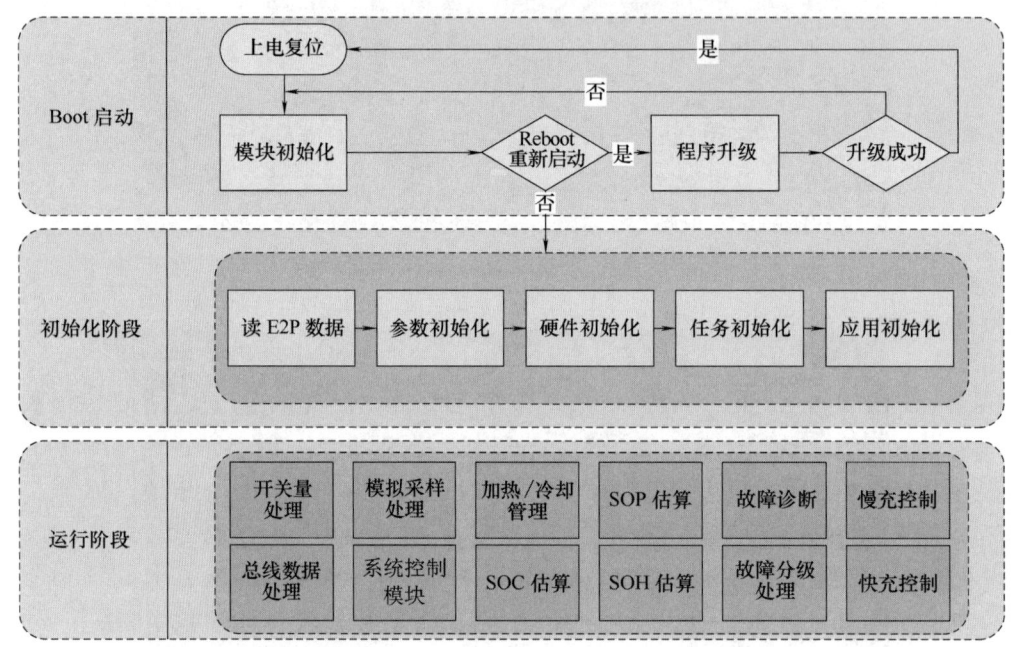

图 4-24 主控单元软件总体方案

阶段。

初始化阶段主要包括：通过读取 EEPROM（E2P）数据，实现相关参数初始化及运算赋值的初始化；然后进行硬件模块的初始化、控制端口的初始化，以及任务调度的初始化。在初始化完成后，系统首先会执行自检应用。如果自检不通过，将会发送带有故障码的数据帧。

自检通过后，系统将会进行正常的功能程序调度，完成各项功能。具体的功能包括：开关量处理、总线数据处理、模拟采样处理、系统控制、加热/冷却管理、SOC/SOP/SOH 估算、故障诊断、故障分级处理、交流慢充控制和快充控制。

4.3.2.8 关键性能参数（表 4-3）

表 4-3　　　　　　　　　典型 BMS 系统参数

单元	类别	项目	参数	备注
BMS 主控单元	供电	电源及功耗	9~36V	功耗<0.5A(12V)
		待机状态	支持	200μA(12V)
		延时关机	支持	常温供电时支持 4s 关机

续表

单元	类别	项目	参数	备注
BMS主控单元	激活信号	ON挡信号	支持	12V
		充电辅助电源	支持	GB/T 18487.1—2023
		CC信号	支持	GB/T 18487.1—2023
		CP信号	支持	GB/T 18487.1—2023
	模拟信号	电压通道	1	0~5V(>0.2mA)
		电阻通道	3	0~100kΩ
	开关信号	输入检测	高有效8通道	9~12V
			低有效8通道	0~3.6V
		低边开关	8	最大驱动电流1.2A
		高边开关	8	最大驱动电流3.0A
	绝缘电阻	通道数	2	—
		检测范围	0~6MΩ	—
		检测周期	500ms	—
	SOC	精度	6%三元锂离子电池	—
	高压采样	通道数	4	两两成组
		检测范围	0~600V(DC)	
		检测精度	±1%FS	
	电流采样	采样方式	分流器	
		检测范围	−500~500A	
		检测精度	±2%FS	0.5级分流器
	总线通信	通信方式	CAN总线	CAN2.0 B
		通道数	1隔离通道	速率≤1Mb/s
			2非隔离通道	速率≤1Mb/s
	外壳	防护等级	IP40	—
BMS采集单元	供电	电源及功耗	6~36V	功耗<0.2A12V
		待机状态	不支持	
		延时关机	不支持	
	电压采集	通道数	48	
		采集范围	0~8V	12通道累计不大于75V
		采集精度	±1mV	
	温度采集	采集方式	NTC热敏电阻	
		采集通道	16通道外部	—
			4通道PCB	—
		检测范围	−40~105℃	
		检测精度	±1.5℃	
	均衡通道	通道数	48	
		均衡电阻	33Ω/2W	
	外壳	防护等级	IP40	—

本 章 小 结

本章分析了BMS在电动汽车中的重要性；阐述了BMS的6大类、18项功能；分析了集中式和分布式BMS的典型结构；从动力电池系统基本参数、主要开发工作、系统总体方案、采集单元硬件总体方案、主控单元硬件总体方案、采集单元软件总体方案、主控单元软件总体方案、关键性能参数等方面论述了典型BMS系统的开发过程及关键构成。

参 考 文 献

[1] 王芳，夏军. 电动汽车动力电池系统设计与制造技术 [M]. 北京：科学出版社，2017.
[2] 王芳，夏军. 电动汽车动力电池系统安全分析与设计 [M]. 北京：科学出版社，2016.
[3] GB/T 38661—2020，电动汽车用电池管理系统 技术条件 [S].
[4] GB 18384—2020，电动汽车安全要求 [S].
[5] GB 38031—2020，电动汽车用动力蓄电池安全要求 [S].
[6] GB/T 39086—2020，电动汽车用电池管理系统功能安全要求及试验方法 [S].
[7] GB/T 18487.1—2023，电动汽车传导充电系统 第1部分：通用要求 [S].
[8] GB/T 27930—2023，电动汽车非车载传导式充电机与电动汽车之间的数字通信协议 [S].
[9] GB/T 32960.3—2016，电动汽车远程服务与管理系统技术规范 第3部分：通信协议及数据格式 [S].

第 5 章 动力电池系统荷电状态估计

锂离子动力电池因其能量密度高、功率密度大、寿命长、自放电率低、无记忆效应等优点,已在电动汽车以及混合动力汽车中得到广泛应用。但在成组实际应用中,该系统具有高时变性、高非线性和强耦合等特点,使其荷电状态评估成为电池管理系统最为核心的重难点之一。

5.1 经典估算方法

经典估算方法主要包含安时积分法(电荷累积法)和开路电压法,目前该类方法因其简单、技术成熟,对硬件措施要求低,在实车工程领域已得到广泛的应用。

5.1.1 安时积分法

安时积分法,又称作电流积分法和电荷累积法,在初始时刻剩余电量已知的状态,通过对一段时间内动力电池充入和放出的电荷进行积分运算,从而得到当前电池荷电状态的一种方法,是目前工程应用最为广泛的锂离子电池 SOC 估计方法之一。

假设上一时刻 t_1 电池的剩余电量为 Q_{t_1},当前时刻 t_2 电池的剩余电量为 Q_{t_2},从 t_1 到 t_2 期间电池充入、放出的累计电量为:

$$Q_{t_1}^{t_2} = \eta \int_{t_1}^{t_2} i(\tau) d\tau \tag{5-1}$$

式中,η 为充放电效率;i 为电池的瞬时充放电电流,充电为正值,放电为负值。即:

$$Q_{t_1}^{t_2} = Q_{t_2} - Q_{t_1} \tag{5-2}$$

荷电状态的安时积分计算公式为:

$$SOC = \frac{Q_{t_1} + Q_{t_1}^{t_2}}{Q_r} = SOC_{t_1} + \frac{Q_{t_1}^{t_2}}{Q_r} \times 100\% \tag{5-3}$$

式中,SOC_{t_1} 为初始荷电状态。

总之,通过对充放电电流的积分得到电池在该时间段内的电量变化,用初始荷电状态减去放出或加上充入的电量变化比值,即为当前时刻的荷电状态。该方法仅需要测量系统中加载电流所改变的电量来对荷电状态进行估算,速度快、可靠性高,适用于低功耗电池管理系统中,是当前车载系统中最常见的一种荷电状态估算方法之一。

然而,安时积分法在实际应用中也存在以下三个方面的问题:

① 安时积分法是一种开环估计方法,依赖于状态的初始值和传感器测量值的准确性,在长时间的应用过程中,误差累积现象明显,使得荷电状态的估计误差越来越大[1]。

② 不能应用于自放电率较高的系统。由于二次电池都存在自放电问题，即电池中的电荷以极其小的倍率损失掉，由于传感器精度的限制，该部分丢失容量无法精确获得。

③ 充放电效率值 η 受电池老化程度、温度、应力加载模式和大小的影响。例如新动力电池在某时间段内放出 2A·h 电量，与内部消耗电量基本相同。但随着老化程度的加重，内阻不断增加，此时再放出上述电量，内部消耗量就远高于 2A·h，由于传感器无法采集此类数据信息，致使误差累积率加大。

在工程应用中，为了消除误差累积，一般会对车载能量源进行定期的容量标定。通常采用的方法是：在特定的环境温度下，采用一定的电流对电池进行充电或放电，致使电池充满或剩余电量全部放出，并记录下此时的满电 SOC＝100% 或空电 SOC＝0 的数据。

5.1.2　开路电压法

开路电压法（OCV 法），主要依据在长时间静置或极小倍率加载下，电池的 OCV 在数值上接近电源电动势，且与内部锂离子在两极的存储状态存在特定的映射关系，如图 5-1 所示，即随着 SOC 的减小，开路电压值呈现出相应的下降。

在电动汽车运行前，通过实验室模拟运行环境，测量并记录出不同温度、不同老化程度下的 OCV-SOC 关系值，并列出相应的表格。在实际车辆的运行中，通过测量出当前时刻的 OCV 数据，通过查表法快速得到当前的 SOC 状态。

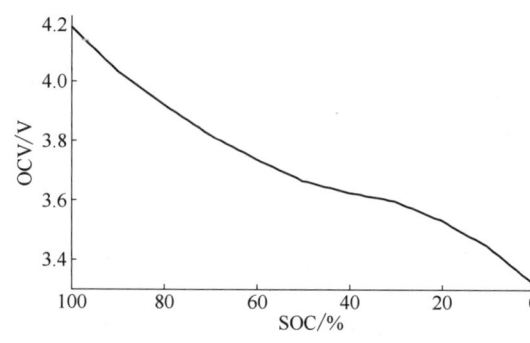

图 5-1　三元锂离子电池 OCV-SOC 图

开路电压法计算简单、操作容易，每个 SOC 点的预测相互独立，不存在误差累积现象，并且不需要对电池进行建模和计算，在工程应用中易于实现。

由于只有当电池内部达到准平衡状态时，开路电压才能近似等于电源电动势，并且电池还存在迟滞特性，使开路电压法存在如下两个方面的不足。

5.1.2.1　加载电流为极小或为零

由于电池内部欧姆电阻、极化电阻、电化学极化和浓差极化产生的磁滞现象，需要长时间静置，才能确保电池内部电解质均匀分布，满足开路电压近似为电源电动势的条件，而在实车运行过程中，此类情况极为少见，在电流不为零的情况下，需要估计系统的 SOC 时，该方法适用性较差；当电动汽车由于某些原因做短暂停车，例如等红绿灯时，如果停留时间过短，内部离子无法快速达到平衡状态，表现为端电压回弹效应没有结束，在这个时间内，如果按照开路电压法进行状态估算，得到的 SOC 值依然偏差较大，并且误差大小与停留的时间长短有关。

5.1.2.2　环境温度应力的影响

通过充放电实验建立的 OCV-SOC 对应关系，只适用于单一相同环境温度下的电池估计，当目标电池处于不同温度、不同生命周期时，建立的对应关系值误差将会变大。尤其在实车运行过程中，环境温度时刻都在发生变化，使精确估算电池状态的难度进一步加大。如图 5-2 所示为不同温度下三元锂离子电池的 OCV-SOC 图。

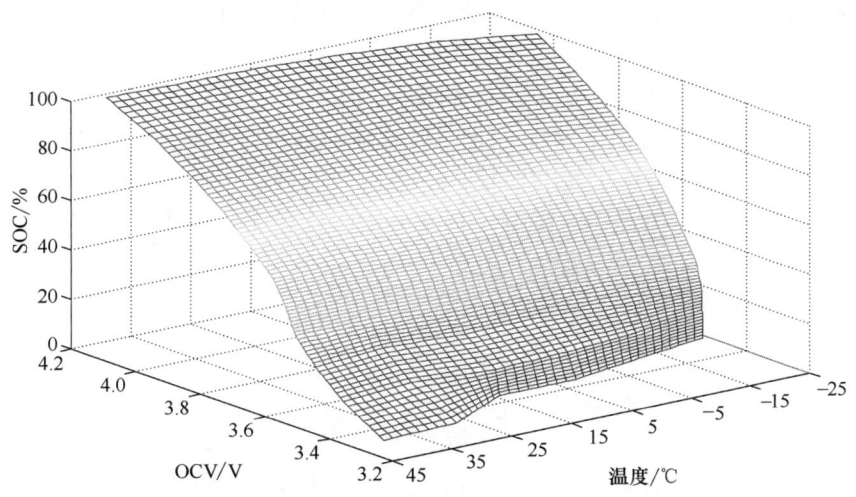

图 5-2 不同温度下三元锂离子电池 OCV-SOC 图

5.1.3 安时积分-开路电压复合法

安时积分法和开路电压法均存在一定的优缺点，为充分发挥各自的优势，不少研究人员提出两种方法结合的估算法进行系统状态估计，以提升状态估计的精确度和算法的适用性。

该方法的具体操作为：

当电池处于工作状态时，利用电流传感器来记录实时的加载倍率，采用安时积分法实时更新 SOC 值；为消除安时积分法的累积误差，并解决电荷累积法的初始 SOC 评估问题，在电池系统每次启动或电池组存在一定的不工作时期时，利用开路电压法对 SOC 值进行校准，为接下来的安时积分法提供初始状态量。

该方法能够在一定程度上消除安时积分法的电荷误差累积问题，并解决了电池长时间静置不用，由于自放电致使 SOC 估计初始状态不精确等问题。同时也解决了开路电压法在电池组长时间工作时不能精确估计 SOC 值的问题，所以在实际的 BMS 系统中得到了广泛的应用。

该方法操作简单，易于工程实现，但每次对 SOC 的校准都是利用 OCV-SOC 曲线实现，所以不能解决温度波动、电压迟滞效应以及多应力加载条件下内部达到准平衡状态耗时长等问题。

5.2 基于模型法

5.2.1 等效电路模型

等效电路模型（Equivalent Circuit Model，ECM）是基于锂离子动力电池的充放电工作特性，用等效电路来描述和模拟系统的工作特性，即将电池看作一个黑箱，不考虑内部的工作机理，用电压源、电阻、电容等元器件组成电路，并通过调整元器件的参数值，来模拟动力电池在不同工况下的表现特性。

由于锂离子电池的种类比较多，如磷酸铁锂、锰酸锂、三元聚合物电池等，对应的电压工作曲线也不一样，如图 5-3 所示。为准确描绘出各类电池电流-电压的激励-回馈响应曲线，精确拟合出内部离子扩散的途径，搭建出来的等效电路模型也存在一定的差异。目前常见的有 Rint 模型、一阶 RC 模型（Thevenin）、二阶 RC 模型和 PNGV 模型[2]。

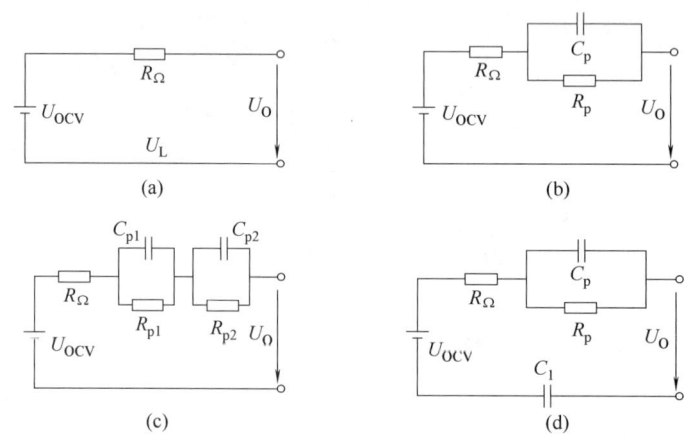

图 5-3　常用的电池等效电路模型

(a) Rint 模型　(b) 一阶 RC 模型　(c) 二阶 RC 模型　(d) PNGV 模型

每种模型具有各自优缺点，在实车选用中，主要依据算法的时效性和准确度。例如 Rint 模型简单，对系统的硬件要求很低、时效性强，但估计精度较低，尤其在加载模式发生跳变的情况，该系统的误差更大。

后续不少研究者在一阶 RC、二阶 RC 特性研究的基础上，提出了多阶 RC 模型，使锰酸锂离子电池、三元锂离子电池的状态估计精度得到了较大提升，但参数辨识难度大、时效性低（表 5-1）。

表 5-1　多种锂离子动力电池等效电路模型对比

等效电路模型	参数辨识复杂度	优点	缺点
Rint 模型	简单	模型简单，易于实现	精度差、无法模拟电池动态特性
一阶 RC 模型	复杂	添加电压极化特性	极化特性精度低
二阶 RC 模型	非常复杂	分别考虑浓差/电化学极化，模型精度高	参数辨识难度大，硬件依赖程度高
PNGV 模型	非常复杂	考虑负载电流对 OCV 的影响	参数辨识难度大，硬件依赖程度高

随着技术的不断进步，改进 PNGV 模型、分数阶模型等新型模型被提出来，改进后的模型能够拟合出与真实电压曲线匹配度更高的数据，但由于电路模型变得更为复杂，参数的增加使得参数辨识更难实现，工程应用价值不高。

5.2.2　电化学模型

电化学模型主要是根据动力电池在充放电过程中内部的电化学反应过程，计算出电池的端电压、SOC和温度等宏观参数,是一种基于多孔电极和溶液浓度理论的电池模型。主要从电荷守恒、能量守恒、物质守恒、对流扩散原理以及锂离子动力学运动过程来建立电池的电场、热场以及电热耦合场的耦合模型。

5.2.2.1 锂离子电池的模型结构

单体电池是电池工作的基本单元,可以将结构进行简化,主要是由负极集流板、多孔负极、多孔隔膜、多孔正极和正极集流板等组成,如图5-4所示。电池在充放电的过程中,主要依靠锂离子在正负极活性材料中发生嵌入和迁出反应来实现电量的转换。以充电过程为例,具体的流程为:锂离子从正极活性材料颗粒内部进行固相扩散达到活性材料与电解液表面,从内部迁移出来,进入液相扩散,穿过多孔隔膜,到达负极活性材料表面,接着进行嵌入反应,进入负极的活性材料内部,直至达到充电截止电压后,离子通过固相扩散,缓慢达到稳定状态。

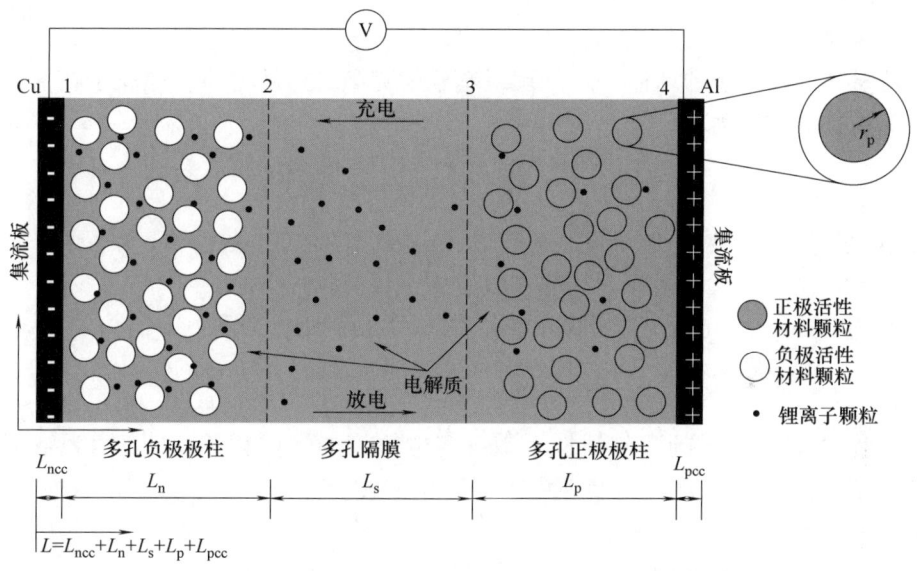

图5-4 锂离子电池电化学模型示意图

其中,锂离子在固相或者液相扩散中满足电荷守恒和物质守恒,由于多孔隔膜内部只有电解液的存在而且只允许离子通过,所以固相电流密度为0,但是正极和负极是电解液和活性物质的共同体,存在固液两相的电子电流和离子电流,用来实现离子和电子的交换。物质守恒同样也存在于离子的扩散过程中,主要是用来描述锂离子在活性材料的固相扩散中物质保持守恒,而在电解液的扩散中,物质则是在整个计算区域内保持量值恒定。这些可以作为后面定义动力方程的边界条件。

5.2.2.2 锂离子电池控制方程

锂离子电池在充放电过程中,内部的工作机理较为复杂,主要包含三个方面:固相离子扩散,液相离子扩散和固液两相之间的对流扩散。同时每一个过程中都包含物质守恒和电荷守恒两个方面。

(1)电化学反应速率

离子在电极与电解液之间的化学反应速率采用Butler-Volmer方程进行描述,即:

$$j^{Li} = i_0 \left\{ \exp\left[\frac{\alpha_a F}{RT}\eta\right] - \exp\left[\frac{\alpha_c F}{RT}\eta\right] \right\} \tag{5-4}$$

式中，i_0 是电极反应交换电流密度，单位是 A/cm³；α_a 和 α_c 分别是阳极和阴极电极反应转化系数；η 为局部的电极表面过电势，单位是 V；F 为法拉第常数，取 96487C/mol；R 为通用气体常数，取 8.314J/(mol·K)；T 为电池材料的温度，单位是 K。

(2) 液相离子扩散浓度

离子在电解液中的扩散主要受到浓度梯度的影响，可以得到如下描述：

$$\frac{\partial c_e(x,t)}{\partial t} = \frac{\partial}{\partial x}\left(D_e \frac{\partial c_e(x,t)}{\partial x}\right) + \frac{1}{F\varepsilon_e} \cdot \frac{\partial (t_a^0 i_e(x,t))}{\partial x} \tag{5-5}$$

式中，D_e 是液相有效扩散系数，单位为 cm²/s；ε_e 为电解液有效体积分数；t_a^0 为离子迁移个数。该方程主要用来描述电池内部离子浓度的变化趋势，但是等号右边的第二项主要是由于局部电流和浓度梯度所产生的浓度变化。

(3) 固相离子扩散浓度

将活性材料当作理想的球体进行处理，基于胡克第二扩散定律，锂离子在活性材料物质颗粒内部的扩散方程为：

$$\frac{\partial c_s(x,r,t)}{\partial t} = \frac{1}{r^2}\frac{\partial}{\partial x}\left(D_s r^2 \frac{\partial c_s(x,r,t)}{\partial r}\right) \tag{5-6}$$

式中，r 是电极活性材料颗粒的径向，单位为 cm；D_s 为固相扩散系数，单位为 cm²/s。

(4) 液相电势

基于液相电势 ϕ_e 与电流 i_e 之间的欧姆定律，可得到如下方程：

$$\frac{\partial \phi_e(x,t)}{\partial x} = -\frac{i_e(x,t)}{k} + \frac{2RT}{F}(1-t_c^0) \times \left(1+\frac{\mathrm{d}\ln f_{c/a}}{\mathrm{d}\ln c_e}(x,t)\right)\frac{\partial \ln c_e(x,t)}{\partial x} \tag{5-7}$$

式中，$f_{c/a}$ 为电解液中平均的摩尔活性系数，与电解液的浓度相关；k 表示为电解液的离子导电率，单位为 S/cm；t_c^0 为电解液中离子迁移个数。

(5) 固相电势

基于基尔霍夫定律和欧姆定律，可以得到电池在固相扩散中的电势变化，如下：

$$\frac{\partial}{\partial x}\left(\sigma^{\mathrm{eff}}\frac{\partial}{\partial x}\phi_s\right) = aFJ \tag{5-8}$$

式中，σ^{eff} 为有效的电极活性物质固相导电率，单位为 S/cm。

(6) 热平衡电势

基于电池内部的能量守恒方程可得：

$$\rho C_p \frac{\partial T}{\partial t} = \lambda_x \frac{\partial^2 T}{\partial x^2} + \lambda_y \frac{\partial^2 T}{\partial y^2} + \lambda_z \frac{\partial^2 T}{\partial z^2} + q \tag{5-9}$$

式中，ρ 为电池平均密度；C_p 为比热容；λ_x、λ_y、λ_z 为电池表面材料沿 x、y、z 坐标轴的导热系数，q 为生热率，可以分为可逆热 q_{rev} 和不可逆热 q_{irrev} 两部分。

电池在放电的初期，负极的锂离子浓度比较高，随着放电实验的进行，负极活性物质表面和中心的浓度在减小，正极活性材料的表面和中心的浓度在增加，这正好与电池在放电时候，内部的锂离子从电池的负极移动到电池的正极相对应。在放电初期，即 SOC=100% 时，正负极活性材料表面的离子浓度与中心的离子浓度相一致，如图 5-5 所示表现为两条曲线重合在一起，但是随着放电实验的进行，正负极活性材料表面和中心的浓度都发生了相应的变

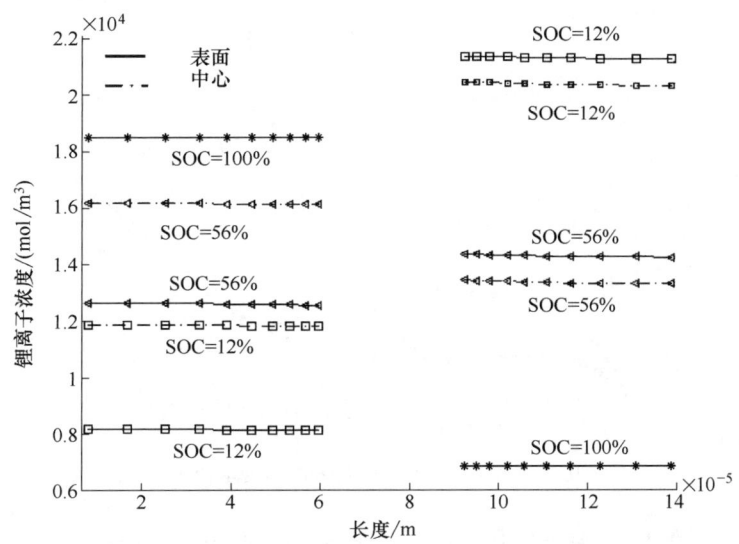

图 5-5 电池在 2C 倍率放电下的锂离子浓度分布图

化：负极处表面浓度下降快，中心浓度下降慢，造成浓度差越来越大，而且随着充电倍率的增加，这种差距就更明显；正极呈现出的现象与负极相反，活性材料表面处的离子浓度增长速度快，由起初 SOC=100% 时，浓度分布一致转变成为表面浓度远远高于极化材料内部浓度，产生这一现象主要是由于离子在固相扩散的速率比较低，在电池使用的过程中，主要表现为电池的固相极化比较严重，制约着电池可接受的充电倍率大小。

电化学模型主要反应电池内部的电化学反应机理，能够精确地预测出电池在不同工况下离子的浓度场、电场和热场的分布情况，模型准确度高，但很难确定出所有参数值，计算复杂度高和耗时长。

5.2.3 电化学阻抗模型

电化学交流阻抗谱（EIS）是一种频响分析法，利用频率变化很宽的阻抗谱来研究电池内部的反应机理，所以比电流-电压测试法更能表征出电池内部离子的动力学性能和界面反应信息。通过对电化学系统施加一定角频率的小振幅正弦波电位（电流）扰动信号，可以得到一段频率域内的不同频率下的电流（电压）信号，然后作图即可得到锂离子动力电池的电化学阻抗谱图，如图 5-6 所示。电池内部的电极反应十分的复杂，当电极输入一定的扰动后，表面的离子就会发生相应的嵌入或者迁出，电极内部的离子则会由于电势差的存在而在固态物质内部发生扩散现象，同时电解液内部的离子也会发生定向移动，对外表现出直流的欧姆阻抗、电化学阻抗以及浓差扩散阻抗。

典型的交流阻抗谱主要包括 5 个部分：

① 超高频区域（10kHz 以上），在 EIS 图中表现为一个点，可以标记为欧姆电阻 R_Ω，主要表示锂离子和电子通过多孔隔膜、导线、电解液和活性材料等时的运输阻抗。

② 高频区域，在 EIS 图中表现为一个半圆，可以用电阻 R_{p1} 和电容 C_{p1} 并联来表示，主要与离子在通过活性材料颗粒表面绝缘层的迁移扩散有关。

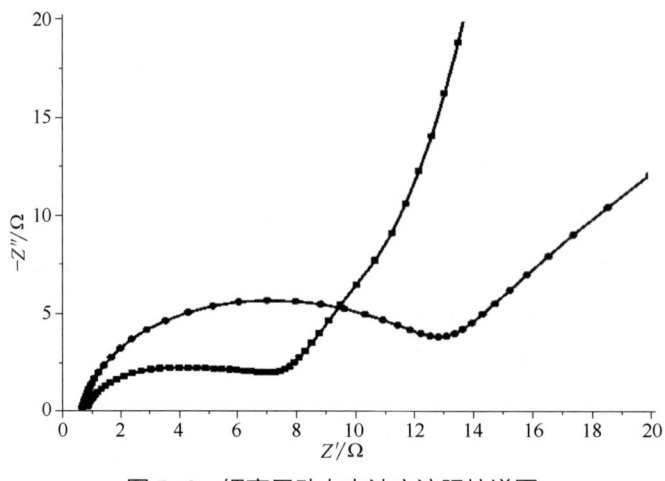

图 5-6 锂离子动力电池交流阻抗谱图

③ 中频区域，在 EIS 图中表现也是一个半圆，可以用一个电阻 R_{p2} 和电容 C_{p2} 并联来表示，主要与电荷传递过程相关。

④ 低频区域，在 EIS 图中表现为一条斜线，主要是锂离子在活性材料颗粒内部的固相扩散中所形成，可以通过固相扩散的 Warburg 阻抗来表示。

⑤ 极低频区域，主要是和活性材料颗粒晶体结构改变相关的一个半圆，频率处在 0.01Hz 以下，测试的实验周期比较长，而且对设备的精度要求比较高。

对曲线数据进行拟合处理过程中，发现锂离子电池中的容抗弧和 RC 并联电路的特性比较接近，但是拟合出来误差比较大，主要是因为电极表面的粗糙程度不同，造成电流分布不均匀，使得实际的电池 RC 特性发生变化，电容在一定程度上发生了变异，可以采用等效电容元件 Q 来表示，即：

$$Z_Q = \frac{1}{Y} \cdot (j\omega)^{-n}, 0 < n < 1 \tag{5-10}$$

并且 $Z'_Q = \frac{\omega^{-n}}{Y} \cdot \cos\left(\frac{n\pi}{2}\right)$，$Z''_Q = -\frac{\omega^{-n}}{Y} \cdot \sin\left(\frac{n\pi}{2}\right)$。

式中，Y 用来描述双电层电容的物理量；n 为 Q 元件容性的偏离程度，数值越小，表明阻抗特性越明显。

该方法通过曲线不同阶段的变化形式展示出电池内部离子的迁移和扩散过程，可以很直接地将难以观测的微观现象通过可视的曲线形式表现出来。

电化学阻抗模型采用电化学阻抗谱获得在频域范围内的交流等效阻抗模型，并通过测量阻抗谱曲线的变化趋势，辨识出等效电路的构成以及各元件的大小。由于不同类别的锂离子动力电池工作原理不同，交流阻抗谱曲线变化差异明显，所以各类动力电池的最佳电化学阻抗模型也不同，如图 5-7、图 5-8 所示，其中横坐标、纵坐标分别表示不同频率下阻抗的实部和虚部。

电化学阻抗模型可以准确描述电池在不同环境应力下电化学极化、欧姆极化、浓差极化等参数的变化趋势，为搭建精确地电路模型提供理论依据。但在实际应用中参数的匹配过程难度大，并且需要在电池内部达到准平衡状态下才能使用，采点单一，无法在线实时

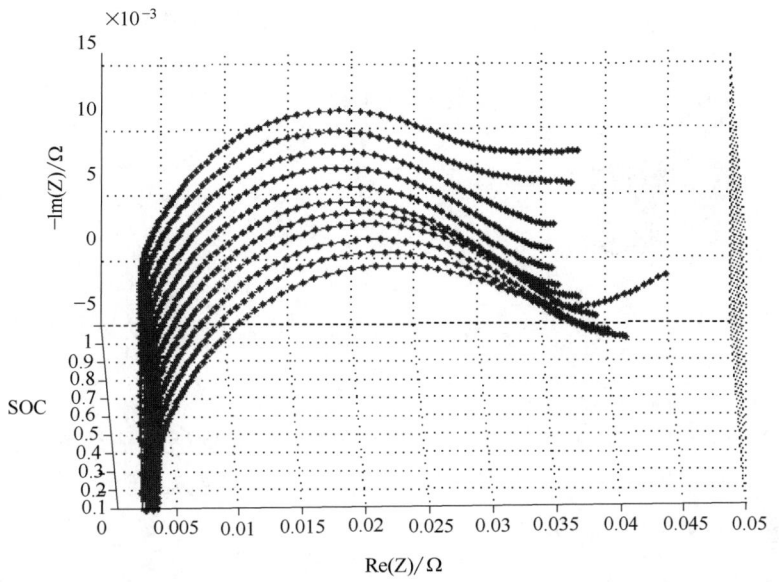

图 5-7 −10℃磷酸铁锂电池不同 SOC 区间阻抗谱图

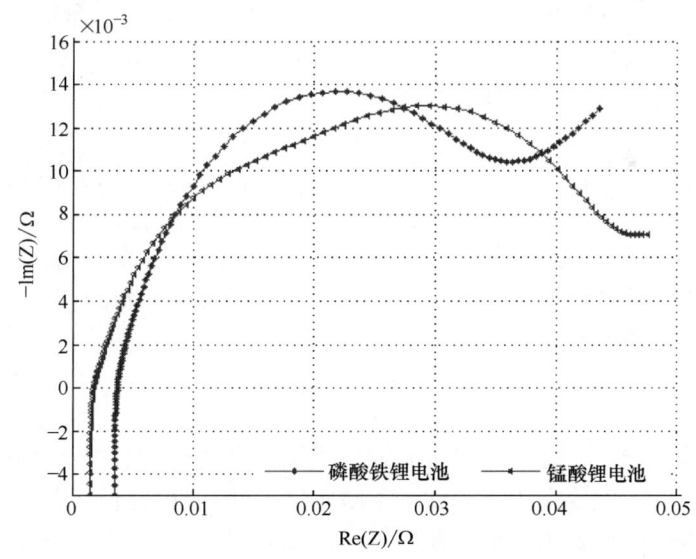

图 5-8 $T=-10$℃， SOC $=0$ 时磷酸铁锂和锰酸锂电池的阻抗谱图

应用。

5.2.4 基于非线性模型观测器

为实现动态 SOC 的估计，常将非线性观测器与电池模型相结合，构成基于模型的 SOC 估算方法。如图 5-9 所示，该方法常采用闭环结构，使用不同的算法计算增益量，通过对参变量的调整，控制增益量的大小，实现电池系统实际工作特性的实时跟踪。常见的算法有卡尔曼滤波器及其变体、粒子滤波器、H 无穷滤波器、滑模观测器等。

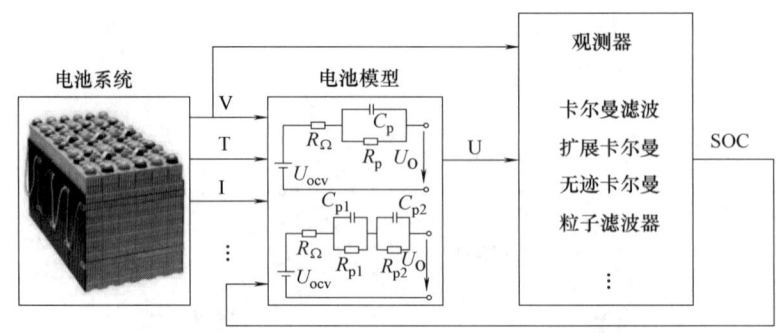

图 5-9　基于观测器的 SOC 估算方法示意图

5.2.4.1　卡尔曼滤波器（Kalman）及其变体

经典卡尔曼滤波器是一种用于动态线性系统估计的最优递推估计方法，其基本思想是将测量的端电压与建模的端电压进行比较，并通过一个增益矩阵将差值反馈给 SOC 的预测值。其中需要满足如下线性模型：

$$x_k = Ax_{k-1} + Bu_{k-1} + w_{k-1} \tag{5-11}$$

$$z_k = Hx_k + v_{k-1} \tag{5-12}$$

其中，$x_k \in R^n$ 是系统的状态变量，$z_k \in R^m$ 是系统的观测变量，系统的过程激励噪声与观测噪声分别用随机信号 w_k 和 v_k 表示，u_k 表示控制函数或称为系统激励。公式（5-11）被称为随机状态差分方程，A 为 $n \times n$ 的矩阵，反映出上一时刻的状态对当前状态的映射。B 为 $n \times l$ 的矩阵，代表系统激励对状态向量的影响。公式（5-12）被称为测量方程，其中 H 为 $m \times n$ 的矩阵，反映出状态变量 x_k 对测量变量 z_k 的影响。

卡尔曼滤波器由于实现了状态变量的实时更新，能够实时逼近系统真实的工作状态，在最初应用中得到了一定程度的应用，但由于经典卡尔曼滤波器中，状态向量、系统激励、观测变量之间关系都是线性的，针对高非线性的电池系统表现出来的精度难以满足人们对准确率不断提升的要求，扩展卡尔曼和无迹卡尔曼得到了新的应用。

扩展卡尔曼的状态方程和测量方程分别为：

$$x_k = f(x_{k-1}, u_{k-1}, w_{k-1}) \tag{5-13}$$

$$z_k = h(x_k, v_k) \tag{5-14}$$

扩展卡尔曼滤波器主要是在每一个时间步采用一个线性化过程，通过 1 阶泰格级数展开来逼近非线性系统。但该方法仅达到了 1 阶精度，并且有可能导致噪声的后验均值和协方差误差较大，因此无迹卡尔曼滤波器通过引入加权 sigma 点的概念来提升预测精度，即通过预先确定的采样点对系统进行采样，使得状态估计精度得到大幅提升。

5.2.4.2　粒子滤波器

粒子滤波法是指通过寻找一组在状态空间传播的随机样本对概率密度函数进行近似，以样本均值代替积分运算，从而获得状态最小方差分布的过程。其思想是基于蒙特卡洛方法，利用粒子集来表示概率，可以用在任何形式的状态空间模型上。克服了在卡尔曼滤波器及其变体中，要求系统噪声为高斯分布，而对于非高斯系统噪声，预测结果正确率低的问题。

5.2.4.3　H 无穷滤波器

当噪声统计特性为已知的白噪声时，卡尔曼滤波就有较好的效果；当噪声统计特性是未知的有色噪声或系统具有不确定性时，卡尔曼滤波器就达不到令人满意的结果，而 H 无穷滤波法使滤波误差系统传递函数的 H 无穷范数最小，以保证噪声或系统误差对 SOC 估计误差的范数小于给定的衰减水平。该算法在不要求系统的精确性和测量误差的前提下仍能保证 SOC 估计精度，但对于系统状态和模型不确定性的突然变化表现不敏感。

基于模型的估计方法是一种闭环估计方法，不需要对初始的 SOC 有精确了解，能够采用非线性估计算法得到误差增益，并通过算法的迭代和优化，使增益值趋近于零。但在实际应用中，该方法对 SOC 预测需要搭建模型和辨识相关参数，耗时且复杂度高。同时电池系统的高度非线性和多参数耦合性，使得现有的模型也难以实时精确模拟不同加载模式下的电池工作状态。

5.3 数据驱动法

数据驱动是指通过互联网或以其他相关软件为手段采集海量的数据，将数据进行组织形成信息，之后对信息进行整合和提炼，在数据的基础上经过训练和拟合形成自动的决策模型。简单来说就是以数据为中心进行决策和行动。一般程序为：数据采集—数据建模—数据分析—数据反馈。

随着数据驱动技术的提升，机器学习和深度学习得到了快速发展，在电池系统状态估计方面，采集电流、电压、温度、内阻等电池实际运行参数，使用机器学习或深度学习平台，通过对数据模型的测试和训练，采用智能算法自动学习网络参数和 SOC 之间的关系，目前常见的智能学习方法有神经网络及其衍生方法、支持向量机、极限学习机和相似向量机等。

5.3.1 神经网络及其衍生方法的状态估计

人工神经网络是一种利用类脑神经突触联结的结构进行信息处理的数学模型[3]，基本结构由输入层、隐含层、输出层组成，如图 5-10 所示，其基本单元的输出可以表示为：

$$y_k = f_k\{\sum_k w_{j,k} x_j + \theta_{j,k}\} \tag{5-15}$$

式中，$w_{j,k}$ 和 $\theta_{j,k}$ 分别表示隐含层到输出层的权重和偏置，f_k 为激活函数。

首先搭建函数网络，将输入层参数 x 赋予不同权值 w_{ij} 传递到下一个计算层，再通过激活函数转换后向前传递，最终输出电池 SOC 值。在模型训练过程中，数据有向前和向后两种传递过程，如 BPNNs 训练时，其结果误差会进行反

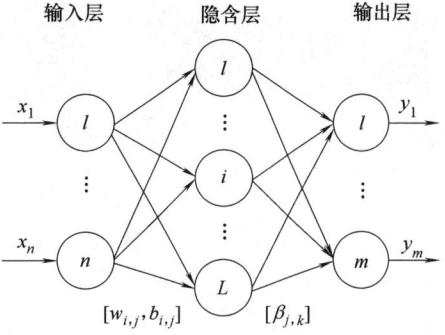

图 5-10 神经网络算法基本结构示意图

向传递并修正各层网络的权值和阈值，循环执行该过程完成网络的参数最优化学习。

基于神经网络的 SOC 估算方法通常以电池电流、电压、温度等参数作为输入，以 SOC 作为输出结果，通过样本数据对系统进行训练，寻找各参数之间的映射关系，具有

较强的非线性处理能力，其流程如图5-11所示。

基于神经网络的电池SOC估计无需大量严谨苛刻的运算规则，避免了建立高精度电池模型所带来的时效性差等问题，但需要庞大的训练数据集对网络模型进行训练，导致训练的数据样本在很大程度上决定了算法实际应用的精度。为了进一步提升SOC的估计结果，多种改进和完善后的神经网络逐渐被研究者所提出。根据网络的复杂程度，其衍生算法可划分为反向传播（Back Propagation，BP）神经网络、径向基神经网络、广义回归神经网络、概率神经网络等传统神经网络和包含卷积神经网络、循环神经网络以及生成对抗网络等深度神经网络[4]。

BP神经网络是传统神经网络的典型代表，其网络结构简单、对硬件性能要求较低，但SOC预测精度有待提高。在深度神经网络中，深度循环神经网络（Recurrent Neural Network，RNN）具有结构相对简单、参数可调性强和具有记忆特性等优点，被大量应用于电池SOC状态估计，但该算法对初始权重和参数阈值较为敏感，容易陷入局部最优[5]，同时在时间跨度使用过程中，容易出现梯度消失和梯度爆炸等问题。为此，

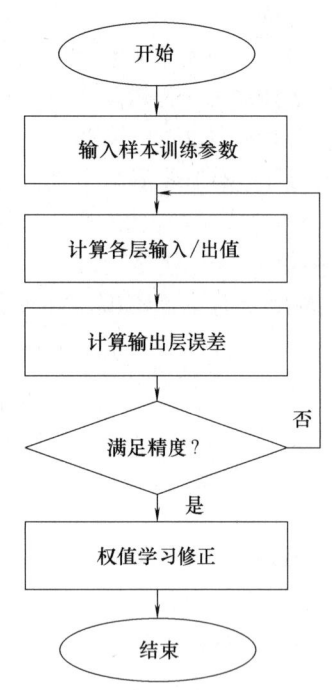

图5-11 基于神经网络算法的锂离子电池SOC估算流程图

一种具有遗忘门的神经网络——长短时记忆（Long Short term memory，LSTM）网络被广泛研究，LSTM的框架如图5-12所示。

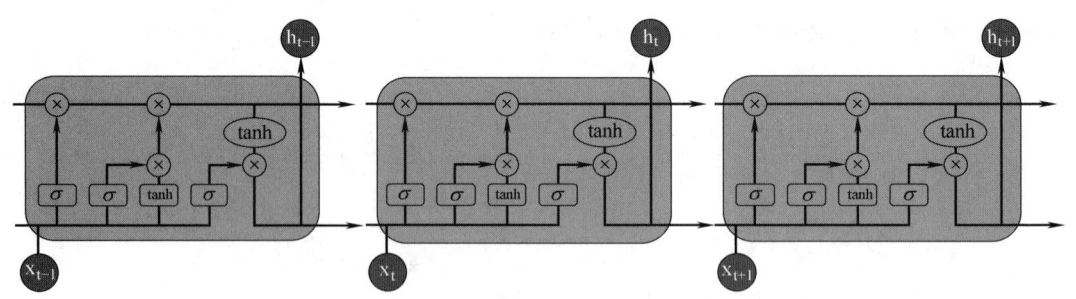

图5-12 LSTM框架图

$$f_t = \sigma(W_{xf}x_t + W_{hf}h_{t-1} + b_f) \quad (5-16)$$

$$i_t = \sigma(W_{xi}x_t + W_{hi}h_{t-1} + b_i) \quad (5-17)$$

$$o_t = \sigma(W_{xo}x_t + W_{ho}h_{t-1} + b_o) \quad (5-18)$$

$$c_t = f_t \cdot c_{t-1} + i_t \cdot \tanh(W_{xc}x_t + W_{hc}h_{t-1} + b_c) \quad (5-19)$$

$$h_t = o_t \cdot \tanh(c_t) \quad (5-20)$$

式中，x_t是输入量；t表示时间步长，其中i、f和o分别表示输入门、遗忘门和输出门，LSTM模型可以通过输入门和遗忘门自动添加或遗忘信息；W、b为连接权值和偏差；σ为sigmoid激活函数。

5.3.2 支持向量机的状态估计

支持向量机（Support Vector Machine，SVM）是一类按监督学习方式对数据进行二元分类的广义线性分类器，其决策界是对学习样本求解的最大边距超平面，是一种使用分类与回归分析技术来处理数据的算法。

当所采集的数据线性可分时，在原空间寻找两类样本的最优分类超平面，当线性不可分时，加入松弛变量并通过使用非线性映射，将低维度输入空间的样本映射到高维度空间使其变为线性可分，这样就可以在该特征空间中寻找最优分类超平面。

设样本集为：

$$\text{Data} = \{(x_1,y_1),(x_2,y_2),(x_3,y_3),\cdots,(x_m,y_m)\} \tag{5-21}$$

式中，x_i 为第 i 个样本的输入值，$x_i \in R^n$；y_i 为第 i 个样本的输出值，$y_i \in R^n$。SVM 的回归函数为：

$$\omega^T x + b = 0 \tag{5-22}$$

式中，ω 为参数向量；x 和 b 分别为样本数据和偏移量。

相应的分类决策函数为：

$$f(x) = \text{sgn}(\omega^T x + b) \tag{5-23}$$

对于线性不可分数据集，每个采样点都引入了一个松弛变量 ξ_i：$\xi_i \geq 0$ 来表示分类误差的非负度量。然后，线性不可分离的 SVM 可以由以下优化问题表示：

$$\begin{aligned} & f(x) = \text{sgn}(\omega^T x + b) \\ & s.t. \quad y_i(\omega x_i + b) \geq 1 - \xi_i \\ & \xi_i \geq 0, \ i = 1, 2, \cdots, n \end{aligned} \tag{5-24}$$

式中，ε_i 为惩罚因子，一般根据实际问题决定。

结合核函数和软间隔最大化原理，利用对偶函数和拉格朗日优化算法可以得到非线性 SVM 的分类决策函数：

$$f(x) = \text{sgn}\left[\sum_{i=1}^{n} a_i y_i K(x, x_i) + b\right] \tag{5-25}$$

式中，$a_i \geq 0$ 表示拉格朗日乘数，$K(x, x_i)$ 是满足 Mercer 的核函数：

$$K(x, x_i) = \exp\left(-\frac{\|x - x_i\|^2}{2\sigma^2}\right) \tag{5-26}$$

式中，σ 是高斯径向基函数（RBF）的核宽度。

在 SVM 中，核宽度 σ 和惩罚因子 C 对回归效果有较大的的影响。惩罚因子 C 主要用来对支持向量机的复杂度与误差值进行平衡，当 C 值过大，支持向量增加，导致计算量增大，时效性降低；当 C 值过小，分类器将不关心识别误差值，从而导致分类精度降低。核宽度主要反应单体样本对超平面的影响，决定模型的复杂度。

在实际工程应用中，由于 SVM 对惩罚因子和核宽度较为敏感，所以 SVM 经常与遗传算法、网格搜索法、粒子群优化算法等一起使用，通过对核参数的优化达到对 SVM 估计精度的提升，如图 5-13 所示为基于网格搜索法的 SVM 参数优化图。

SVM 状态估计与 ANN 相比，在高维模式识别、非线性回归等问题中均能取得较好的效果。但当样本规模扩增到一定程度时，SVM 算法所带来的复杂度会显著提升，并且模型的精度也会有所下降。

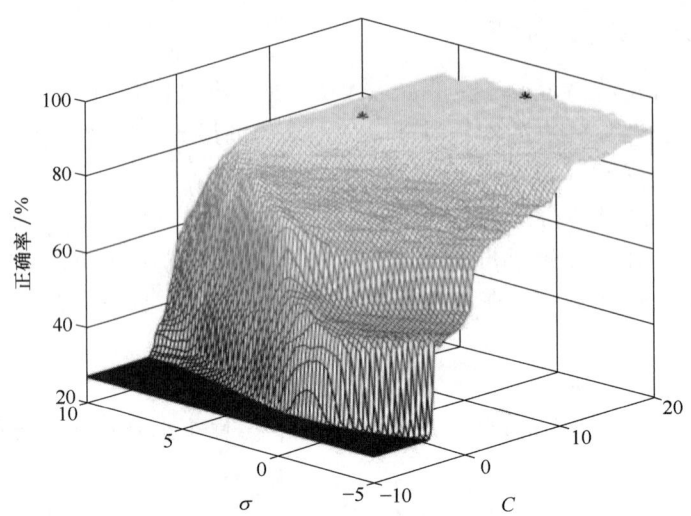

图 5-13 基于网格搜索法的 SVM 参数优化图

5.3.3 极限学习机的状态估计

极限学习机（Extreme Learning Machine，ELM）随机产生输入层与隐含层间的连接权值和隐含层神经元阈值，然后通过对矩阵的求解来替代神经网络误差反向传播中的迭代计算，具有学习速度快、泛化性能好，进而达到提升学习效率并简化学习参数的目的。

该结构是一种单隐含层前馈神经网络，其示意图与图 5-10 相同。

假设有任意样本 (x_j, t_j)，其中 $x_j = [x_{j1}, x_{j2}, \cdots, x_{jn}]^T$，$t_j = [t_{j1}, t_{j2}, \cdots, t_{jm}]^T$，则含有 L 个隐含节点的单隐含层神经网络可表示为：

$$\sum_{i=1}^{L} \beta_i g(w_i \cdot x_j + b_j) = o_j, \quad j = 1, 2, \cdots, N \tag{5-27}$$

式中，$g(x)$ 为激活函数；$w_i = [w_{i1}, w_{i2}, \cdots, w_{in}]^T$ 是第 i 个隐含层单元的输入权重；b_i 是第 i 个隐含层单元的偏置；$\beta_i = [\beta_{i1}, \beta_{i2}, \cdots, \beta_{im}]^T$ 是第 i 个隐含层单元的输出权重。

ELM 的目标是使得输入值的误差最小，可表示为：

$$x \sum_{j=1}^{N} \| o_j - t_j \| = 0 \tag{5-28}$$

即存在对应的 w_i、b_i 和 x_i，使得：

$$\sum_{i=1}^{L} \beta_i g(w_i \cdot x_j + b_i) = t_j, \quad j = 1, 2, \cdots, N \tag{5-29}$$

并可用矩阵表示为：

$$H \cdot \beta = T \tag{5-30}$$

式中，H 是隐含层节点的输出；β 为输出权重；T 为期望输出值。

ELM 无需计算误差反向传播过程中由于不断迭代而产生的计算量，其学习速度快，泛化性能好等优点，引起了国内外许多专家和学者的研究。ELM 可适用于分类、回归、拟合以及模式识别等多个领域，在电池系统的状态估计中也被广泛应用。

由于 ELM 的初始权值和阈值是随机给定，导致在对传递矩阵求解过程中，如果数据集中存在明显的离群点时，模型的性能将会受到很大的影响，同时在不考虑结构化风险的情况下，该算法具有一定的过拟合风险问题。

因此在电池状态辨识领域，ELM 算法与 SVM 相同，经常与遗传算法、粒子群算法、退火算法等优化算法同时使用，基本流程如图 5-14 所示，提升模型的鲁棒性和可靠性。

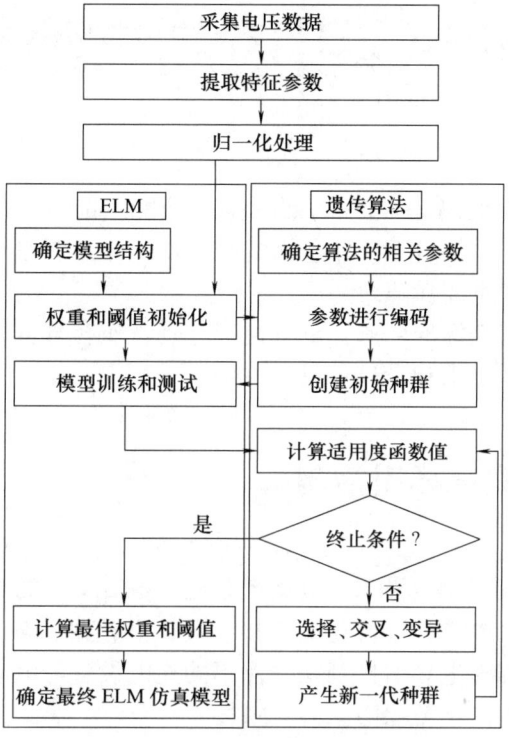

图 5-14 ELM 网络结构流程图

本 章 小 结

本章从工程应用和科学研究两个维度，结合技术发展的先后顺序，较为系统地阐述了近年来用于锂离子动力电池 SOC 估计的相关方法；对模型法与数据驱动法的工作原理和发展趋势等热点研究内容进行了重点阐述。

参 考 文 献

[1] 谭晓军. 电动汽车动力电池管理系统设计 [M]. 广州：中山大学出版社, 2011.
[2] 姚雷. 电动车辆动力电池充电特性与控制基础问题研究 [D]. 北京：北京理工大学, 2016.
[3] 张照妮, 郭天滋, 高明裕, 等. 电动汽车锂离子电池荷电状态估算方法研究综述 [J]. 电子与信息学报, 2021, 43 (07)：1803-1815.
[4] 郑永飞. 基于神经网络的锂电池 SOC 估算及其管理系统研究 [D]. 西安：陕西科技大学, 2020.
[5] Wang Q X, Wu P Z, Lian J L. SOC estimation algorithm of power lithium battery based on AFSA-BP neural network [J]. The Journal of Engineering, 2020, 2020 (13)：535-539.

第 6 章

充电导引控制与绝缘检测

充电导引控制和绝缘检测是 BMS 的两项基本功能。前者是确保电动汽车与交流或直流充电桩进行可靠连接的必备功能，后者是确保电动汽车司乘人员安全的重要保障。

本章主要根据相关国家标准要求，重点讨论电动汽车传导充电导引控制和绝缘检测的基本要求和设计要点。

配套课件

第6章 充电导引控制与绝缘检测

6.1 充电接口与充电导引控制

充电接口是交流或直流充电设备与电动汽车进行电能交互的物理接口；充电导引控制是电动汽车和交、直流充电设备进行充电连接、确认和信息传输的控制逻辑、通信规约。规范、统一的充电接口和充电导引控制是确保不同充电设备与电动汽车之间互操作性，以及安全、可靠、高效充电的重要保障[1]。

传导充电系统充电接口与充电导引控制的相关国家标准及主要内容，如表 6-1 所示。

表 6-1 充电接口与充电导引控制相关标准

序号	标准号	标准名称	主要内容
1	GB/T 20234.1—2023[2]	电动汽车传导充电用连接装置 第 1 部分:通用要求	电动汽车传导充电用连接装置的定义、要求、试验方法和检验规则
2	GB/T 20234.2—2023[3]	电动汽车传导充电用连接装置 第 2 部分:交流充电接口	电动汽车传导充电用交流充电接口的通用要求功能定义、形式结构、参数和尺寸
3	GB/T 20234.3—2023[4]	电动汽车传导充电用连接装置 第 3 部分:直流充电接口	电动汽车传导充电用直流充电接口的通用要求、功能定义、形式结构、参数和尺寸
4	GB/T 18487.1—2023[5]	电动汽车传导充电系统 第 1 部分:通用要求	电动汽车传导充电系统分类、通用要求、通信、电击防护、电动汽车和供电设备之间的连接、车辆接口和供电接口的特殊要求、供电设备结构要求、性能要求、过载保护和短路保护、急停、使用条件、维修和标识及说明
5	GB/T 18487.2—2017[6]	电动汽车传导充电系统 第 2 部分:非车载传导供电设备电磁兼容要求	为电动汽车非车载传导充电的电动汽车供电设备的电磁兼容要求

续表

序号	标准号	标准名称	主要内容
6	GB/T 27930—2023[7]	非车载传导式充电机与电动汽车之间的数字通信协议	电动汽车非车载传导式充电机与BMS之间基于CAN的通信物理层、数据链路层及应用层的定义
7	GB/T 34657.1—2017[8]	电动汽车传导充电互操作性测试规范 第1部分：供电设备	电动汽车传导充电互操作性测试对供电设备的检验规则、测试条件测试项目、测试方法及合格评判
8	GB/T 34657.2—2017[9]	电动汽车传导充电互操作性测试规范 第2部分：车辆	电动汽车传导充电互操作性测试对车辆的检验规则、测试条件、测试项目、测试方法及合格评判

6.1.1 交流充电接口

根据 GB/T 20234.2—2015《电动汽车传导充电用连接装置 第2部分：交流充电接口》，交流充电接口插头/插座触头布置，如图6-1所示，触头电气参数及功能定义，如表6-2所示，车辆交流充电接口的电气连接界面，如图6-2所示[3]。

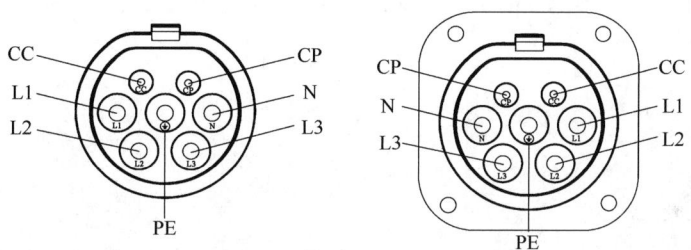

图 6-1 交流充电接口插头/插座触头布置图

表 6-2　交流充电接口触头电气参数及功能定义

触头编号/标识	额定电压和额定电流	功能定义
1——(L1)	250 V　10 A/16 A/32A	交流电源（单相）
	440 V　16 A/32 A/63 A	交流电源（三相）
2——(L2)	440 V　16 A/32 A/63 A	交流电源（三相）
3——(L3)	440 V　16 A/32 A/63 A	交流电源（三相）
4——(N)	250 V　10 A/16 A/32 A	中线（单相）
	440 V　16 A/32 A/63 A	中线（三相）
5——(⏚)	—	保护接地(PE)，连接供电设备地线和车辆电平台
6——(CC)	0 V~30 V 2 A	充电连接确认
7——(CP)	0 V~30 V 2 A	控制导引

6.1.2 交流充电控制导引

对于交流充电控制导引，根据电动汽车和交流电网的连接方式、所使用的插座/插头/保护装置等，GB/T 18487.1—2023《电动汽车传导充电系统 第1部分：通用要求》定义了三种连接方式（A、B、C）、三种充电模式（1、2、3，其中模式1不应使用）。

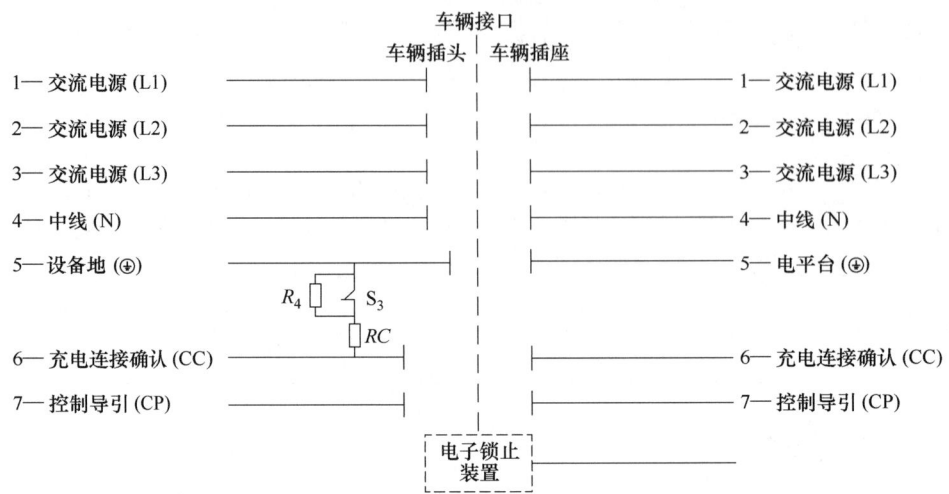

图6-2 车辆交流充电接口的电气连接界面

典型的，根据标准要求，当交流充电系统工作于如图6-3所示的"充电模式2、连接方式B"时，充电控制导引电路的工作流程如下：

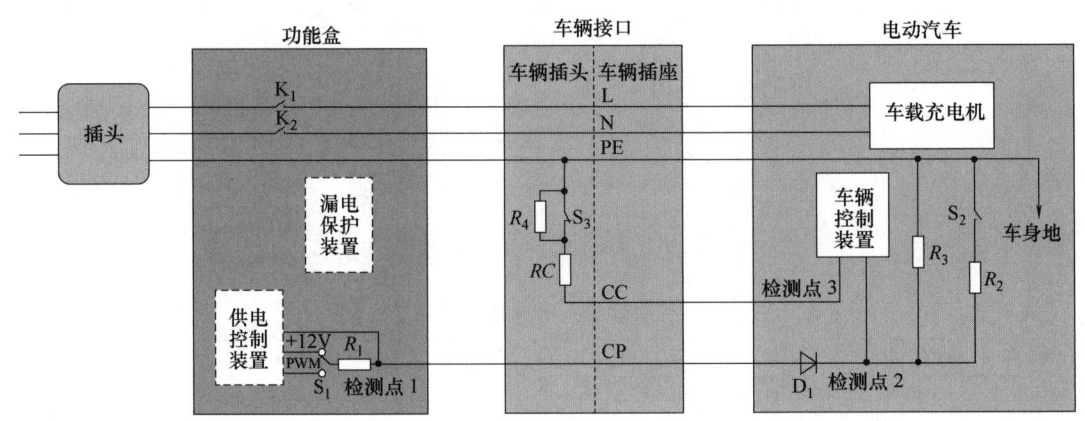

图6-3 交流充电：充电模式2、连接方式B

① 车辆控制装置测量检测点2有无CP信号。如有则标志着车辆插头与车辆插座已连接，控制导引电路激活，进入工作状态；如无，则控制导引电路处于待机状态。

② 车辆控制装置通过测量检测点3与PE之间的电阻值来判断车辆插头与车辆插座是否完全连接。半连接时，S_3断开，检测点3与PE之间的电阻为$RC+R_4$；完全连接时，S_3处于闭合状态，检测点3与PE之间的电阻值为RC。

③ 供电控制装置通过测量检测点1的电压判断R_3是否接入，如R_3接入则延时一定时间，将S_1切换至PWM输出状态。

④ 车辆检测装置通过测量检测点2的PWM信号，判断充电装置是否已经完全连接。如完全连接，则闭合开关S_2，车辆进入准备就绪状态。

⑤ 供电控制装置通过进一步测量检测点1的电压判断车辆是否进入准备就绪状态，如已进入就绪状态，则闭合K_1、K_2，交流供电回路导通。

⑥ 车辆控制装置通过测量检测点 2 的 PWM 信号占空比确认供电设备的最大供电能力，并以此确定车载充电机的输出电流，启动充电过程。

上述交流充电过程和控制时序，如图 6-4 所示。

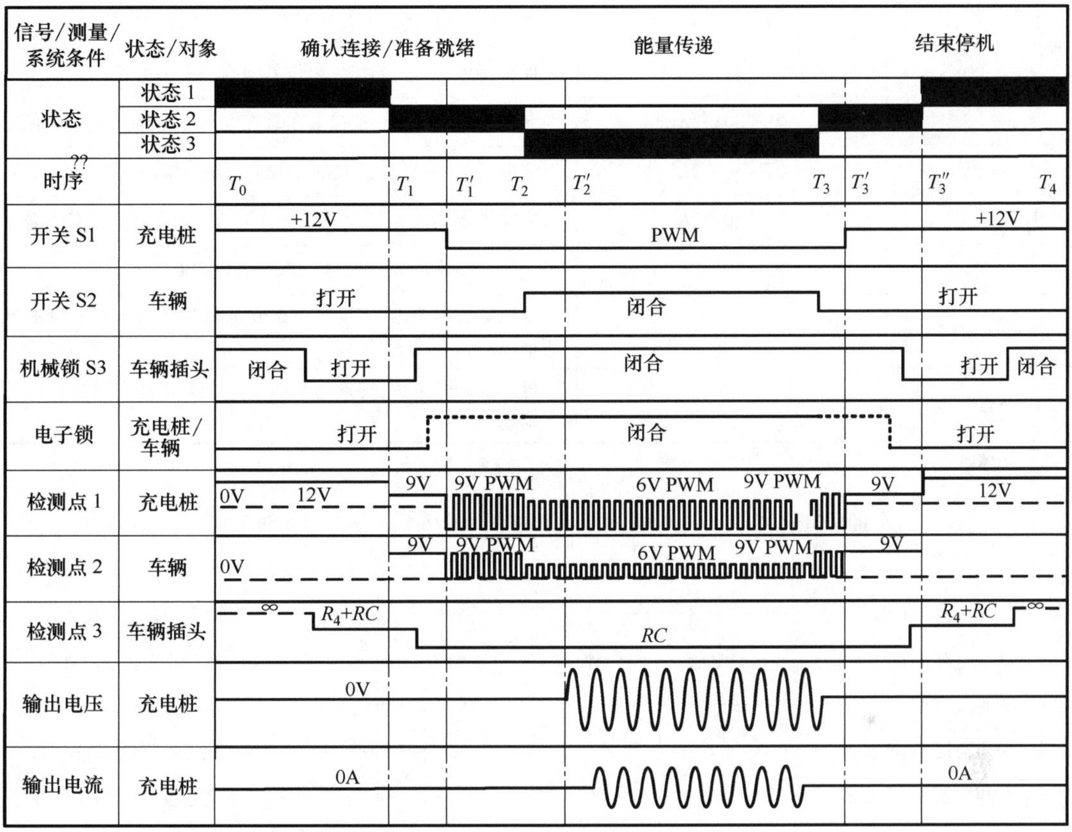

信号/测量/系统条件
状态/对象
确认连接/准备就绪
能量传递
结束停机
状态
状态 1
状态 2
状态 3
时序
T_0 T_1 T_1' T_2 T_2' T_3 T_3' T_3'' T_4
开关 S1
充电桩
+12V
PWM
+12V
开关 S2
车辆
打开
闭合
打开
机械锁 S3
车辆插头
闭合
打开
闭合
打开
闭合
电子锁
充电桩/车辆
打开
闭合
打开
检测点 1
充电桩
0V
12V
9V
9V PWM
6V PWM
9V PWM
9V
12V
检测点 2
车辆
0V
9V
9V PWM
6V PWM
9V PWM
9V
检测点 3
车辆插头
∞
R_4+RC
RC
R_4+RC
∞
输出电压
充电桩
0V
输出电流
充电桩
0A
0A

图 6-4　交流充电过程和控制时序图

6.1.3　直流充电接口

根据 GB/T 20234.3—2023《电动汽车传导充电用连接装置　第 3 部分：直流充电接口》，直流充电接口插头/插座触头布置，如图 6-5 所示，触头电气参数及功能定义，如表 6-3 所示，车辆直流充电接口的电气连接界面，如图 6-6 所示[3]。

CC2
CC1
S+
S−
DC+
DC−
A+
A−
PE
CC2
CC1
S−
S+
DC−
DC+
A−
A+
PE

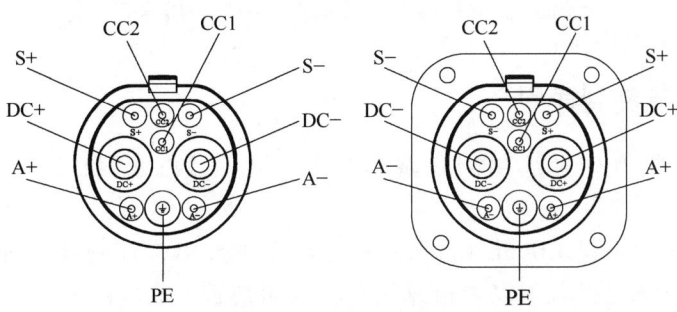

图 6-5　直流充电接口插头/插座触头布置图

表 6-3　　　　　　　直流充电接口触头电气参数及功能定义

触头编号/标识	额定电压和额定电流	功能定义
1——(DC+)	750V 80A/125A/200A/250A	直流电源正,连接直流电源正与电池正极
2——(DC−)	750V 80A/125A/200A/250A	直流电源负,连接直流电源负与电池负极
3——(⏚)	—	保护接地(PE),连接供电设备地线和车辆电平台
4——(S+)	0V~30V 2A	充电通信 CAN_H,连接非车载充电机与电动汽车的通信线
5——(S−)	0V~30V 2A	充电通信 CAN_L,连接非车载充电机与电动汽车的通信线
6——(CC1)	0V~30V 2A	充电连接确认1,连接非车载充电机与电动汽车的控制器
7——(CC2)	0V~30V 2A	充电连接确认2,连接电动汽车的控制器
8——(A+)	0V~30V 10A	低压辅助电源正,连接非车载充电机为电动汽车提供的低压辅助电源
9——(A−)	0V~30V 10A	低压辅助电源负,连接非车载充电机为电动汽车提供的低压辅助电源

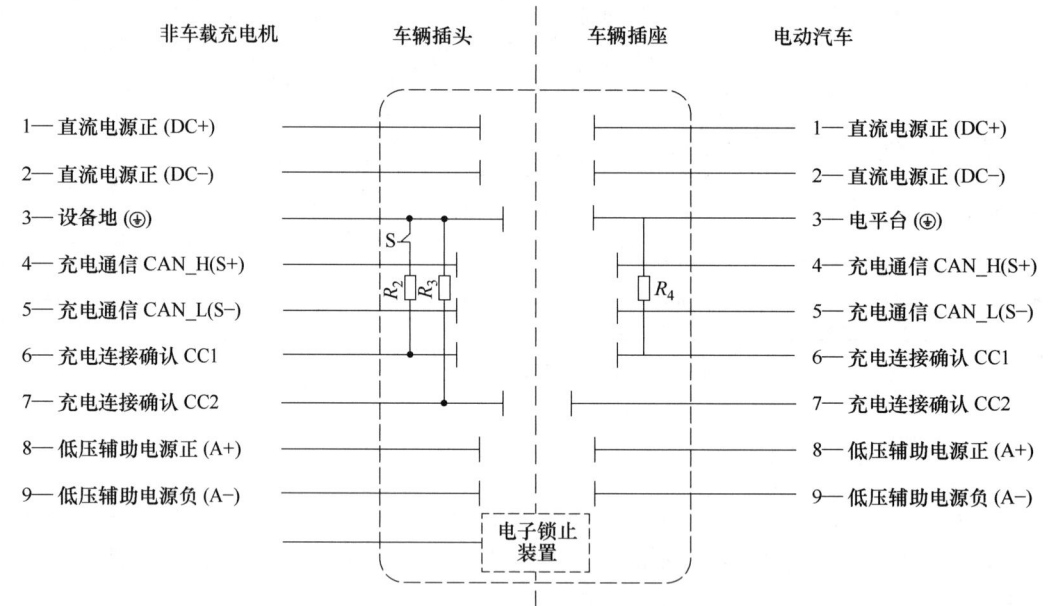

图 6-6　车辆直流充电接口的电气连接界面

6.1.4　直流充电控制导引

当系统工作于如图 6-7 所示的直流充电系统时,直流充电控制导引系统工作流程如下:

① 操作人员对非车载充电机进行设置后,非车载充电机控制器通过测量检测点 1 的电压判断 R_2 是否接入、开关 S 是否可靠闭合,进而判断车辆接口是否完全连接。

② 车辆接口完全连接后,非车载充电机控制器闭合 K_3 和 K_4,12V 低压辅助供电回路

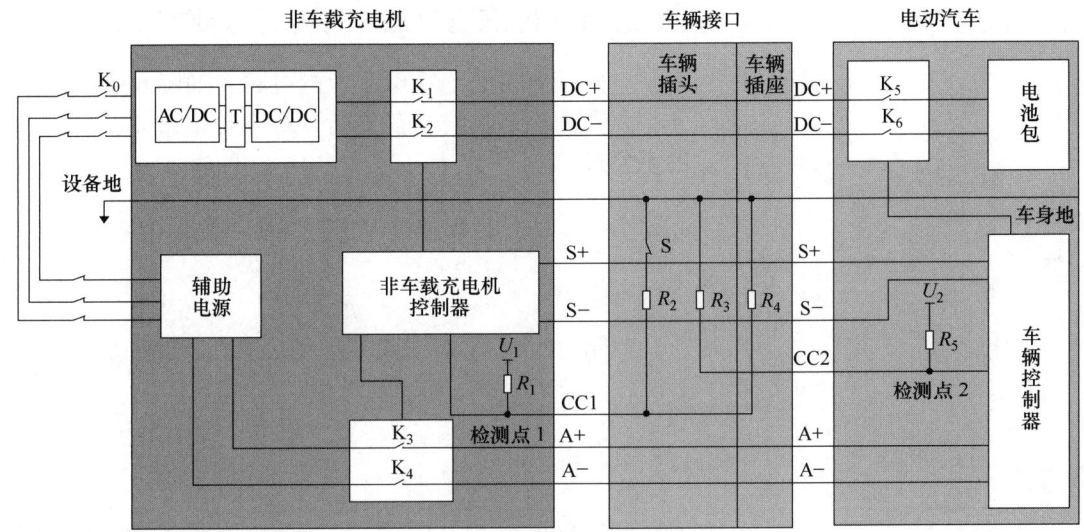

图 6-7 直流充电系统

导通，车辆控制器接受该 12V 低压辅助供电，进入工作模式，并通过测量检测点 2 的电压，判断电阻 R_3 是否可靠接入（车辆接口是否可靠连接）。同时，非车载充电机控制器周期性的发送握手报文，报文具体要求见 GB/T 27930—2023《非车载传导式充电机与电动汽车之间的数字通信协议》[7]。

③ 握手成功后，进入充电报文配置阶段，车辆控制器闭合 K_5、K_6，使充电回路导通；非车载充电机控制器检测到动力电池端电压无误后，闭合 K_1、K_2，进入充电阶段。

④ 充电阶段相关信息由 CAN 总线报文进行传输。

6.2 绝缘检测

依据强制性国家标准 GB 18384—2020《电动汽车安全要求》规定，对动力电池的正极、负极与车身之间的绝缘电阻进行实时检测，是电动汽车的基本安全要求。

现有绝缘检测技术可分为电桥法[10-12]和信号注入法两大类[13-15]。电桥法测量绝缘电阻的基本原理如下：基于电桥电路原理，通过控制动力电池正、负极两边继电器的开通与关断，得到几种不同的测试点电压组合状态，并据此来计算系统的绝缘阻值。

信号注入法测量绝缘电阻基本原理如下：在直流母线与车身之间注入一定频率的电压信号，通过测量反馈的信号来计算绝缘阻值。该方法能够检测出正、负极绝缘电阻同时下降的情况，但是注入信号会造成直流系统纹波增大，影响供电质量，进而影响采样精度[16]。

结合 GB 18384—2020《电动汽车安全要求》要求，设计了一种不平衡电桥检测电路及检测方法，有效地提高了绝缘电阻的检测精度，并且能够同时在线测量多种情况下正负极绝缘电阻[17]。

6.2.1 传统电桥法绝缘电阻检测方法的分析

传统电桥法绝缘电阻检测电路，如图 6-8 所示。

采用该方法时，首先断开继电器 K_1、K_2，得到如下公式：

$$V_1 = \frac{R_+}{R_+ + R_-} V_总 \tag{6-1}$$

$$V_2 = \frac{R_-}{R_+ + R_-} V_总 \tag{6-2}$$

闭合继电器 K_1，断开继电器 K_2，可得：

$$V_3 = \frac{R_+ // R_1}{R_+ // R_1 + R_-} V_总 \tag{6-3}$$

$$V_4 = \frac{R_-}{R_+ // R_1 + R_-} V_总 \tag{6-4}$$

结合公式（6-1）~公式（6-4）计算出正极绝缘电阻阻值：

$$R_+ = \left(\frac{V_4 V_1}{V_3 V_2} - 1 \right) R_1$$

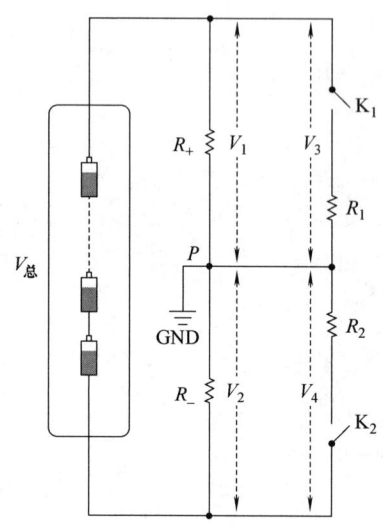

图 6-8 传统电桥电路等效电路图

同理，可得负极绝缘电阻阻值：

$$R_- = \left(\frac{V_3 V_2}{V_4 V_1} - 1 \right) R_2$$

该方法存在如下两个问题：
① 需要测量正、负绝缘电阻两端的电压，系统结构复杂且存在较大误差；
② 当正、负极绝缘电阻中有一个阻值为零时，方程无解。

6.2.2 不平衡电桥法绝缘电阻检测方法分析

为便于分析，将不平衡电桥绝缘电阻检测系统简化为示意图，如图 6-10 所示。

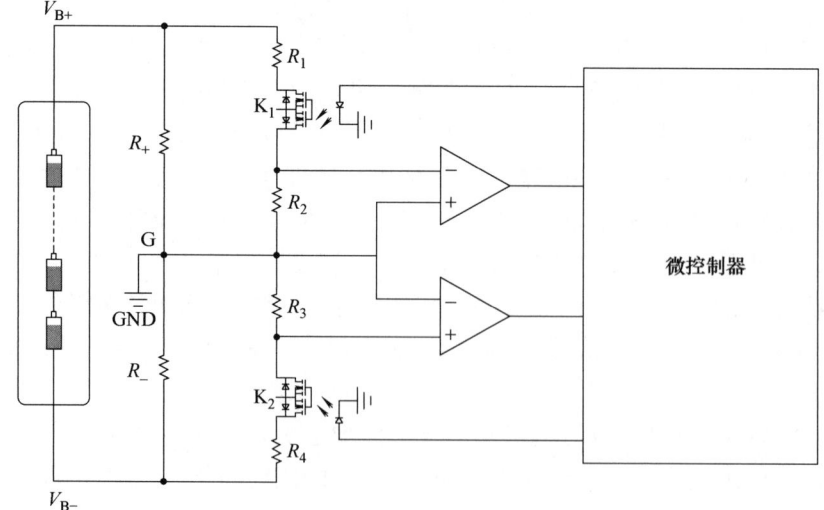

图 6-9 绝缘电阻检测系统示意图

不平衡电桥法绝缘电阻检测等效电路，如图 6-10 所示，其中 P 点为测量 V_+ 和 V_- 的参考零电位点，与车身地连接。

具体测量步骤如下：

(1) 测量动力电池总电压

以动力电池负极为基准电压参考点，测量动力电池总压，此时闭合继电器 K_1 与 K_2，其等效电路，如图 6-11 所示。

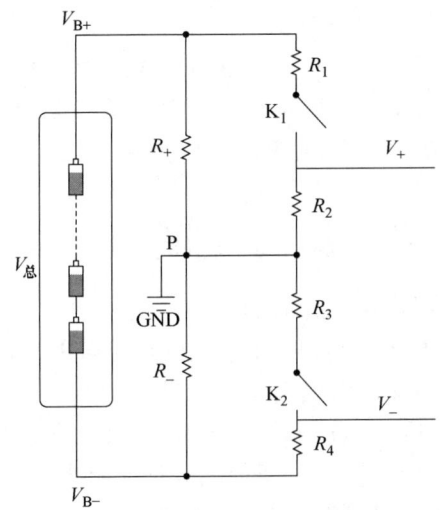

图 6-10　不平衡电桥检测电路等效电路图

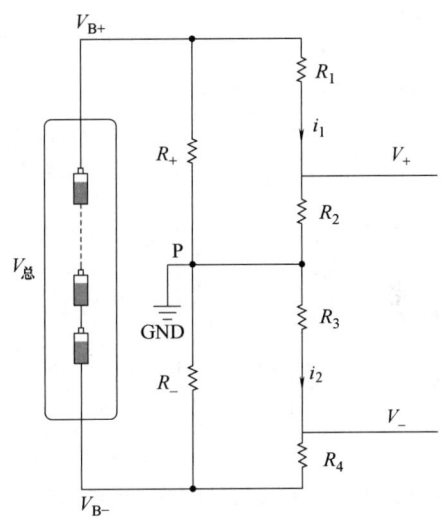

图 6-11　K_1、K_2 同时闭合时的等效电路图

如图 6-11 所示，i_1、i_2 为流经上桥臂与下桥臂的电流，动力电池两端的总电压即为正极与 P 点之间电压和负极与 P 点之间电压之和。

$$V_{总}=i_1(R_1+R_2)+i_2(R_3+R_4)=\frac{V_+}{R_2}(R_1+R_2)+\frac{V_-}{R_3}(R_3+R_4)$$

(2) 测量上桥臂采样点电压信号

通过微控制器控制使光控继电器 K_1 闭合，K_2 断开，选取 P 为基准电压参考点，等效电路，如图 6-12 所示。

动力电池正负两端电流 i_1、i_2 参考方向，如图 6-12 所示，通过检测电路检测到电阻 R_2 与 P 点之间的电压为 V_+，即可得出流过 R_1、R_2 的电流：

$$i_4=\frac{V_+}{R_2}$$

动力电池正极与参考点 P 之间的电压：

$$V_{B+}=V_+\left(1+\frac{R_1}{R_2}\right)$$

流过正极绝缘电阻 R_+ 上的电流 i_3，动力电池正极电流：

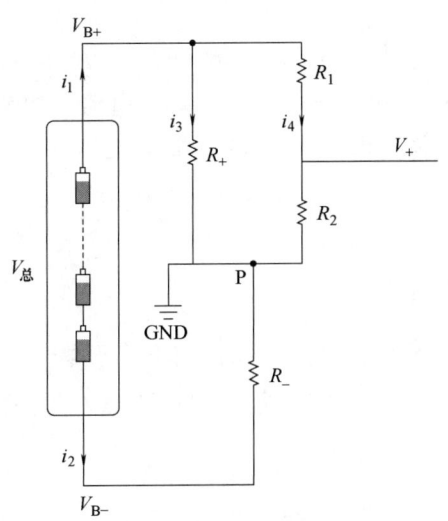

图 6-12　K_1 闭合 K_2 断开时的等效电路图

$$i_1 = i_3 + i_4 = \frac{V_{B+}}{R_+} + \frac{V_+}{R_2} = V_+\left(\frac{1}{R_+} + \frac{R_1}{R_+R_2} + \frac{1}{R_2}\right)$$

因 $V_{B+} + V_{B-} = V_总$，$i_1 + i_2 = 0$，可得：

$$(R_1+R_2)R_- + R_+R_- = R_2\frac{V_{B-}}{V_+}R_+ \tag{6-5}$$

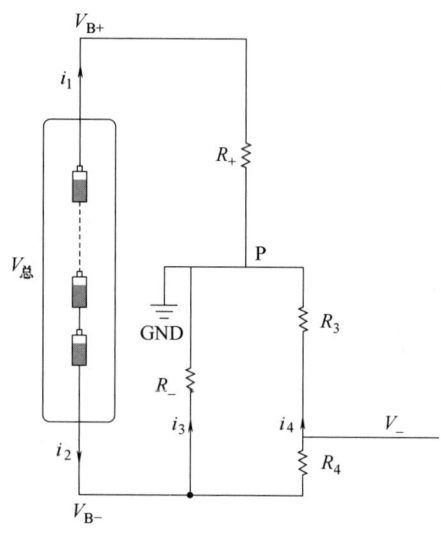

图 6-13　K_2 闭合 K_1 断开时的等效电路图

（3）测量下桥臂采样点电压信号

通过微控制器使光控继电器 K_1 断开，K_2 闭合，等效电路，如图 6-13 所示。

由于电路发生变化，基准电压参考点 P 的实际电压发生改变，因此正负极相对于参考零电位点的电压、电流均发生变化，与步骤（2）同理可得：

$$(R_3+R_4)R_+ + R_+R_- = R_3\frac{V_{B+}}{V_-}R_- \tag{6-6}$$

（4）绝缘电阻阻值计算

通过上述步骤测得采样点电压 V_+ 与 V_-，根据电压的不同又分为如下 4 种情况。

① 情况 1：V_+ 与 V_- 均等于零时，正极绝缘电阻 R_+ 与负极绝缘电阻 R_- 阻值均等于无穷大。

② 情况 2：V_+ 等于零、V_- 不等于零时，负极绝缘电阻 R_- 阻值等于无穷大，断开继电器 K_1，闭合继电器 K_2，等效电路，如图 6-13 所示。

流经正极绝缘电阻 R_+ 上的电流 $i_1 = i_4$，可得：

$$R_+ = \frac{V_{B+}}{i_1} = \frac{V_总 - \frac{V_-}{R_3}(R_3+R_4)}{\frac{V_-}{R_3}}$$

③ 情况 3：V_+ 不等于零、V_- 等于零时，负极绝缘电阻 R_+ 阻值等于无穷大，闭合继电器 K_1，断开继电器 K_2，等效电路，如图 6-12 所示。

流经正极 R_- 上的电流 $i_2 = i_4$，可得：

$$R_- = \frac{V_{B-}}{i_2} = \frac{V_总 - \frac{V_+}{R_2}(R_1+R_2)}{\frac{V_+}{R_2}}$$

④ 情况 4：V_+ 与 V_- 均不等于零时，绝缘电阻的计算过程如下。

由公式（6-5）、公式（6-6），可得：

$$\begin{cases} R_+ = \dfrac{abR_2R_3 - xy}{y + aR_2} \\ R_- = \dfrac{abR_2R_3 - xy}{x + bR_2} \end{cases}$$

式中，$a=\dfrac{V_{B-}}{V_+}$，$b=\dfrac{V_{B+}}{V_-}$，$x=R_1+R_2$，$y=R_3+R_4$。

6.2.3 绝缘电阻检测系统的硬件设计

电动汽车绝缘电阻检测电路由待测直流系统、检测电路、采样电路、微控制器及 AD 转换电路等 4 部分组成，电路示意图，如图 6-14 所示。

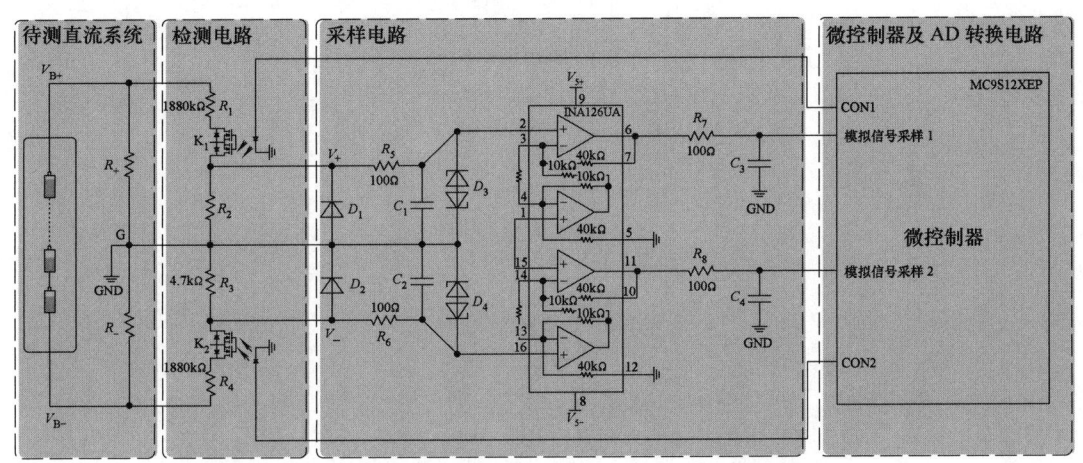

图 6-14 电动汽车绝缘电阻检测电路及采样电路示意图

检测电路和采样电路中，桥臂采样电阻采用精度 1% 的精密 MELF 电阻，R_1 和 R_4 阻值为 1880 kΩ，R_2 和 R_3 阻值为 4.7kΩ；K_1 和 K_2 取耐压值为 1500V 的 AQV258 型光控 MOS 继电器，与传统机械继电器相比，该继电器动作电流低、泄漏电流小，可以保证系统的测量精度和可靠性；双向 TVS 二极管 D_3 和 D_4 型号为 PESD5V0S1，使信号处理电路免受静电放电（ESD）和浪涌脉冲的损害；电容 C_1、C_2、C_3 和 C_4 容量为 0.01μF；电阻 R_5、R_6、R_7 和 R_8 阻值均为 100Ω；选取最大失调电压值为 250μV、最大电压漂移值为 3μV/℃ 的 INA2126 型双仪表放大器用于信号放大，同时能够实现电压极性转换，因此只需一片芯片即可完成对正、负两路信号的处理。

微控制器通过 CON1 与 CON2 信号控制光控继电器 K_1 与 K_2 的导通与关断，并由内置的 A/D 转换器完成模拟信号采样 1 和 2 的采集。

6.2.4 绝缘电阻检测系统的软件设计

当车辆开始运行时，首先对主控制器进行初始化，完成有关寄存器配置；然后根据上述算法对动力电池包正负极绝缘电阻进行检测计算；主控制器对数据进行判断，根据国家标准 GB 18384—2020《电动汽车安全要求》要求，纯电动汽车绝缘阻值至少为 100Ω/V，因此选取 500Ω/V 作为安全阈值；绝缘电阻介于 100Ω/V 与 500Ω/V 之间属于一级故障，在仪表盘进行故障提醒；$R<100\Omega/V$ 属于二级故障，要对车辆进行功率限制；根据电动汽车的 CAN 通信协议，电动汽车的主控制器与 BMS 之间进行通信，对测量结果进行实时判断，通过 CAN 总线发送到仪表盘上进行实时显示，驾驶员得知故障后便可及时进行处理以保证安全。所设计的绝缘检测算法流程，如图 6-15 所示。

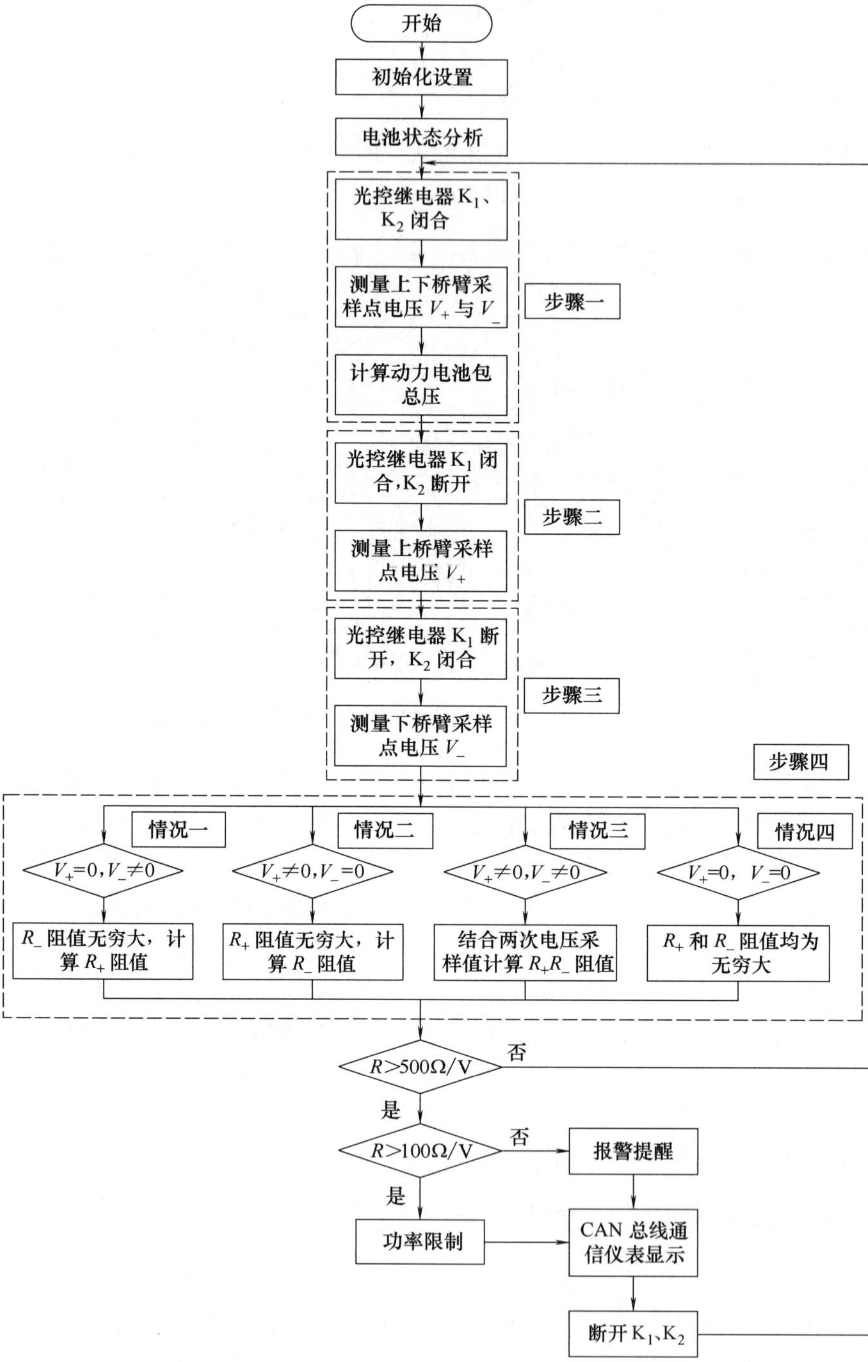

图 6-15 绝缘电阻检测流程

由于检测电阻的引入，降低了动力电池与车身之间的绝缘等级，影响了检测精度。因此为了确保检测电阻不影响绝缘检测系统的性能，只在检测瞬间时闭合开关 K_1 和 K_2，检测结束后立即断开，确保测量桥臂与动力电池正负极无电气连接。

本 章 小 结

本章分析了交、直流充电控制导引电路的国家标准要求，讨论了交流、直流充电接口与充电导引控制流程；分析了绝缘检测电路的国家标准要求，讨论了传统电桥法绝缘电阻检测方法的原理和不足，设计了不平衡电桥绝缘检测电路及软件。

参 考 文 献

[1] 桑林，徐洪海，管翔. 电动汽车交流充电接口控制导引电路试验设计［J］. 电测与仪表，2013，50（02）：112-115.

[2] GB/T 20234.1—2023，电动汽车传导充电用连接装置 第1部分：通用要求［S］.

[3] GB/T 20234.2—2015，电动汽车传导充电用连接装置 第2部分：交流充电接口［S］.

[4] GB/T 20234.3—2023，电动汽车传导充电用连接装置 第3部分：直流充电接口［S］.

[5] GB/T 18487.1—2023，电动汽车传导充电系统 第1部分：通用要求［S］.

[6] GB/T 18487.2—2017，电动汽车传导充电系统 第2部分：非车载传导供电设备电磁兼容要求［S］.

[7] GB/T 27930—2023，非车载传导式充电机与电动汽车之间的数字通信协议［S］.

[8] GB/T 34657.1—2017，电动汽车传导充电互操作性测试规范 第1部分：供电设备［S］.

[9] GB/T 34657.2—2017，电动汽车传导充电互操作性测试规范 第2部分：车辆［S］.

[10] 任谊，沙立民，姜雨，等. 单回路直流系统绝缘电阻检测装置技术研究［J］. 电子测量技术，2014，37（03）：10-14.

[11] 王福忠，董鹏飞，董秋生，等. 煤矿6kV动力电缆绝缘在线监测系统研究［J］. 电子测量与仪器学报，2015，29（09）：1398-1405.

[12] PIAO C H, CONG T. Study on isolation monitoring of high-voltage battery system［J］. Frontiers of Manufacturing and Design Science，2005，44（1）：571-579.

[13] 周晨，胡社教，沙伟，等. 电动汽车绝缘电阻有源检测系统［J］. 电子测量与仪器学报，2013，27（05）：409-414.

[14] 姜雨，沙立民，任谊. 基于低频信号法的电动汽车绝缘监测方法研究［J］. 国外电子测量技术，2014，33（11）：25-28.

[15] 冯建，来磊，石雷兵，等. 交流电阻及其时间常数的准平衡式电桥精密测量技术［J］. 电工技术学报，2017，32（19）：187-192.

[16] SONG C X, SHAO Y L, SONG S X, et al. Insulation resistance monitoring algorithm for battery pack in electric vehicle based on extended Kalman filtering［J］. Energies，2017，10（5）：714.

[17] GB 18384—2020，电动汽车安全要求［S］.

第 7 章

动力电池组均衡控制

受制造工艺、使用环境的影响,成组后的动力电池组中,各单体受内阻、初始容量、初始 SOC 等差异的影响,不一致性逐渐增大,导致动力电池组使用寿命及可用容量减小,同时对电动汽车的安全造成了极大隐患。因此,均衡控制是动力电池组的重要功能。

本章首先从锂离子电池的生产过程、储存过程、使用过程三方面分析了单体不一致性产生的原因;然后从电压、内阻、容量三个方面描述了动力电池组不一致性表现;最后综述分析了动力电池组均衡控制方法。

配套课件

第7章 动力电池组均衡控制

7.1 动力电池组单体不一致性机理分析

7.1.1 动力电池组单体不一致性产生原因

受单体制造工艺的影响,出厂状态的动力电池单体存在内阻、初始容量、初始 SOC 等细微差异。成组后,随着充放电次数的增多,单体不一致性逐渐增大,即使为同一批次的同型号电池也不能完全避免单体间的不一致性[1]。动力电池组的不一致性通常在生产过程、使用过程、储存过程中形成[2]。动力电池组单体不一致性影响因素,如图 7-1 所示。

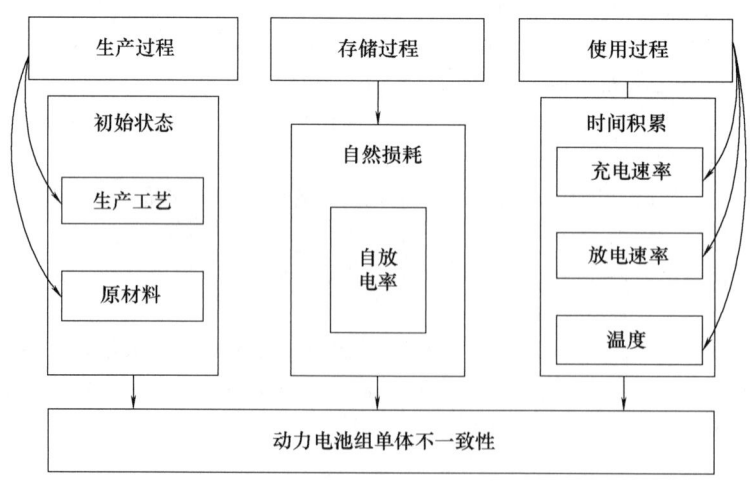

图 7-1 动力电池组单体不一致性影响因素

7.1.1.1 生产过程

锂离子电池的生产是一个极其复杂的过程,从锂离子电池的配料到组装出厂往往要经过几十道工序，锂离子电池生产工艺流程，如图7-2所示。在这些复杂的工序中，由于电池生产设备加工精度的误差，很难保证生产工艺的一致性，从源头导致了锂离子电池的一致性差异。尽管随着技术的发展，制造设备的精度不断提高，但仍旧无法完全避免生产环节导致的不一致性。

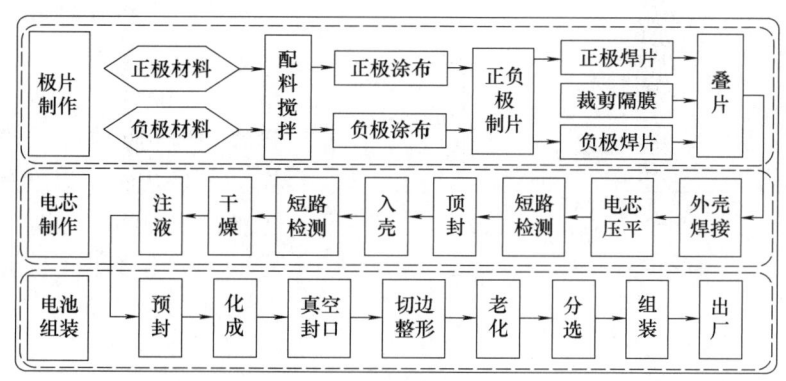

图7-2 锂离子电池生产流程

锂离子电池的生产过程主要包括三个阶段：生产前段、生产中段、生产后段。其中生产前段为锂离子电池极片制作过程，包含工序为：正负极材料、配料搅拌、正负极涂布、正负极制片、正负极焊片、裁剪隔膜、叠片。其中配料搅拌工序需要将预处理的电极材料按照比例进行配比，在真空条件下进行搅拌，是否搅拌均匀对单体一致性有较大的影响。锂离子电池正负极涂布目的是将搅拌均匀的浆料涂敷在铝箔或铜箔上经烘干后得到电极极片，是否均匀涂敷对锂离子电池一致性有较大的影响。

生产中段为锂离子电池电芯的制作过程，主要包含：外壳焊接、电芯压平、短路检测、顶封、入壳、短路检测、干燥、注液。其中注液环节极为重要，为了将活性物质性能发挥到极点，必须保证电解液完全浸润电芯内部，否则在充电过程中锂离子不能自由移动，将导致单体间容量不一致。

生产后段为锂离子电池组装过程，该过程包含预封、化成、真空封口、切边整形、老化、分选、组装、出厂。锂离子电池装配完成之后必须充电激活，将活性物质转化为电化学物质，该过程称为化成，化成过程中温度及电流的大小是影响单体不一致性的最大原因[3]。

通过对锂离子电池生产过程分析，相关研究表明制造工艺是导致单体电池不一致性的主要因素[4]。为了提高单体的一致性必须对制造过程中各环节进行改善，从生产的源头保证锂离子电池的一致性。

7.1.1.2 存储过程

锂离子电池在开路搁置状态由于电极在电解液中处于热力学的不稳定状态，电池的两个电极各自发生氧化还原反应，导致锂离子电池自放电现象，使锂离子电池电量降低，锂离子电池自放电率的不同导致了单体不一致性的发生。

锂离子电池自放电分为两种：可逆自放电与不可逆自放电[5]。可逆自放电是在锂离子电池内部发生了可逆的化学反应，随着储存时间的增加锂离子电池电量将逐渐减小，通过充电操作可使锂离子电池容量恢复到初始状态。不可逆自放电对电池损坏较大，原因是

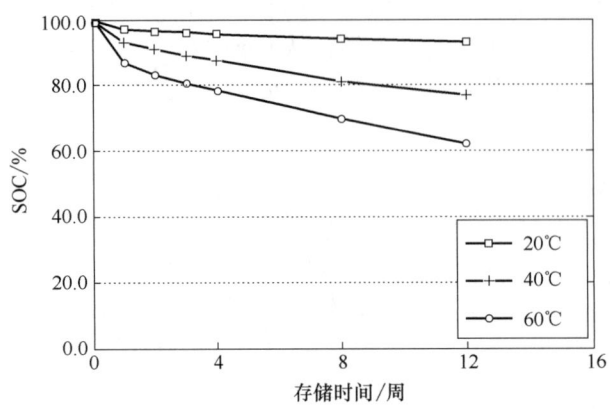

图7-3 锂离子电池典型自放电特性

在电池内部发生了不可逆的化学反应，导致内部结构破坏，电能储存能力下降，造成了存储过程中锂离子电池单体不一致性的发生。

锂离子电池自放电率的大小受制造过程环境及分割极片工艺的影响[6]，同时受SOC与温度的影响。锂离子电池典型自放电特性如图7-3所示，当温度及SOC较高时电池的自放电率较大[7]。锂离子电池的自放电率的不同导致了电池电量下降的速度不同，最终表现出存储过程单体的不一致性。

7.1.1.3 使用过程

为保证动力电池组在使用过程的安全性，成组后的锂离子电池被置于密闭的箱体内。由于在使用过程中锂离子电池存在放热现象，如果箱体内锂离子电池组受热不均匀，随着工作时间增长，锂离子电池化学性能衰退速率不一致，增加了单体的不一致性。

除此之外，放电电流大小对单体的不一致性有较大的影响。随着放电电流的增大，参加反应的离子和电子逐渐增多，必须要求电解液和电极具备较高的离子移动速度和导电性，否则将造成极化现象导致电池可用容量减小，致使不同电池组达到放电截止电压的时间不同，单体间不一致性由此产生[8]。

锂离子电池典型放电倍率与容量特性，如图7-4所示。由图可知，随着放电倍率的不断增加，单体可用容量越少[9]。由于制造过程中单体内阻及容量的不一致，长期持续高倍率放电将加剧电池的不一致性。除此之外，锂离子电池放电倍率增大，对锂离子电池正负极材料破坏性影响较大，同时会随着温度升高，副反应加快使固体电解质膜的厚度增加，导致电极活性物质利用率下降，增加了电池内阻，进一步扩大单体不一致性。

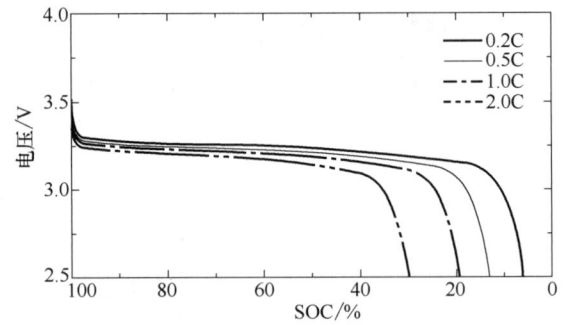

图7-4 锂离子电池典型放电倍率与容量特性

7.1.2 动力电池组单体不一致性表现

（1）内阻差异

对于串联的多个动力电池模块而言，在充放电时，由于单体内阻不一致，因串联电路电流相同，内阻大的单体两端电压较高。随着充放电时间的增长，电池组不一致性逐渐增大。

在放电模式下，受内阻影响，电压较低的单体放电完成后其余单体未放电完毕，致使动力电池组不能达到满放状态；在充电模式下，电压较高的单体将最先达到满充状态，若继续对整个电池组充电将导致过充现象。

（2）电压差异

电压差异既体现在电池模块内部，也体现在多个串联的电池模块之间。

对于电池模块内部的电压不一致性，并联后的单体间将形成充放电回路[10]，如图7-5所示为电池模块内部单体充/放电图示。

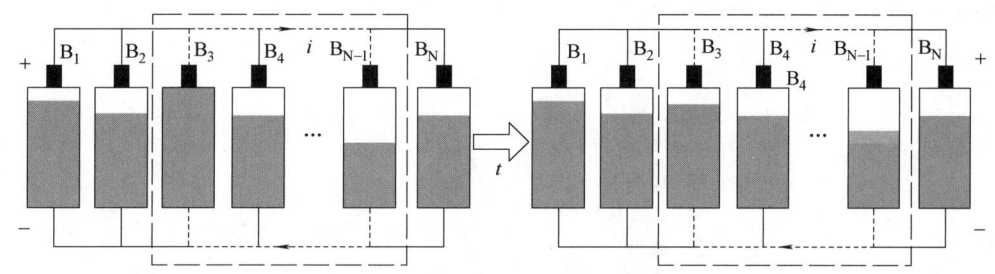

图7-5 电池模块内部充放电图示

由图7-5可知，电压较高的单体处于放电状态，电压较低单体处于充电状态，在充放电循环过程中能量在电池模块内部流动，对外放电能力减弱。

对于多个串联电池模块之间的电压不一致性，在放电过程中，由于同等电流下，电压较低的电池模块最先放完电，易造成过放，进而造成容量衰减，造成不可逆的性能衰退。同理，在充电过程中，电压较高的电池模块最先充满，易造成过充，进而造成电池过热，甚至引发安全事故。

（3）电量差异

在由多个电池模块串联而成的电池组放电过程中，电量最低的电池模块决定了电池组的最大放电电量。在充电过程中，电量最高的电池模块决定了电池组最大可充电量。

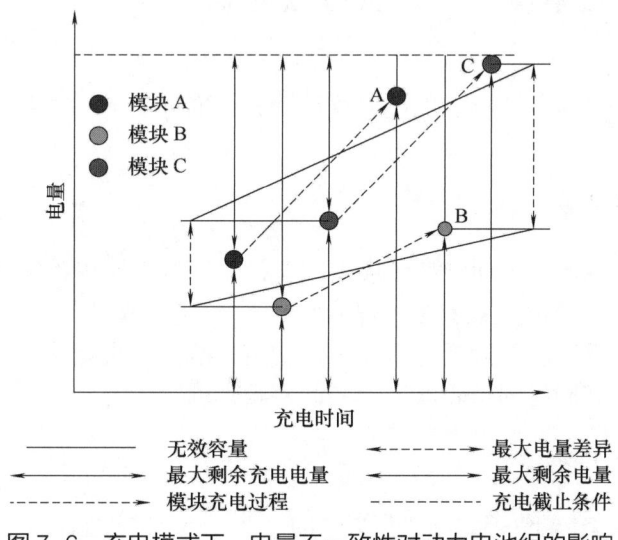

图7-6 充电模式下，电量不一致性对动力电池组的影响

充电模式下，单体电量不一致对动力电池组的影响，如图7-6所示。电池模块A、B、C初始电量不同，在充电过程中电池模块C极有可能最先达到满充状态。为避免电池模块C发生过充现象，系统设置了充电截止电压，停止对电池模块A、B、C充电操作，

电池模块 A、B 未达到满充的状态,致使电池组的整体储存容量降低。

放电模式下,单体电量不一致性对电池组的影响,如图 7-7 所示。随着放电时间的增加,受串联回路的影响电池模块 B 极有可能最先达到放电截止条件。受其影响,系统对电池模块 A、B、C 停止放电。此时电池模块 A、C 容量没有被最大化利用。随着使用充放电循环次数的增多,电池模块间电量的不一致性逐渐增大。

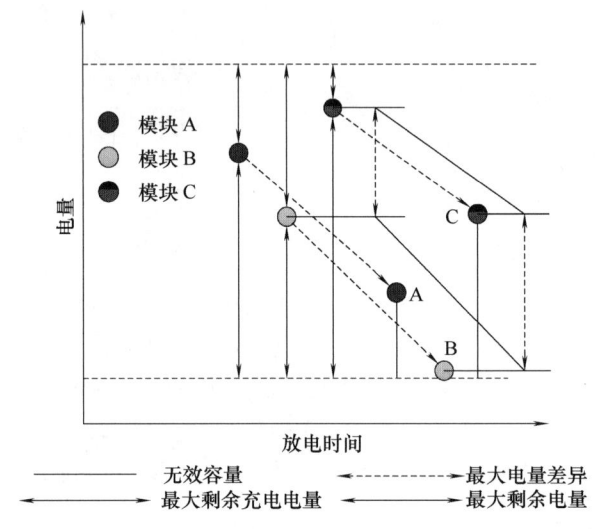

图 7-7 放电模式下,电量不一致性对动力电池组的影响

7.2 动力电池组单体不一致性改善方法

为了最大化发挥电池组性能,可以通过某些方法减小在单体间的差异,进而缓解单体不一致。

7.2.1 提高设备精度

精密的制造设备是生产优质锂离子电池的基础,在锂离子电池制造过程中涂布工艺要求将搅拌后的浆料均匀涂抹在金属上,厚度要求精确到 3μm 以下;分切工艺需要保证切片表面不能存在任何毛刺,否则会对后续工艺产生影响。在批量化生产过程中,若制造设备不够精密将无法保证同批同型号电池性能的一致性[11]。

7.2.2 改进生产工艺

生产工艺是造成单体不一致性的重要原因[12,13]。例如配料搅拌过程,锂离子浆料是否均匀分散,将直接影响电池质量;注液工序中,单体间电解液注入量是否一致,将对电池容量和安全性能造成影响。锂离子电池原材料对电池性能和一致性具有重要影响,选择纯度高、易加工、性能好的电极材料,可有效改善锂离子电池制作工艺。因此研制高性能原材料,改进生产工艺,对于尽可能消除单体电池不一致性具有重要意义。

7.2.3 分选技术

出厂时,单体性能的不一致是无法避免的。电池分拣技术可通过对锂离子电池进行挑选成组,以降低单体不一致性影响。

7.2.3.1 参数分选法

单体的分选参数包括容量、电压、内阻和自放电率[14]。容量是电池性能的一个重要参数,依据电池的容量分布情况进行一致性评估,易于在生产环节实现。但是在实际使用过程中,易受外界环境影响,而不能保证实际充放电过程中的容量一致性。

电压分选法分为开路电压分选和工作电压分选。开路电压分选法的思路是在进行分选时依据电池开路电压将电压等级一致的单体进行成组;工作电压分选相对于开路电压分选,考虑了电池工作时的电压,但忽略了电池放电时间、容量等参数的影响。

锂离子电池的内阻包含欧姆内阻和极化内阻。若在内阻差异较小的情况下采用电阻分选法进行一致性挑选,需要提高测量设备的精度和准确性,否则将影响分选质量。

自放电率是锂离子电池的一项重要性能指标,在长期存放或使用过程中,自放电率大的电池性能较差,通过自放电率分选可提前筛选出性能较差的单体,以保证成组后的单体一致性。

上述方法为单一参数挑选方法,具有简单易操作的优点,但并不能完全反映单体的一致性。通过采用多参数融合挑选法对电池进行挑选重组,利用多个特征参数进行分选,是目前分选方法中较为准确的方法。

7.2.3.2 动态特性分选法

利用充放电曲线特性对锂离子电池进行分选是动态特性分选法的主要思路。充放电曲线可动态表征锂离子电池的关键特性。但该方法存在耗时长、数据量大的缺点。此外由于运行工况复杂性的影响,单一倍率下充放电曲线特性并不能完全反映锂离子电池特性。

7.2.4 均衡控制技术

提高设备精度、改善生产工艺及单体分选技术虽然可以有效降低单体的不一致性,但在后续的使用过程中受单体内阻、自放电速率、温度、老化程度的影响,仍会出现单体不一致现象。为了提升单体在使用过程中的一致性,可利用均衡控制技术对单体电池进行一致性管理。

现有的均衡控制技术可分为"主动均衡"和"被动均衡"两种。其中主动均衡控制技术对锂离子电池的不一致性改善具有较好效果,但是电路设计较复杂,且成本较高。被动均衡控制技术硬件设计相对较简单,算法实现较容易,但在均衡过程中具有能量损耗且均衡电流较小。

合理选择均衡变量是实现良好均衡效果的前提[15]。现有的均衡方法中,因 OCV 易测量,且在部分 SOC 区间内,OCV 与 SOC 正相关,通常采用 OCV 作为均衡变量。但是由于动力电池充放电过程中电压具有回弹现象,采用 OCV 作为均衡变量只适合于静置后的动力电池组。另一方面,不同材料、型号的锂离子电池 OCV-SOC 之间的对应关系不同。例如三元锂离子电池与磷酸铁锂离子电池具有不同的 OCV-SOC 曲线,对于磷酸铁锂离子电池,在 SOC 中间区域,不同 SOC 对应的开路电压值几乎一致,仅能在充电或者放电末端进行均衡。

为了对动力电池组进行在线均衡管理，工程中常以工作电压为均衡变量，通过控制器实时采集动力电池单体工作电压，根据相应的均衡控制算法进行均衡管理。在解决动力电池组过充过放问题时，同样采用以单体电压值作为充放电停止标准。相对于采用开路电压为均衡变量，以工作电压作为均衡变量对电压采集范围、采集精度要求较高。同时，充放电过程中单体电压波动较大，现有 BMS 普遍采用扫描式单体电压采集，必须具有较高的扫描频率才能确保单体电压采样的同步性，进而为均衡系统提供准确的参考。

以电池模块的 SOC 作为均衡变量，可忽略单体内阻及最大可用容量的差异，准确体现了单体间剩余容量的一致性。但是由于锂离子电池具有较强的非线性和时变性，其 SOC 估算过程较复杂，且精度难以保证。

7.3 动力电池组均衡控制方法

7.3.1 动力电池组均衡控制意义

如图 7-8（a）所示为由多个电池单体并联组成的单体模组，容量为 C；如图 7-8（b）所示为由多个电池模块构成的动力电池组，由于整个动力电池组的容量由电量最低的单体模组决定，成组后的动力电池组容量为 C_1，比（a）略低；如图 7-8（c）和图 7-8（d）所示分别表示动力电池组经过 t_2、t_3 时间后，电池模块间不一致性逐渐增大，动力电池组可用容量大幅度减小。为了提高动力电池组的最大可用容量，延长电池组的使用寿命，必须在使用过程中对动力电池组进行均衡管理。

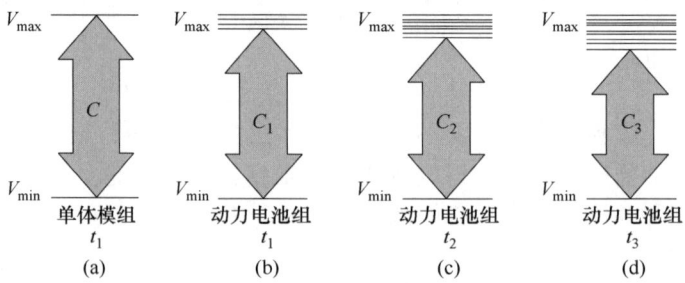

图 7-8 电池模块和动力电池组的一致性对比

动力电池组的均衡控制包括充电模式与放电模式的均衡控制，充/放电模式下是否对动力电池组采用均衡控制效果对比图，如图 7-9 所示。

由图 7-9（a）可知，由于初始性能及使用条件的影响（温度、放电速率）单体间的不一致性难以避免。

在放电过程中因内阻的不确定性差异及受串联电路的影响，内阻小的电池模块输出电压较低，内阻大的输出电压反而较高。因此电压最低的电池模块最先达到放电截止电压值，导致了其他电池模块无法实现完全放电，大大缩短了动力电池组续航里程。

在充电过程中同样受串联电路的影响，因电流相同导致内阻越大的单体端电压越高，

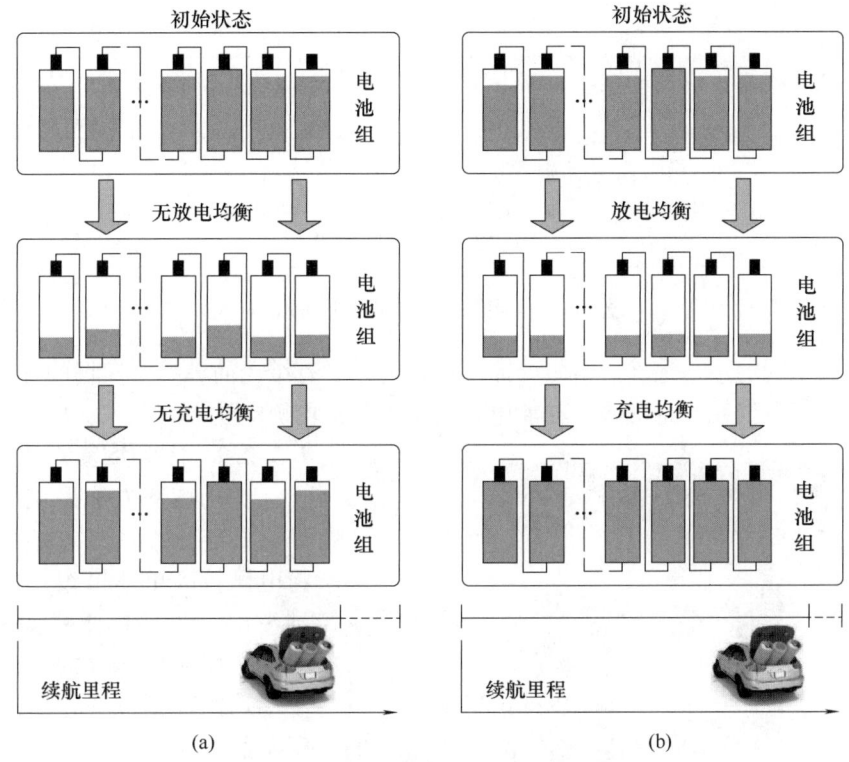

图 7-9 充/放电模式下是否采用均衡管理对比

电压较高的电池模块极有可能因过度充电原因造成损坏，为避免过度充电情况的发生，必须对动力电池组停止充电操作，这将导致动力电池组内其他电池模块无法达到满充状态，降低了电动汽车续航里程。

如图 7-9（b）所示为采用充/放电模式均衡控制后的效果。尽管受初始性能及使用条件的影响，电池模块间存在不一致性，但是在采用均衡控制后，在放电过程中避免了受电压最低的电池模块的影响，各个电池模块在放电末期剩余容量几乎一致，实现容量的最大化利用，有效提高了动力电池组的续航里程。同样，在充电过程中避免了受电压最高的电池模块的影响，各个电池模块在充电末期均达到了满充状态，有效提高可用容量。

7.3.2 动力电池组均衡方法

通过 BMS 或者专用均衡控制器进行均衡控制的方法可分为被动均衡方法和主动均衡方法两大类[16-18]。

7.3.2.1 被动均衡方法

通常采用耗能电阻及 MOS 开关并联于单体模组两端，通过导通 MOS 开关对电压过高的单体模组进行耗能，又称为电阻分流式均衡方法。

电阻分流式均衡电路结构，如图 7-10 所示，当 BMS 检测到某个单体模组电压大于平均电压时，通过闭合与该单体模组并联的开关（通常为 MOS 器件），将电压较高的单体模组能量通过电阻消耗掉，直至出现下一个最高电压单体模组，再次进行耗能处理，以此

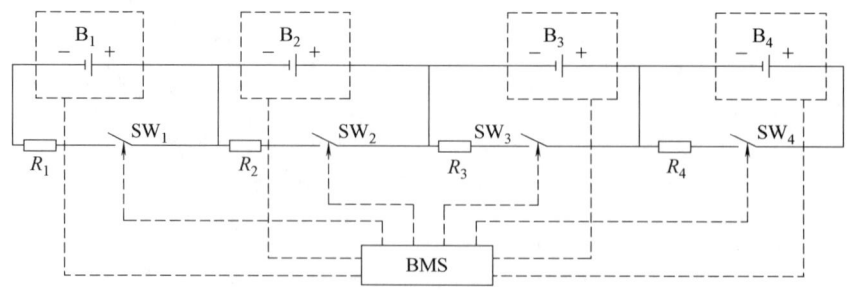

图 7-10 电阻分流式均衡电路结构

来改善单体模组间的不一致性。电阻分流式均衡电路具有结构简单易于实现的优点,但是均衡过程造成了能量损耗,且受限于耗能电阻功率限制,均衡电流不宜过大,均衡时间较长。

7.3.2.2 主动均衡方法

主动均衡方法采用电感、电容作为储能元件或者直接采用变换器将电压较高单体模组中的电荷转移到 SOC 较低的单体模组内。

按照能量转移的结构方式可将主动均衡控制方法分为,如图 7-11 所示的四大类。

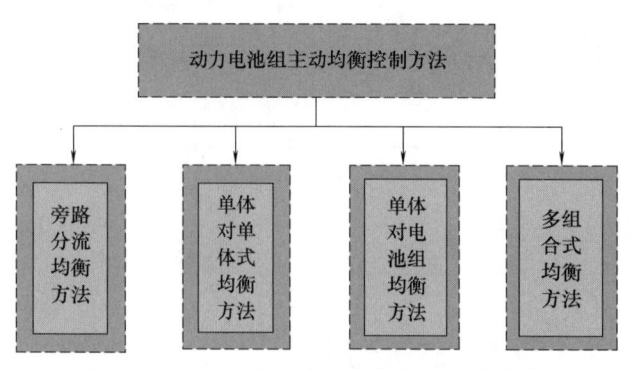

图 7-11 动力电池主动均衡控制方法分类

(1) 旁路分流式均衡方法

旁路分流式均衡方法的电路结构,如图 7-12 所示,其基本原理为:在动力电池组充/放电过程中,在充/放电回路之外对需均衡的动力电池建立一个由开关构成的新回路,实现能量的转移。

文献 [19~20] 采用了旁路分流式均衡拓扑结构,通过在主电路之外将动力电池组与两个开关构成新回路,当某节单体模组电压小于参考值时,该单体模组将从电流路径中完全旁路。一段时间后当系统检测到该单体模组电压高于参考值时,将该被旁路的单体模组重新接入电流回路。该均衡方法具有成本较低、控制方式简单的优点,但是随着被旁路的单体模组数量的增多,

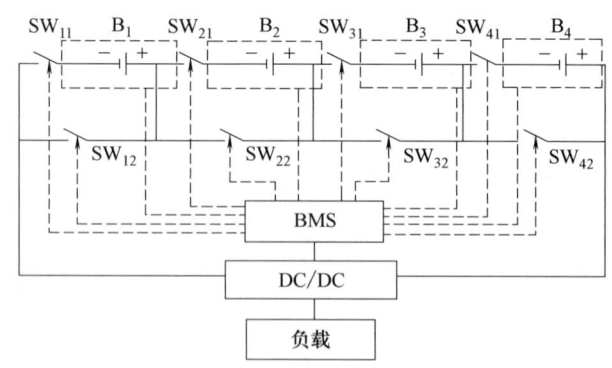

图 7-12 旁路分流式均衡电路

将导致总线电压降低从而无法保证电动汽车的正常行驶。因此必须配备一个具有较宽输出电压范围的大功率 DC/DC 转换器,以保证负载的正常工作。

(2) 单体对单体式均衡方法

单体对单体式均衡方法主要采用 Buck-Boost 电路实现,其原理为在相邻动力电池组

上连接 Buck-Boost 均衡模块，将相邻较高单体的能量转移到电压较低的单体模组内。在转移过程中能量首先从较高电压的单体模组传输到对应的储能电感上，然后电感将能量释放到较低电压的单体模组内[21]。为保证能量的转移方向可通过调整对应开关管占空比来实现能量转移流向，单体对单体式均衡拓扑结构，如图 7-13 所示。该方法能量损耗低，但是随着单体数目的增加，均衡速度降低。

（3）单体对电池组均衡方法

文献 [22] 提出了电感型单体模组到电池组均衡方法，如图 7-14 所示为该方法的均衡拓扑结构。其实现基本思路是如果系统检测到电池组内某个单体模组的电压高于其他模组，则控制相应开关利用电感储能，一段时间后断开开关将电压较高单体模组内的多余能量转移到电池组内。该方法每次仅允许一个单体模组进行能量转移所以均衡速度较慢。为了提高转移效率，文献 [23] 中利用反激变压器来实现能量的转移有效地提高了能量转移速率。

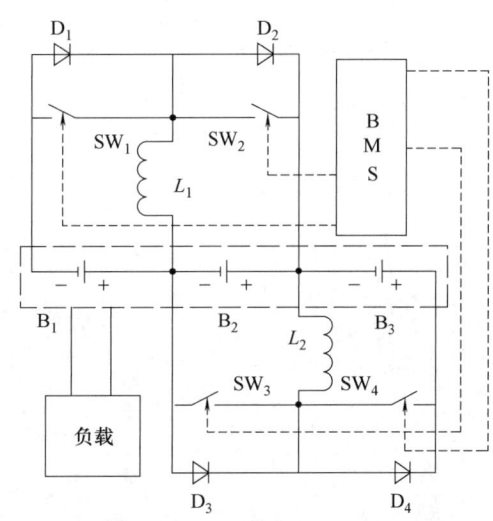

图 7-13 单体对单体式均衡拓扑结构

（4）组合式均衡方法

文献 [24~26] 提出了一种基于 Buck-Boost 变换器的衍生均衡结构，先实现单体模组能量的依次转移，然后完成单体模组对整个电池组的均衡充电。具体方法为：每个单体模组配备相同的均衡模块，以电容为储能器件进行能量转移，当系统检测某单体模组电压较高时，与之连接的均衡模块发生动作给电感充电，电感中储存的能量传输给电容。当系统检测到下一个单体模组电压较高时，采用同样的方法将能量进行转移，当电容内存储的能量达到一定程度时，通过 Buck-Boost 电路转移给整个电池组，这种充均衡方法可实现电池组中多组单体模组同时进行能量转移，提高了均衡速率。但是该方法成本较高，

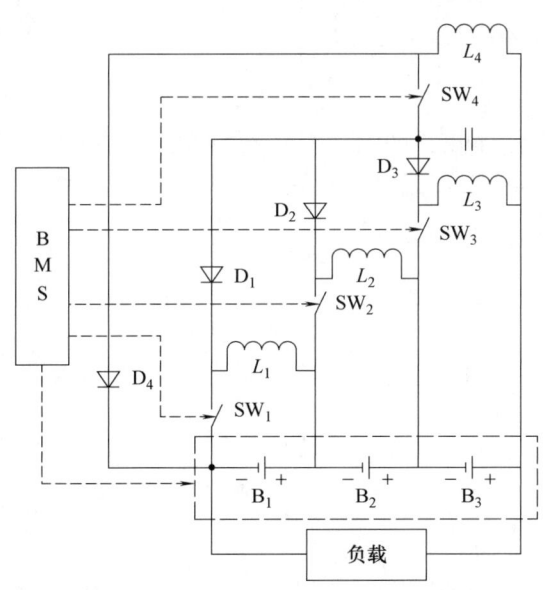

图 7-14 单体到单体模组均衡拓扑结构

且可靠性较差。

7.3.3 智能单体与分布式主动均衡

智能单体是由普通电池单体与电力电子变换器相结合，所构成的具有电压调整、容错控制、数据通信等功能的组合体。由于智能单体可通过电压调节实现电池单体的输出功

率，因此可用于实现分布式主动均衡控制。

由 N 个智能单体构成的分布式主动均衡控制系统结构框图，如图 7-15 所示，每个电池单体模组均与双向升降压变换器连接，双向升降压变换器的输出端串联，进而产生母线电压。通过改变双向升降压变换器电路中 MOS 管 M_1、M_2、M_3、M_4 导通时序可实现多模式工作，即直通模式、容错模式、双向升压模式、双向降压模式。电压外环和电流内环双闭环控制系统用于确保输出电压及充/放电速率的稳定性和精度。控制器负责均衡模式的使能、充放电模式的切换以及 CAN 总线数据通信。

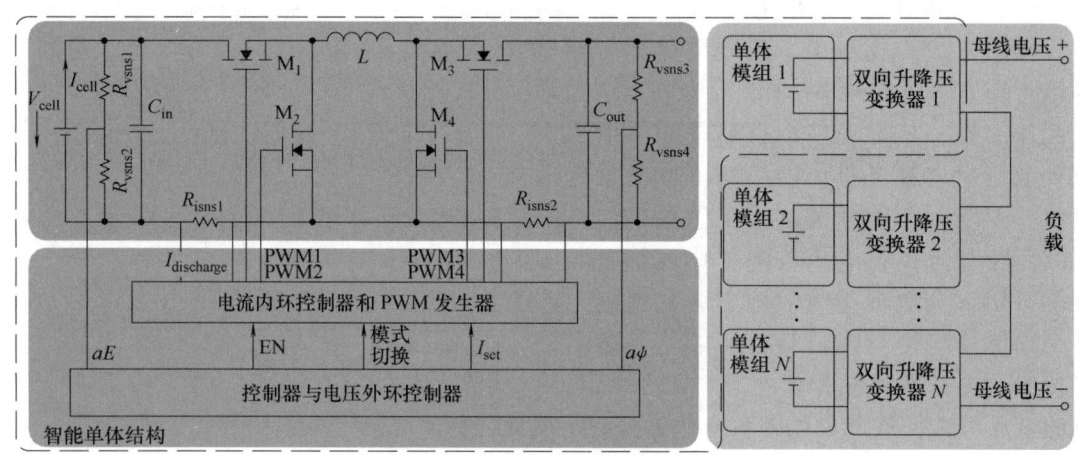

图 7-15 分布式主动均衡控制系统结构框图

7.3.3.1 直通模式

当动力电池组内最大单体电压与最小单体电压间差值小于某值时可判断为单体一致性较好，充放电过程中不需要进行均衡管理，此时控制电路工作于直通模式，如图 7-16 所示。

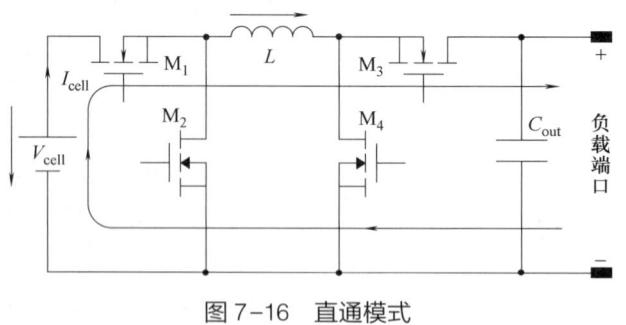

图 7-16 直通模式

此时，MOS 管 M_2 和 M_4 始终关闭，M_1 和 M_3 始终导通，单体电流 I_{cell} 通过 M_1、电感 L 和 M_3 流经负载，直通模式下 $I_{cell} = I_{bus}$，I_{cell} 为单体输出电流，I_{bus} 为直流母线电流。

7.3.3.2 容错模式

动力电池组在使用过程中受串联电路的影响极易发生过充、过放或因过度使用造成单体老化问题，导致单个或多个单体模组损坏从而影响动力电池组的正常使用。为确保动力电池组内存在受损单体模组时，仍能保证动力电池组的正常工作，电路中设计了容错模式，其拓扑结构如图 7-17 所示。当系统检测到某个单体模组损坏时，MOS 管 M_3 和 M_4 始

终处于导通状态 M_1 和 M_2 始终关闭状态，受损单体模组被 MOS 管 M_3 和 M_4 旁路，与整个动力电池组断开连接。

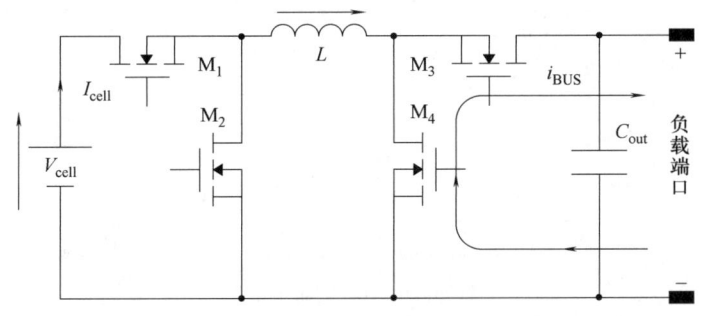

图 7-17 容错模式拓扑结构

由于受损单体模组而导致动力电池组端电压降低，若单体模组受损数量增多，母线电压将无法维持负载的正常工作。结合如图 7-15 所示的分布式主动均衡控制系统方案，在容错模式下由于每个分布式控制器的输出电压可调，因此在单个或多个单体模组受损的情况下，可以通过调整其它智能单体输出电压来维持母线电压的恒定，以保证负载正常工作。

7.3.3.3 双向升压模式

当负载所需母线电压高于电池组电压时或单体模组电压高于 C_{out} 上的电压时，此时控制系统启动升压模式。此时 MOS 管 M_1 保持常开状态，M_2 保持常闭状态，MOS 管 M_3、M_4 交替运行，其工作模式图如图 7-18 所示。

电路工作过程中设 MOS 管开关周期为 T，当 MOS 管 M_4 处于通态时，设通态时间为 t_{on}，此时，V_{cell} 向电感 L 充电，充电电流为 i_1，$0 \sim t_{on}$ 时间内电感储存的能量用 W_L 表示，即：

$$W_L = V_{cell} i_1 t_{on}$$

在 $t_{on}-T$ 时间内使 M_4 处于断开状态，设断态时间为 t_{off}，此时动力电池 V_{cell} 与电感 L 同时给 C_{out} 充电并向负载供电，在此时间内由电感释放的能量为：

$$(V_{out}-V_{cell}) i_1 t_{off}$$

当电路处于稳态时，在一个周期内由能量守恒定律可知电感存储的能量等于其释放的能量。即：

$$V_{cell} i_1 t_{on} = (V_{out}-V_{cell}) i_1 t_{off} \tag{7-1}$$

化简可得：

$$V_{out} = \frac{t_{off}+t_{off}}{t_{off}} V_{cell} = \frac{T}{t_{off}} V_{cell} \tag{7-2}$$

式中，T/t_{off} 值始终大于 1，此时系统工作于升压模式。

公式（7-2）中，T/t_{off} 表示升压比，调节升压必可以改变输出端电压 V_{out} 大小。t_{on}/T 表示占空比，此处将升压比倒数及记为 $\beta=t_{off}/T$，则 α 与 β 的关系为：

$$\alpha+\beta=1 \tag{7-3}$$

公式（7-2）可表示为：

$$V_{out} = \left(\frac{1}{1-\alpha}\right) V_{cell} \tag{7-4}$$

升压模式下理想波形图如图 7-19 所示，图中 V_{gs} 为 M_1-M_4 的门极驱动信号。

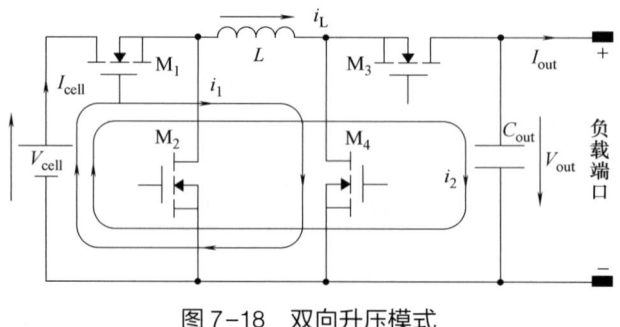

图 7-18 双向升压模式

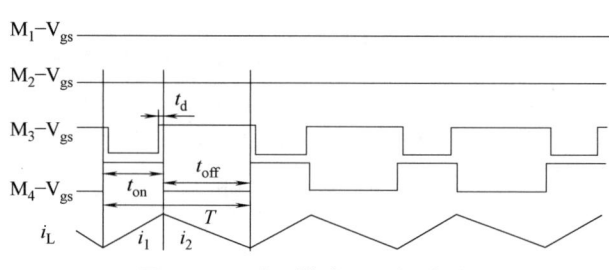

图 7-19 升压模式下理想波形

7.3.3.4 双向降压模式

当系统所需母线电压低于电池组电压时，系统工作于降压模式开始工作，如图 7-20 所示为双向降压模式拓扑结构。

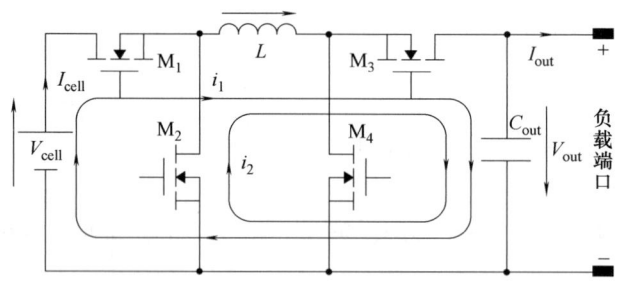

图 7-20 双向降压模式拓扑结构

当系统工作于降压模式时，设 MOS 管开关周期为 T，在电路工作过程中 MOS 管 M_3 始终处于打开状态，而 MOS 管 M_4 始终处于关闭状态，MOS 管 M_1 和 M_2 将交替工作。

设 M_1 处于通态时间为 t_{on}，在 $0 \sim t_{on}$ 内电池组端给电感充电的同时为负载供电且满足 $V_{out} = V_{cell}$。当 M_1 处于断态 M_2 处于通态时，设时间为 t_{off}，此时电路中电感存储的能量给负载端供。即：

$$V_{out} = \frac{t_{off}}{t_{on}+t_{off}}V_{cell} = \frac{t_{on}}{T}V_{cell} \tag{7-5}$$

式中，t_{on} 与 t_{off} 分别为 M_1 导通与关断时间，由于 M_1 与 M_2 交替工作，M_2 的导通时间为 M_1 的关闭时间。

公式（7-5）中，t_{on}/T 表示占空，如表示为 α，则可表示为：

$$V_{out} = \alpha V_{cell} \quad (7-6)$$

在降压模式下 MOS 管理想波形图如图 7-21 所示。

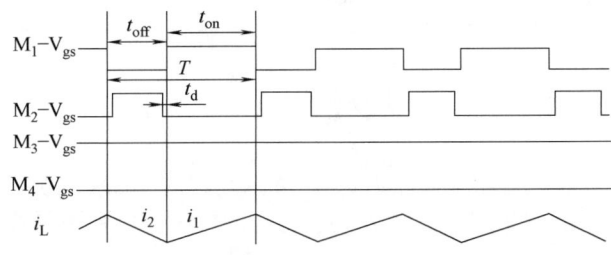

图 7-21　降压模式下 MOS 管理想波形

假定双向升降压变换器的转换效率为 η，可得单体模组的输出电流为：

$$i_{cell} = \frac{V_{out} i_{out}}{\eta V_{cell}} \quad (7-7)$$

可知，假定转换效率不变，可通过调整变换器输出电压 V_{out} 实现 i_{cell} 的调整。当某个单体模组 SOC 高于平均 SOC 时，可通过调整相应智能单体工作于升压模式，进而增加单体模组输出电流，以增加该单体的放电速率；反之，则调整相应智能单体工作于降压模式，进而减小单体模块输出电流，以减小该单体的放电速率[27]。

智能单体与分布式主动均衡的不足在于由于 MOS 管 M_1、M_2、M_3、M_4 存在导通损耗、关断损耗和开关损耗，电感 L 存在磁芯损耗和线圈损耗，影响了系统工作效率。此外，由于变换器开关频率高达数十万赫兹，带来了电磁兼容问题。

本 章 小 结

本章从锂离子电池的生产过程、储存过程、使用过程三方面分析了单体不一致性产生的原因；从电压、内阻、容量三个方面描述了动力电池组不一致性表现；从提高设备精度、改善生产工艺、分选技术、均衡控制技术四个方面讨论了改善单体不一致性的方法；综述分析了被动均衡方法和主动均衡方法的工作原理，介绍了智能单体与分布式主动均衡的工作原理。

提高设备精度、改进生产工艺、优化动力电池热管理与成组工艺，是消除单体不一致性的根源。进一步提高均衡过程的能量转移效率和速度，是动力电池均衡控制的发展方向。

参 考 文 献

[1] 郭光朝，李相俊，张亮，等. 单体电压不一致性对锂电池储能系统容量衰减的影响 [J]. 电力建设，2016，(11)：23-28.

[2] 黄保帅,张巍. 基于单体一致性对动力锂电池性能的影响研究[J]. 电源技术,2018,42(09):1310-1311.
[3] 吴宇平,戴晓兵,马军旗. 锂离子电池-应用与实践[M]. 北京:化学工业出版社,2004.
[4] 冀承林. 动力锂离子电池一致性制造工艺研究[D]. 天津:河北工业大学,2017.
[5] 宰云肖,韩建崴,李源,等. 金属铜对MH-Ni电池微短路的影响[J]. 电池工业,2012,17(2):78-80.
[6] 周龙,郑岳久. 车用磷酸铁锂电池高温搁置前后的性能研究[J]. 电源技术,2018,42(12):1790-1793.
[7] 许涛,宫璐,方雷,等. 锂离子电池自放电的研究进展[J]. 电池,2016,46(01):49-51.
[8] 刘帅帅. 基于SOC的电动汽车锂动力电池组主动均衡方法研究[D]. 合肥:合肥工业大学,2016.
[9] 陈萍,李瑜,张佳珞. 放电倍率对电池配组一致性的影响研究[J]. 电源技术,2013,37(3):427-429.
[10] 邵玉龙. 电动汽车BMS关键技术研究及硬件在环测试系统构建[D]. 长春:吉林大学,2018.
[11] 李胜,杨林. 碱性锌锰电池生产设备的进展和发展方向[J]. 电池,2015,45(4):225-227.
[12] 单毅. 锂离子电池一致性研究[D]. 上海:上海微系统与信息技术研究所,2008.
[13] Dai Haifeng, Sun Zechang et al. Technologies to Relief Un-uniformity of Power Batteries Used in Electrical Vehicles[J]. Automotive Safety and Energy, 2011, 2(1):62-67.
[14] 张焕文,王德浩. 基于非接触IC卡电池托盘的电池综合特性自动测试分选系统[J]. 电子工业专用设备,2010,39(2):21-24+34.
[15] 姬祥. 锂动力电池组主动均衡控制系统设计[D]. 西安:西安建筑科技大学,2016.
[16] 焦亚田,谢君,汤泽波,等. 电动汽车锂电池组高效主动均衡的研究与测试[J]. 汽车工程,2017,39(8):858-863.
[17] Pinto, Claudio, et al. Evaluation of Advanced Control for Li-ion Battery Balancing Systems using Convex Optimization[J]. IEEE Transactions on Sustainable Energy, 2016, 7(4):1703-1717.
[18] Gallardo-Lozano J, Romero-Cadaval E, Milanes-Montero M I, et al. Battery equalization active methods[J]. Journal of Power Sources, 2014, 246:934-949.
[19] Baronti F, Fantechi G, Roncella R, et al. Design of a module switch for battery pack reconfiguration in high-power applications[C]. International Symposium on Industrial Electronics. 2012:1330-1335.
[20] Kim T, Qiao W, Qu L. Series-connected self-reconfigurable multicell battery[C]. Twenty-Sixth Annual IEEE Applied Power Electronics Conference and Exposition (APEC), 2011:1382-1387.
[21] Phung T H, Collet A, Crebier J C. An Optimized Topology for Next-to-Next Balancing of Series Connected Lithium-ion Cells[J]. Transactions on Power Electronics, 2014, 29(9):4603-4613.
[22] Park S H, Kim T S, Park J S, et al. A new battery equalizer based on buck-boost topology[C]. Power Electronics, 2007. International Conference on ICPE07, 2007:962-965.
[23] Bonfiglio C, Roessler W. A cost optimized battery management system with active cell balancing for lithium ion battery stacks[C]. Vehicle Power and Propulsion Conference, 2009. VPPC '09. 2009:304-309.
[24] Kuan Khoon Tan, Feng Gao, Poh Chiang Loh, et al. Enhanced Buck-Boost Neutral-Point-Clamped Inverters with Simple Capacitive-Voltage Balancing[J]. Transactions on Industry Applications, 2010, 46(3):1021-1033.
[25] Thanh Hai Phung, Alexandre Collet, and Jean-Christophe Crebier. An Optimized Topology for Next-to-Next Balancing of Series-Connected Lithium-ion Cells[J]. Transactions on Industrial Electronics,

2014, 29 (9): 4603-4613.
[26] Zedong Zheng, Kui Wang, Lie Xu, et al. A Hybrid Cascaded Multilevel Converter for Battery Energy Management Applied in Electric Vehicles [J]. Transactions on Industrial Electronics, 2014, 29 (7): 3537-3546.
[27] 申永鹏，葛高瑞，王耀南，等. 动力电池组分散式主动均衡控制系统 [J]. 电源学报，2022, 20 (1): 118-125.

第 8 章

电动汽车混合储能系统

本章首先对混合储能系统及其典型储能装置进行了概述；然后对混合储能系统 DC/DC 变换器结构进行梳理，在此基础上对被动式拓扑、半主动拓扑和全主动拓扑进行综述分析；进一步地对混合储能系统的能量管理策略进行了综述分析；最后，对电动汽车混合储能系统的发展方向进行了展望。

第8章 电动汽车混合储能系统

此外，飞轮储能、超导磁储能、燃料电池储能、压缩空气储能等的储能装置种类繁多、特性各异[1]。但结合电动汽车的实际应用，本章仅针对由电池作为能量型储能装置、由超级电容作为功率型储能装置的混合储能系统。

8.1 混合储能系统概述

电动汽车储能系统通常需要兼具高功率密度和高能量密度，以同时满足电动汽车动力性能和续驶里程需求[2-5]。另外，电动汽车运行工况复杂多变，车载储能系统还需要能够快速响应功率需求，且具有较长的使用寿命[6]。

混合储能装置通过将两个或多个能量储存装置组合在一起，以使每个储能装置的优势都能被体现，并使其缺点能被其他储能装置所补偿[7-12]。混合储能装置可以同时具备高能量密度和高功率密度的特点，通过 DC/DC 变换器与负载相连，能实现功率高频分量和低频分量在功率型储能装置和能量型储能装置之间的分配[13-16]。

8.1.1 混合储能系统

根据能量密度，储能装置可分为能量型储能装置和功率型储能装置两类。以锂离子电池为代表的能量型储能装置能量密度高、自放电效应低，能够储存大量能量，但是存在功率密度低、循环寿命短等缺点[17]；以超级电容为代表的功率型储能装置功率密度高、循环寿命长，但是存在能量密度低、自放电效应高等缺点[18]。

电动汽车储能系统在频繁启停或者突然加速、爬坡时往往会面临高频功率波动所带来的冲击[19]。受道路、驾驶风格等因素的影响，电动汽车储能系统也需要在加速时提供大的电流输出[20]。因此，电动汽车储能系统需要同时具备高的功率密度和高的能量密度。单一储能装置无法满足系统整体性能需求，在能量型储能装置的基础上加入功率型储能装置组成混合储能系统，可以借助功率型储能装置提供高频功率需求，减轻负荷波动对锂离子电池寿命的影响，还可降低对锂离子电池响应速度的要求，实现能量型储能装置和功率型储能装置之间的优势互补[21,22]。

在充分认识两种不同储能装置各自特征的基础上，针对混合储能系统整体经济成本、使用寿命等多目标维度，开展混合储能系统拓扑结构、能量管理策略、容量配置等方面的研究，对减轻不良工况对能量型储能装置寿命的影响，提升其利用水平，促进不同储能装置协同使用具有重要意义。

8.1.2 典型储能装置分析

电动汽车主要依靠能量型储能装置来满足其动力性能以及续驶里程需求，典型的能量型储能装置主要包括铅酸电池、镍基电池、锂基电池、钠离子电池及液流电池等新型电池[23]。尽管铅酸电池、镍基电池早期都曾短暂应用于电动汽车、牵引机车电源等领域，但铅酸电池可循环次数少、镍基电池能量密度低，逐步被能量密度高、自放电效应低、重量较轻的锂基电池所取代。

锂基电池是一种二次电池，一般由正极、负极、隔膜和电解液构成，由 Li^+ 在正负电极间的往返嵌入和脱嵌形成充放电过程[24]。目前常见锂离子电池分别为镍钴锰酸锂（$LiNiMnCoO_2$ 或 NCM）、镍钴铝酸锂（$LiNiCoAlO_2$ 或 NCA）、磷酸铁锂（$LiFePO_4$ 或 LFP）、钛酸锂（$Li_4Ti_5O_{12}$ 或 LTO）。上述四种锂基电池的 SOC-OCV 曲线及综合性能比较分别如图 8-1、图 8-2 所示。

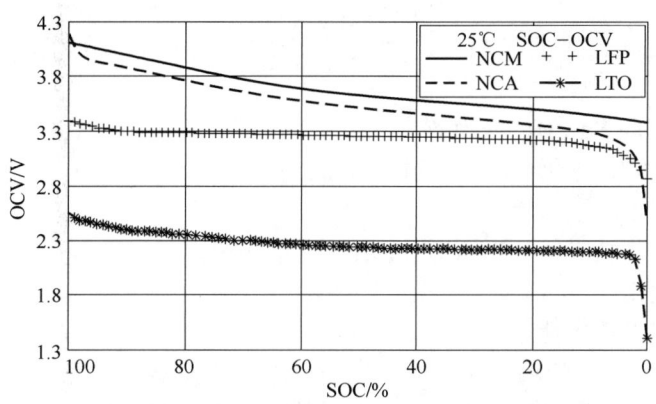

图 8-1 四种锂基电池 SOC-OCV 曲线

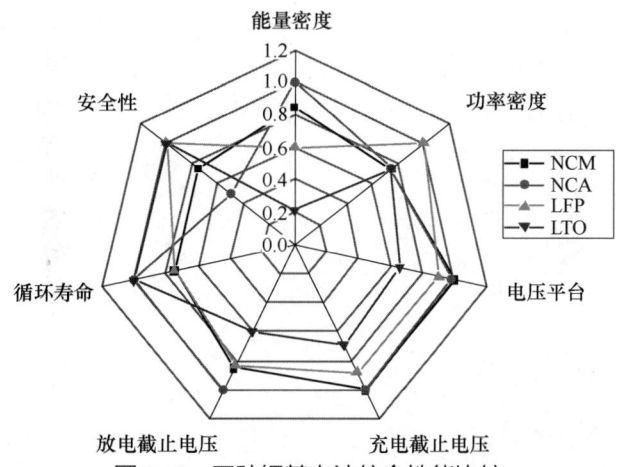

图 8-2 四种锂基电池综合性能比较

典型的功率型储能装置主要包括飞轮储能、超级电容储能、超导储能等[23]。其中超级电容功率密度高、高低温性能稳定、循环寿命长，可用于在车辆加速中吸收主要的峰值功率，并能吸收车辆制动时产生的回馈能量，避免制动产生的高倍率电流造成电池寿命衰减，是最常见的功率型储能装置[25]。

8.2 混合储能系统拓扑结构

电动汽车混合储能系统主要由能量型储能装置、功率型储能装置、双向DC/DC变换器和负载组成。其中，双向DC/DC变换器能实现电能在能量型储能装置、功率型储能装置和负载之间的任意流动，是混合储能系统的"能量路由器"。双向DC/DC变换器的结构，直接决定了混合储能系统的拓扑结构，进而决定了混合储能系统的工作特性和所支持的控制方法。应用于混合储能系统的双向DC/DC变换器包括隔离型双向DC/DC变换器、非隔离型双向DC/DC变换器两大类[27]。拓扑结构可分为被动式拓扑、半主动拓扑、全主动拓扑三大类[13]。

8.2.1 双向DC/DC变换器

双向DC/DC变换器根据各端口之间是否实现电气隔离可分为隔离型和非隔离型两大类[28]。

8.2.1.1 隔离型双向DC/DC变换器

隔离型双向DC/DC变换器（Isolated Bidirectional DC/DC Converter，IBDC）通常应用于以下场景：

① 安全性要求高或者输入/输出的要求功能性隔离。
② 单输入多输出。
③ 输入和输出电压差比较大。

由于需要电能的双向传输，典型的单端正反激式变换器、推挽式直流变换器、半桥或全桥变换器已不适用于混合储能系统，改进后的双反激、双推挽、双半桥变换器拓扑实现了电能的双向传输，但通常应用于辅助电源等小功率场合。

目前，应用于工程中的大功率隔离型DC/DC变换器主要为双有源桥式变换器（Dual Active Bridge，DAB）。典型的DAB IBDC拓扑结构，如图8-3所示[29]。它由两个全桥开关H_1/H_2、两只直流电容C_1/C_2、电感L_1和高频变压器T构成。DAB IBDC具有结构简

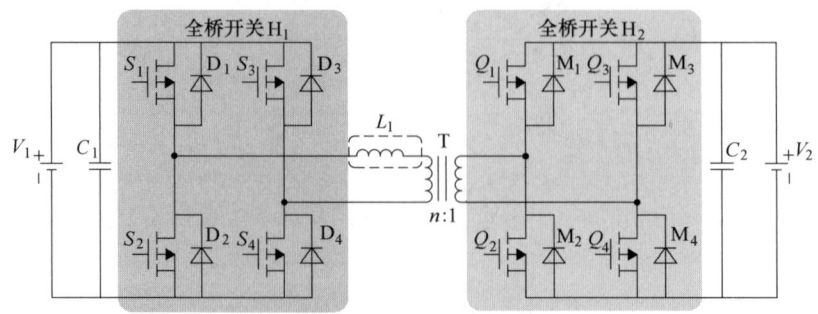

图8-3 DAB IBDC拓扑

单、鲁棒性好的优点,但是由于非谐振结构,必须通过原边/副边开关管在大电流时的关断使交流电流改变,因此开关损耗较大,并且电磁干扰也较大。

针对典型 DAB IBDC 拓扑的不足,研究人员提出了不同的谐振网络,包括 LC 谐振[30]、非对称 CLLC 谐振[31]、对称 CLLC 谐振[32]、电流-电流反馈谐振[33]等,分别如图 8-4 (a)~(d) 所示。文献 [29] 对各谐振网络的工作特性进行了归纳总结。

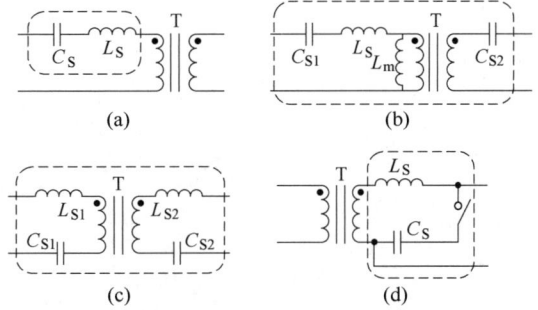

图 8-4　DAB IBDC 谐振网络
(a) LC 谐振　(b) 非对称 CLLC 谐振
(c) 对称 CLLC 谐振　(d) 电流-电流反馈谐振

为进一步减小 DAB IBDC 的输出电压纹波,提升容错运行能力,基于典型 DAB IBDC 拓扑,研究人员提出了不同的 DAB IBDC 变种拓扑结构,典型的为多相 DAB 拓扑,如图 8-5 所示为三相 DAB IBDC 拓扑。总体上,三相和单相 DAB IBDC 工作原理类似。不同之处在于三相 DAB IBDC 一般工作于六步相移控制模式,进而优化了输出电压纹波。此外,除增加了硬件成本之外,三相 DAB IBDC 对高频变压器的三相漏感一致性要求较高[29]。

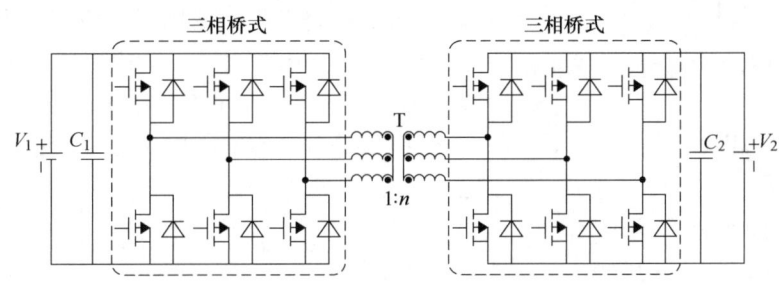

图 8-5　三相 DAB IBDC 拓扑

除上述典型的 IBDC 拓扑之外,针对混合储能系统应用,一些新型的 IBDC 拓扑结构也被提出。文献 [34] 提出一种 Boost 型双向桥式 DC/DC 变换器,通过在双向桥式 DC/DC 变换器中引入储能电容,在两组桥臂中点处连接电感来解决传统双向桥式 DC/DC 变换器输入输出电流断续的问题,可以利用移相控制调节功率传输方向和输出电压的幅值。其拓扑结构如图 8-6 所示。

文献 [35] 提出一种新型双向软开关 DC/DC 变换器,能实现有源器件软开关以及能量在端口之间双向流动。该变换器体积小易于控制,其拓扑结构如图 8-7 所示。

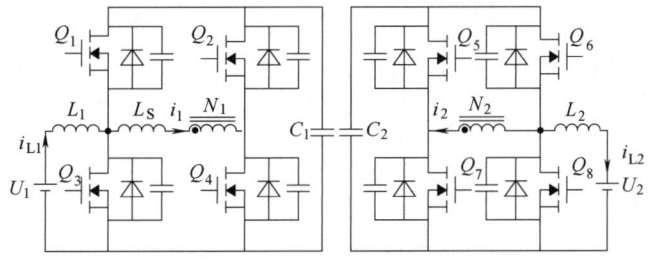

图 8-6　Boost 型双向桥式 DC/DC 变换器拓扑

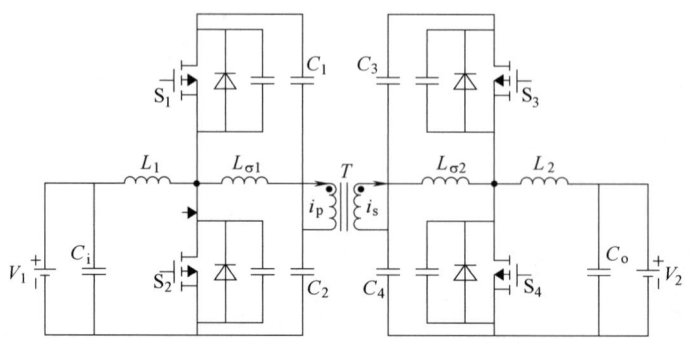

图 8-7　双向软开关 DC/DC 变换器拓扑

8.2.1.2　非隔离型双向 DC/DC 变换器

非隔离型双向 DC/DC 变换器（Non-isolated Bidirectional DC/DC Converter，NBDC）不需要高频变压器，其功率器件较少，具有体积小、结构简单、效率高等优点，广泛应用于没有特别要求输入和输出之间电气隔离的混合储能系统[36]。

同步双向降压型变换器是应用于混合储能系统的最典型的 NBDC 拓扑。如图 8-8 所示，从 V_1 至 V_2 端口，变换器等同于基础 Buck 变换器，工作于

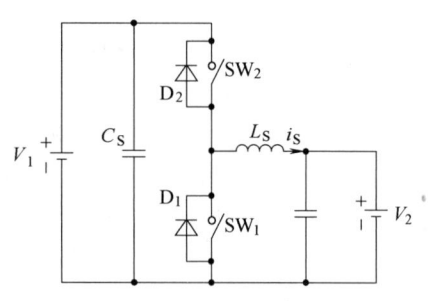

图 8-8　同步双向降压型变换器拓扑

同步降压模式；相反，从 V_2 至 V_1 端口，变换器等同于基础的 Boost 变换器，工作于升压模式。

为了降低同步双向降压型变换器输出纹波，提升变换器容错性能，在大功率混合储能系统应用场合，多相交错式同步降压型变换器通过将各项起始导通时间延迟一定的角度，从而减小了电感体积，降低了输出电压纹波。如图 8-9 所示，典型的

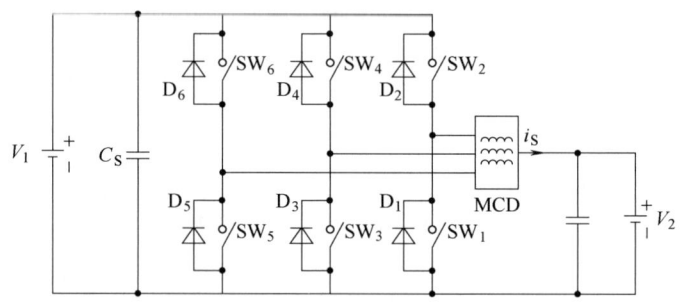

图 8-9　三相交错式同步双向降压型变换器拓扑

三相交错式同步双向降压型变换器各项起始导通时间通常依次延迟 $2\pi/3$。

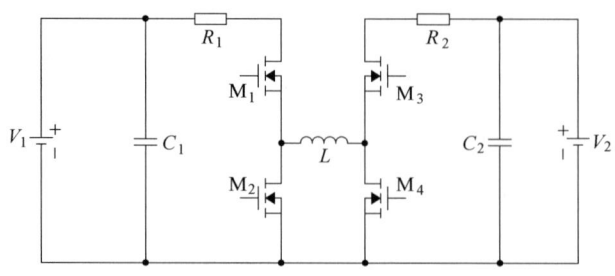

图 8-10　同步双向升降压型变换器拓扑

当 V_1 和 V_2 端口工作电压范围均较宽,既需要 V_1 和 V_2 的双向升压,也需要双向降压时,混合储能系统通常采用如图 8-10 所示的同步双向升降压型变换器拓扑。其基本工作原理与同步双向降压型变换器类似,以电能流向为横轴、电压为纵轴,可实现"四象限"电能变换[29,37]。

除上述典型的 NBDC 拓扑外,针对混合储能系统应用,一些新型的 NBDC 拓扑结构也被提出。文献 [28] 提出了一种多工况高增益多端口 DC/DC 变换器,该变换器具有多种工作模式,能实现能量双向流动,且功率开关器件电压应力相对较低,能提高系统效率。其拓扑结构如图 8-11 所示。

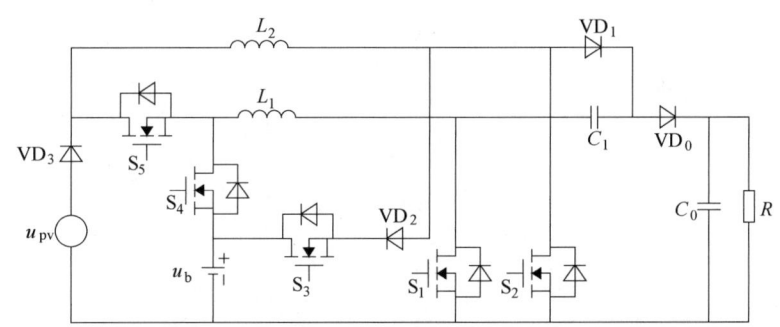

图 8-11 多工况高增益多端口 DC/DC 变换器

文献 [38] 提出了一种新型双向 DC/DC 变换器,该变换器能在较小的占空比下获得较大的电压增益,可以减小电流控制误差,提高系统控制精度。其拓扑结构如图 8-12 所示。

根据混合储能系统拓扑接口,在某些应用场景下,需要 NBDC 具有三个或者三个以上的接口。因此,研究人员提出了以三端口为代表的多端口 NBDC 拓扑。

如图 8-13 所示为文献 [39] 提出的非隔离型高增益三端口变换器,变换器三个端口分别连接 V_1、V_2 和 V_3,通常 V_3 连接至负载。变换器任意两个端口间可以实现电压的调节和功率

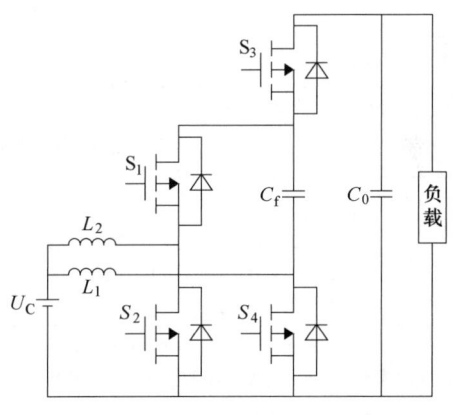

图 8-12 新型双向 DC/DC 变换器

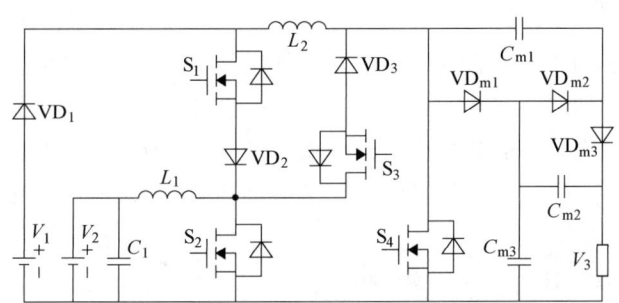

图 8-13 非隔离型高增益三端口变换器

的流动,实现对负载连续稳定的供电。此外,通过引入开关电容电路,该变换器具备高压输出能力。

此外,文献[40]通过组合传统 Buck、Boost 或 Buck-Boost 电路获得三端口变换器。文献[41]则在双输入或双输出变换器基础上增加一条功率路径,以获得非隔离型三端口变换器。

隔离型双向 DC/DC 变换器和非隔离型 DC/DC 变换器的优势和劣势以及应用场合,如图 8-14 和表 8-1 所示。

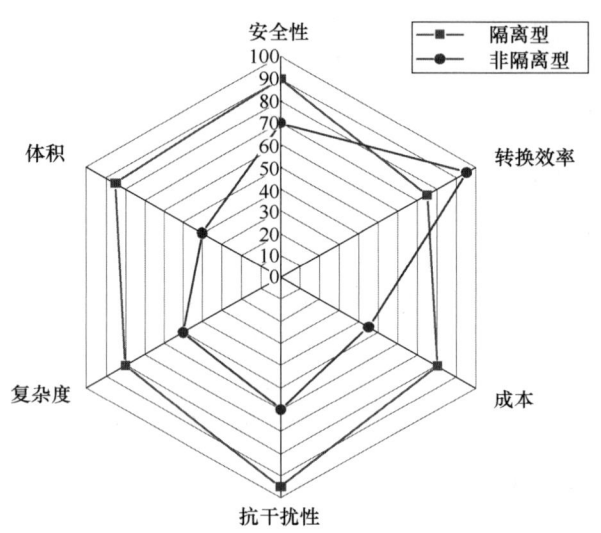

图 8-14　隔离型与非隔离型双向 DC/DC 变换器综合比较

表 8-1　　　　　　　　隔离型与非隔离型双向 DC/DC 变换器的特点

类型	优势	劣势	适用场合
隔离型	抗干扰能力强,输入输出变换比大,有电气隔离功能,安全性较高	转换效率低,体积较大,设计成本较高,设计复杂度高	需要电气隔离,高电压、大功率、安全性要求高的场合
非隔离型	转换效率高,体积较小,设计成本较低,功率器件少,易于设计	抗干扰能力弱,输入输出变换比小,无电气隔离,安全性较低	无需电气隔离各种功率场合

8.2.2　被动式拓扑

被动式拓扑是混合储能系统中最简单的拓扑结构,其能量型储能装置和功率型储能装置不需要双向 DC/DC 变换器直接连接在一起[42]。这种拓扑结构会根据能量型储能装置和功率型储能装置的内阻及其输出特性来分配功率需求,并且其内阻受温度和电荷的瞬时状态影响较大,缺乏主动性,不能有效地分配负载功率[43]。其拓扑结构如图 8-15 所示。

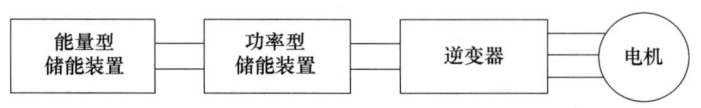

图 8-15　被动式拓扑

被动式拓扑成本较低,但是由于储能装置直接和系统相连,其能量型和功率型储能装置的电压需要与负载电压严格匹配,容易发生级联故障[44]。

8.2.3 半主动拓扑

半主动拓扑是对被动式拓扑的扩展,该拓扑结构通常采用一个双向 DC/DC 变换器,与能量型或者功率型储能装置连接。与被动式拓扑相比,半主动拓扑的可控性增强[45]。半主动拓扑结构应用于动力电池-超级电容混合的储能系统中时,能实现动力电池与负载的电压和电流解耦,可以减轻大电流放电以及负载功率需求中的高频混沌分量对动力电池的影响[46],文献[47,48]均采用半主动拓扑结构。

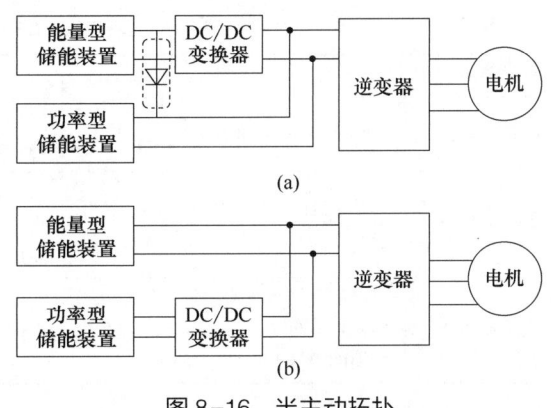

图 8-16 半主动拓扑

如图 8-16 所示为两种半主动拓扑结构。与双向 DC/DC 变换器连接的储能装置,可实现与直流母线电压和电流的解耦,具有较高的控制灵活度。另一个装置被动的吸收或者补充功率差值。如图 8-16(a)和图 8-16(b)所示结构在控制上的一个主要区别在于:前者功率型储能装置直接与负载连接,可直接吸收高频和峰值电流,双向 DC/DC 变换器不需要快速调整输出电流;后者能量型储能装置直接与负载连接,为避免高频或峰值电流对能量型储能装置的寿命和使用效能造成影响,双向 DC/DC 变换器必须具有较高的响应速度以快速响应负载波动[49]。

此外,如图 8-16(a)所示拓扑的一种变形是通过在能量型储能装置和功率型储能装置之间串联一只功率二极管,而构成混合二极管结构。由于功率二极管的存在,使得能量型储能装置能够不经过 DC/DC 变换器而直接向功率型储能装置补充电能,提升了混合储能系统的效率[50]。

8.2.4 全主动拓扑

在半主动拓扑结构的基础上,全主动拓扑使用两个双向 DC/DC 变换器分别控制能量型储能装置和功率型储能装置,实现了两种储能装置之间以及储能装置与负载之间的电压和电流解耦,控制灵活度大幅提升[51]。如图 8-17 所示为全主动拓扑示意图,图中的两个双向 DC/DC 变换器也可以替换为一个多端口双向 DC/DC 变换器。

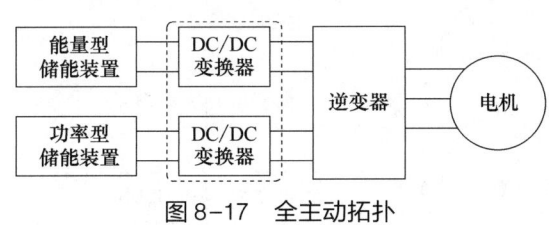

图 8-17 全主动拓扑

全主动拓扑能有效利用能量型储能装置和功率型储能装置的互补特性,同时可适配不同电压等级的储能装置[52]。但多个 DC/DC 变换器意味着成本增加、功率变换损耗和开关损耗变大。

如表 8-2 所示对被动式拓扑、半主动拓扑和全主动拓扑的优势和劣势进行了汇总分析。这三种拓扑结构分别有着各自的特点,在工程应用中需要根据控制性能要求、存储空间等条件进行合理选择[53]。此外，受空间、成本等条件限制，如何在实现双向DC/DC变换器轻量化、低成本、高效率的同时，提升抗干扰性和安全性是目前的主要技术瓶颈。针对以上问题，多端口DC/DC变换器集成各电路端口，使变换器功率密度提高、成本降低，实现功率变换级数的最小化，在控制灵活度、系统效率等方面都得到一定的提升，是混合储能双向DC/DC变换器的重要发展趋势。

表8-2　被动式拓扑、半主动拓扑和全主动拓扑的特点

拓扑	优势	劣势
被动式拓扑	结构简单，成本低	功率分配取决于储能装置内阻抗，不可控；储能装置电压需与负载电压严格匹配；容易发生级联故障
半主动拓扑	可控性较强，成本较低，损耗较小	当功率型储能装置直接和负载相连时，直流母线电压会发生变化；当能量型储能装置直接和系统相连时，双向DC/DC需要高响应速度
全主动拓扑	控制灵活度最高，能实现两种储能装置之间以及储能装置与负载之间的电压和电流解耦	体积大，成本较高，损耗较大

8.3　混合储能系统控制策略

混合储能系统的主要控制目标为延长储能装置寿命、提升功率响应速度、提高储能装置使用效能[54]。而不同的拓扑结构对应不同的能量调度方式，因此，结合控制器响应时间、系统拓扑结构和控制器成本的限制，选择合适的控制策略对混合储能系统至关重要[55]。

在方法层面，如图8-18所示，已有混合储能系统控制策略可分为基于规则的控制策略、基于优化的控制策略和混合控制策略三大类。

在控制目标层面，如图8-19所示，目前电动汽车混合储能系统控制策略主要针对功

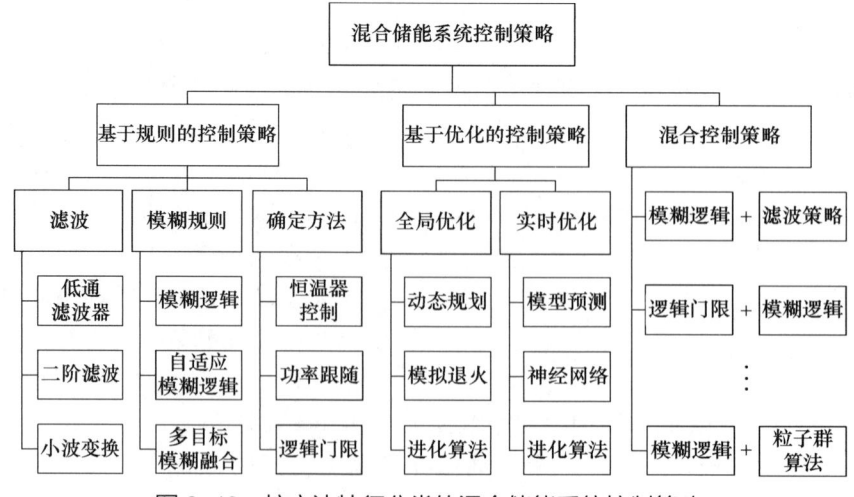

图8-18　按方法特征分类的混合储能系统控制策略

率分配和配置优化两个方面。其中，功率分配的主要目的是减少高频功率或大电流对能量型储能装置的冲击；配置优化的主要目的是在满足负载需求的前提下，选取合适的拓扑结构和容量配置方案，充分发挥两种储能装置的优势，同时降低系统成本、减少能量损失[56,57]。

8.3.1 基于规则的控制策略

基于规则的控制策略根据经验或数学模型，通过预制的控制逻辑，结合车辆相应的运行状态输出相应的控制结果，通常不需要事先了解负载特性，执行效率高[28]。基于规则的控制策略可以分为基于确定性规则的策略、基于模糊规则的策略和基于滤波的策略。

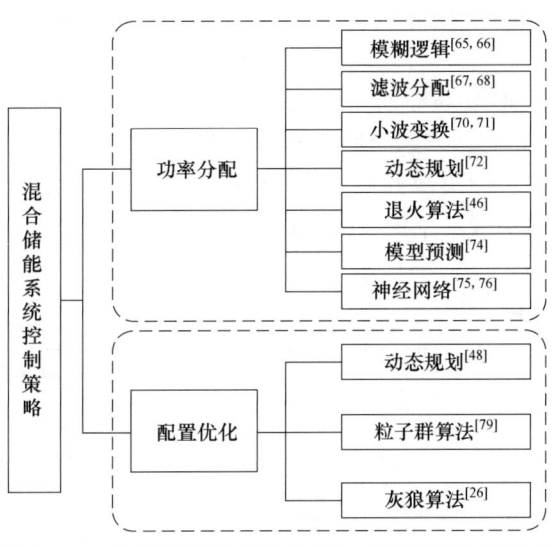

图 8-19 按控制目标分类的混合储能系统控制策略

8.3.1.1 基于确定性规则的控制策略

基于确定性规则的策略通常根据专家经验设计确定性的控制策略。具有简单可靠的优点，但是难以根据负载变化实现最优化控制。恒温器控制策略、功率跟随策略以及逻辑门限策略均属于典型的基于确定性规则的控制策略[15]。

恒温器控制策略的基本思路是：当功率型储能装置荷电状态达到阈值上限时，能量型储能装置停止输出；相反，当功率型储能装置荷电状态低于阈值下限时，能量型储能装置按预定功率输出，功率型储能装置荷电状态在阈值下限和上限之间波动。

逻辑门限策略以固定的阈值为门限，根据预先设定好的规则进行控制，其门限值主要根据工程经验或专家知识得出。如图 8-20 所示，当电机在驱动模式下工作时，能量型储能装置负责提供主要的功率需求 P_b，超出阈值的部分 P_u 由功率型储能装置提供；当电机在制动模式下工作时，能量型储能装置主要负责吸收功率需求 P_b，超出阈值部分 P_u 由功率型储能装置吸收。

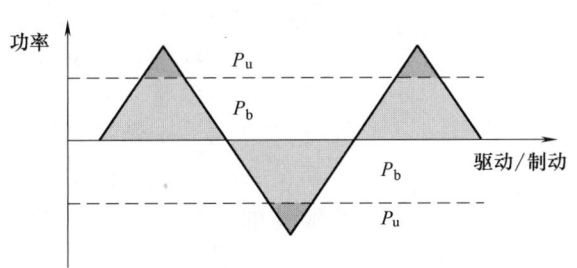

图 8-20 逻辑门限策略示意图

文献［58］为延长锂离子动力电池的寿命，采用速度跟随式多目标优化的逻辑门限控制策略，实现了系统功率需求的合理高效分配，避免了大电流冲击，提高了使用寿命。其功率需求和实际输出功率如公式（8-1）所示：

$$\begin{cases} P_r = P_{bat} + P_{uc} \\ P_o = \dfrac{P_{bat}}{\eta_{bat}\eta_{DC1}} + \dfrac{P_{uc}}{\eta_{uc}\eta_{DC2}} \end{cases} \quad (8-1)$$

式中，P_r 为功率需求，P_{bat} 为电池功率需求，P_{uc} 为超级电容功率需求，P_o 为实际输出功率，η_{bat}、η_{uc}、η_{DC1}、η_{DC2} 分别为电池、超级电容、电池侧 DC/DC 变换器、超级电容侧 DC/DC 变换器的工作效率。

文献[59]使用逻辑门限策略对电池功率进行限制，当功率需求超出电池极限功率值时，超出部分由超级电容提供，其功率分配表，如表 8-3 所示。该策略保证了电池工作在极限功率内，但是电池充放电波动仍然很大，没有充分发挥超级电容的"功率滤波"作用。

表 8-3　　　　　　　　　　　逻辑门限策略功率分配表[59]

功率	电容 SOC 条件	电容电压及功率条件	分配方法
$P_{load}>0$	$SOC<SOC_{min}$	$V_{uc}<V_{uc\_min}$	停止工作
		$V_{uc}>V_{uc\_min}$	$P_{uc}=P_{DC/DC}=P_{load}$　$P_{bat}=0$
	$SOC>SOC_{min}$	$P_{load}>P_{gate}$	$P_{uc}=P_{DC/DC}=P_{load}-P_{gate}$　$P_{bat}=P_{gate}$
		$P_{load}<P_{gate}$	$P_{uc}=P_{DC/DC}=0$　$P_{bat}=P_{load}$
$P_{load}<0$	$SOC>SOC_{max}$	$V_{uc}>V_{uc\_max}$	停止工作
		$V_{uc}<V_{uc\_max}$	$P_{uc}=P_{DC/DC}=P_{load}$　$P_{bat}=0$
	$SOC<SOC_{max}$	$P_{load}>P_{gate}$	$P_{uc}=P_{DC/DC}=P_{load}+P_{gate}$　$P_{bat}=-P_{gate}$
		$P_{load}<P_{gate}$	$P_{uc}=P_{DC/DC}=0$　$P_{bat}=P_{load}$

8.3.1.2　基于模糊规则的控制策略

基于模糊规则的策略是对基于确定性规则策略的扩展，该类策略不依赖于精确地系统模型，因此特别适用于车辆等非线性、不确定性的时变系统[15]。基于模糊规则的策略包括模糊逻辑策略、自适应模糊逻辑策略和多目标模糊融合策略等。

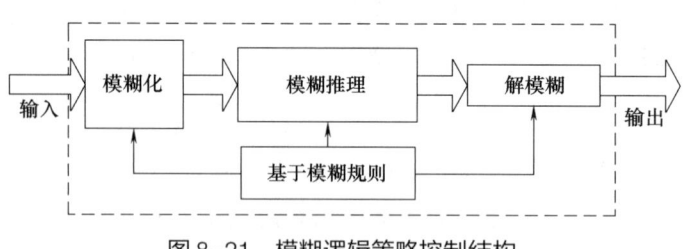

图 8-21　模糊逻辑策略控制结构

模糊逻辑控制是基于丰富操作经验总结出来的、用自然语言表达的控制策略，具有不依赖精确模型、对系统参数不敏感、鲁棒性强的特点[60,61]。模糊逻辑控制主要包含模糊化、模糊推理和解模糊三部分[62]。首先将模糊逻辑控制器输入的精确值进行模糊化，再将模糊化的输入通过模糊推理得出模糊结果，最后模糊结果经过解模糊转化为准确的模糊逻辑输出，模糊逻辑策略控制结构如图 8-21 所示。

模糊逻辑策略作为一种经典的控制策略，保持了复杂性与效率之间的平衡，通过模糊化、模糊推理和解模糊操作控制操作变量，实现混合储能系统功率需求分配等目的[63]。文献[64]以整车需求功率 P_{demand}、超级电容 SOC、汽车速度 Speed 为输入，定义了包含 45 条模糊控制规则的模糊控制器，输出锂离子动力电池功率 P_{bat}，避免了高频电流波动对锂离子动力电池寿命的影响。针对混合储能系统电池承担功率过高的问题，文献[65]使用多输入单输出模糊逻辑策略，以电动汽车功率需求、锂电池荷电状态和超级电容荷电状态为输入，根据输入输出隶属度函数以及输出功率模糊分配规则得到超级电容功率分配因子，有效实现锂离子电池和超级电容之间的功率分配，并与逻辑门限控制策略进行比较，实验结果表明模糊控制策略能有效降低锂离子动力电池电流，其效果优于逻辑门限控制策略。

文献［66］提出的模糊逻辑控制策略直接输出需要锂离子动力电池和超级电容输出的功率需求，减小了锂离子动力电池的最大充放电电流，使电流变换更加平稳，提高了电池的安全性，延长了使用寿命。

8.3.1.3 基于滤波的控制策略

电动汽车的功率需求可分为高频暂态分量和低频稳态分量，其中低频稳态分量是汽车常规行驶中产生的，高频暂态分量则是由负荷突然变化引起的[15]。基于滤波的控制策略通过将负载功率需求中的高频暂态分量和低频稳态分量分离，并分别由功率型储能装置和能量型储能装置提供，发挥了能量型储能装置和功率型储能装置的互补特性，避免了电池受高频功率需求的影响，延长了电池的使用寿命。基于滤波的控制策略包括滤波器策略、基于小波变换的策略等。

传统的滤波策略能降低锂离子动力电池受冲击电流的影响，但当车辆无驱动也无制动命令，依靠惯性前进时，由于滤波器的相位延迟，锂离子动力电池会继续供能，这部分能量由超级电容吸收，增加了系统损耗[67]。针对传统滤波策略存在的不足，文献［67］提出了改进型滤波分配策略，当车辆需求变大时，实际功率需求绝对值大于滤波功率，此时遵循传统的滤波策略；当车辆需求变小时，实际功率需求绝对值小于等于滤波功率，此时实际功率需求全部由锂离子动力电池承担。改进的功率分配控制策略，如图8-22所示。低通滤波器虽然实现了滤波的目的，但是它会引入相移，进而使功率型储能装置吸收电池峰值电流的效果减弱[68]。为了减小相移的影响，文献［68］使用了二阶零极点滤波器，其传递函数为：

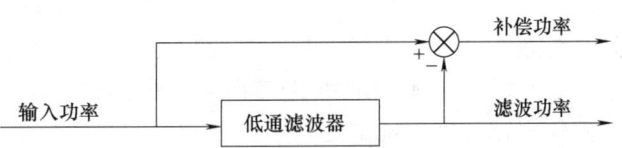

图8-22 改进的功率分配控制策略框图

$$G(s)=k\frac{(z_1-s)(z_2-s)}{(p_1-s)(p_2-s)} \tag{8-2}$$

式中，z_1、z_2为零点；p_1、p_2为极点；k为增益。

实验结果表明，这种低相移滤波器在锂离子动力电池和超级电容之间进行功率分配时的效果更优异。

滤波器策略为了在不同工况下获得有效的功率分流结果，需要针对不同负载需求调整滤波器的截止频率或者其他参数，工况适应性较差[38]。区别于滤波器策略，小波变换能对信号进行时间频率局部化分析，通过伸缩平移运算进行多尺度细化，最终实现高频处时间细分，低频处频率细分，自动适应时频信号分析的要求，从而可聚焦到信号的任意细节，实现功率分解[69]。文献［70］利用Haar小波实现了燃料电池、锂离子电池和超级电容三种储能装置之间的功率分流。文献［71］利用Haar小波将功率需求分解重构为高频功率需求和低频功率需求，其中低功率需求由锂离子动力电池提供，超级电容补充车辆需求总功率与锂离子动力电池输出功率之差。该策略避免了锂离子动力电池大电流放电，

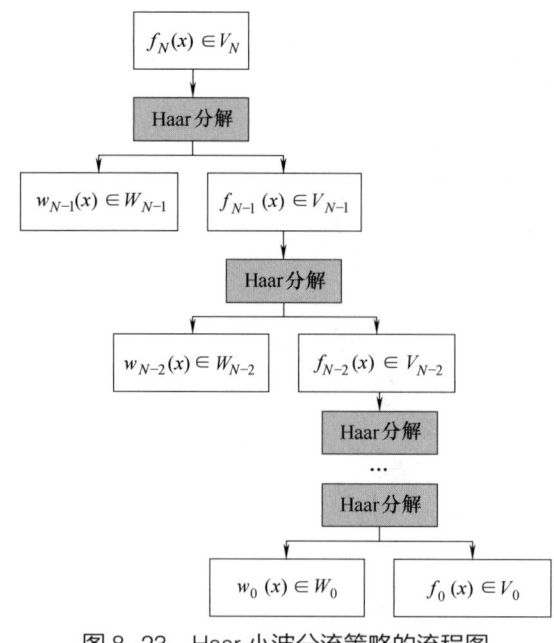

图 8-23 Haar 小波分流策略的流程图

降低了高频暂态功率需求对锂离子动力电池的影响,有效提高了锂离子动力电池的寿命。如图 8-23 所示为 Haar 小波分流策略的流程图。

8.3.2 基于优化的控制策略

基于规则的控制策略执行效率高、简单直观,但并不能做到最优功率分配。基于优化的控制策略在一定的时间内,通过对控制量的动态调整,以优化储能系统性能,其核心是典型的优化控制问题。根据优化方法的作用时间和作用对象,可以分为全局优化方法和实时优化方法。

8.3.2.1 基于全局优化的控制策略

对于特定的行驶循环,采用最优控制理论或者最优化方法,对多个储能装置的功率输出进行全局最优化和动态分配,以达到系统效率的全局最优,是全局优化方法的核心思想。通常以充放电效率最优、寿命影响最小以及动力电池 SOC 变化最小为目标函数,预先判断储能装置最后要达到的目标状态,然后根据车辆当前的运行状态,运用某种优化方法寻找从当前状态过渡到目标状态的最佳路径,该最佳路径也就是决定储能装置功率分配的函数。典型的目标函数如公式 (8-3) 所示:

$$J = \sum_{k=0}^{N} L[x(k),u(k),k]\Delta t + \varphi[x(k),N]$$
$$= \sum_{k=0}^{N} \{[\alpha_1 f_{ef}(k) + \alpha_2 f_{soh}(k)] + \beta[SOC(N) - SOC(0)]^2\} \quad (8-3)$$

式中,α_1 为充放电效率权重;α_2 为寿命影响权重;β 用于保证控制策略不会导致严重的电池损耗。应用于混合储能系统的全局优化方法有动态规划算法、模拟退火算法、进化算法等。

文献 [48] 利用动态规划算法寻求系统最优配置,并提出多目标功率分配策略,有效抑制了电池老化。文献 [72] 根据车速、功率需求、超级电容充电状态等状态变量,使用自适应动态规划算法搜索最优功率分配策略,通过排除下一步不可能的转换状态(红色),加快了局部最优解(绿色)的寻找过程,如图 8-24 所示,图中 t 表示时刻,k 表示第 k 步,h 表示当前时刻后的第 h 步。

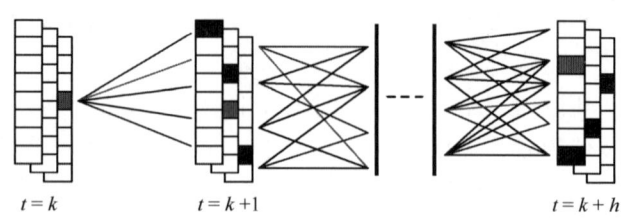

图 8-24 文献 [72] 中的状态预测示意图

文献［46］针对电动汽车不同工作模式的功率最优分配问题，当需要电池单独工作或电池、超级电容升压混合工作时，利用退火算法以 DC/DC 变换器最高效率点为中心进行搜索，寻求系统损耗最小点，降低了系统损耗，实现了功率需求最优分配。

8.3.2.2 基于实时优化的控制策略

实时优化策略用瞬时成本函数代替全局成本函数，求解不同储能元件之间的最优功率分配，克服了依赖工况信息、计算复杂度高等问题[73]。实时优化策略包括模型预测控制、神经网络控制、进化算法等。

模型预测控制能够根据当前状态，结合系统模型预测未来事件，从而进行及时更新控制策略。在锂离子动力电池组 SOC 和放电电流 i_b 的约束下，以混合储能系统总体损耗率和直流母线电压预测值与设定值的误差为优化目标，以电池电流 i_b 为控制变量的模型预测控制混合储能系统控制策略基本思路如图 8-25 所示。

为减小高频电流波动对电池寿命的影响，文献［74］在电池 SOC、电池电流、超级电容电流、超级电容电压等约束条件下，以母线电流、电池电流、超级电容电流为输入，通过模型预测控制输出电池的 DC/DC 变换器调制指数 m_{bat} 和超级电容的 DC/DC 变换器调制指数 m_{cap}，使锂离子动力电池响应低频电流需求，延长锂离子动力电池使用寿命。

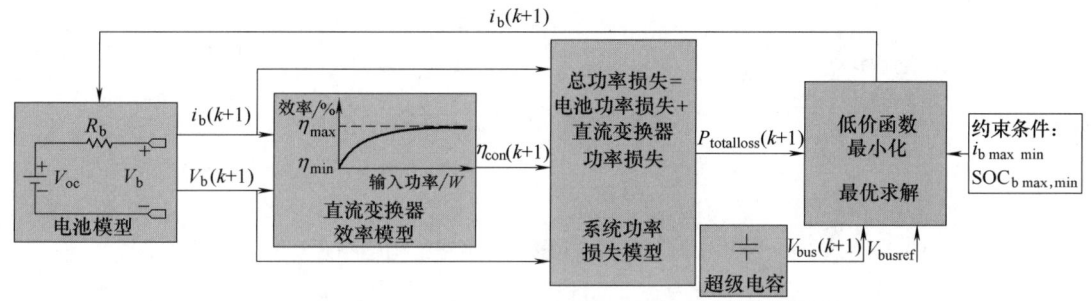

图 8-25　模型预测控制混合储能系统控制策略基本思路

神经网络是为了识别和处理并行数据而开发的数学模型，网络由输入层节点、输出层节点和隐层节点构成。当信号输入时，首先传到隐层节点，经过作用函数处理后，隐层节点的输出信号传播至输出层节点，经过处理后给出输出结果。如图 8-26 所示为多层前向 BP 神经网络结构。

神经网络具有高度非线性、高度自适应、强泛化能力的优点，在确保有足够网络节点的前提下，经足够的样本进行网络训练后，可实现对真实运行工况和功率分配之间的非线性映射。

文献［75］利用神经网络控制策略，以汽车速度、加速度、负载需求电流、电池电流和超级电容电压为输入变量，输出下一刻超级电容电流，实现了整车功率在电池和超级电容之间的功率分配，有效降低了电池峰值电流，提高了电池寿命。

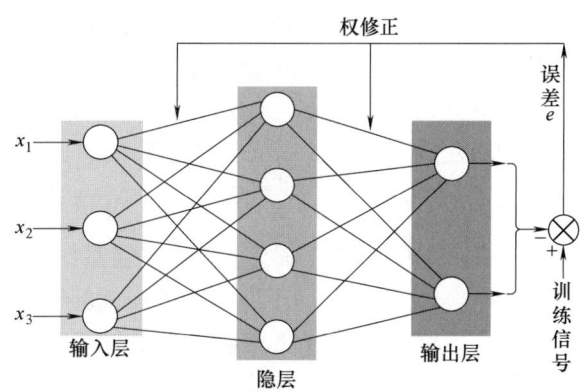

图 8-26　多层前向 BP 神经网络结构

文献[76]使用神经网络控制策略,以负载电流 I_{load}、负载功率 P_{load}、车速 v 和动能 E 为输入,以超级电容的理想电流 I_{uc} 为输出,相较 SOC 控制,有效提升了车辆续驶里程。

混合储能系统神经网络控制策略的主要缺点是需要有足够数量的训练样本,并且功率分配的效果取决于样本的准确度以及网络的训练精度。同时,由于需要大量的网络节点,该策略计算量较大,要求控制器具有较强的运算能力,限制了其实际应用。

8.3.3 混合控制策略

上述控制策略各有优缺,利用某种控制策略对另一种控制策略进行优化,弥补其自身的缺点以更好地发挥优势,这种混合控制策略也是近年来混合储能系统控制策略的主要研究方向。其中模糊控制由于鲁棒性强、结构简单等优势,在混合控制策略中应用广泛。

文献[77]使用模糊逻辑和滤波策略的结合,提出一种自适应能量管理策略。该策略通过模糊逻辑建立了驾驶员意图与驾驶风格的识别模型,并利用该模型对低通滤波器时间常数 τ 进行在线调整,进而将功率需求分为平均功率和峰值功率,降低了动力电池放电电流峰值,延长了续驶里程,其结构框图如图 8-27 所示。

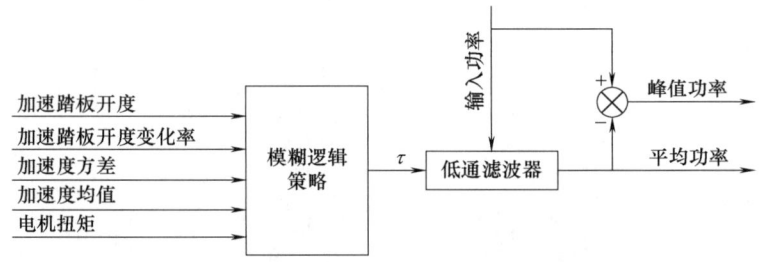

图 8-27 自适应能量管理策略结构框图

在传统的逻辑门限策略中,动力电池组输出功率门限值为固定值,自适应性较差。文献[78]针对该问题,利用模糊逻辑控制动态调整动力电池输出门限值,设计了改进型逻辑门限控制策略,其负载功率需求与电池组的关系满足公式(8-4):

$$\begin{cases} P_{req} = P_d + P_q \\ P_d = P_{req} \cdot K_d \\ P_q = P_{req} - P_d = P_{req}(1-K_d) \end{cases} \tag{8-4}$$

式中,P_{req} 为负载功率需求;P_d 为动力电池组功率;P_q 为启动电池组功率;K_d 为由模糊逻辑策略得出的动力电池组输出功率比例因子。

文献[79]利用粒子群优化算法得到合适的容量配置结果,并在此基础上建立了车辆运行损耗成本模型,以混合储能系统的等效经济消耗成本为优化目标,建立目标函数:

$$M = \int (P_{loss}m_e + C_b m_b + C_{sc} m_{sc}) dt \tag{8-5}$$

式中,m_e 为单位电价;m_b 为混合储能系统中锂离子电池整组价格;m_{sc} 为混合储能系统中超级电容整组价格;C_b 为电池寿命损耗;C_{sc} 为超级电容某一时刻的损耗。利用庞特里亚金极小值原理对混合储能系统的能量管理策略进行了优化,对比普通逻辑门限控制中的恒比例能量管理策略,降低经济成本 8% 左右。

综合考虑损耗、母线电压、电池电流等因素,文献[80]采用模糊控制对单一控制项权重系数进行一次优化,实现了对不同运行状态的自适应调整;再由粒子群优化算法对评价方程作二次优化,实现了系统能量效率最大化。

现有的基于规则的控制策略不需要了解负载特性,但这种策略依赖于经验或数学模型,在动态负载下的适应性较差,并不能做到最优控制。基于优化的控制策略能在面对复杂路况时通过对控制量的动态调整,优化系统控制目标,提高系统的控制性能,但是这些策略往往需要预知工况信息,通常难以实车运行,仅能作为设计离线策略的指导。

由于工况信息的不确定性以及混合储能系统寿命和效率影响机理的复杂性,如何采用强化学习、自适应动态规划等方法,在运行过程中通过控制策略和环境的信息交互,实现控制策略的自学习将是混合储能系统控制策略研究的重要趋势。

本 章 小 结

综上,现有研究在混合储能装置的拓扑结构和控制策略等方面已经取得较大进展,但储能系统能量密度、循环次数、充电速率仍是影响电动汽车接受度的主要技术瓶颈,消费者对续驶里程、充电时间及电池寿命的担忧仍然是限制电动汽车发展的关键因素。

结合储能技术、电力电子技术以及相关技术的发展趋势,对未来混合储能系统的发展做如下展望:

① 高性能的储能装置是混合储能系统的"基因",伴随着石墨烯、超导等新型材料的商业化应用,研发高能量密度、高功率密度、长使用寿命、安全可靠的新型储能装置是从根本上提升混合储能系统综合性能的关键。

② 伴随着 SiC、GaN 等宽禁带电力电子半导体器件的发展,电力电子高频化发展趋势越来越明显。基于宽禁带电力电子半导体器件,开发新型高频双向 DC/DC 变换器,进一步减小变换器体积,提升转换效率,进而实现混合储能系统功率密度和能量密度的提升是混合储能系统的发展方向之二。

③ "双碳"战略目标下,对混合储能系统的要求,不仅仅局限于运行状态下的转换效率。建立混合储能系统设计、生产、运行、报废全生命周期的成本模型和碳排放模型,实现混合储能系统设计环节的参数优化、生产环节的工艺及流程优化、运行环节的状态优化、报废环节的可循环价值优化,是混合储能系统发展的方向之三。

④ 智能、绿色、泛在是现代科技革命发展的主要特征,人工智能技术和以 5G/物联网为代表的通信技术,赋予了其他技术领域广阔的发展空间。依托 5G/物联网技术,实时获取混合储能系统的运行状态,结合车辆实时状态,采用人工智能技术,对混合储能系统的运行参数进行远程实时更新,以进一步提升系统使用效能,是混合储能系统发展的方向之四。

参 考 文 献

[1] Karden E, Ploumen S, Fricke B, et al. Energy storage devices for future hybrid electric vehicles [J].

Journal of Power Sources, 2007, 168 (1): 2-11.

[2] S. Zhou, Z. Chen, D. Huang, et al. Model Prediction and Rule Based Energy Management Strategy for a Plug-in Hybrid Electric Vehicle With Hybrid Energy Storage System [J]. IEEE Transactions on Power Electronics, 2021, 36 (5): 5926-5940.

[3] J. P. F. Trovão, M. Roux, É. Ménard, et al. Energy-and Power-Split Management of Dual Energy Storage System for a Three-Wheel Electric Vehicle [J]. IEEE Transactions on Vehicular Technology, 2017, 66 (7): 5540-5550.

[4] J. Yuan, L. Dorn-Gomba, A. D. Callegaro, et al. A Review of Bidirectional On-Board Chargers for Electric Vehicles [J]. IEEE Access, 2021, 9 (1): 51501-51518.

[5] M. Nassary, M. Orabi, M. Ghoneima, et al. Single-Phase Isolated Bidirectional AC-DC Battery Charger for Electric Vehicle-Review [C]. International Conference on Innovative Trends in Computer Engineering (ITCE), 2019.

[6] X. D. Xue, K. W. E. Cheng, S. R. Raman, et al. Investigation of energy distribution and power split of hybrid energy storage systems in electric vehicles [C]. 2016 International Symposium on Electrical Engineering (ISEE), Hong Kong, China, 2016.

[7] T. Ming, W. Deng, J. Wu, et al. A hierarchical energy management strategy for battery-supercapacitor hybrid energy storage system of electric vehicle [C]. 2014 IEEE Conference and Expo Transportation Electrification Asia-Pacific (ITEC Asia-Pacific), Beijing, China, 2014.

[8] 中国汽车工程学会. 节能与新能源汽车技术路线图2.0 [M]. 北京: 机械工业出版社, 2021: 3-15.

[9] Y. Hu, C. Chen, T. He, et al. Proactive Power Management Scheme for Hybrid Electric Storage System in EVs: An MPC Method [J]. Transactions on Intelligent Transportation Systems, 2020, 21 (12): 5246-5257.

[10] A. Hatami, M. R. Tousi, P. Bayat, et al. Power management strategy for hybrid vehicle using a three-port bidirectional DC-DC converter [C]. 2015 23rd Iranian Conference on Electrical Engineering, 2015, Tehran, Iran, 2015.

[11] Ehsani M, Gao Y, Longo S, et al. Modern electric, hybrid electric, and fuel cell vehicles [M]. Boca Raton: CRC press, 2018.

[12] J. Xiao, P. Wang, L. Setyawan. Multilevel energy management system for hybridization of energy storages in dc microgrids [J]. Transactions on Smart Grid, 2016, 7 (2): 847-856.

[13] E. Chemali, M. Preindl, P. Malysz, et al. Electrochemical and Electrostatic Energy Storage and Management Systems for Electric Drive Vehicles: State-of-the-Art Review and Future Trends [J]. IEEE Journal of Emerging and Selected Topics in Power Electronics, 2016, 4 (3): 1117-1134.

[14] S. T. Sisakat, S. M. Barakati. Fuzzy energy management in electrical vehicles with different hybrid energy storage topologies [C]. 2015 4th Iranian Joint Congress on Fuzzy and Intelligent Systems (CFIS), Zahedan, Iran, 2015.

[15] H. S. Gohari, K. Abbaszadeh. Improving Performance and Efficiency of a Fuel-cell Hybrid EV Using New Three-Port DC-DC Converter and Optimized Energy Management Strategy [C]. 2020 11th Power Electronics, Drive Systems, and Technologies Conference (PEDSTC), Tehran, Iran, 2020.

[16] T. S. Babu, K. R. Vasudevan, V. K. Ramachandaramurthy, et al. A Comprehensive Review of Hybrid Energy Storage Systems: Converter Topologies, Control Strategies and Future Prospects [J]. IEEE Access, 2020, 8 (1): 148702-148721.

[17] Gao Y Z, Zhang X, Guo B, et al. Health-aware multiobjective optimal charging strategy with coupled electrochemical-thermal-aging model for lithium-ion battery [J]. Transactions on Industrial Informat-

ics, 2020, 16 (5): 3417-3429.

[18] 窦晓波, 全相军, 陈峰, 等. 应用于超级电容双向 DC/DC 变换器的鲁棒控制 [J]. 中国电机工程学报, 2018, 38 (01): 223-231, 359.

[19] 王本斐, 彭卫文, 张荣辉, 等. 电动汽车混合储能系统的事件触发无差拍控制 [J]. 机械工程学报, 2021, 57 (14): 77-86.

[20] 续丹, 周佳辉, 王斌, 等. 电动汽车混合储能系统的自适应协同控制 [J]. 西安交通大学学报, 2019, 53 (04): 38-43, 57.

[21] HREDZAK B, AGELIDIS V G, JANG M. A model predictive control system for a hybrid battery-ultra-capacitor power source [J]. Transactions on Power Electronics, 2014, 29 (3): 1469-1479.

[22] 吴鸣, 李振伟, 孙丽敬. 一种混合储能变换器的模型预测整体控制方法 [J]. 电力系统保护与控制, 2020, 48 (21): 84-91.

[23] 乔亮波, 张晓虎, 孙现众, 等. 电池-超级电容器混合储能系统研究进展 [J]. 储能科学与技术, 2022, 11 (01): 98-106.

[24] 李磊, 许燕. 锂离子动力电池发展现状及趋势分析 [J]. 中国锰业, 2020, 38 (05): 9-13.

[25] Lago L F R, Faceroli S T, Ferreira R A F, et al. Power Demand Prediction Based on Mixed Driving Cycle Applied to Electric Vehicle Hybrid Energy Storage System [C]. 15th Brazilian Power Electronics Conference and 5th IEEE Southern Power Electronics Conference (COBEP/SPEC), Santos, Brazil, 2019: 1-6.

[26] Li M, Wang L, Wang Y, et al. Sizing Optimization and Energy Management Strategy for Hybrid Energy Storage System Using Multiobjective Optimization and Random Forests [J]. Transactions on Power Electronics, 2021, 36 (10): 11421-11430.

[27] Ding S, Wu H, Xing Y, et al. Topology and control of a family of non-isolated three-port DC-DC converters with a bidirectional cell [C]. Twenty-Eighth Annual IEEE Applied Power Electronics Conference and Exposition (APEC), Long Beach, CA, USA, 2013.

[28] 王辉, 陈耀, 曾庆典, 等. 一种多工况高增益多端口 DC/DC 变换器 [J]. 中国电机工程学报, 2019, 39 (07): 2155-2166.

[29] Zhao B, Song Q, Liu W, et al. Overview of dual-active-bridge isolated bidirectional DC-DC converter for high-frequency-link power-conversion system [J]. IEEE Transactions on Power Electronics, 2013, 29 (8): 4091-4106.

[30] Li X, Bhat A K S. Analysis and design of high-frequency isolated dual-bridge series resonant dc/dc converter [J]. Transactions on Power Electronics, 2010, 25 (4): 850-862.

[31] Chen W, Rong P, Lu Z Y. Snubberless bidirectional DC-DC converter with new CLLC resonant tank featuring minimized switching loss [J]. Transactions on Industrial Electronics, 2010, 57 (9): 3075-3086.

[32] Jung J H, Kim H S, Ryu M H, et al. Design methodology of bidirectional CLLC resonant converter for high-frequency isolation of dc distribution systems [J]. Transactions on Power Electronics, 2013, 28 (4): 1741-1755.

[33] Jalbrzykowski S, Bogdan A, Citko T. A dual full-bridge resonant class-E bidirectional dc-dc converter [J]. IEEE Transactions on Industrial Electronics, 2011, 58 (9): 3879-3883.

[34] 刘福鑫, 潘子周, 阮新波. 一种 Boost 型双向桥式直流变换器的软开关分析 [J]. 中国电机工程学报, 2013, 33 (03): 44-51, 16.

[35] Ma G, Qu W, Yu G, et al. A Zero-Voltage-Switching Bidirectional DC-DC Converter With State Analysis and Soft-Switching-Oriented Design Consideration [J]. Transactions on Industrial Electronics, 2009, 56 (6): 2174-2184.

[36] Wang Y, Li Y, Song H, et al. Analysis and design of a nonisolated bidirectional DC-DC converter based on CLC network [J]. Journal of Emerging and Selected Topics in Industrial Electronics, 2021, 2 (4): 481-490.

[37] Seddik Bacha, Iulian Munteanu, Iuliana Bratcu A. Power Electronic Converters Modeling and Control [M]. Springer, London: 2013.

[38] 王芳, 罗胜华, 吴海辉. 基于混合储能的新型双向DC/DC变换器控制研究 [J]. 电气传动, 2019, 49 (04): 48-53.

[39] 刘俊峰, 胡仁俊, 曾君. 具备高增益的非隔离三端口变换器 [J]. 电工技术学报, 2019, 34 (03): 529-538.

[40] Wu H, Xing Y, Xia Y, et al. A family of non-isolated three-port converters for stand-alone renewable power system [C]. Proceedings of the 37th Annual Conference of the IEEE Industrial Electronics Society, Melbourne, Australia, 2011.

[41] 吴红飞, 夏炎冰, 邢岩. 基于双输入/双输出变换器的三端口变换器拓扑 [J]. 中国电机工程学报, 2011, 31 (27): 45-51.

[42] Ostadi A, Kazerani M, Chen S. Hybrid Energy Storage System (HESS) in vehicular applications: A review on interfacing battery and ultra-capacitor units [C]. Transportation Electrification Conference and Expo (ITEC), Detroit, MI, USA, 2013.

[43] 桑丙玉, 陶以彬, 郑高, 等. 超级电容-蓄电池混合储能拓扑结构和控制策略研究 [J]. 电力系统保护与控制, 2014, 42 (02): 1-6.

[44] 夏欢, 杨中平, 杨志鸿, 等. 基于列车运行状态的城轨超级电容储能装置控制策略 [J]. 电工技术学报, 2017, 32 (21): 16-23.

[45] 赵坤, 王椹榕, 王德伟, 等. 车载超级电容储能系统间接电流控制策略 [J]. 电工技术学报, 2011, 26 (09): 124-129. 6.

[46] 王斌, 徐俊, 曹秉刚, 等. 采用模拟退火算法的电动汽车复合电源能量管理系统优化 [J]. 西安交通大学学报, 2015, 49 (08): 90-96.

[47] Shen J, Dusmez S, Khaligh A. Optimization of sizing and battery cycle life in battery/ultracapacitor hybrid energy storage systems for electric vehicle applications [J]. Transactions on industrial informatics, 2014, 10 (4): 2112-2121.

[48] Shen J, Khaligh A. A Supervisory Energy Management Control Strategy in a Battery/Ultracapacitor Hybrid Energy Storage System [J]. Transactions on Transportation Electrification, 2015, 1 (3): 223-231.

[49] Bauman J, Kaxerani M. An Analytical Optimization Method for Improved Fuel Cell-Battery-Ultracapacitor Powertrain [J]. Transactions on Vehicular Technology, 2009, 58 (7): 2186-3197.

[50] 熊瑞, 何洪文. 电动车辆复合电源系统集成管理基础 [M]. 北京: 化学工业出版社, 2019.

[51] Muntaser A, Elwarfalli H, Kumar J, et al. Development of advanced energy storage system using fuzzy control [C]. National Aerospace and Electronics Conference (NAECON) and Ohio Innovation Summit (OIS), Dayton, OH, USA, 2016, pp. 179-182.

[52] Cao J, Emadi A. A New Battery/UltraCapacitor Hybrid Energy Storage System for Electric, Hybrid, and Plug-In Hybrid Electric Vehicles [J]. Transactions on Power Electronics, 2012, 27 (1): 122-132.

[53] Song Z, Hofmann H, Li J, et al. A comparison study of different semi-active hybrid energy storage system topologies for electric vehicles [J]. Journal of Power Sources, 2015, 274: 400-411.

[54] Mesbahi T, Rizoug N, Bartholomeus P, et al. A new energy management strategy of a Battery/Supercapacitor Hybrid Energy Storage System for electric vehicular applications [C]. 7th IET International Con-

ference on Power Electronics, Machines and Drives (PEMD 2014), Manchester, UK, 2014.

[55] George S S, Badawy M O. A Modular Multi-Level Converter for Energy Management of Hybrid Storage System in Electric Vehicles [C]. Transportation Electrification Conference and Expo (ITEC), Long Beach, CA, USA, 2018.

[56] Eldeeb H H, Elsayed A T, Lashway C R, et al. Hybrid Energy Storage Sizing and Power Splitting Optimization for Plug-In Electric Vehicles [J]. IEEE Transactions on Industry Applications, 2019, 55 (3): 2252-2262.

[57] 刘宇嫣, 杨中平, 林飞, 等. 城轨地面式混合储能系统自适应能量管理与容量优化配置研究 [J]. 电工技术学报, 2021, 36 (23): 4874-4884.

[58] 罗玉涛, 刘秀田, 梁伟强, 等. 延长锂离子电池寿命的电动汽车复合电源设计 [J]. 华南理工大学学报 (自然科学版), 2016, 44 (03): 51-59.

[59] ZHAO Y, WANG W, XIANG C, et al. Research and Bench Test of Nonlinear Model Predictive Control-Based Power Allocation Strategy for Hybrid Energy Storage System [J]. IEEE Access, 2018, 6 (1): 70770-70787.

[60] Essoufi M, Hajji B, Rabhi A. Fuzzy Logic based Energy Management Strategy for Fuel Cell Hybrid Electric Vehicle [C]. International Conference on Electrical and Information Technologies (ICEIT), Rabat, Morocco, 2020.

[61] Saib S, Hamouda Z, Marouani K. Energy management in a fuel cell hybrid electric vehicle using a fuzzy logic approach [C]. 5th International Conference on Electrical Engineering -Boumerdes (ICEE-B), Boumerdes, Algeria, 2017.

[62] Mahyiddin S H, Mohamed M R, Mustaffa Z, et al. Fuzzy logic energy management system of series hybrid electric vehicle [C]. 4th IET Clean Energy and Technology Conference (CEAT 2016), Kuala Lumpur, Malaysia, 2016.

[63] Gujarathi P K, Shah V, Lokhande M. Fuzzy logic based energy management strategy for converted parallel plug-in hybrid electric vehicle [C]. 8th Control and System Graduate Research Colloquium (ICSGRC), Shah Alam, Malaysia, 2017.

[64] 安小宇, 李元丰, 孙建彬, 等. 基于模糊逻辑的电动汽车双源混合储能系统能量管理策略 [J]. 电力系统保护与控制, 2021, 49 (16): 135-142.

[65] 周美兰, 冯继峰, 张宇, 等. 纯电动客车复合储能系统功率分配控制策略研究 [J]. 电工技术学报, 2019, 34 (23): 5001-5013.

[66] 宋绍剑, 魏泽, 刘延扬, 等. 锂电池和超级电容混合电动汽车的能量管理 [J]. 控制工程, 2019, 26 (12): 2272-2277.

[67] 陈亚爱, 林演康, 王赛, 等. 基于滤波分配法的混合储能优化控制策略 [J]. 电工技术学报, 2020, 35 (19): 4009-4018.

[68] Awerbuch J J, Sullivan C R. Filter-based power splitting in ultracapacitor-battery hybrids for vehicular applications [C]. 12th Workshop on Control and Modeling for Power Electronics (COMPEL), Boulder, CO, USA, 2010.

[69] Zhang L, Hu X, WANG Z, et al. Multiobjective optimal sizing of hybrid energy storage system for electric vehicles [J]. IEEE Transactions on Vehicular Technology, 2017, 67 (2): 1027-1035.

[70] Zhang X, Mi C C, Masrur A, et al. Wavelet-transform-based power management of hybrid vehicles with multiple on-board energy sources including fuel cell, battery and ultracapacitor [J]. Journal of Power Sources, 2008, 185 (2): 1533-1543.

[71] 申永鹏, 孙建彬, 王延峰, 等. 电动汽车混合储能装置小波功率分流方法 [J]. 中国电机工程学

报，2021，41（13）：4636-4646.

[72] Ali A M, Ghanbar A, Soffker D. Optimal Control of Multi-Source Electric Vehicles in Real Time Using Advisory Dynamic Programming [J]. Transactions on Vehicular Technology，2019，68（11）：10394-10405.

[73] Zheng C, Li W, Liang Q. An Energy Management Strategy of Hybrid Energy Storage Systems for Electric Vehicle Applications [J]. Transactions on Sustainable Energy，2018，9（4）：1880-1888.

[74] Hredzak B, Agelidis V G. Model predictive control of a hybrid battery-ultracapacitor power source [C]. Proceedings of The 7th International Power Electronics and Motion Control Conference. Harbin, China，2012.

[75] Shen J, Khaligh A. Design and Real-Time Controller Implementation for a Battery-Ultracapacitor Hybrid Energy Storage System [J]. Transactions on Industrial Informatics，2016，12（5）：1910-1918.

[76] Moreno J, Ortuzar M E, Dixon J W. Energy-management system for a hybrid electric vehicle, using ultracapacitors and neural networks [J]. Transactions on Industrial Electronics，2006，53（2）：614-623.

[77] 张骞，武小兰，白志峰，等. 电动汽车混合储能系统自适应能量管理策略研究 [J]. 储能科学与技术，2020，9（3）：878-884.

[78] 王红艳，张文倩. 改进型逻辑门限混合储能系统控制策略研究 [J]. 智慧电力，2020，48（5）：41-46.

[79] 李峰，杨中平，王玙，等. 基于庞特里亚金极小值原理的混合储能有轨电车能量管理策略 [J]. 电工技术学报，2019，34（S2）：752-759.

[80] 林泓涛，姜久春，贾志东，等. 权重系数自适应调整的混合储能系统多目标模型预测控制 [J]. 中国电机工程学报，2018，38（18）：5538-5547.

第 9 章 电动汽车V2G技术

本章重点探讨了电动汽车与电网互动（Vehicle-to-Grid，V2G）技术。电动汽车 V2G 技术就是将电动汽车同时看作是连接在电网上的备用储能元件和分布式电源，通过一系列控制与调度的手段使其参与电网调节。比如，通过调控一个地区内接入电网的电动汽车的充放电行为，使电动汽车在电网负荷高峰时向电网放电，在电网负荷低谷时充电，可以缓解高峰时段电网供电压力，消纳低谷时段电力系统中的富余电能，起到削峰填谷的作用。通过采用电动汽车与电网互动技术，电动汽车不仅不会威胁到电网的稳定运行，还能够作为一个有用的工具来辅助电网提高其工作效率、降低其运行成本，化解新能源发电、电动汽车与现有电网之间供用电模式不同产生的矛盾，提高电力系统运行经济性和可靠性。

配套课件

第9章 电动汽车V2G技术

9.1 电动汽车接入给电网带来的影响

大量电动汽车的推广应用给已有超过 100 年历史的由大型火力发电机主导的传统电力系统带来了新的问题和挑战[1]。电动汽车作为用电负荷，在时间上和空间上的分布都具有很大的随机性和不确定性，如果随机的、大量的、毫无管理地接入电网中，必然会对电网产生极其严重的影响[2,3]。比如电网处于峰值负荷期时，大量电动汽车突然接入充电将给电网带来巨大的负荷冲击，严重拉低电网频率甚至造成电网瘫痪，威胁到居民用电的可靠性，对维持电力系统的安全和稳定起到极为不利的作用。另一方面，随着可再生能源（如太阳能，风能等）发电技术的不断发展，越来越多的可再生能源正被大量接入电力系统中[4]。新能源与传统火力发电相比，其发电出力受光照强度、风力等自然因素影响，具有很强的不确定性和不连续性，迫切需要其他能源（如电池能量存储系统）进行补偿，以平滑可再生能源的自然可变性，保证电网频率的稳定并抑制由反向功率流引起的电压上升[5]。可见，新能源发电出力的波动性和电动汽车充电负荷的高度随机性，与电力系统固有的供用电模式之间存在结构性矛盾，如果简单地将大量新能源发电、电动汽车接入到现有的电网，那么结果很有可能导致现有电网的瘫痪[6,7]。

9.1.1 负面影响

随着电动汽车的发展和普及，未来将有大规模的电动汽车接入电网进行充电，对电网的运行和规划产生巨大的影响。这些影响主要表现在以下几个方面[8]：

（1）负荷的增长

大量电动汽车充电将导致电网负荷显著增长。如果这些充电行为发生在电网峰值负荷期间,那么将进一步拉大电网负荷的峰谷差,加大电力系统负担,降低电网运行效率。

(2) 电网运行调度控制难度增加

由于电动汽车用户的用车习惯和用电习惯各不相同,电动汽车充电负荷在时间上和空间上的分布都具有很大的随机性和不确定性,给电网的调度运营带来了更大的难度。

(3) 配电网需要升级

大量电动汽车充电将改变现有配电网的负荷结构和特性,现有的配电网可能无法适应大规模电动汽车接入的情况,需要进行升级改造。

针对现有电网能否接纳电动汽车充电引起的负荷增长,学界做了许多相关的研究。研究指出[9],在英国,10%渗透率(注:这里渗透率指电动汽车充电负荷与线路最大负荷之间的比值)的电动汽车将导致日峰值功率需求上升17.9%,如果渗透率上升到20%,日峰值功率需求将上升35.8%。文献[10]提到一项在比利时的电动汽车在当地晚高峰负荷期充电的测试,测试结果表明30%渗透率的电动汽车将导致当地电网电压跌落10%。文献[11]提到了一项对美国13个地区电网接纳随机充电的电动汽车能力的测试,结果表明,要想接纳高渗透率而不经管理的电动汽车在晚高峰期间充电,电力公司需要再额外建设160座新的发电站才能满足电动汽车的充电要求。文献[12]研究了整个美国电网对电动汽车充电的承受能力。研究结果表明,现有的美国电网最多可以承受73%渗透率电动汽车的充电负荷。

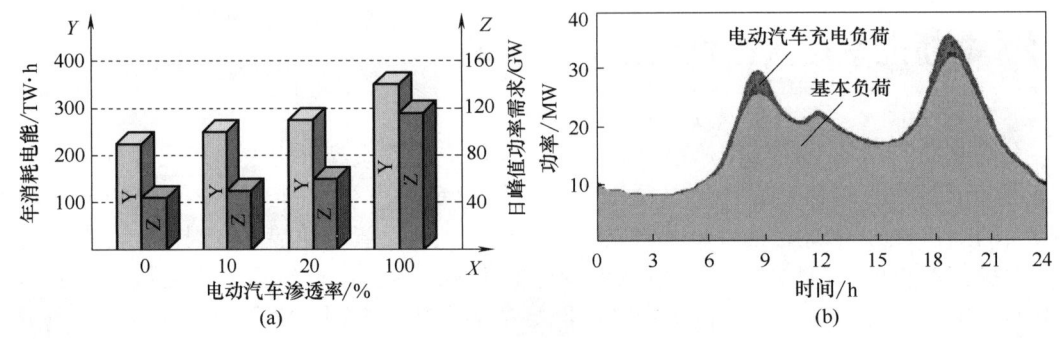

图 9-1 大规模电动汽车充电对电网的影响

(a) 不同电动汽车渗透率下加州电网电能需求与日峰值功率增长情况[13]
(b) 丹麦 Danish 海岛引入 2200 辆电动汽车对当地日电力负荷的影响[14]

图 9-1 展现了大规模电动汽车充电对美国加州和丹麦 danish 海岛两地不同规模电网的影响。从图 9-1 (a) 中可以看出,当电动汽车渗透率由 0 提高到 100% 时,加州电网年消耗电量与日峰值功率随着电动汽车渗透率的提高显著地向上攀升;从图 9-1 (b) 可以看出,当 2200 辆电动汽车在丹麦 danish 海岛上不受调度地自由充电时,可见多数用户给电动汽车充电的时间与电网峰值负荷期高度重合,导致该海岛电网的峰值负荷在原负荷的基础上继续上升,进一步拉大了峰谷差。

9.1.2 积极影响

虽然大规模电动汽车接入电网可能给电力系统带来巨大的负面影响,但是如果采用合适的方法来统筹调度和控制的话,这些电动汽车也可以成为使电网和电动汽车用户同时受益的有益负荷。

（1）有序充电调控

电动汽车充电负荷是一种典型的柔性负荷，具有可平移、可转移、可削减的灵活特性。首先，可以对电动汽车充电功率大小进行合理调控，降低电动汽车集中充电的峰荷值，降低规模化电动汽车充电给电网带来的冲击；其次，可以通过引导的方式使电动汽车错峰到电网负荷谷时充电，可提高电网的整体运行效率。通过采用智能控制方法和通信技术，直接对每台电动汽车的充电行为进行管理，使电动汽车在合适的时间段智能充电，可以最小化电动汽车充电对电网带来的负面影响。文献［15］指出，在美国，如果将10%渗透率的电动汽车的充电负荷从白天移到夜间，将会防止50%的峰值负荷的增长。

（2）电动汽车参与电网调节

电动汽车可以与新能源发电、储能装置结合，通过充放电控制为电网提供更大的灵活性。当电动汽车由具备双向充放电能力的电力电子硬件连接到电网且电动汽车的容量足够大时，它可以作为电网的备用储能吸收由可再生能源发电系统发出的多余电能，补偿由于天气等原因造成的可再生能源发电系统供电的不足，从而平抑高可再生能源发电渗透率下给电网带来的电能波动。

9.2 电动汽车V2G的概念与功能

9.2.1 电动汽车V2G的概念

现实生活中，大多数私家车在一天24h中仅仅有2~3h的时间是行驶在路上的，其余的时间都是停在家中车库或者停车场内。如果这些私家车是电动汽车，而且当这些汽车的数量足够大时，其电池总容量就相当巨大了。那么在这段时间里，这些闲置的汽车就可以利用其动力电池实现V2G功能。电动汽车V2G的概念，如图9-2所示，其具备向电网提供诸如无功功率支持、有功功率调节、平衡负荷（填谷、移峰）的能力，也可以实现频率调节和旋转备用的功能，以及能够改善电网的效率、稳定性和可靠性。

通过实现电动汽车与电网双向互动，电动汽车可以提高电网负荷功率因数，降低电网运行的成本；此外，电动汽车用户也可以通过在电价低时（一般也是电网负荷低时）购电，在电价高时（一般也是电网负荷重时）向电网售电的方式来获取直接的经济收益。

9.2.2 电动汽车V2G的原理

电动汽车与电网之间通过双向变流器来实现功率双向流动。如图9-3所示电动汽车与电网之间双向变流环节的等效电路，X_s为变流器输出端与电网之间的滤波电感；$\dot{V}_g$为电网电压的基波向量；$\dot{V}_{abc}$为变流器输出端电压的基波向量；$\dot{V}_s$为线路电感X_s两端电压的基波向量；$\dot{I}_s$为电感X_s电流的基波向量；$\dot{V}_s$的相位滞后$\dot{I}_s$的相位90°。

显然，在稳态条件下，有：

$$\dot{V}_g = \dot{V}_s + \dot{V}_{abc} = X_s \dot{I}_s + \dot{V}_{abc} \tag{9-1}$$

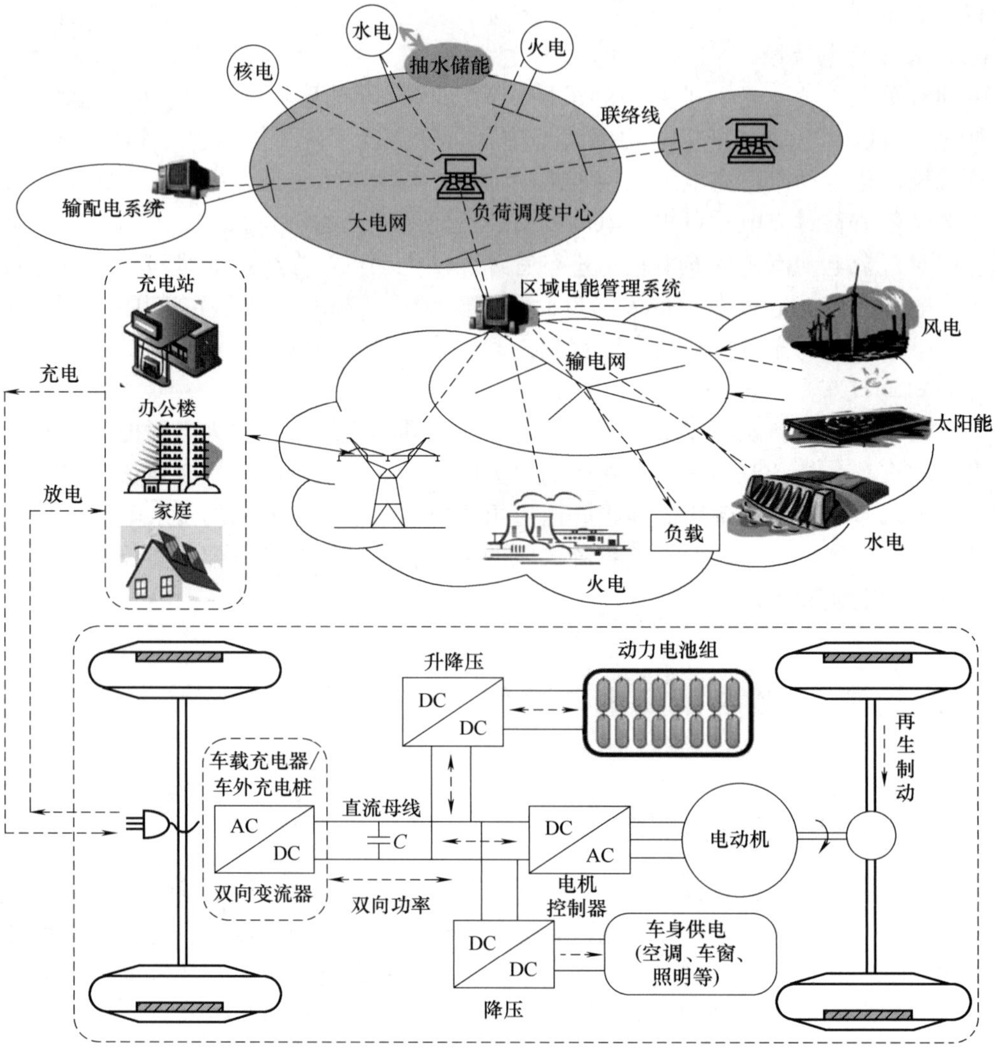

图 9-2 V2G 的概念

设电网电压 $\dot{V}_g$ 保持不变,电感电流 $\dot{I}_s$ 幅值保持不变,则 $\dot{V}_s$ 的幅值也保持不变,变流器交流侧电压 $\dot{V}_{abc}$ 在一个圆上运动,如图 9-4 所示。

如图 9-4 所示,当 $\dot{V}_{abc}$ 在圆上沿点 A-B-C-D-A 运动时,电感电流 $\dot{I}_s$ 与电网电压 $\dot{V}_g$ 的

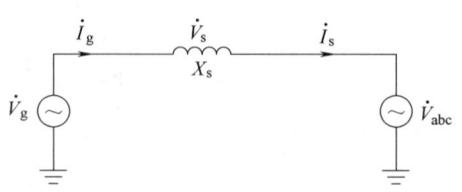

图 9-3 双向变流环节等效电路

夹角,也就是功率因数角分别为 90°、0°、-90°、-180°、90°,表明变流器分别工作在 1、4、3、2、1 象限。因此,通过改变双向变流器交流侧电压 $\dot{V}_{abc}$ 的幅值和相位,就可以控制电感电流 $\dot{I}_s$ 的幅值和相位,也就是控制了变流器向电网注入电流 $\dot{I}_g$ 的幅值和相位,从而实现了功率的双向传递。

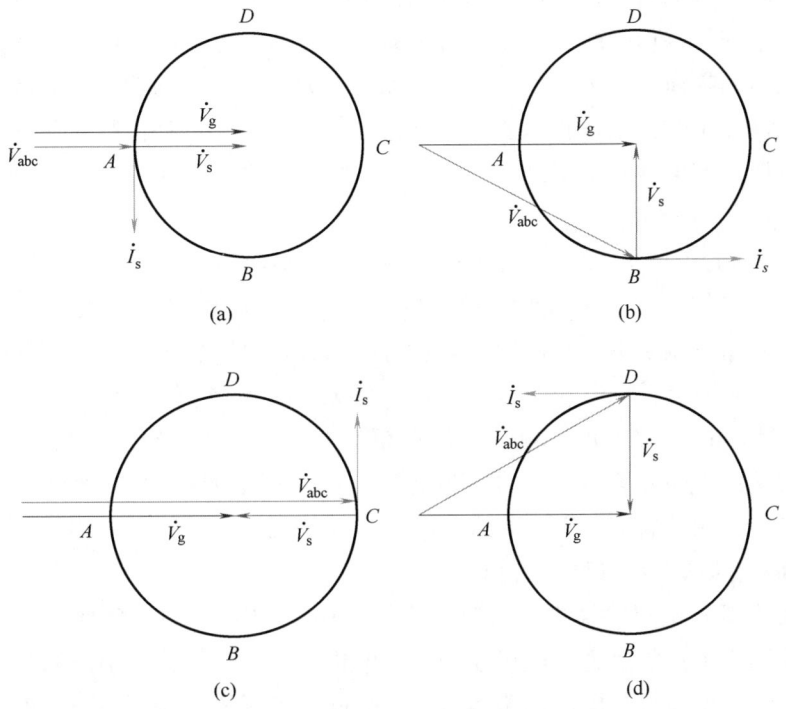

图 9-4 双向变流原理示意图

（a）吸收感性（滞后）无功功率　（b）吸收有功功率　（c）发出感性（滞后）无功功率　（d）发出有功功率

9.2.3 电动汽车 V2G 的功能

9.2.3.1 利用电动汽车削峰填谷

与抽水储能电站类似，电动汽车可以在电网高峰负荷期间放电向电网输送有功功率，在电网低谷负荷期间充电从电网吸收有功功率，从而调节电力系统有功负荷的峰谷差。文献 [16] 以加州电网为例，分析了 400 万辆电动汽车在不同电网负荷水平时期充电对加州电网的影响。结果表明，如果这些电动汽车在负荷高峰期充电，那么该州的电力供应将出现极大的问题。但是如果将它们的充电时间移到午夜以后，那么现有的加州电网不需要接入新的发电厂就可以满足这些电动汽车的充电需求。文献 [17] 提出了一种智能电价策略，通过提高电网高峰负荷期的电价，降低电网低谷负荷期的电价，促使用户选择在电网谷荷期充电，实现电网移峰。文献 [18] 提出了电动汽车智能充电接口的设计方案，通过检测电网的实时频率和电压，智能避开用电高峰，选择电网低谷负荷时间段充电，从而达到给电网削峰填谷的目的。

9.2.3.2 电动汽车参与电网调频和调压

调频是指根据负荷需求来调节电网频率，从而满足电力系统中有功功率的供需平衡。现在对电网的调频主要依靠调节大型发电机组的有功出力来实现，而大型发电机组的使用和维护成本是十分昂贵的。鉴于未来电动汽车的庞大数量，以及其动力电池的高充放电速率，研究人员开始考虑利用大规模接入电网的电动汽车来参与电网调频。文献 [19, 20] 建立了电动汽车参与负荷频率调整的仿真模型，研究了其作用机理和控制效果，论证了电动汽车参与电网调频的可行性,即电网频率偏高时,控制大量电动汽车充电,促使电网的频率下降;而电网频率偏低时,控制大量电动汽车放电,促使电网频率回升。调压是指根据电网节点电压的幅值调节无功功率,从而保证电力系统中无功功率的供需平衡。调压可以通过控制电动汽车的充电过程来实现,根据电流相角来决定补偿容性还是感性的无功功率。当电网电压过低时,电动汽车停止充电。当电网电压回到正常范围时,充电进程恢复。

文献[21]仿真计算了250辆电动汽车参与美国新英格兰地区电网调节给电动汽车用户带来的可能的收益。计算结果显示,当电动汽车只提供向下调频服务时(电动汽车只充电不放电),每台电动汽车每年可以为其用户带来700~900美元的收益;而当电动汽车同时提供向上和向下调频服务时(电动汽车既充电也放电),每台电动汽车每年可以为其用户带来1250~1400美元的收益。电动汽车参与电网调节同样也给电力企业带来经济收益,一项电动汽车参与美国得克萨斯州电网调节的仿真表明,15%渗透率的电动汽车每年每车将给电力企业节省200美元的成本[22]。

9.2.3.3 利用电动汽车提供旋转备用

旋转备用(事故备用)是指能快速响应提供电能的附加发电容量。其作用在于能够即时补偿由于随机事件如风力发电机脱网、发电机事故等意外情况引起的功率短缺。备用发电机组需要保持低速且与电网同步运行来保持旋转备用的功能。

采用备用发电机组来提供旋转备用的功能成本是十分昂贵的。电力公司需要向保持旋转备用的发电机组根据其提供服务的时间付费,即使它并没有提供电能。因此,采用电动汽车代替发电机组来为电网提供旋转备用的功能是一种更为廉价和灵活的方案。因为对于电动汽车来说,它们一般都有很长的闲置时间连接在电网上,并且他们都有很大的电能储备。在电网发生事故后,电动汽车可以通过放电给电网补偿能量。而后当电网恢复稳定之后,又可以通过充电,使电动汽车恢复行驶能力。

9.2.3.4 电动汽车与可再生能源协同

大规模接入电网的电动汽车可以对可再生能源发电系统提供支持和平衡。太阳能和风能都是间歇性、波动性很大的能源。当可再生能源超过电力系统容量的30%时,就需要附加电源来应对电源的波动性能量。如果新能源向电网注入的电能过多,传统的火力发电厂必须降低他们的功率输出来保证电网的功率平衡,反之亦然。电动汽车可以缓冲、存储风电和太阳能电站产生的电能。电动汽车可以通过充电来吸收新能源多发的电能,通过放电向电网补偿新能源欠发的电能,这样火电厂就不需要调整功率输出,提高了可再生能源的能量利用率。以风电为例,对于一个含大量风电的电网来说,电动汽车可以在风力强劲时存储多余的电力,在无风时将电池中的电能回馈给电网,这样即使系统中风电的渗透率很高,电网也不会因此崩溃。文献[23]评估了电动汽车对丹麦电网提供功率支撑的可行性,分析结果表明,只需10%的电动汽车就可以为风电渗透率达50%的丹麦电网提供足够的支撑作用。文献[24,25]提出了多种电动汽车与电网中的风电、太阳能光伏发电、火电系统协同运行的优化调度策略,定量分析了通过电动汽车与新能源发电协同运行在电力和交通领域的碳减排效益。

9.3 规模化电动汽车有序充电

通过对电动汽车充电时段和充电功率进行有序的优化控制，实现对电网的"削峰填谷"是电动汽车 V2G 的基本应用场景。目前在小区、工商业场所等公共停车场中已安装了大量的电动汽车充电桩。这些充电桩中，有部分是快速充电桩，采用直流大功率充电，满足电动汽车的紧急充电需求；其余充电桩一般是慢速充电桩或者常规充电桩，方便停放时间较长的电动汽车进行补电。由于这些电动汽车的停放时间较长，一般超过电动汽车需要的充电时长，因此充电需求具有一定的灵活性，可以通过有序充电优化充电过程，达到利用峰谷电价差降低用户充电费用和对电网"削峰填谷"的作用。

9.3.1 系统控制架构

对规模化电动汽车进行有序充电控制是一个复杂的系统控制问题，需要对大量电动汽车的有序充电问题进行求解，其中既要考虑上层的优化目标即电网峰谷负荷差、电网安全约束等问题，同时又要考虑下层各台电动汽车本身的充电需求，同时在这个过程中需要考虑大量信息交互的通信场景。

一种典型的规模化电动汽车有序充电控制系统架构，如图 9-5 所示。该系统从物理结构上可分为四个层面：电网层、本地监控层、充放电装置层和车辆层。其工作原理如下：

（1）第一层是电网层

电网层是系统的最上层，它负责收集本地监控层上报的电动汽车状态、预测风力、分时电价等信息，然后根据这些信息制定系统的工作计划，并将工作计划发送给本地监控层。

（2）第二层是本地监控层

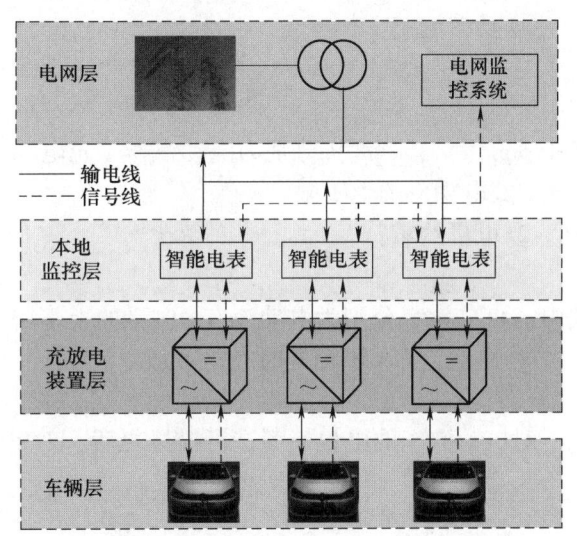

图 9-5 规模化电动汽车有序充电控制系统架构

本地监控层的功能主要有三点，第一，将充放电装置层收集的信息整合，将其上报给电网层安全监控和数据采集系统；第二，根据电网层下发的工作计划向各发电单元发出工作指令；第三，根据充放电装置层上报的在网车辆实时数据，计算每一辆参与 V2G 的电动汽车的充放电功率。

（3）第三层是充放电装置层

该层的主要功能是收集车辆层上报的信息并将其反馈给本地监控层的管理系统，同时执行本地监控层下达的充放电功率指令，对连接车辆进行充放电操作。

（4）第四层是车辆层

车辆层主要负责将自身的电池组容量、荷电状态、充放电上下限、预计在网时间等信息反馈给充放电装置层。

从控制逻辑上，系统可分为两层——上层控制层和就地控制层：

① 上层控制层：上层控制层根据就地控制层传递过来的电动汽车集群的集总参数，对各就地控制层的充电功率进行优化求解，以满足上层的优化目标。

② 就地控制层：以一个小区、工商业场所等公共停车场作为一个就地控制单元，对属地电动汽车集群的充放电进行管理。就地控制单元将电动汽车集群的集总参数传递给上层控制中心，并根据上层控制中心下达的充电功率指令对电动汽车进行充电控制。

9.3.2 电动汽车群集总参数模型

电动汽车的电量方程为：

$$e_{i,k} = (1-d_b)e_{i,k-1} + \left(\eta_C P_{i,k}^C - \frac{P_{i,k}^D}{\eta_D}\right) \cdot \Delta t \tag{9-2}$$

式中，$e_{i,k}$ 为电动汽车 i 在 k 时段的总电量；d_b 为电池的自放电率；η_C 为电池充电效率；η_D 为电池放电效率；$p_{i,k}^C$ 为电动汽车 i 在 k 时段的充电功率；$P_{i,k}^D$ 为电动汽车 i 在 k 时段的放电功率；Δt 为一个充电时段的时长。

电动汽车的电量方程满足如下约束条件：

① 功率约束：

$$p_{i,k}^{(C,\min)} \leqslant p_{i,k}^C \leqslant p_{i,k}^{(C,\max)} \tag{9-3}$$

$$p_{i,k}^{(D,\min)} \leqslant p_{i,k}^C \leqslant p_{i,k}^{(D,\max)} \tag{9-4}$$

式中，$p_{i,k}^{(C,\max)}$、$p_{i,k}^{(C,\min)}$ 分别为电动汽车 i 充电功率的上下限；$p_{i,k}^{(D,\max)}$、$p_{i,k}^{(D,\min)}$ 分别为电动汽车 i 放电功率的上下限。

② 电量约束：

$$e_{i,k}^{\min} \leqslant e_{i,k} \leqslant e_{i,k}^{\max} \tag{9-5}$$

式中，$e_{i,k}^{\min}$、$e_{i,k}^{\max}$ 分别为电动汽车 i 电量的上下限。

③ 电动汽车 i 不会同时充电和放电：

$$p_{i,k}^C \cdot p_{i,k}^D = 0 \tag{9-6}$$

对电动汽车的电量模型进行描述之后，对电动汽车群的集总模型进行描述：

$$P_{j,k}^C = \sum_{i=1}^n p_{i,k}^C, \quad P_{j,k}^D = \sum_{i=1}^n p_{i,k}^D \tag{9-7}$$

$$P_{j,k}^{(C,\min)} = \sum_{i=1}^n p_{i,k}^{(C,\min)}, \quad P_{j,k}^{(C,\max)} = \sum_{i=1}^n p_{i,k}^{(C,\max)} \tag{9-8}$$

$$P_{j,k}^{(D,\min)} = \sum_{i=1}^n p_{i,k}^{(D,\min)}, \quad P_{j,k}^{(D,\max)} = \sum_{i=1}^n p_{i,k}^{(D,\max)} \tag{9-9}$$

式中，j 为就地控制单元的编号；$P_{j,k}^C$ 为就地控制单元 j 充电功率的集总模型；$P_{j,k}^D$ 为就地控制单元 j 放电功率的集总模型；$P_{j,k}^{(C,\max)}$ 为就地控制单元 j 充电功率上界的集总模型；$P_{j,k}^{(C,\min)}$ 为就地控制单元 j 充电功率下界的集总模型；$P_{j,k}^{(D,\max)}$ 为就地控制单元 j 放电功率上界的集总模型；$P_{j,k}^{(D,\min)}$ 为就地控制单元 j 放电功率下界的集总模型。

$$E_{j,k} = \sum_{i=1}^n e_{i,k}, \quad E_{j,k}^{\min} = \sum_{i=1}^n e_{i,k}^{\min}, \quad E_{j,k}^{\max} = \sum_{i=1}^n e_{i,k}^{\max} \tag{9-10}$$

式中，$E_{j,k}$ 为就地控制单元 j 电量的集总模型；$E_{j,k}^{\max}$ 为就地控制单元 j 电量上界的集总模型；$E_{j,k}^{\min}$ 为就地控制单元 j 电量下界的集总模型。

9.3.3 上层控制层协调策略

在每一个调度时段 k，就地控制层首先根据接入本地充电桩的电动汽车 BMS 系统获取的电动汽车容量和剩余电量信息，生成每辆电动汽车的负荷模型，在此基础上进行集总并上传给上层控制层。上层控制层根据就地控制层上传的集总参数模型，决策出各就地控制单元的充电功率。上层控制层有序充电控制模型的示例如下。

目标函数：充电成本最小且电网峰谷负荷波动最小。

$$\min J = \beta_1 \sum_{k=1}^{T} \sum_{j=1}^{N} c_k P_{j,k}^C + \beta_2 \sum_{k=1}^{T} \left(P_k^{\text{Base}} + \sum_{j=1}^{N} P_{j,k}^C \right)^2 \quad (9-11)$$

式中，T 为最大优化时段数，一般取系统控制区域所有接入电动汽车最长剩余停靠时间段的个数；N 为就地控制层的个数；c_k 为充电电价成本；P_k^{Base} 为除去电动汽车充电负荷外，系统控制区域的基础负荷；β 为不同控制目标的权重参数。

上述优化目标服从以下约束条件：

约束一：功率越限约束。

$$P_{j,k}^{(C,\min)} \leq P_{j,k}^C \leq P_{j,k}^{(C,\max)}, \forall j \in [1,N], \forall k \in [1,T] \quad (9-12)$$

约束二：电量越限约束。

$$E_{j,k}^{\min} \leq E_{j,k} \leq E_{j,k}^{\max}, \forall j \in [1,N], \forall k \in [1,T] \quad (9-13)$$

求解完成该模型后，上层控制层将优化得到的就地控制层 j 在 k 时段的指导充电功率 $P_{j,k}^C$ 下发给对应的就地控制层，进行后续功率的分配。

9.3.4 就地控制层控制策略

在就地控制层，收到上层下发的指导充电功率 $P_{j,k}^C$ 后，就地控制层进一步根据所管理区域的电动汽车的实际充电需求，将上层下发的充电功率优化分配给各充电桩。这里介绍一种基于充电裕度的分配方法，考虑就地控制层各台电动汽车的预计接入时间，优先满足充电裕度低的电动汽车的充电需求。

在时段 k 内接入就地控制层 j 的电动汽车 i 的充电裕度可以定义为：

$$M_{i,j,k} = \frac{H_{i,j,k}}{(\text{SOC}_{i,j,k}^{\text{demand}} - \text{SOC}_{i,j,k}) B_{i,j,k} - \eta_c p_{i,j,k}^C \Delta t} \quad (9-14)$$

式中，$H_{i,j,k}$ 是电动汽车预期充电时间；$\text{SOC}_{i,j,k}^{\text{demand}}$ 是电动汽车预期充电剩余电量值；$\text{SOC}_{i,j,k}$ 是电动汽车当前剩余电量值；$B_{i,j,k}$ 是电动汽车电池容量；$p_{i,j,k}^C$ 是时段 k 内接入就地控制层 j 的电动汽车 i 的充电桩额定功率；η_c 为充电效率。

就地控制层计算接入的每一辆电动汽车的充电裕度，然后对所有电动汽车的充电裕度参数按从小到大的顺序进行排序，排序越靠前的电动汽车越优先充电，若充电序列中电动汽车的充电功率大于或等于上层下发的指导充电功率 $P_{j,k}^C$，则剩余的电动汽车暂停充电，向后延迟相应的充电时段。

9.4 规模化电动汽车充放电与风/火力系统协同运行

目前，越来越多的风力发电机已经或者正在规划接入到电力系统中。风电正成为中国能源结构中重要的组成部分。随着风力发电在电力系统发电端的渗透率越来越高，风电出力不稳定的特点越来越突出，给电网的稳定运行带来了很大的挑战。长久以来，与风电的迅猛发展形成鲜明对比的是，整个风电行业一直面临着"弃风限电"的现状。导致"弃风限电"的一个重要原因就是现有的电网消纳大规模风电的能力严重不足。我国风资源集中、规模大，远离负荷中心，资源地用电规模小、难以就地消纳。而且风电具有波动性和间歇性的特点，需要配套建设调峰电站。近年来，随着电动汽车市场的兴起，研究者开始将注意力聚焦到电动汽车与电网互动技术上来。电动汽车与电网互动技术可以很好地解决大规模风电消纳的问题。电动汽车本身作为储能源，可以消纳吸收风力发电转化的电能，同时当风电发电量不足时，电动汽车还可以通过向电网放电，实现调峰、调频等辅助功能。通过使电动汽车与风电进行协同，风电的弃风量大大降低，火电厂废气和汽车尾气排放减少了，同时还可以省去建设调峰电站的成本。

9.4.1 系统整体框架

为了将大量分布式的电动汽车统一起来，实现与传统火电、风电系统协同优化运行，本书采用了"电动汽车集"的概念。电动汽车集就是将某一区域内所有连接到电网的电动汽车看作是一个集合，电网调度中心将这个集合视为一个整体与该区域内的风电场、火电厂一同进行优化调度。

电动汽车与风电/火电协同运行系统的整体框架，如图9-6所示。

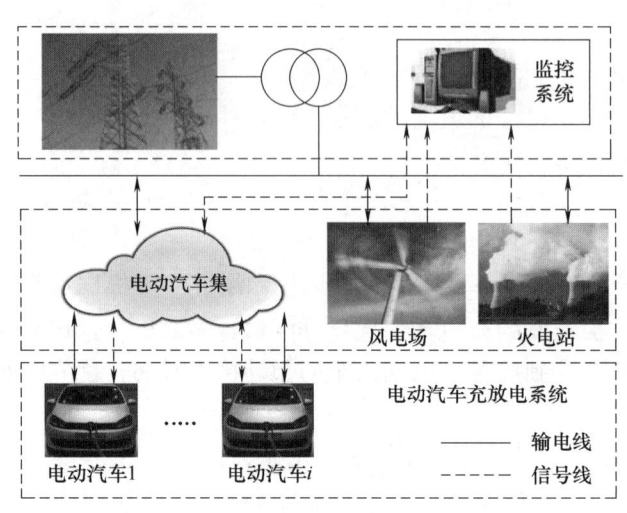

图9-6 协同运行系统整体框架

在该系统中，电网的监控系统收集下层上报的状态信息，制定系统的工作计划，然后向各发电、用电单元发送相应的功率指令；电动汽车集群、风电场、火电厂根据功率指令对其内部各独立单元分配功率任务，并将自身运行状态上报给电网监控系统；同时，分布式接入电网的电动汽车将其自身的电池组荷电状态、充放电上下限等信息报给电动汽车集群，同时根据电动汽车集群分配的功率任务对电动汽车进行充放电。

9.4.2 火电机组模型

假定一共有 N 台火电机组参与发电，其中包含了普通燃煤机组和采用"碳捕集与封存"技术的CCS机组。第 i 个普通燃煤机组的耗量特性 F_i^U 可以用光滑的二次函数近似表现为：

$$F_i^U = a_i(P_{i,k}^U)^2 + b_i P_{i,k}^U + c_i \tag{9-15}$$

式中，$P_{i,k}^U$ 为普通燃煤机组 i 在 k 时段的有功出力；a_i、b_i、c_i 为机组耗量特性曲线的系数。

普通燃煤机组的排放函数为：

$$C_i^U = \alpha_i(P_{i,k}^U) + \beta_i \quad (9-16)$$

式中，α_i、β_i 为排放函数的系数。

CCS 机组捕集 CO_2 要消耗大量的能量，从而使能耗增加，发电成本上升。设 CO_2 捕集率为 ω，第 i 个 CCS 机组的耗量特性 F_i^C 和排放函数 C_i^C 可以表示为：

$$F_i^C = a_i(P_{i,k}^{CCS})^2 + b_i P_{i,k}^{CCS} + c_i \quad (9-17)$$

$$C_i^C = (1-\omega)[\alpha_i(P_{i,k}^{CCS}) + \beta_i] \quad (9-18)$$

式中，$P_{i,k}^{CCS}$ 为 CCS 机组 i 在 k 时段的有功出力。

CCS 机组捕集的 CO_2 排放量为：

$$C_i^{ca} = \omega \cdot [\alpha_i(P_{i,k}^{CCS}) + \beta_i] \quad (9-19)$$

火电机组的耗量特性以及排放方程满足如下约束条件：

① 功率约束。

$$P_{i,k}^{U,\min} \leq P_{i,k}^U \leq P_{i,k}^{U,\max} \quad (9-20)$$

$$P_{i,k}^{CCS,\min} \leq P_{i,k}^{CCS} \leq P_{i,k}^{CCS,\max} \quad (9-21)$$

式中，$P_{i,k}^{U,\min}$、$P_{i,k}^{U,\max}$ 分别为普通燃煤机组 i 在 k 时段有功出力的上下限；$P_{i,k}^{ccs,\min}$、$P_{i,k}^{ccs,\max}$ 分别为 CCS 机组 i 在 k 时段有功出力的上下限。

② 机组爬坡约束。

为了保证火电机组的安全运行，考虑机组在前后时段的爬坡限制：

$$\begin{cases} P_{i,k}^{U/CCS} - P_{i,k-1}^{U/CCS} \leq U_G \\ P_{i,k-1}^{U/CCS} - P_{i,k}^{U/CCS} \leq D_G \end{cases} \quad (9-22)$$

式中，U_G、D_G 为火电机组在相邻时段出力容许的最大上升值和下降值。

9.4.3 风电机组模型

由于风电在发电过程中不产生污染物，因此应优先考虑并网。风电的并网上限为火电机组的极限负调峰能力：

$$\Delta P_{\max}^k = P_L^k + \sum_{i=1}^{N_V}(P_{i,k}^C - P_{i,k}^D) - \left(\sum_{i=1}^{N_G} P_{i,k}^{U,\min} + \sum_{i=1}^{N_{CC}} P_{i,k}^{CCS,\min}\right) \quad (9-23)$$

式中，$\Delta P_{\max}^k$ 为 k 时段火电机组的极限负调峰；P_L^k 为系统负荷；N_V 为系统内电动汽车集群的数量；N_G 为系统内普通燃煤火电机组数量；N_{CC} 为系统内 CCS 火电机组数量。

由公式（9-23），可获得在 k 时段风电场 i 发电功率为：

$$P_{w,i}^k = \min\left\{P_{wa,i}^k, \frac{P_{wr,i}}{\sum_{i=1}^{N_W} P_{wr,i}} \Delta P_{\max}^k\right\} \quad (9-24)$$

式中，N_W 为系统内风电场数量；$P_{wa,i}^k$ 和 $P_{wr,i}$ 分别为风电场 i 在 k 时刻的可发电功率和额定功率。

风电场的功率方程满足以下约束条件：

$$0 \leq P_{w,i}^k \leq P_{wr,i} \quad (9-25)$$

9.4.4 优化问题描述

根据上文建立的电动汽车模型、火电模型、风电模型，可以将电动汽车-风-火电协同运行系统其多目标优化调度问题描述如下：

目标函数 1：系统运行成本最小。

$$\min J = \sum_{k=1}^{T} \left\{ \sum_{i=1}^{N_G} \left[F_i^U(P_{i,k}^U) + \pi_i^e C_i^U \right] + \sum_{i=1}^{N_{CC}} \left[F_i^U(P_{i,k}^{CCS}) + \pi_i^e C_i^C + \pi_i^s C_i^{ca} \right] \right. \\ \left. + \sum_{i=1}^{N_W} W_i^k(P_{w,i}^k) + \sum_{i=1}^{N_V} \left[\tau \cdot (P_{i,k}^C + P_{i,k}^D) \right] \right\} \quad (9\text{-}26)$$

式中，T 为调度时段，可取为 1~24h；π_i^e 为单位排放环境成本；π_i^s 为单位捕集 CO_2 成本；τ 是电池老化系数，表征充放电对电动汽车电池寿命造成的损失；$W_i^k(P_{w,i}^k)$ 为风电场的成本函数：

$$W_i^k(P_{w,i}^k) = \varepsilon_i \cdot P_{w,i}^k \quad (9\text{-}27)$$

式中，ε_i 为风电场 i 的运行成本系数。

目标函数 2：CO_2 排放最小。

$$\min E = \sum_{k=1}^{T} \sum_{i=1}^{N_G} C_{i,k}^U \sum_{k=1}^{T} \sum_{i=1}^{N_{CC}} C_{i,k}^C \quad (9\text{-}28)$$

目标函数 3：最小弃风量。

$$\min A = \sum_{k=1}^{T} \sum_{i=1}^{N_W} \left[P_{wa,i}^k - P_{w,i}^k \right] \quad (9\text{-}29)$$

约束条件：

① 不计网损情况下，系统功率平衡约束为：

$$\sum_{i=1}^{N_G} P_{i,k}^U + \sum_{i=1}^{N_{CC}} P_{i,k}^{ccs} + \sum_{i=1}^{N_W} P_{w,i}^k + \sum_{i=1}^{N_V} P_{i,k}^D = P_{load}^k + \sum_{i=1}^{N_V} P_{i,k}^C \quad (9\text{-}30)$$

② 系统备用约束为：

$$\sum_{i=1}^{N_G} (P_{i,k}^{U,\max} - P_{i,k}^U) + \sum_{i=1}^{N_{CC}} (P_{i,k}^{CCS,\max} - P_{i,k}^{CCS}) \geq P_L^k \times L + \sum_{i=1}^{N_w} P_{w,i}^k \times w \quad (9\text{-}31)$$

式中，L 为系统负荷的备用系数，表示负荷预测的不确定性；w 为风电旋转备用的系数，表示风电预测的不确定性。

9.4.5 算例分析

考虑一个风电渗透率比较高的系统，系统网络中包含两个普通燃煤火电站，一个 CCS 火电站，三个风电场以及三个电动汽车集群。其中普通燃煤电站规模为 150MW；CCS 电站规模为 150MW；每个风电场规模均为 50×2MW；电动汽车集群 A、B、C 均包含 2000 辆电动汽车，每辆电动汽车的电池组额定容量为 200kW·h，最大充电功率为 10kW，最大放电功率为 10kW。

采用的火电机组仿真参数如表 9-1 所示。本文采用的风能和负荷预测模型如图 9-7 (a) 所示，系统中不包含电动汽车时电网的负荷模型如图 9-7 (b) 所示；风电场运行成本系数 ε_i 为 50$/MW；风电旋转备用系数 w 为 20%；系统负荷的备用系数 L 为 10%。

采用优化算法使电动汽车与风电/火电系统协同运行后，上述算例中系统的原负荷曲线与加入电动汽车后的负荷曲线对比如图 9-8 (a) 所示，风能预测模型与优化算法求出的风电场总出力对比如图 9-8 (b) 所示。

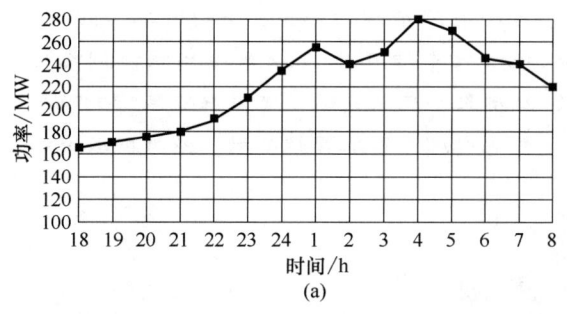 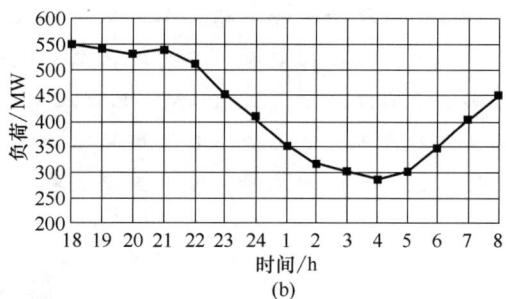

图 9-7 仿真采用的风能和负荷预测模型
(a) 风能预测模型 (b) 无电动汽车时系统负荷模型

表 9-1　　　　　　　　　　　火电机组仿真参数

参数	普通机组	CCS机组	参数	普通机组	CCS机组	参数	普通机组	CCS机组
有功出力上限 P_{max}/MW	150	150	耗量特性系数 a_i /[\$/(MW^2·h)]	0.013	0.017	排放系数 β_i/(t/h)	5	5
有功出力下限 P_{min}/MW	20	20	耗量特性系数 b_i /[\$/(MW·h)]	23.07	32.31	环境成本 π_{ie}/(\$/t)	10	10
爬坡最大上升 U_G/(MW/min)	-1.5	-1.5	耗量特性系数 c_i/(\$/h)	1675	2178	碳捕集成本 π_{is}/(\$/t)	—	5
爬坡最大下降 D_G/(MW/min)	1.5	1.5	排放系数 α_i /[t/(MW·h)]	0.63	0.63	碳捕集率 w/%	—	85

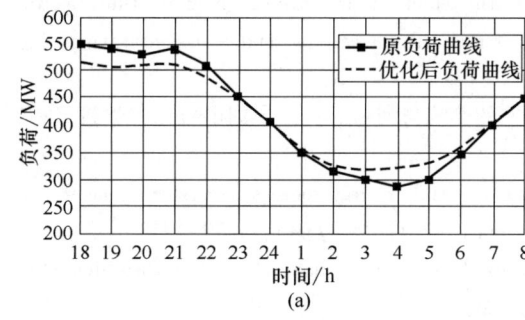 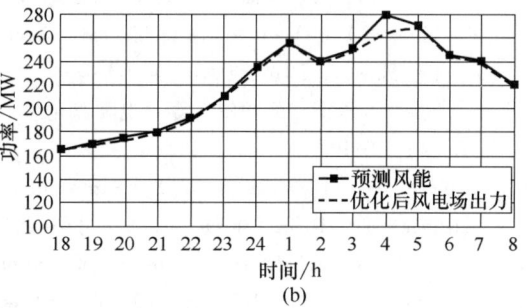

图 9-8 优化前后负荷与风电出力对比
(a) 负荷曲线对比图；(b) 风电出力对比图

从图 9-8（a）和图 9-8（b）可以看出，通过采用本文优化算法使大规模电动汽车与风电/火电系统协同运行，在负荷高峰时期使电动汽车放电，在负荷低谷时期使电动汽车充电，有效起到了对系统负荷"削峰填谷"的作用，同时风电机组的出力基本跟随预测的风能曲线，弃风量小。

本 章 小 结

大规模电动汽车的应用将给现有的电力系统带来新的问题和挑战。围绕电动汽车接入现有电力系统带来的问题。本章从电动汽车接入给电网带来的影响、电动汽车 V2G 的概念和原理、规模化电动汽车有序充电和规模化电动汽车与风力/火力发电系统协同优化运行四个方面介绍了 V2G 技术。电动汽车 V2G 技术是一门新兴的、充满挑战又富有吸引力的学问和技术。它的提出和发展是电动汽车、智能电网和新能源技术进一步发展所迫切需要的。值得我们未来对其进一步研究和探索。

参 考 文 献

［1］ Verzijlbergh R A, Grond M O W, Lukszo Z, et al. Network Impacts and Cost Savings of Controlled EV Charging ［J］. IEEE Transactions on Smart Grid, 2012, 3（3）: 1203-1212.

［2］ Zhou B, Littler T, Meegahapola L, et al. Power system steady-state analysis with large-scale electric vehicle integration ［J］. Energy, 2016, 115: 289-302.

［3］ 刘晓飞, 张千帆, 崔淑梅. 电动汽车 V2G 技术综述 ［J］. 电工技术学报, 2012, 27（02）: 121-127.

［4］ Abbasi S A, Tabassum-Abbasi, Abbasi T, et al. Impact of wind-energy generation on climate: A rising spectre ［J］. Renewable & Sustainable Energy Reviews, 2016, 59: 1591-1598.

［5］ Turton H, Moura F. Vehicle-to-grid systems for sustainable development: An integrated energy analysis ［J］. Technological Forecasting & Social Change, 2008, 75（8）: 1091-1108.

［6］ Yilmaz M, Krein P T. Review of the impact of vehicle-to-grid technologies on distribution systems and utility interfaces ［J］. Power Electronics, IEEE Transactions on, 2013, 28（12）: 5673-5689.

［7］ Noori M, Zhao Y, Onat N C, et al. Light-duty electric vehicles to improve the integrity of the electricity grid through Vehicle-to-Grid technology: Analysis of regional net revenue and emissions savings ［J］. Applied Energy, 2016, 168: 146-158.

［8］ 胡泽春, 宋永华, 徐智威, 等. 电动汽车接入电网的影响与利用 ［J］. 中国电机工程学报, 2012, 32（4）: 1-10.

［9］ Saber A, Venayagamoorthy G. Plug-in Vehicles and renewable energy sources for cost and emission Reductions ［J］. IEEE Transactions on Industrial Electronics, 2011, 58（04）: 1229-1238.

［10］ K. N C, E. H, J. D. The Impact of Charging Plug-In Hybrid Electric Vehicles on a Residential Distribution Grid ［J］. Transactions on Power Systems, 2010, 25（1）: 371-380.

［11］ L. M. Brass. ORNL Study Shows Hybrid Effect on Power Distribution ［J］. News Release, Oak Ridge National Lab, Oak Ridge, TN, 2008.

［12］ Meyers M. K, Schneider K, Pratt R. Impacts assessment of plug-in hybrid vehicles on electric utilities and regional US power grids part1: technical analysis ［R］. State of Washington: Pacific Northwest National Laboratory, 2007.

［13］ Gunter S J, Afridi K K, Perreault D J. Optimal design of grid-interfaced EV chargers with integrated generation ［C］. Pes Innovative Smart Grid Technologies. IEEE Computer Society, 2012: 1-8.

［14］ Sundstrom O, Binding C. Flexible Charging Optimization for Electric Vehicles Considering Distribution Grid Constraints ［J］. Transactions on Smart Grid, 2012, 3（1）: 26-37.

［15］ Qian K, Zhou C, Allan M, et al. Modeling of Load Demand Due to EV Battery Charging in Distribution Systems ［J］. Transactions on Power Systems: A Publication of the Power Engineering Society, 2010, 26（2）: 802-810.

[16] Sanna L, Driving the solution: The plug-in hybrid vehicle [J]. EPRI Journal, 2005: 8-17.

[17] Takagi M, Iwafune Y, Yamaji K, et al. Electricity pricing for PHEV bottom charge in daily load curve based on variation method [J]. Innovative Smart Grid Technologies IEEE Pes, 2012: 1-6.

[18] Koyanagi F, Uriu Y. A strategy of load leveling by charging and discharging time control of electric vehicles [J]. 1998, 13 (3): 1179-1184.

[19] Zhong J, He L, Li C, et al. Coordinated Control for Large-scale EV Charging Facilities and Energy Storage Devices Participating in Frequency Regulation [J]. Applied Energy, 2014, 123 (12): 253-262.

[20] Donadee J, Ilic M D. Stochastic Optimization of Grid to Vehicle Frequency Regulation Capacity Bids [J]. Transactions on Smart Grid, 2014, 5 (2): 1061-1069.

[21] Rios A D L, Goentzel J, Nordstrom K E, et al. Economic analysis of vehicle-to-grid (V2G)-enabled fleets participating in the regulation service market [C]. Pes Innovative Smart Grid Technologies. IEEE Computer Society, 2012: 1-8.

[22] Sioshansi R, Denholm P. The Value of Plug-in Hybrid Electric Vehicles as Grid Resources [J]. The Energy Journal, 2010, 31 (3): 1-24.

[23] Pillai J R, Bak-Jensen B, Thogersen P. Electric vehicles to support large wind power penetration in future danish power systems [C]. IEEE Vehicle Power and Propulsion Conference, 2012: 1475-1479.

[24] Khodayar M E, Wu L, Shahidehpour M. Hourly Coordination of Electric Vehicle Operation and Volatile Wind Power Generation in SCUC [J]. IEEE Transactions on Smart Grid, 2012, 3 (3): 1271-1279

[25] Wang J, Liu C, Ton D, et al. Impact of plug-in hybrid electric vehicles on power systems with demand response and wind power [J]. Energy Policy, 2011, 39 (7): 4016-4021.

第 10 章　电驱动系统功率变换原理

逆变主电路是实现电驱动系统功率变换的核心。以电驱动系统构成为切入，本章主要讨论逆变主电路结构及基本原理、功率开关器件基本特性、PWM 基本工作原理、正弦波脉冲宽度调制、电流滞环跟踪脉冲宽度调制和电压空间矢量脉冲宽度调制。

配套课件

第10章　电驱动系统功率变换原理

10.1　电驱动系统概述

如图 10-1 所示，电动汽车电驱动系统主要由电机控制器和驱动电机构成。动力电池系统输出的直流电能经由预充电控制电路，接入电机控制器；电机控制器的核心是逆变主电路，其主要功能是将直流电能转变成频率和幅值均可连续调整的三相交流电能，进而控制驱动电机的运行。

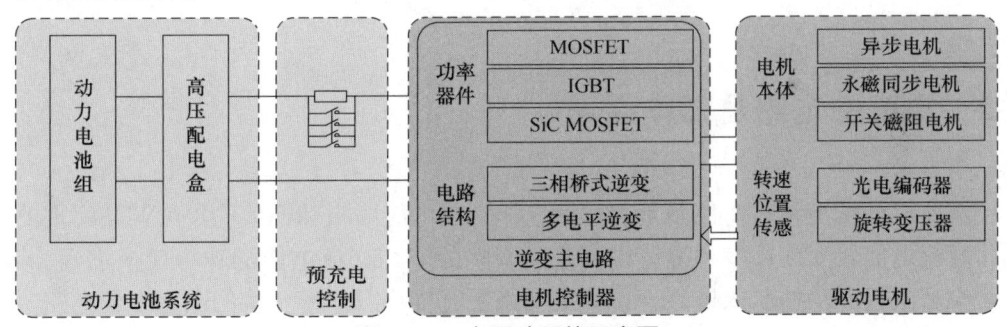

图 10-1　电驱动系统示意图

预充电控制电路用于限制电机控制器与动力电池系统连接瞬间由电容充电导致的电流浪涌。电机控制器与动力电池连接时，预充电继电器的触点断开，预充电阻起限流作用；当电容电压达到一定值时，继电器的触点闭合，预充电阻被旁路。

电机控制器是电驱动系统的核心，通常采用由金属-氧化物半导体场效应晶体管（Metal-Oxide-Semiconductor Field-Effect Transistor，MOSFET）、绝缘栅双极型晶体管（Insulated Gate Bipolar Transistor，IGBT）、SiC（碳化硅）MOSFET 功率器件构成的三相两电平桥式逆变或多电平逆变主电路。其中，电动汽车电驱动系统主要采用三相两电平桥式逆变电路；多电平逆变主电路通常用于高压大功率电驱动系统。

驱动电机根据电机控制器输出的三相交流，输出相应的转矩、转速，同时将光电编码器或旋转变压器输出的转速与位置信号反馈至电机控制器。用于电动汽车驱动的电机主要包括异步电机、永磁同步电机、开关磁阻电机等。其中异步电机主要应用于客车、重卡等中大功率电驱动系统；永磁同步电机主要应用于乘用车、轻型货车等中小功率电驱动系统；开关磁阻电机具有启动转矩大、结构简单、成本低等优点，但由于转矩脉动较大，易造成较大振动和噪声，限制了其在电动汽车领域的规模应用。

根据电机控制器与驱动电机的连接方式，电驱动系统总成可分为分体式、一体式、集成式三种结构，如图 10-2 所示。

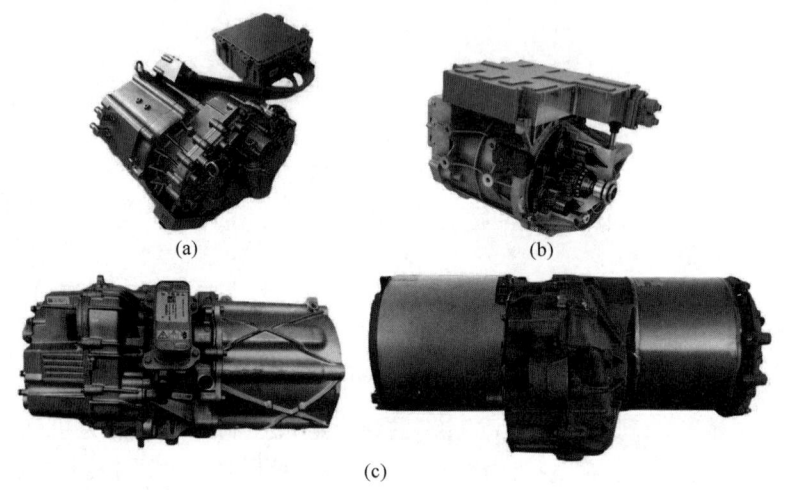

图 10-2　电驱动系统总成
（a）分体式电驱动总成　（b）一体式电驱动总成　（c）集成式电驱动总成

10.2　逆变主电路及工作原理

交流电机的转矩、转速控制是通过对三相交流电能频率和幅值的连续调整实现的。逆变是将直流电能转变成频率和幅值均可连续调整的三相交流电能的功率变换过程。因此，逆变是交流电机驱动控制的核心，逆变主电路是直接承载功率变换的电力电子电路。

10.2.1　单相桥式逆变电路及工作原理

如图 10-3（a）所示单相桥式逆变电路，功率开关 $S_1 \sim S_4$ 分别是桥式电路的 4 个桥臂，阻感负载的两端分别连接至两个半桥的中点。实际电路中，功率开关可由 IGBT、MOSFET 等全控型电力电子器件及其驱动电路构成。直流侧电容 C 起稳定直流电压，缓冲无功能量的作用。

t_0 时刻，S_1、S_4 闭合，S_2、S_3 断开，阻感负载两端电压 $u_o = U_d$；t_1 时刻，S_1、S_4 断开，S_2、S_3 闭合，$u_o = -U_d$，如图 10-3（a）所示。由于负载电感中的电流方向不能突变，故负载电流 i_o 滞后于 u_o，如图 10-3（b）所示。例如，t_1 时刻之前 u_o、i_o 均为正；t_1 时刻，u_o 的极性变为负，但因为负载中有电感，其电流极性不能立刻改变而仍维持原方向，此时负载电流从直流电源负极流出，经 S_2、负载和 S_3 流回正极；由于负载电感中储存的能量有限，负载电流逐渐减小，t_2 时刻降为零；t_2 之后 i_o 才反向逐渐增大，直至 t_3 时刻；

t_3 时刻，u_o 的极性变为正，负载电流从直流电源负极流出，经 S_4、负载和 S_1 流回正极，并逐渐减小至零，并正向逐渐增大[1]。

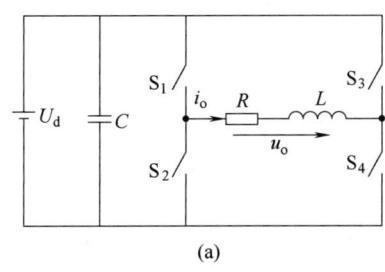 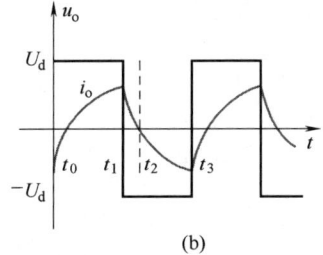

(a)　　　　　　　　　　　　　　(b)

图 10-3　单相桥式逆变电路及波形
(a) 单相桥式逆变电路示意图　(b) 波形

可知，上述操作将直流电源 U_d 变换为交流电源 u_o，并产生了交流负载电流 i_o，改变 S_1、S_4 和 S_2、S_3 两组开关的切换频率，即可改变输出交流电的频率。

10.2.2　三相桥式逆变电路及工作原理

用三个半桥可构成一个三相桥式逆变电路，三个半桥的中点分别引出 A、B、C 三相，三相负载以星型或者三角型方式接入逆变电路，如图 10-4 所示（图中采用星型连接）。为便于分析，直流侧电容画作串联的两个等值电容器，进而产生参考中点 N′。

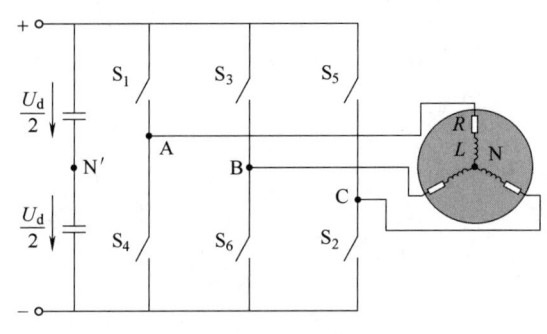

图 10-4　三相桥式逆变电路

以三相桥式逆变电路 180°方波调制为例来描述其将直流电源逆变为频率可变、相位依次互差 120°的三相交流电之过程。当采用该调制方式时，其控制具有以下特征[1]。

① 每相上下桥臂开关管均采用 180°互补控制模式，即每个控制周期内上下桥臂状态互补，分别导通 180°。
② 相邻相桥臂开关管的驱动信号相位依次互差 120°。
③ 任何时刻或 2 个上桥臂 1 个下桥臂导通，或 1 个上桥臂 2 个下桥臂导通。
④ 按图 10-4 所标开关序号，相邻序号开关的导通信号相位互差 60°。

根据上述控制方式，以 A 相为例，当 S_1 导通时，$u_{AN'} = U_d/2$；当 S_4 导通时，$u_{AN'} = -U_d/2$。因此，$u_{AN'}$ 的波形是幅值为 $U_d/2$ 的矩形波，如图 10-5（a）所示。由于 $u_{AN'}$ 只有两种电平，故该电路又称"三相两电平桥式逆变电路"。

$u_{BN'}$、$u_{CN'}$ 与 $u_{AN'}$ 分别滞后 120°和 240°，如图 10-5（b）（c）所示。

$u_{AN'}$、$u_{BN'}$、$u_{CN'}$ 两两相减，可得负载线电压：

$$\begin{cases} u_{AB} = u_{AN'} - u_{BN'} \\ u_{BC} = u_{BN'} - u_{CN'} \\ u_{CA} = u_{CN'} - u_{AN'} \end{cases} \tag{10-1}$$

其中，u_{AB} 波形如图 10-5（d）所示。

为得到负载相电压，设负载中点 N 与假想中点 N′之间电压为 $u_{NN'}$，则：

$$\begin{cases} u_{AN} = u_{AN'} - u_{NN'} \\ u_{BN} = u_{BN'} - u_{NN'} \\ u_{CN} = u_{CN'} - u_{NN'} \end{cases} \quad (10-2)$$

由公式（10-2）三行相加可得：

$$u_{NN'} = \frac{1}{3}(u_{AN'} + u_{BN'} + u_{CN'}) - \frac{1}{3}(u_{AN} + u_{BN} + u_{CN}) \quad (10-3)$$

由于负载为三相对称负载，则有 $u_{AN} + u_{BN} + u_{CN} = 0$，可得：

$$u_{NN'} = \frac{1}{3}(u_{AN'} + u_{BN'} + u_{CN'}) \quad (10-4)$$

其波形如图 10-5（e）所示。根据公式（10-2）可得负载相电压，其中 A 相相电压 u_{AN} 如图 10-5（f）所示。

负载相电流由基波阻抗角 $\varphi = \arctan(\omega L/R)$ 决定。当 $0 < \varphi < \pi/3$ 时，以 $\omega t = \pi$ 时刻为例，此时 S_1 由通态变断态，A 相相电压由 $\frac{u_d}{3}$ 跳变至 $-\frac{u_d}{3}$，但因为负载中有电感，其电流极性不能立刻改变而仍维持原方向，此时尽管 S_4 已收到导通控制信号，但其处于反向导通而流过正的 i_A；待 i_A 降到零并进一步减小为负后，S_4 才开始正向导通而流过负的 i_A，此处开关 $S_1 \sim S_6$ 正向导通指电流由上至下，反向导通指电流由下至上。φ 越大，S_4 反向导通的时间越长，

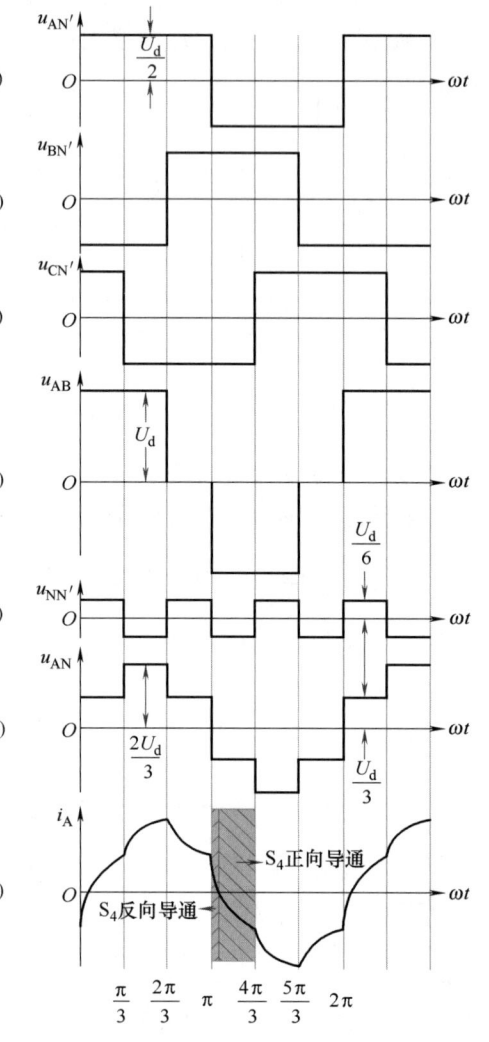

图 10-5 三相桥式逆变电路 180°方波调制工作波形

如图 10-5（g）所示。总体上，相电流的基波频率等于功率开关的开关频率，基波相位滞后于相电压。一个周期内，功率开关的导通顺序为：$S_5S_6\overleftarrow{S_1} \to S_5S_6S_1 \to S_6S_1\overleftarrow{S_2} \to S_6S_1S_2 \to S_1S_2\overleftarrow{S_3} \to S_1S_2S_3 \to S_2S_3\overleftarrow{S_4} \to S_2S_3S_4 \to S_3S_4\overleftarrow{S_5} \to S_3S_4S_5 \to S_4S_5\overleftarrow{S_6} \to S_4S_5S_6$，$\overleftarrow{S_x}$ 表示反向导通。上述分析可知：

① 逆变器输出线电压波形为 120°导电的交流方波波形，电平取值分别为 0、$\pm u_d$，如图 10-5（d）所示。

② 逆变器输出相电压波形每间隔 60°发生一次电平变化，电平取值分别为 0、$\pm\frac{u_d}{3}$、$\pm\frac{2u_d}{3}$，如图 10-5（f）所示。

③ 相电流的基波频率等于功率开关的开关频率，基波相位滞后于相电压，且滞后的角度由阻抗角 φ 决定。

10.2.3 基波与谐波

根据谐波分析理论，如果非正弦周期信号 $f(\omega t)$ 满足狄里赫利条件：
① 周期信号的极值点数目为有限个。
② 间断点的数目为有限个。
③ 一个周期内绝对可积，则可展开成收敛的傅里叶级数：

$$f(\omega t) = a_0 + \sum_{n=1}^{\infty}(a_n \cos n\omega t + b_n \sin n\omega t) \tag{10-5}$$

式中，a_0、a_n、b_n 分别如下：

$$\begin{cases} a_0 = \dfrac{1}{2\pi}\int_0^{2\pi} f(\omega t)\,\mathrm{d}(\omega t) \\ a_n = \dfrac{1}{\pi}\int_0^{2\pi} f(\omega t)\cos n\omega t\,\mathrm{d}(\omega t) \\ b_n = \dfrac{1}{\pi}\int_0^{2\pi} f(\omega t)\sin n\omega t\,\mathrm{d}(\omega t) \end{cases} \tag{10-6}$$

进一步地，公式（10-5）可改写为：

$$f(\omega t) = a_0 + \sum_{n=1}^{\infty} c_n \cos(n\omega t + \varphi_n) \tag{10-7}$$

式中，$c_n = \sqrt{a_n^2 + b_n^2}$；$\varphi_n = \arctan(-b_n/a_n)$。

非正弦周期电压、电流均满足狄里赫利条件，故可分解为公式（10-7）所示的多个幅值、周期和相位不同的标准正弦周期量的叠加。进一步地，将公式（10-7）中 $n=1$ 的分量称为基波分量；其余分量称为谐波分量，并用谐波频率和基波频率的整数比，即 n 表示谐波次数。电力电子学中，采用 n 次谐波电流含有率以 HRI_n（Harmonic Ratio for I_n）表示特定次数的谐波含量：

$$\mathrm{HRI}_n = \frac{I_n}{I_1} \times 100(\%) \tag{10-8}$$

式中，I_n 和 I_1 分别为 n 次谐波电流和基波电流的有效值；采用电流谐波总畸变率 THD（Total Harmonic Distortion）表示谐波总含量：

$$\mathrm{THD} = \frac{I_h}{I_1} \times 100\% \tag{10-9}$$

式中，I_h 为总谐波电流有效值。

可知，如图 10-3（b）、图 10-5（g）所示，尽管可得到与功率开关的切换频率同频的基波电流，但含有较高的谐波分量，应通过优化调制方法，降低谐波含量。

10.3 功率开关器件

根据单相桥式逆变电路、三相桥式逆变电路的结构和基本工作原理可知，功率开关是逆变电路的核心器件，应具备以下特征：

① 可控的正向导通与关断。
② 可反向导通，以便为感性负载提供续流通道。
③ 较快的开关速度，以满足高频开关需求。
④ 较低的导通损耗和关断损耗，以提高系统运行效率。
⑤ 适宜的耐压与通流能力，以适应电驱动系统电压等级和驱动功率。

全控型电力电子半导体器件可满足上述需求，电驱动领域常采用 MOSFET、IGBT、SiC MOSFET 作为功率开关。

10.3.1 MOSFET

MOSFET 简称场效应管，是一种单极型、电压控制型、全控型电力电子器件。按导电沟道，MOSFET 可分为 N 沟道型和 P 沟道型。当栅极电压为零时，漏极和源极之间就存在导电沟道的称为耗尽型；当栅极电压大于零（对于 N 沟道器件）或小于零（对于 P 沟道器件）时，才存在导电沟道的称为增强型。电力电子领域，通常采用 N 沟道增强型 MOSFET。

如图 10-6 所示分别为 N 沟道增强型 MOSFET 的内部结构、MOSFET 的典型封装 TO-247、N 沟道 MOSFET（简称 NMOS）的电气符号。

图 10-6 MOSFET 器件
(a) 内部结构 (b) 典型封装 (c) 电气符号

如图 10-6（c）所示，MOSFET 的三个电极分别为栅极 G、漏极 D 和源极 S。当栅源极间电压 U_{GS} 为零时，如漏源极间加正电压，漏源极之间无电流流过，此时 MOSFET 工作于截止区。

如在栅源极间加正电压大于某一电压值 U_T，即 $U_{GS}>U_T$ 时，MOSFET 进入饱和区。此时，如增加漏源极之间的电压，漏极电流 I_D 不再增加，而是与 U_{GS} 成近似线性关系。U_T 称为开启电压，U_{GS} 超过 U_T 越多，导电能力越强，漏极电流 I_D 越大。

进一步增加 U_{GS}，MOSFET 进入非饱和区。此时，器件处于充分导通状态，类似毫欧级小电阻，增大 U_{GS} 和 U_{DS} 均可使 I_D 增加。

综上，典型 MOSFET 输出特性，如图 10-7 所示。

由上述分析可知，在截止区，MOSFET 处于关断状态；在非饱和区，则处于导通状态，其导通与关断由 U_{GS} 控制。在逆变主电路中，驱动信号 U_{GS} 控制 MOSFET 交替工作于截止区与非饱和区，实现相应桥臂的关断与导通。

此外，由图 10-6（a）可知，NMOS 的源极 S 和漏极 D 之间存在 PN 结构，可等效为

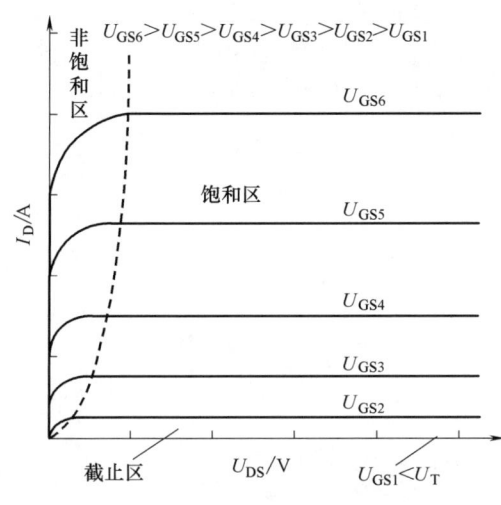

图 10-7 典型 MOSFET 输出特性

二极管，称为寄生二极管。因此，NMOS 的源极 S 和漏极 D 之间是始终导通的，可为感性负载提供续流通道。

MOSFET 的优点是开关频率高，可达数十万赫兹。通态电阻低，适合于高频应用场合；其主要不足在于其漏源间耐压和漏极最大允许电流能力较低，通常低于 650V、1000A，适合于中小功率应用。MOSFET 的通态电阻具有正温度系数，利于并联均流，工程中通常采用多颗 MOSFET 并联以提升通流能力。

10.3.2 IGBT

IGBT 是一种复合型、电压控制型、全控型电力电子器件，其综合了电力晶体管和 MOSFET 的优点，可承受较高的电压，具有较大的通流能力，是中、大功率电驱动领域的主导器件。

如图 10-8（a）~（e）所示分别为 IGBT 的内部结构、等效电路、典型封装（英飞凌 EconoDUAL™ 3，半桥模块）、电气符号以及逆导型 IGBT 电气符号。

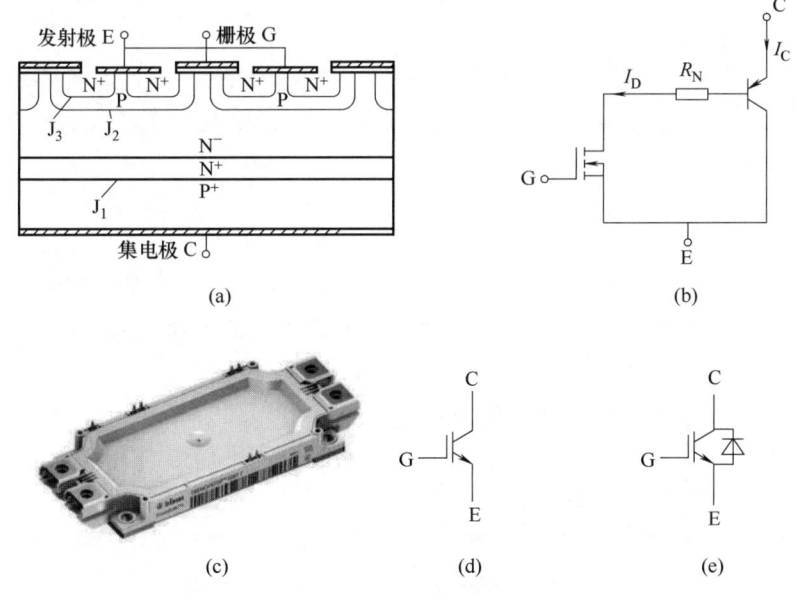

图 10-8 IGBT 器件
（a）内部结构 （b）等效电路 （c）典型封装 （d）电气符号 （e）逆导型 IGBT 电气符号

如图 10-8（a）所示，IGBT 的三个电极分别为栅极 G、集电极 C 和发射极 E。IGBT 内部可等效为 PNP 晶体管与 N 沟道 MOSFET 的组合，如图 10-8（b）所示。IGBT 的驱动原理与 MOSFET 类似，其导通与关断由栅极和发射极电压 u_{GE} 决定，属于电压控制型器件。

当 U_{GE} 小于开启电压 $U_{GE(th)}$ 时，IGBT 工作于正向阻断区，处于关断状态；当 $U_{GE} > U_{GE(th)}$ 时，IGBT 工作于有源区，具备了一定导电能力；随着 U_{GE} 的进一步增大，IGBT 工作于饱和区，导电能力逐渐增强。典型 IGBT 输出特性，如图 10-9 所示。

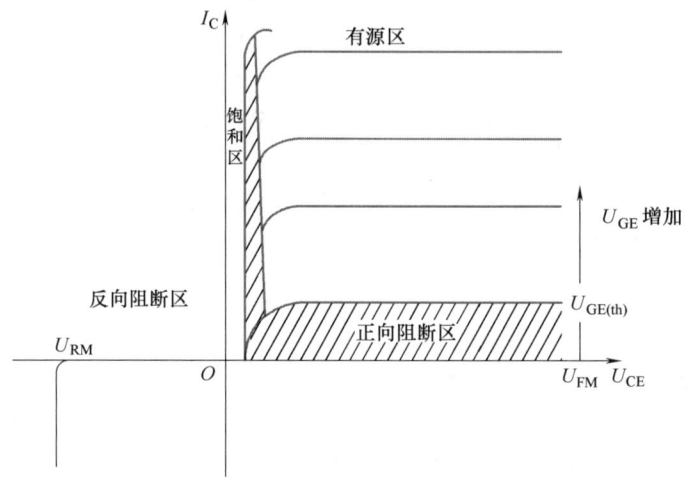

图 10-9　典型 IGBT 输出特性

与 MOSFET 可通过寄生二极管实现反向导通不同，IGBT 不具备反向导通能力，且反向电压承受能力差。因此，通常将其 CE 极与快速功率二极管反向并联，构成逆导型 IGBT，其电气符号如图 10-8（e）所示。

IGBT 的优点是耐压和通流能力强，可达 6500V、3000A，适合于中大功率应用场合，可满足大型电动客车、重卡驱动需求；其主要不足在于开关频率较低，一般低于 50kHz（主流小于 20kHz）。

10.3.3　SiC MOSFET

MOSFET 和 IGBT 均以硅（Si）作为半导体材料。伴随着人类的不断研究和巨大开发投入，硅器件各方面性能已随其结构设计和制造工业的完善而接近其由材料特性决定的理论极限[1]。

禁带指价电子所在能带与自由电子所在能带之间的间隙，又称为带隙。禁带宽度反映了被束缚的价电子成为自由电子所必须额外获得的能量，进而影响甚至决定半导体的击穿电场强度、电子迁移率和热导率[1]。

硅的禁带宽度为 1.12eV，宽禁带半导体材料是指禁带宽度在 2.3eV 及以上的半导体材料，典型的是碳化硅（SiC）、氮化镓（GaN）、金刚石等材料[1]。

宽禁带半导体材料具有较高的临界雪崩击穿电场强度、载流子饱和漂移速度和较高的热导率。基于宽禁带半导体材料的电力电子器件具有比硅器件高得多的耐受高电压的能力、低得多的通态电阻、更好的导热性能和热稳定性以及更强的耐受高温和射线辐射的能力[1]。

在中大功率电力电子半导体领域，SiC 材料得到了大量关注与应用。SiC 是一种由硅和碳（C）构成的化合物半导体材料。SiC 的绝缘击穿场强是 Si 的 10 倍，禁带宽度是 Si 的 3 倍，而且在器件制造时可以在较宽的范围内实现 P 型、N 型控制，被认为是一种超越

第10章 电驱动系统功率变换原理

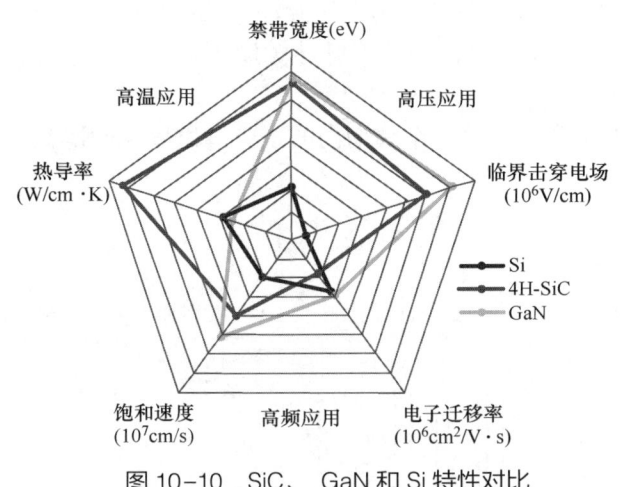

图 10-10 SiC、GaN 和 Si 特性对比

Si 极限的电力电子半导体材料。SiC 有 200 多种晶体结构，其中 4H-SiC 具备更高的载流子迁移率，最适合制作电力电子半导体器件[2]。SiC、GaN 和 Si 特性对比，如图 10-10 所示。

目前，SiC MOSFET 器件已量产，并且在电驱动领域蓬勃发展。SiC MOSFET 具有更低通态电阻、更快开关速度，可提高电驱动系统效率，利于系统小型化和轻量化；具有更高工作温度，可降低系统散热需求；具有更高耐压能力和抗辐照能力，可提升系统可靠性。如图 10-11（a）所示为特斯拉 MODEL 3 所采用的 STMicroelectronics 生产的 GK 026 型 SiC MOSFET 器件，系统采用 4 颗单管并联方式提升通流能力，整机共采用 24 颗 SiC MOSFET。如图 10-11（b）所示为比亚迪汉 EV 所采用的自研 SiC MOSFET 器件，其内部集成了 6 个功率开关单元。

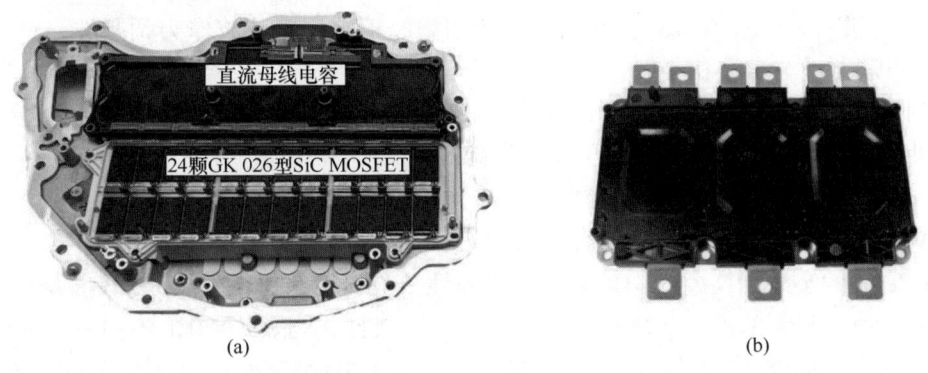

图 10-11 典型的 SiC MOSFET 器件
（a）特斯拉 MODEL 3 所采用的 SiC MOSFET 器件 （b）比亚迪汉 EV 所采用的自研 SiC MOSFET 器件

10.4 脉冲宽度调制

尽管三相桥式逆变电路 180°方波调制方法可得到与功率开关的切换频率同频的波电流，但含有较高的谐波分量。脉冲宽度调制（Pulse Width Modulation，PWM）技术的基本思路是通过对一系列脉冲的宽度进行调制，进而等效获得所需波形，在逆变领域得到了广泛应用[1,3]。

10.4.1 PWM 基本原理

PWM 的理论基础是面积等效原理，即面积相等而形状不同的窄脉冲加在具有惯性的环节上时，其响应波形基本相同。在电驱动领域，窄脉冲为电压脉冲，惯性环节为阻感负载。基于该原理，PWM 技术通过调制脉冲宽度，使得一系列脉冲宽度不等的电压窄脉冲作用于阻感负载后，得到近似于交流的电流响应，进而实现逆变。

如图 10-12 所示为 PWM 等效正弦波示意图。将一个周期内的正弦波以固定间隔划分为 N 份，每份宽度为 π/N。可近似求得每份面积为 S_n，$n \in [1, 2, \cdots, N]$。控制逆变器对应的功率开关，在正弦波正半周期和负半周期可分别得到 $N/2$ 个幅值为 U_d 的正脉冲和负脉冲。脉冲的宽度按正弦规律变化，具体为 S_n/U_d。可知，各 PWM 脉冲与对应的正弦波区域面积相等。根据面积等效原理，作用于阻感负载后便可得到近似的电流响应。

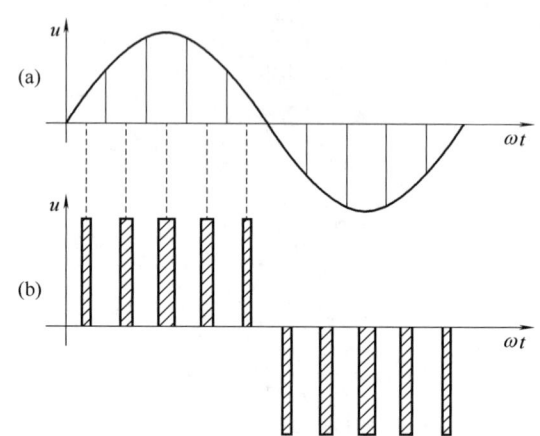

图 10-12 PWM 等效正弦波示意图

10.4.2 正弦波脉冲宽度调制

以正弦波 u_r 作为逆变器输出的期望波形，以频率比期望波高得多的等腰三角波 u_c 作为载波（Carrier Wave），并用频率和期望波相同的正弦波作为调制波（Modulation Wave），当调制波与载波相交时，由它们的交点确定逆变器开关器件的通断时刻，从而获得一系列宽度按正弦规律变化的脉冲序列，进而实现与期望正弦波等效的调制方法称为正弦波脉冲宽度调制（Sinusoidal Pulse Width Modulation，SPWM）[1,4-6]。

10.4.2.1 单极性调制与双极性调制

SPWM 可由单极性和双极性两种方法实现。

在调制波的半个周期内，三角载波有正极性或负极性，所得到的 PWM 波幅值只有 U_d 或者 $-U_d$ 一种，则为单极性 PWM 控制方式。其控制方式与波形如图 10-13 所示。可见，在调制波正半周期内，如调制波大于载波，则逆变主电路输出 U_d，反之则输出零；在调制波负半周期内，如调制波绝对值大于载波，则逆变主电路输出 $-U_d$，反之则输出零。

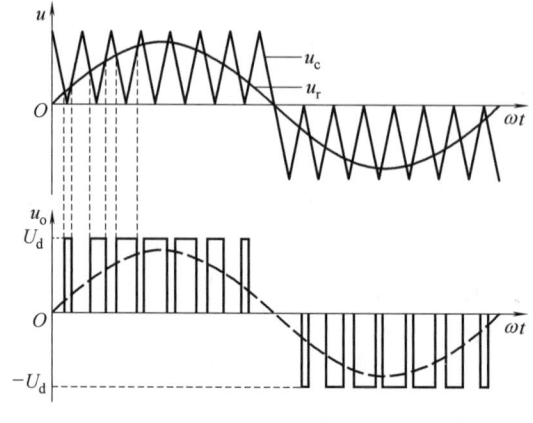

图 10-13 单极性 PWM 控制方式与波形

如在每个载波周期内,三角载波均有正有负,所得的 PWM 波为 U_d 或者 $-U_d$ 的交替,则为双极性 PWM 控制方式。其控制方式与波形,如图 10-14 所示。可见,三角载波前半周期为正,后半周期为负。如调制波大于载波,则逆变主电路输出 U_d,反之则输出 $-U_d$。

10.4.2.2 三相桥式逆变电路的 SPWM 调制

基于上述基本工作方式,可构建三相桥式逆变系统。通常采用双极性调制方式,A、B 和 C 三相的 PWM 控制通常共用三角波载波 u_c,三相调制信号 u_{rA}、u_{rB} 和 u_{rC} 相位依次互差 120°。当调制波大于

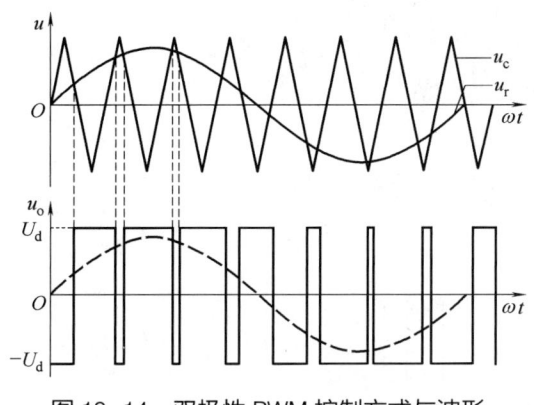

图 10-14 双极性 PWM 控制方式与波形

载波时,给上桥臂发导通信号、下桥臂发关断信号;反之,则给上桥臂发关断信号、上桥臂发导通信号。控制信号经驱动保护电路后,接入相应功率开关,如图 10-15 所示。

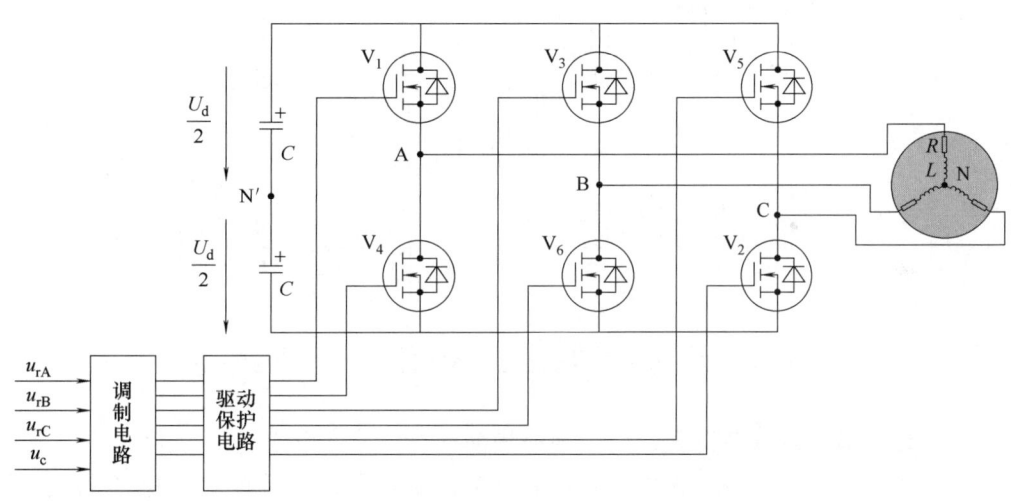

图 10-15 三相桥式逆变电路及 SPWM 调制方式

三相桥式逆变电路 SPWM 调制方式下的相关波形,如图 10-16 所示。可见,相对于 N'点,$u_{AN'}$、$u_{BN'}$ 和 $u_{CN'}$ 的只有 $\pm U_d/2$ 两种电平;线电压 u_{AB} 脉冲幅值为 $\pm U_d$;负载相电压的 PWM 波由 $\pm\frac{2}{3}U_d$、$\pm\frac{1}{3}U_d$ 和 0 五种电平组成[1,4]。

10.4.3 电流滞环跟踪脉冲宽度调制

电流滞环跟踪脉冲宽度调制(Current Hysteresis Band PWM,CHBPWM)采用带滞环的比较器,对逆变器的输出电流进行闭环控制,使实际电流快速跟随给定值。

如图 10-17 所示为采用 CHBPWM 调制方式时的三相桥式逆变电路示意图,其相关波形,如图 10-18 所示。

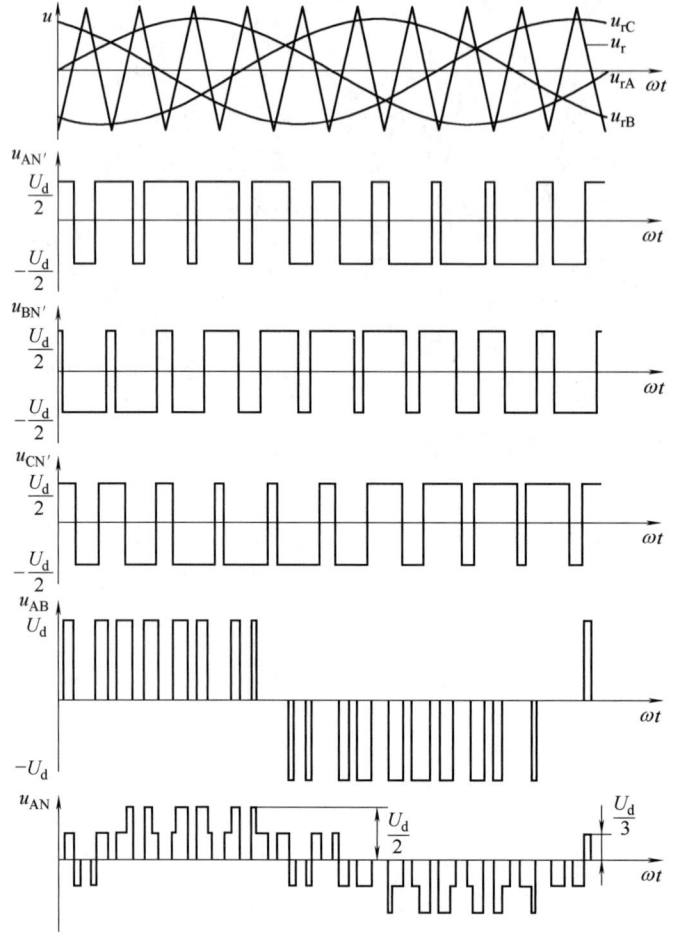

图 10-16 三相桥式逆变电路 SPWM 调制方式下的相关波形

设定环宽为 $2h$，以 A 相为例，每个控制周期内，将给定电流 i_A^* 与实际输出电流 i_A 进行比较。t_0 时刻，$i_A - i_A^* \leq -h$，A 相滞环控制器输出高电平，上桥臂功率开关 V_1 导通，A 相负载获得 $U_d/2$，使 i_A 增大；如 i_A 持续增大，t_1 时刻，$i_A - i_A^* \geq h$ 时，A 相滞环控制器输出低电平，并作用于下桥臂功率开关 V_4，A 相负载获得 $-U_d/2$。但由于电机绕组为感性负载，i_A 不会突然反向，此时 V_4 未必导通，而是通过其寄生二极管续流。i_A 逐渐减小，直至 t_2 时刻，$i_A - i_A^* \leq -h$，A 相滞环控制器再次翻转，使 V_1 导通。V_1 与 V_4 的寄生二极管交替工作，使输出电流 i_A 与给定值 i_A^* 之偏差保持在 Δh 之内。稳态时，i_A 在正弦波 i_A^* 上下作锯齿状变化。当 i_A^* 进入负半波后，工作原理与正半波相同，只是 V_4 与 V_1 的寄生二极管交替工作[4]。

电流跟踪控制的精度与滞环宽度有关，同时还与功率开关器件的最高开关频率、系统开关损耗有关。环宽过宽时，开关动作频率低，但跟踪误差增大；环宽过窄时，跟踪误差减小，但开关的动作频率过高，甚至会超过开关器件的允许频率范围，开关损耗随之增大[1]。实际系统中，应综合开关损耗和控制精度，确定合适的滞环宽度。

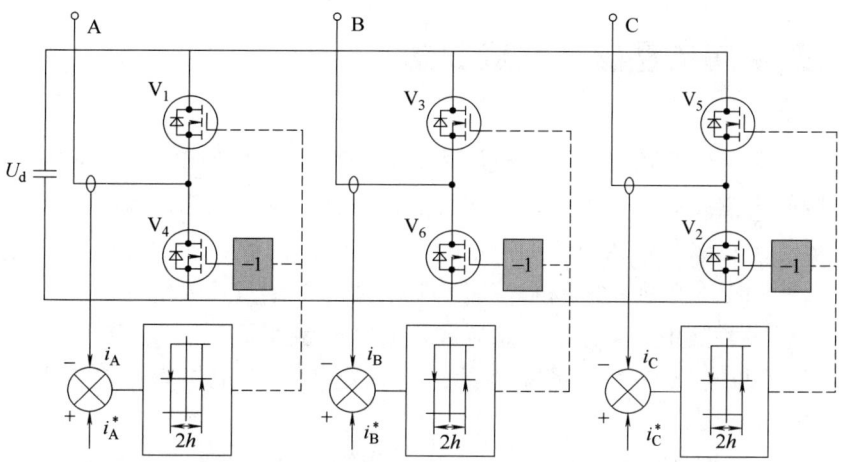

图 10-17 三相桥式逆变电路及 CHBPWM 调制方式

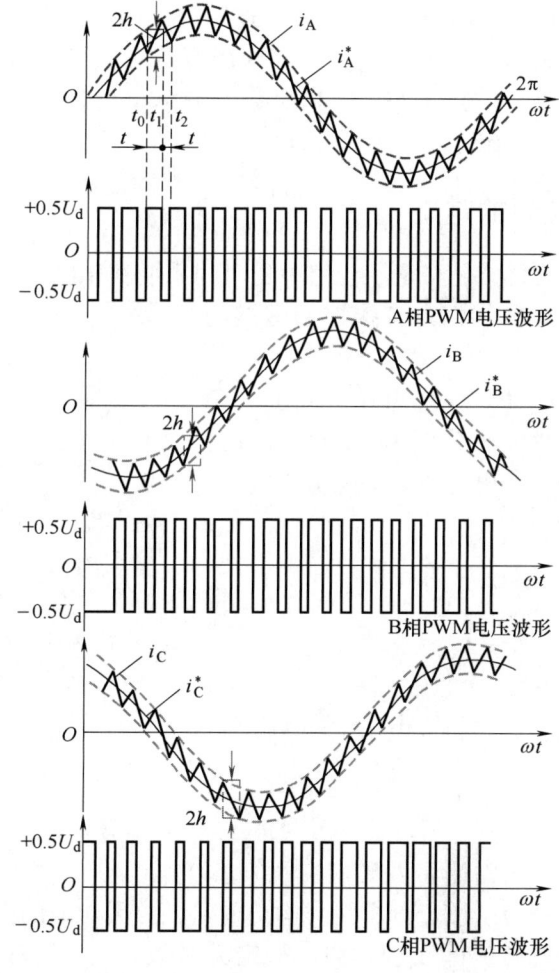

图 10-18 三相桥式逆变电路 CHBPWM 调制方式下的相关波形

10.5 电压空间矢量脉冲宽度调制

SPWM 控制着眼于变频器的输出电压尽量接近正弦波，CHBPWM 则直接控制输出电流，使其在按照正弦波规律输出。对于交流电机而言，输入三相正弦电压或电流的最终目的是形成圆形的旋转磁场，从而产生恒定的电磁转矩。因此，如果把逆变电路和交流电机视为一体，按照跟踪圆形旋转磁场来控制逆变电路的工作，其效果更好。

这种以生成圆形磁场为目标的控制方式称为"磁链跟踪控制"，磁链的轨迹控制是通过交替使用不同的电压空间矢量实现的，所以更为广泛地被称之为"电压空间矢量 PWM"，简称 SVPWM[4]。

与 SPWM 和 CHBPWM 相比较，SVPWM 可使绕组电流波形的谐波成分小，进而降低电机转矩脉动。同时其直流母线电压利用率高，更易于实现数字化，适合于电动汽车驱动系统，已成为交流电机控制的主流调制方法。

SVPWM 的基本原理是矢量合成，即在一个控制周期内，根据目标电压矢量的幅值和幅角，确定参与矢量合成的基本电压矢量，并计算各基本电压矢量的作用时间及作用顺序，进而通过有限个基本电压矢量的组合，等效实现任意目标矢量，进而获得接近圆形的电压空间矢量轨迹和磁链轨迹。

10.5.1 电压空间矢量的定义

定义电压空间矢量的目的是将定子绕组中随时间周期变化的电压，映射交流电机的定子空间，以便于根据其幅值和幅角直接控制磁链的生成。

用复指数 e^{jx} 表示 A、B、C 绕组在空间上的角度，当三相绕组上的瞬时电压分别为 $u_A(t)$、$u_B(t)$ 和 $u_C(t)$ 时，定义各相上的电压空间矢量分别为：

$$\begin{cases} \boldsymbol{U}_A = k u_A(t) e^{j0} \\ \boldsymbol{U}_B = k u_B(t) e^{j\frac{2\pi}{3}} \\ \boldsymbol{U}_C = k u_C(t) e^{j\frac{4\pi}{3}} \end{cases} \quad (10\text{-}10)$$

此时，如图 10-19 所示，三相合成电压空间矢量为：

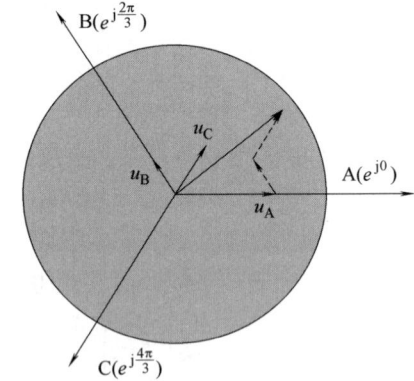

图 10-19 电压空间矢量示意图

$$\boldsymbol{U}_s = \boldsymbol{U}_A + \boldsymbol{U}_B + \boldsymbol{U}_C = k \left[u_A(t) e^{j0} + u_B(t) e^{j\frac{2\pi}{3}} + u_C(t) e^{j\frac{4\pi}{3}} \right] \quad (10\text{-}11)$$

同理，可定义电流空间矢量 $\boldsymbol{I}_s$ 及磁链空间矢量 $\boldsymbol{\varPsi}_s$。

由于电压空间矢量是为了便于分析而虚构出的量，并无对应的实际物理量，但不同空间矢量运算后应尽可能符合实际物理定律，故定义系数 k。如令 $\boldsymbol{U}_s \cdot \boldsymbol{I}_s$ 等于三相瞬时功率，可得 $k = \sqrt{2/3}$；如令 $\boldsymbol{U}_s$ 的幅值等于相电压幅值，可得 $k = 2/3$[4]。此处，取 $k = 2/3$。

根据电压和磁链的关系，可得：

$$U_s = R_s I_s + \frac{d\Psi_s}{dt} \quad (10-12)$$

由于定子电阻压降占比很小，可忽略，即：

$$U_s \approx \frac{d\Psi_s}{dt} \quad (10-13)$$

可见，电压空间矢量超前磁链矢量 π/2。当电压空间矢量的轨迹为圆时，将磁链空间矢量的参考点放在一起，可得如图 10-20 所示的圆形磁链轨迹。

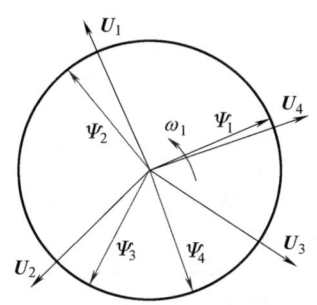

图 10-20　电压空间矢量与磁链

当定子相电压为三相正弦电压时，可得：

$$\begin{aligned}
U_s &= \frac{2}{3}\left[u_A(t)e^{j0} + u_B(t)e^{j\frac{2}{3}\pi} + u_C(t)e^{j\frac{4}{3}\pi}\right] \\
&= \frac{2}{3}\left[u_m\cos(\omega_1 t) + u_m\cos\left(\omega_1 t - \frac{2}{3}\pi\right)e^{j\frac{2}{3}\pi} + u_m\cos\left(\omega_1 t + \frac{2}{3}\pi\right)e^{j\frac{4}{3}\pi}\right] \\
&= \frac{2}{3}u_m\left[\cos(\omega_1 t) + j\sin(\omega_1 t)\right] \\
&= u_m e^{j\omega_1 t}
\end{aligned} \quad (10-14)$$

可见，此时合成电压空间矢量幅值为 u_m，以 ω_1 为角速度周期旋转，磁链滞后于电压空间矢量 π/2，与其同步旋转。

然而，电力电子逆变器并不能直接输出三相正弦电压，只能输出有限数量的电压值和电压空间矢量，并且交流电机动态控制过程中，需要逆变器输出任意电压矢量，以对磁链进行动态调节。因此，如何基于有限的电压空间矢量，等效实现任意电压矢量的输出，是下一步关键。

10.5.2　开关状态与基本电压矢量

如图 10-21 所示，将三相桥式逆变电路每相桥臂上下两个开关管通断状态用 S_p（$p \in \{a, b, c\}$）表示。当 p 相桥臂上开关管导通，下开关管关断时，$S_p = 1$；反之，$S_p = 0$。因此，三相桥臂中各功率管开关状态的组合共有八种形式，即 000、100、110、010、

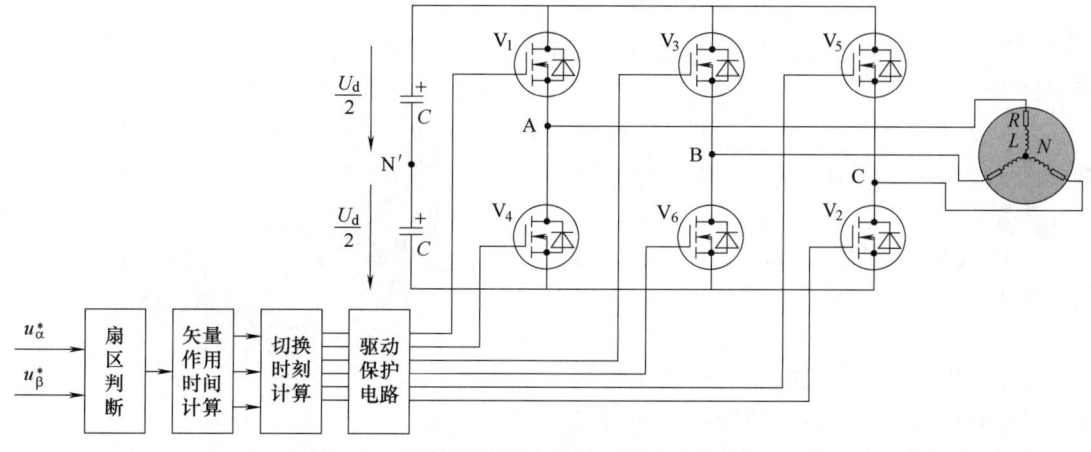

图 10-21　三相桥式逆变电路及 SVPWM 调制方式

011、001、101 和 111，各状态下 A、B、C 点相对于 N′点的电压分别，如表 10-1 所示。

表 10-1　　　　　　　　　　开关状态与基本电压矢量

基本电压矢量	$S_A S_B S_C$	$u_{AN'}$	$u_{BN'}$	$u_{CN'}$	U_s
U_0	000	$-U_d/2$	$-U_d/2$	$-U_d/2$	0
U_1	100	$U_d/2$	$-U_d/2$	$-U_d/2$	$\frac{2}{3}U_d$
U_2	110	$U_d/2$	$U_d/2$	$-U_d/2$	$\frac{2}{3}U_d e^{j\pi/3}$
U_3	010	$-U_d/2$	$U_d/2$	$-U_d/2$	$\frac{2}{3}U_d e^{j2\pi/3}$
U_4	011	$-U_d/2$	$U_d/2$	$U_d/2$	$\frac{2}{3}U_d e^{j\pi}$
U_5	001	$-U_d/2$	$-U_d/2$	$U_d/2$	$\frac{2}{3}U_d e^{j4\pi/3}$
U_6	101	$U_d/2$	$-U_d/2$	$U_d/2$	$\frac{2}{3}U_d e^{j5\pi/3}$
U_7	111	$U_d/2$	$U_d/2$	$U_d/2$	0

电机定子上获得的电压空间矢量为，

$$U_s = \frac{2}{3}\left[u_{AN} + u_{BN}e^{j\frac{2}{3}\pi} + u_{CN}e^{j\frac{4}{3}\pi}\right]$$

$$= \frac{2}{3}\left[(u_{AN'} - u_{NN'}) + (u_{BN'} - u_{NN'})e^{j\frac{2}{3}\pi} + (u_{CN'} - u_{NN'})e^{j\frac{4}{3}\pi}\right] \quad (10-15)$$

$$= \frac{2}{3}\left[u_{AN'} + u_{BN'}e^{j\frac{2}{3}\pi} + u_{CN'}e^{j\frac{4}{3}\pi}\right]$$

可见，尽管电机获得的相电压是相对于 N 点的，且 N 点与 N′点的电位不等，但电机合成电压空间矢量可直接根据各相与 N′点之间的电压计算。例如，当 110 状态时，

$$U_2 = \frac{2}{3}\left[u_{AN'} + u_{BN'}e^{j\frac{2}{3}\pi} + u_{CN'}e^{j\frac{4}{3}\pi}\right]$$

$$= \frac{2}{3}\left[\frac{U_d}{2} + \frac{U_d}{2}e^{j\frac{2}{3}\pi} - \frac{U_d}{2}e^{j\frac{4}{3}\pi}\right] \quad (10-16)$$

$$= \frac{2}{3}U_d e^{j\frac{\pi}{3}}$$

同理可得其他电压矢量，如表 10-1 所示。

八个基本的电压矢量在空间上的位置如图 10-22 所示，其中 $U_1 \sim U_6$ 为六个有效电压矢量，U_0 和 U_7 称为零矢量。令六个有效工作矢量分别作用 $\Delta t = \pi/(3\omega_1)$ 时间，即每个有效工作矢量作用 $\pi/3$ 弧度，则可得输出的基波电压角频率为 $\omega_1 = \pi/(3\Delta t)$。此外，由于磁链滞后于电压矢量 $\pi/2$，六个有效电压矢量周期交替作用形成的六边形定子磁链轨迹，如图 10-22 所示。

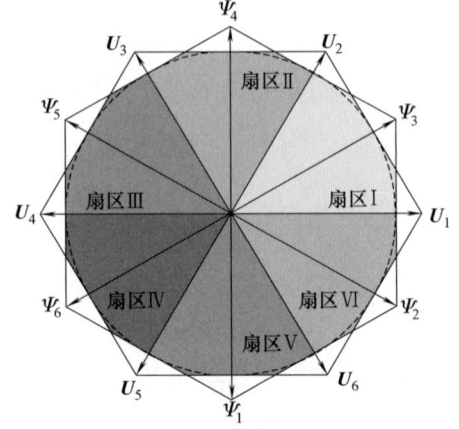

图 10-22　基本电压矢量与磁链

10.5.3 电压矢量合成

由六个有效电压矢量得到的六边形定子磁链轨迹存在两个问题：

① 与期望的圆形磁链相差甚远，将导致电机转矩脉动；

② 由于 U_d 是由动力电池提供的固定值，故当转速一定时，磁链幅值 $\frac{2}{3} \cdot \frac{\pi U_d}{3\omega_1}$ 固定[4]。

SVPWM 矢量合成的基本思路是：基于平行四边形法则，通过在一个控制周期内，对相邻两个有效电压矢量和零矢量的作用时间进行分配，实现任意幅值和幅角的目标电压矢量输出。

10.5.3.1 基本电压矢量及作用时间

为便于分析，将如图 10-22 所示的基本电压矢量分为六个扇区 Ⅰ～Ⅵ，每个扇区占 $\frac{\pi}{3}$。当目标电压矢量 U_{ref} 位于某扇区时，以扇区边界处的两个有效矢量和零矢量作为参数与矢量合成的基本电压。例如，当 U_{ref} 位于扇区 Ⅰ 时，参与合成的基本电压矢量为 U_1、U_2、U_0 或 U_7。

10.5.3.2 基本矢量作用时间计算

根据伏秒平衡原理，对于目标矢量 U_{ref}，需选择两个相邻矢量 U_x、U_y 和零矢量 U_z，并确定三个矢量的工作时间 T_x、T_y 和 T_z，以满足：

$$\begin{cases} U_x \cdot T_x + U_y \cdot T_y + U_z \cdot T_z = U_{ref} \cdot T_s \\ T_x + T_y + T_z = T_s \end{cases} \tag{10-17}$$

式中，T_s 为控制周期。如图 10-23 所示，当 U_{ref} 落入扇区 Ⅰ 时，取三个基本矢量为 U_1、U_2 和 U_7，此时三个矢量的作用时间需满足：

$$\begin{cases} U_1 \cdot T_1 + U_2 \cdot T_2 + U_7 \cdot T_7 = U_{ref} \cdot T_s \\ T_x + T_y + T_z = T_s \end{cases} \tag{10-18}$$

代入各基本矢量值，可得：

$$\begin{cases} \frac{2}{3} U_d \cdot T_1 + \frac{2}{3} U_d e^{j\pi/3} \cdot T_y = |U_{ref}| e^{j\theta} \cdot T_s \\ T_x + T_y + T_z = T_s \end{cases} \tag{10-19}$$

代入欧拉公式 $e^{jx} = \cos x + j\sin x$，并将公式（10-19）的实部和虚部进行分解，可得，最终可解得：

$$\begin{cases} T_1 = \frac{\sqrt{3} T_s |U_{ref}|}{U_d} \sin\left(\frac{\pi}{3} - \theta\right) \\ T_2 = \frac{\sqrt{3} T_s |U_{ref}|}{U_d} \sin(\theta) \\ T_7 = T_s - T_1 - T_2 \end{cases} \tag{10-20}$$

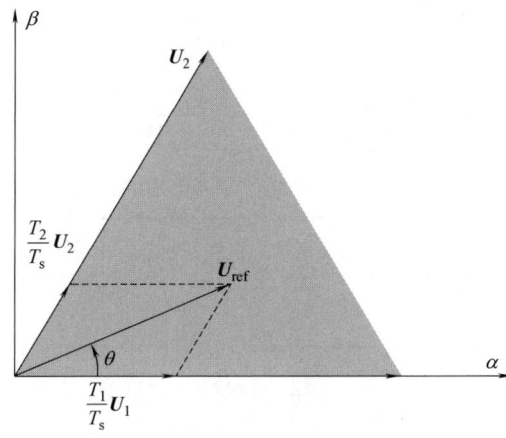

图 10-23 扇区 Ⅰ 基本矢量作用时间

电机可稳定运行的最大磁链为正六边形的内切圆，如图 10-22 所示。此时：

$$|\boldsymbol{U}_{\text{refmax}}| = \frac{2}{3}U_d \cdot \frac{\sqrt{3}}{2} = \frac{\sqrt{3}}{3}U_d \quad (10\text{-}21)$$

又根据公式（10-14），当定子相电压为三相正弦时，合成矢量幅值等于相电压幅值的，因此当 SVPWM 输出如图 10-22 所示正六边形内切圆磁链时，得到的定子相电压基波幅值最大为：

$$U_{\max} = |\boldsymbol{U}_{\text{refmax}}| = \frac{\sqrt{3}}{3}U_d \quad (10\text{-}22)$$

则其线电压基波幅值为：

$$U_{l\max} = U_{\max} \cdot \sqrt{3} = U_d \quad (10\text{-}23)$$

SPWM 调制方法可获得的线电压基波幅值最大为 $\frac{\sqrt{3}}{2}U_d$，故 SVPWM 直流电压利用率比 SPWM 提高了 15.5%，适合由电池供电的电驱动系统[4,7]。

类似地，可以得出 $\boldsymbol{U}_{\text{ref}}$ 处于其他扇区时各矢量的作用时间。其他扇区时，由于 θ 是从 $\boldsymbol{U}_1$ 开始计算角度的，所以计算矢量作用时间时，应从矢量 $\boldsymbol{U}_{\text{ref}}$ 的实际幅角中减去 $N \cdot \frac{\pi}{3}$，即 $\theta' = \theta - (N-1) \cdot \frac{\pi}{3}$，$\theta'$ 为参与计算的幅角。

10.5.3.3 开关顺序设计

由于参与目标矢量合成的基本电压矢量有 $\boldsymbol{U}_x$、$\boldsymbol{U}_y$ 和零矢量 $\boldsymbol{U}_z$，在一个控制周期内，对其开关顺序进行设计通常需考虑：

① 目标矢量在扇区间切换时，所需开关动作次数最少。
② 任意时刻仅有一个桥臂上的开关状态发生切换。
③ 波形对称，输出的相电流谐波含量最小。

基于上述原则，常用的开关顺序有七段式和五段式两种。

七段式开关顺序又称"零矢量分散式开关顺序"，其特征是将零矢量均分至 $\boldsymbol{U}_0$ 和 $\boldsymbol{U}_7$，其中 $\boldsymbol{U}_7$ 放置于控制周期的中间，$\boldsymbol{U}_0$ 进一步均分成两份，放置于控制周期的首末端。两个有效基本矢量各均分为两份，按开关损耗较小的原则，放置于前半周期和后半周期。

以第 I 扇区为例，矢量作用顺序为 $\boldsymbol{U}_0\left(\frac{T_0}{4}\right)$、$\boldsymbol{U}_1\left(\frac{T_1}{2}\right)$、$\boldsymbol{U}_2\left(\frac{T_2}{2}\right)$、$\boldsymbol{U}_7\left(\frac{T_0}{2}\right)$、$\boldsymbol{U}_2\left(\frac{T_2}{2}\right)$、$\boldsymbol{U}_1\left(\frac{T_1}{2}\right)$、$\boldsymbol{U}_0\left(\frac{T_0}{4}\right)$，如图 10-24 所示，整个控制周期共由七段基本电压矢量构成。

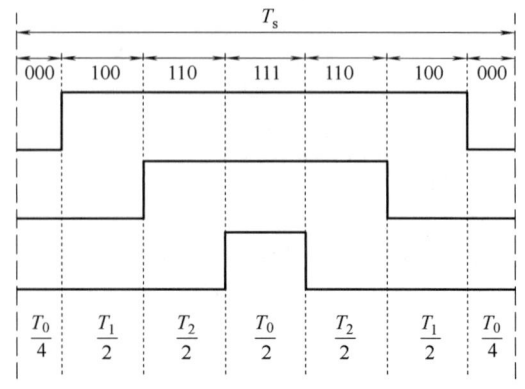

图 10-24 扇区 I 内的七段式 SVPWM

该开关顺序的特征是：

① 控制周期的首末端均为 $\boldsymbol{U}_0$，扇区切换时不产生开关跳变。
② 七段间切换时，只有一相发生状态改变，且一个周期内三相状态各切换一次，开

关损耗略大。

③ 每个控制周期均用到了 U_0 和 U_7，电流谐波较小。

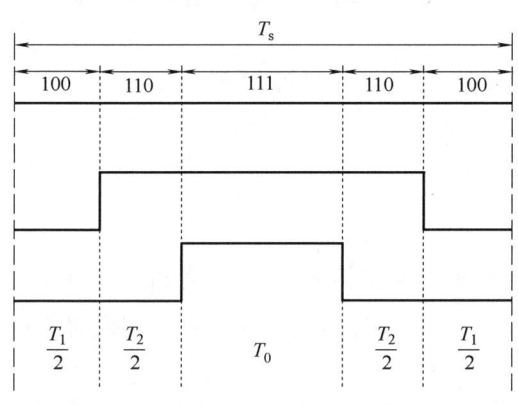

图 10-25 扇区 Ⅰ 内的五段式 SVPWM

五段式开关顺序又称"零矢量集中式开关顺序"，其特征是将零矢量集中至 U_0 或 U_7，且放置于控制周期的中间。两个有效基本矢量各分均分为两份，按开关损耗较小的原则，放置于前半周期和后半周期。

以第 Ⅰ 扇区采用 U_7 零矢量时为例，矢量作用顺序为 $U_1\left(\dfrac{T_1}{2}\right)$、$U_2\left(\dfrac{T_2}{2}\right)$、$U_7(T_0)$、$U_2\left(\dfrac{T_2}{2}\right)$、$U_1\left(\dfrac{T_1}{2}\right)$，如图 10-25 所示，整个控制周期共由五段基本电压矢量构成。

该开关顺序的特征是：

① 每个控制周期内，有一相状态保持不变。
② 扇区切换时存在状态跳变，电流谐波增大。
③ 每个控制周期只有两相发生状态发生改变，开关次数少，开关损耗小。

10.5.3.4 目标磁链轨迹

经上述步骤，可在如图 10-22 所示正六边形区域内生成任意矢量，但电机可稳定运行的最大磁链为正六边形的内切圆。当矢量控制系统采用固定的控制周期 T_s 时，生成以 ω_1 为角速度周期旋转的磁链时，一周内共有 $\dfrac{2\pi}{\omega_1 T_s}$ 个目标电压矢量顺序作用，生成同等数量的磁链矢量，构成近似圆形的磁链多边形轨迹，如图 10-26 所示。

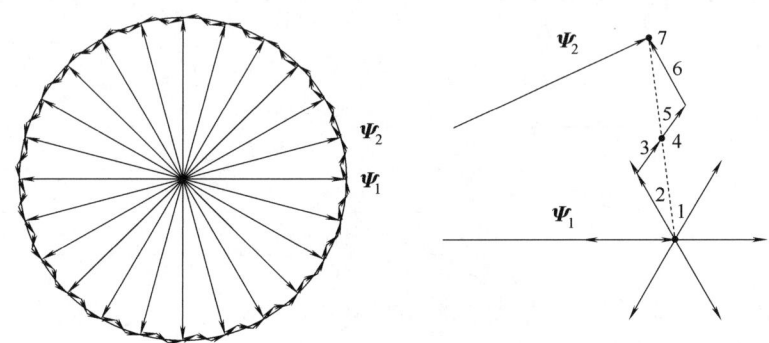

图 10-26 磁链轨迹

磁链圆内的磁链矢量个数与 T_s 和 ω_1 成反比。当 ω_1 固定时，T_s 越小，磁链多边形边数越多，越接近圆形，但较小的 T_s 意味着控制器必须有足够高的处理速度以便在控制周期内完成运算，同时也意味着开关频率和开关损耗的增加，通常 T_s 为数十微秒（μs）至数十毫秒（ms）。

由于每个目标电压矢量均由多个基本电压矢量顺序作用生成，故磁链矢量由 Ψ_x 过渡

至 $\boldsymbol{\Psi}_y$，也是分步进行的。以图 10-26 中 $\boldsymbol{\Psi}_1$ 过渡至 $\boldsymbol{\Psi}_2$ 为例，由于电压矢量超前磁链矢量 $\dfrac{\pi}{2}$，故此时电压矢量位于扇区 II。当采用七段式开关顺序时，矢量作用顺序为 $\boldsymbol{U}_0\left(\dfrac{T_0}{4}\right)$、$\boldsymbol{U}_2\left(\dfrac{T_2}{2}\right)$、$\boldsymbol{U}_3\left(\dfrac{T_3}{2}\right)$、$\boldsymbol{U}_7\left(\dfrac{T_0}{2}\right)$、$\boldsymbol{U}_3\left(\dfrac{T_3}{2}\right)$、$\boldsymbol{U}_2\left(\dfrac{T_2}{2}\right)$、$\boldsymbol{U}_0\left(\dfrac{T_0}{4}\right)$，其过渡过程如图 10-26 所示，其中"·"表示零矢量作用时刻。

10.5.4 SVPWM 实现

SVPWM 模块通常以静止两相坐标系中的定子电压给定值 u_α^* 和 u_β^* 为输入，以逆变器功率管的开关状态为输出，其实现过程包括扇区判断、矢量作用时间计算、切换时刻计算三个步骤。

不同于前文机理分析环节，工程实现过程易计算简洁为首要考虑。因此，固然可根据 u_α^* 和 u_β^* 计算出目标矢量的幅值和幅角，然后根据幅角判断所在扇区，并根据公式（10-20）计算出各矢量工作时间，进而确定切换时刻，但涉及正余弦、乘除法等复杂运算较多，计算量大。结合机理，工程实现过程进行了化简，减小了计算量。本节以七段式开关顺序为例，阐述其实现过程。

10.5.4.1 扇区判断

$\boldsymbol{U}_{\mathrm{ref}}$ 所在扇区可通过其与 α 轴的夹角来判断。当 u_α^* 和 u_β^* 满足 $0<\arctan\dfrac{u_\beta^*}{u_\alpha^*}<\dfrac{\pi}{3}$ 时，$\boldsymbol{U}_{\mathrm{ref}}$ 位于第 I 扇区。以此类推，可得扇区判断表如表 10-2 所示。

表 10-2　　　　　　　　　　　扇区判断表

扇区	判断条件
I	$u_\alpha^*>0, u_\beta^*>0$ 且 $u_\beta^*/u_\alpha^*<\sqrt{3}$
II	$u_\alpha^*>0$，且 $u_\beta^*/|u_\alpha^*|>\sqrt{3}$
III	$u_\alpha^*<0, u_\beta^*>0$ 且 $-u_\beta^*/u_\alpha^*<\sqrt{3}$
IV	$u_\alpha^*<0, u_\beta^*<0$ 且 $u_\beta^*/u_\alpha^*<\sqrt{3}$
V	$u_\alpha^*<0$ 且 $-u_\beta^*/|u_\alpha^*|>\sqrt{3}$
VI	$u_\alpha^*>0, u_\beta^*<0$ 且 $-u_\beta^*/u_\alpha^*<\sqrt{3}$

进一步分析表 10-2，又可发现 $\boldsymbol{U}_{\mathrm{ref}}$ 所在的扇区完全由 u_β^*、$\sqrt{3}u_\alpha^*-u_\beta^*$、$-\sqrt{3}u_\alpha^*-u_\beta^*$ 决定，为进一步简化扇区判断，令：

$$\begin{cases} \boldsymbol{U}_1 = u_\beta^* \\ \boldsymbol{U}_2 = \dfrac{1}{2}(\sqrt{3}u_\alpha^* - u_\beta^*) \\ \boldsymbol{U}_3 = \dfrac{1}{2}(-\sqrt{3}u_\alpha^* - u_\beta^*) \end{cases} \qquad (10\text{-}24)$$

定义三个辅助变量 a、b、c，其取值由 $\boldsymbol{U}_1$、$\boldsymbol{U}_2$ 和 $\boldsymbol{U}_3$ 的正负决定，具体如表 10-3 所示。

表 10-3　　扇区判断表

变量取值	条件	变量取值	条件
$a=0$	$U_1 \leq 0$	$b=1$	$U_2 > 0$
$a=1$	$U_1 > 0$	$c=0$	$U_2 \leq 0$
$b=0$	$U_2 \leq 0$	$c=1$	$U_3 > 0$

进一步定义公式：

$$P = 4c + 2b + a \tag{10-25}$$

根据表 10-4 便索引到 U_{ref} 所在的扇区位置[8,9]。

表 10-4　　扇区位置计算

P	3	1	5	4	6	2
扇区	I	II	III	IV	V	VI

综上，可见仅需乘法、加减以及相应的逻辑运算，便可实现扇区判断，计算量大幅减小。

10.5.4.2　矢量作用时间计算

如能从 u_α^* 和 u_β^* 直接计算出矢量作用时间，则可降低计算量。根据图 10-23 可知，当 U_{ref} 位于扇区 I 时：

$$\begin{bmatrix} u_\alpha^* \\ u_\beta^* \end{bmatrix} T_s = |U_{ref}| \begin{bmatrix} \cos\theta \\ \sin\theta \end{bmatrix} T_s = \sqrt{\frac{2}{3}} U_{dc} \left(\begin{bmatrix} 1 \\ 0 \end{bmatrix} T_1 + \begin{bmatrix} \cos\frac{\pi}{3} \\ \sin\frac{\pi}{3} \end{bmatrix} T_2 \right) \tag{10-26}$$

可得：

$$\begin{cases} T_1 = \dfrac{\sqrt{3} T_s}{U_{dc}} U_2 \\ T_2 = \dfrac{\sqrt{3} T_s}{U_{dc}} U_1 \\ T_0 = T_s - T_1 - T_2 \end{cases} \tag{10-27}$$

可见，公式（10-24）得出的 U_1、U_2 和 U_3 可直接用于矢量作用时间的计算。同理，可得其他扇区矢量作用时间，如表 10-5 所示。表中 $\xi = \dfrac{\sqrt{3} T_s}{U_{dc}}$。

表 10-5　　各扇区矢量作用时间

扇区	有效矢量 1	有效矢量 2
I	$T_1 = \xi U_2$	$T_2 = \xi U_1$
II	$T_2 = \xi U_3$	$T_3 = \xi U_2$
III	$T_3 = \xi U_1$	$T_4 = \xi U_3$
IV	$T_4 = \xi U_2$	$T_5 = \xi U_1$
V	$T_5 = \xi U_3$	$T_6 = \xi U_2$
VI	$T_6 = \xi U_1$	$T_1 = \xi U_3$

10.5.4.3 切换时刻计算

由于七段式开关顺序 PWM 波形对称，因此微控制器通常采用增减计数方式，确定波形切换时刻。即计数器以频率 $\dfrac{T_s}{2 \cdot \text{TBPRD}}$ 从零递增计数至设定值 TBPRD，到达 $T_s/2$ 时刻时，计数值为 TBPRD；然后递减计数至零。A、B、C 三相的 PWM 初始状态均为 0（即下桥臂导通），在 t_a、t_b、t_c 时刻分别切换相应相的 PWM 状态，便可实现期望 PWM 波形的输出，如图 10-27 所示。

令 T_x 和 T_y 分别为目标矢量右侧和左侧的有效基本电压矢量作用时间，则可得，

$$\begin{cases} t_a = \dfrac{T_s - T_x - T_y}{4} \\ t_b = t_a + \dfrac{T_x}{2} \\ t_c = t_a + \dfrac{T_x}{2} + \dfrac{T_y}{2} \end{cases} \quad (10\text{-}28)$$

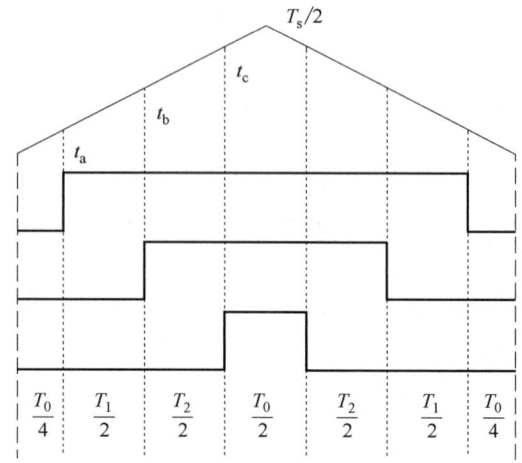

图 10-27 切换时刻计算示意图

将 $2 \cdot t_a \cdot \text{TBPRD}/T_s$、$2 \cdot t_b \cdot \text{TBPRD}/T_s$、$2 \cdot t_c \cdot \text{TBPRD}/T_s$ 分别写入 A、B、C 相 PWM 模块相应的比较寄存器，并设置计数器与比较寄存器匹配时的动作为状态反转，即可在相应的时刻，实现前半周期 PWM 波形由 0 至 1 切换和后半周期由 1 至 0 的切换。

由于各相上下桥臂处于互补工作状态，因此根据 PWM 波形的"0""1"状态，可直接驱动上桥臂开关（"0"关断，"1"导通）；下桥臂直接用上桥臂的互补状态即可。同时，为避免开关器件导通和关断过渡过程中的短路，需预留一定死区时间。

本 章 小 结

本章的主要目的在于阐述电驱动系统功率变换的基本原理，掌握电驱动系统逆变电路的结构、工作原理和控制方法，以便为后续异步电机和永磁同步电机矢量控制系统的学习做好铺垫。

本章的重点在于三相桥式逆变电路的结构和工作原理、正弦波脉冲宽度调制、电流滞环跟踪脉冲宽度调制和电压空间矢量脉冲宽度调制的工作原理。

参 考 文 献

[1] 王兆安，刘进军. 电力电子技术：第5版 [M]. 北京：机械工业出版社，2013.
[2] ROHM Semiconductor. SiC 功率器件·模块 应用笔记 Rev. 003 [R]. 2020.
[3] 张兴，黄海宏. 电力电子技术：第2版 [M]. 北京：科学出版社，2018.

[4] 阮毅,杨影,陈伯时. 电力拖动自动控制系统——运动控制系统:第5版 [M]. 北京:机械工业出版社,2016.
[5] 陈坚. 电力电子学——电力电子变换和控制技术:第二版 [M]. 北京:高等教育出版社,2004.
[6] 林忠岳. 现代电力电子应用技术 [M]. 北京:科学出版社,2007.
[7] 吴斌. 大功率变频器及交流传动:第2版 [M]. 北京:机械工业出版社,2019.
[8] 程小猛,陆海峰,瞿文龙,等. 用于逆变器死区补偿的空间矢量脉宽调制策略 [J]. 清华大学学报(自然科学版),2008,48(07):11-14.
[9] 张海荣. 空间电压矢量逆变技术研究 [D]. 厦门:厦门大学,2012.

第 11 章 异步电机矢量控制系统

现代电动汽车普遍采用交流电机矢量控制系统，由异步电机或者永磁同步电机驱动车辆行驶。本章首先介绍了异步电机的基本结构和工作原理，并通过介绍运动控制系统的基本运动方程，明确了电机绕组控制系统的核心任务；然后，通过分析直流和交流电机的转矩方程，阐明矢量控制的基本原理；进一步地，通过坐标变换建立了异步电机在不同坐标系上的数学模型；最后，分析了异步电机按转子磁链定向矢量控制系统的结构和原理。

配套课件

第11章 异步电机矢量控制系统

11.1 异步电机基本结构与工作原理

11.1.1 异步电机结构

异步电机通过定、转子之间的电磁感应作用，在转子内感应电流以实现机电能量转换，故又称感应电机[1]。根据转子类型，异步电机可分为笼型和绕线型两大类。三相笼型异步电机具有结构简单、制造方便、成本低、运行可靠等优点，广泛应用于大、中功率电动汽车驱动系统。

如图 11-1 所示，三相笼型异步电机由机座、定子和笼型转子三部分构成。定子由开有定子槽的定子铁芯、三相定子绕组构成，定子线圈以特定的排布方式嵌入定子槽，A、B、C 三相绕组轴线空间上依次互差 120°。笼型转子由转轴、转子铁芯、转子导条和短路

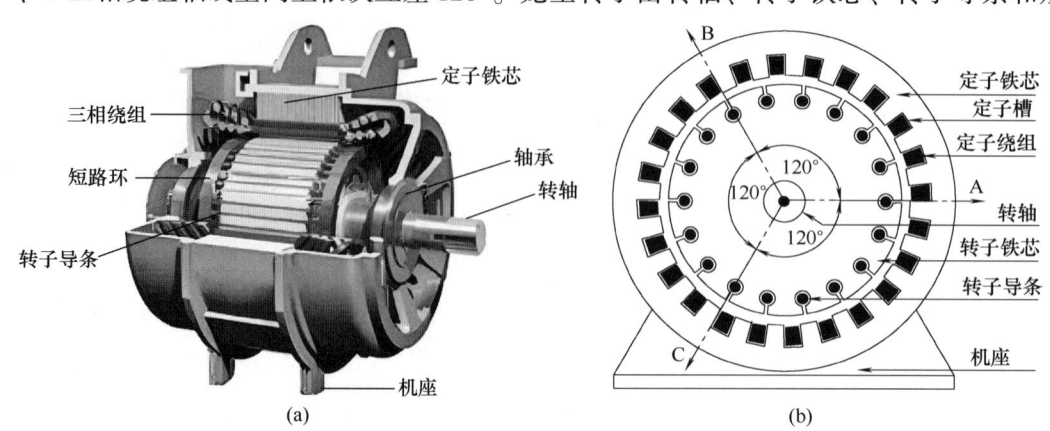

图 11-1 三相笼型异步电机结构

(a) 异步电机剖视图　(b) 异步电机横断面示意图

环构成，转子导条嵌入转子铁芯上的槽内，并通过两端的圆形短路环连接。当去除铁芯后，转子导条和短路环形如"圆形笼"，故称笼型异步电机。

11.1.2 异步电机工作原理

11.1.2.1 三相定子绕组的合成磁动势

定子绕组中通入交流电时，将产生磁动势和磁场。三相定子绕组产生的定子磁场极数与定子绕组极数相等。

考虑如图 11-2（a）所示三相两极异步电机定子示意图，各相绕组用集中绕组来表示。A、B、C 三相绕组中 ■ 表示电流流出正方向，⊠ 表示电流流入正方向。

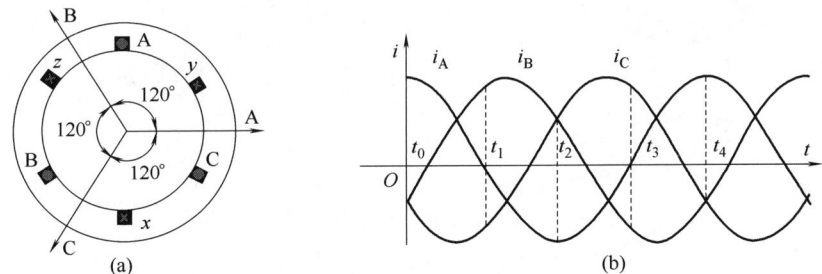

图 11-2 三相两极异步电机定子示意图和三相交流电流
(a) 三相两极异步电机定子   (b) 三相交流电流

当绕组中通入角频率为 ω_1 的三相交流电流 $i_A(t)$、$i_B(t)$ 和 $i_C(t)$：

$$\begin{cases} i_A(t) = \sqrt{2}I\cos(\omega_1 t) \\ i_B(t) = \sqrt{2}I\cos\left(\omega_1 t - \frac{2}{3}\pi\right) \\ i_C(t) = \sqrt{2}I\cos\left(\omega_1 t + \frac{2}{3}\pi\right) \end{cases} \tag{11-1}$$

式中，I 为电流有效值。

分别考虑时间相位上依次互差 $\frac{\pi}{2}$ 的特定时刻 t_0、t_1、t_2 和 t_3 时，A、B、C 三个单相绕组得到的各相磁动势。

(1) $t = t_0$

此时，$\omega_1 t = 0$，有：

$$\begin{cases} i_A(t_0) = \sqrt{2}I\cos(0) = \sqrt{2}I \\ i_B(t_0) = \sqrt{2}I\cos\left(-\frac{2}{3}\pi\right) = -\frac{\sqrt{2}}{2}I \\ i_C(t_0) = \sqrt{2}I\cos\left(\frac{2}{3}\pi\right) = -\frac{\sqrt{2}}{2}I \end{cases} \tag{11-2}$$

此时，A 相绕组电流为最大，B、C 绕组电流相等。根据安培定则，A 相绕组产生空间上垂直于绕组方向的磁动势，如图 11-3（a）所示的箭头③；同理，B 相和 C 相绕组产生的磁动势方向分别如图 11-3（a）所示的箭头①和的箭头②。根据平行四边形定则，此时三相绕组的合成磁动势如图 11-3（a）所示的箭头④。如定义 A 相绕组轴线为合成磁动势空间电角度 θ_1 的起点，即 $\theta_1 = 0$。A 相绕组产生的磁动势幅值为：

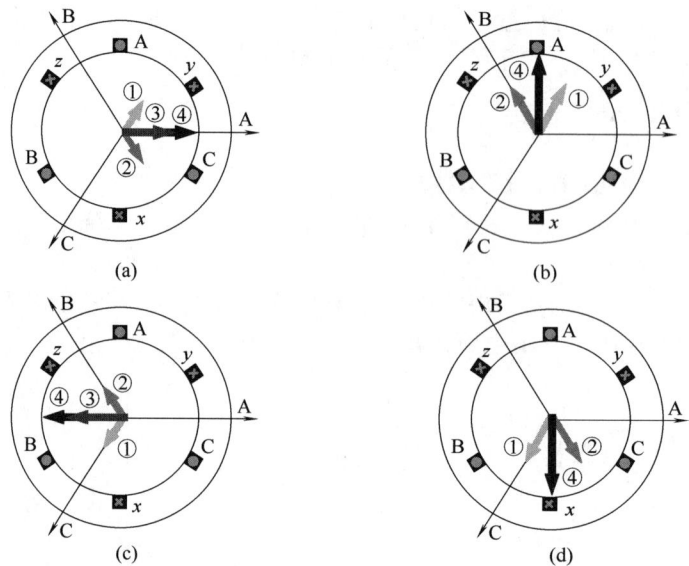

图 11-3　各时刻单相磁动势与三相磁动势
(a) $t=t_0$　(b) $t=t_1$　(c) $t=t_2$　(d) $t=t_3$

$$F_{\phi 1}=\frac{4}{\pi}\frac{Nk_{w1}}{2n_p}|i_A(0)|=\sigma|i_A(0)|=\sigma\sqrt{2}I \tag{11-3}$$

式中，N 为各相绕组串联匝数；n_p 为极对数；k_{w1} 为绕组因数；$\sigma=\dfrac{4}{\pi}\dfrac{Nk_{w1}}{2n_p}$。B、C 相绕组产生的磁动势幅值均为 $\sigma\dfrac{\sqrt{2}}{2}I$。根据图 11-4（a），可得此时三相合成磁动势幅值为：

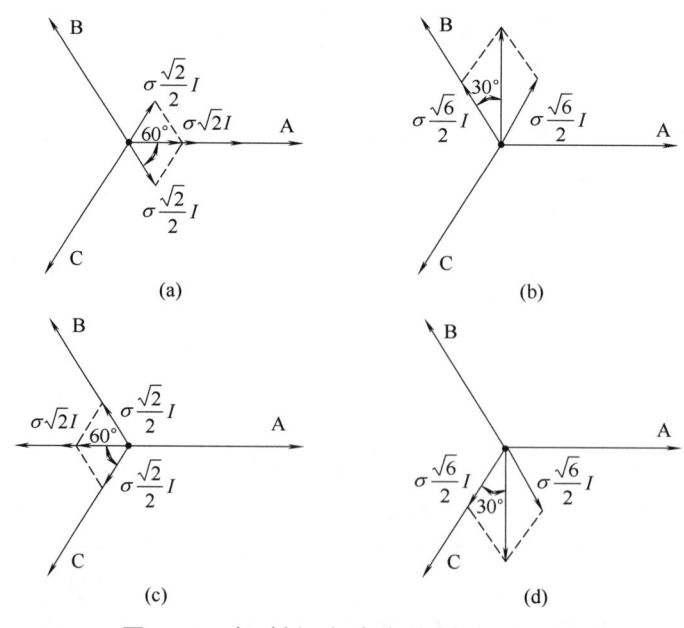

图 11-4　各时刻三相合成磁动势幅值计算
(a) $t=0$　(b) $t=t_1$　(c) $t=t_2$　(d) $t=t_3$

$$F_{\phi 3} = \sigma \frac{3\sqrt{2}}{2} I \tag{11-4}$$

(2) $t = t_1$

此时，$\omega_1 t = \dfrac{\pi}{2}$，有：

$$\begin{cases} i_A(t_1) = \sqrt{2} I \cos\left(\dfrac{\pi}{2}\right) = 0 \\ i_B(t_1) = \sqrt{2} I \cos\left(-\dfrac{\pi}{6}\right) = \dfrac{\sqrt{6}}{2} I \\ i_C(t_1) = \sqrt{2} I \cos\left(\dfrac{7\pi}{6}\right) = -\dfrac{\sqrt{6}}{2} I \end{cases} \tag{11-5}$$

可见，A 相绕组电流为零，B 和 C 相电流幅值相等。各相磁动势及合成磁动势如图 11-3（b）所示，合成磁动势空间电角度 $\theta_1 = \pi/2$。B、C 相绕组产生的磁动势幅值均为 $\sigma\dfrac{\sqrt{6}}{2}I$。根据图 11-4（b），可得此时合成磁动势幅值仍为 $F_{\phi 3} = \sigma\dfrac{3\sqrt{2}}{2}I$。

(3) $t = t_2$

此时，$\omega_1 t_1 = \pi$，有：

$$\begin{cases} i_A(t_2) = \sqrt{2} I \cos(\pi) = -\sqrt{2} I \\ i_B(t_2) = \sqrt{2} I \cos\left(\dfrac{\pi}{3}\right) = \dfrac{\sqrt{2}}{2} I \\ i_C(t_2) = \sqrt{2} I \cos\left(\dfrac{5\pi}{3}\right) = \dfrac{\sqrt{2}}{2} I \end{cases} \tag{11-6}$$

可见，A 相绕组电流幅值最大，B 和 C 相电流幅值相等。各相磁动势及合成磁动势如图 11-3（c）所示，合成磁动势空间电角度 $\theta_1 = \pi$。A 相单相绕组产生的磁动势幅值为 $\sigma\sqrt{2}I$，B、C 单相绕组产生的磁动势幅值均为 $\sigma\sqrt{2}/2I$。根据图 11-4（c），可得此时合成磁动势幅值仍为 $F_{\phi 3} = \sigma\dfrac{3\sqrt{2}}{2}I$。

(4) $t = t_3$

此时，$\omega_1 t = 3\pi/2$，有：

$$\begin{cases} i_A(t_3) = \sqrt{2} I \cos\left(\dfrac{3\pi}{2}\right) = 0 \\ i_B(t_3) = \sqrt{2} I \cos\left(\dfrac{5\pi}{6}\right) = -\dfrac{\sqrt{6}}{2} I \\ i_C(t_3) = \sqrt{2} I \cos\left(\dfrac{\pi}{6}\right) = \dfrac{\sqrt{6}}{2} I \end{cases} \tag{11-7}$$

可见，A 相绕组电流为零，B 和 C 相电流幅值相等。各相磁动势及合成磁动势如图 11-3（d）所示，合成磁动势空间电角度 $\theta_1 = 3\pi/2$。B、C 单相绕组产生的磁动势幅值均为 $\sigma\dfrac{\sqrt{6}}{2}I$。根据图 11-4（d），可得此时合成磁动势幅值仍为 $F_{\phi 3} = \sigma\dfrac{3\sqrt{2}}{2}I$。

当 $t = t_4$ 时，$\omega_1 t = 2\pi$，进入下一个周期，合成磁动势空间电角度归于 0。

根据上述分析，可得结论：

① t_0、t_1、t_2 和 t_3 时刻，三相定子绕组的合成磁动势空间上随时间逆时针旋转，且空间电角度与 ωt 相同。

② t_0、t_1、t_2 和 t_3 时刻，三相定子绕组的合成磁动势幅值相等，均等于 $\sigma \dfrac{3\sqrt{2}}{2} I$。

上述 4 种时刻均为特例，更一般地，可得 A、B、C 各相磁动势为：

$$\begin{cases} f_{A1} = \sigma i_A(t) = \sigma\sqrt{2} I \cos(\omega_1 t) \\ f_{B1} = \sigma i_B(t) = \sigma\sqrt{2} I \cos\left(\omega_1 t - \dfrac{2}{3}\pi\right) \\ f_{C1} = \sigma i_C(t) = \sigma\sqrt{2} I \cos\left(\omega_1 t + \dfrac{2}{3}\pi\right) \end{cases} \tag{11-8}$$

用复指数 $e^{j\theta}$ 表示 A、B、C 绕组在空间上的角度，则三相合成磁动势可表述为：

$$\begin{aligned} \boldsymbol{f}_3 &= f_{A1} e^{j0} + f_{B1} e^{j\frac{2}{3}\pi} + f_{C1} e^{j\frac{4}{3}\pi} \\ &= \sigma\sqrt{2} I \cos(\omega_1 t) + \sigma\sqrt{2} I \cos\left(\omega_1 t - \dfrac{2}{3}\pi\right) e^{j\frac{2}{3}\pi} + \sigma\sqrt{2} I \cos\left(\omega_1 t + \dfrac{2}{3}\pi\right) e^{j\frac{4}{3}\pi} \\ &= \sigma\sqrt{2} I \left[\cos(\omega_1 t) + \cos\left(\omega_1 t - \dfrac{2}{3}\pi\right) \left(\cos\dfrac{2}{3}\pi + j\sin\dfrac{2}{3}\pi \right) + \cos\left(\omega_1 t + \dfrac{2}{3}\pi\right) \left(\cos\dfrac{4}{3}\pi + j\sin\dfrac{4}{3}\pi \right) \right] \\ &= \sigma \dfrac{3\sqrt{2}}{2} I \left[\cos(\omega_1 t) + j\sin(\omega_1 t) \right] \\ &= \sigma \dfrac{3\sqrt{2}}{2} I e^{j\omega_1 t} \end{aligned} \tag{11-9}$$

根据上述分析，三相定子绕组通入频率为 ω_1、有效值为 I 的交流电流时，将时间上周期变化的电流信号转换成了空间上旋转的磁动势和磁场，且合成磁动势角速度等于 ω_1，幅值等于 $\sigma \dfrac{3\sqrt{2}}{2} I$。

11.1.2.2 异步电机的运行状态

当定子绕组产生空间上旋转的磁动势和磁场后，转子导条切割磁力线产生感应电流，进而产生转子磁动势和磁场。转子磁场和定子磁场相互作用产生电磁转矩，带动转轴上的负载旋转。

可见，定子绕组产生的磁力线切割转子导条，是产生感应电流进而产生转子磁动势和磁场的关键。因此，异步电机运行时，转子转速 n 必须与定子旋转磁场的转速 n_s（同步转速）存在差值，该差值称为转差，即 $\Delta n = n_s - n$。进一步地，定义 Δn 与 n_s 的比值为转差率 $s = \Delta n / n_s$。

根据转子转速 n 与同步转速 n_s 的关系，异步电机存在三种工作状态[1]。

（1）电动机

此时，$0 < n < n_s$，转差率 $0 < s < 1$。定子旋转磁场以转速 n_s 逆时针旋转，由于转子转速低于同步转速，因此转子导条和定子旋转磁场存在相对运动。根据右手定则可得转子导条中的电流方向如图 11-5（a）所示。根据左手定则，通电转子导条在定子磁场作用下，产生电磁力和电磁转矩，方向如图 11-5（a）所示。该工作状态下，电机从逆变器获取电功率，向转轴输出机械功率，称为异步电机的电动机运行状态[1]。

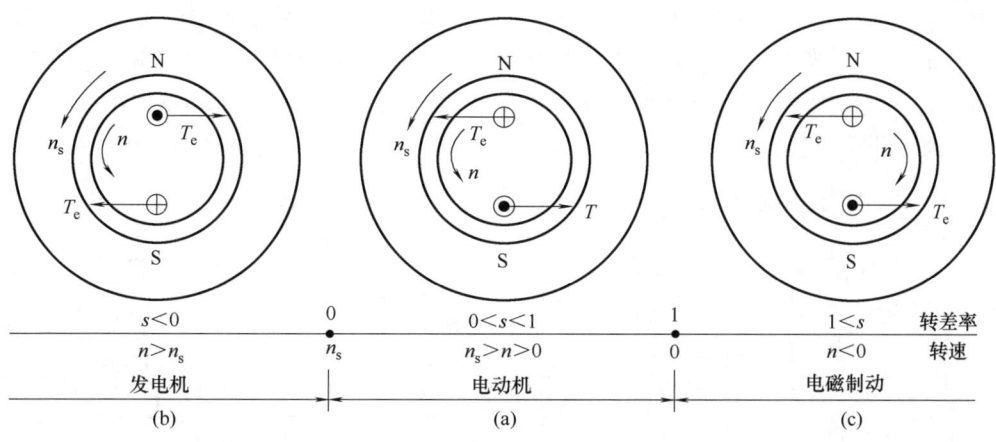

图 11-5 异步电机三种工作状态[1]

(2) 发电机

此时，异步电机转子由原动机拖动旋转，使得 $n>n_s$，转差率 $s<0$。由于转子转速高于定子旋转磁场转速，转子导条和定子旋转磁场存在相对运动，但转子导条切割磁场的方向与电动机状态刚好相反，故根据右手定则，可得转子导条中的电流方向如图 11-5（b）所示。根据左手定则，通电转子导条产生的电磁力和电磁转矩方向与转子旋转方向相反，电磁转矩为制动性质。该工作状态下，逆变器从异步电机定子绕组获取电功率，称为异步电机的发电机运行状态[1]。

(3) 电磁制动

此时，异步电机定子旋转磁场以转速 n_s 逆时针旋转，而转子由其他负载拖动顺时针旋转，使得 $n<0$，转差率 $s>1$。转子导条中的感应电流方向、转子导条产生的电磁力与电磁转矩均与电动机状态时相同。但由于电磁转矩与转速方向相反，电机既从逆变器获取电功率，同时也消耗转子机械功率，两者均转换为电机的内部消耗[1]。

基于上述分析，可知控制异步电机运行的关键在于通过对三相定子电流的控制，实现电机运行状态、输出转矩或制动转矩大小的调节。

11.2 交流电机矢量控制基本原理

11.2.1 运动控制系统的基本运动方程

运动控制系统的基本运动方程可描述为：

$$T_e - T_L = J\frac{d\omega_m}{dt} = \frac{GD^2}{375}\frac{dn}{dt} \tag{11-10}$$

式中，T_e 为电动机的电磁转矩（忽略机械损耗）（N·m）；T_L 为负载转矩（N·m）；J 为转动惯量（kg·m²）；ω_m 为电机转子角速度；n 为电机转子转速（r/min），$n=\frac{60\omega_m}{2\pi}$；$GD^2$ 为飞轮力矩，指运动系统转动部分的重量与其惯性直径平方的乘积，$GD^2=4gJ$，g 为重力加速度[2]。

由公式（11-10）可知，转速控制是通过对转矩的动态控制实现的。对于电动汽车电驱动系统而言，通常兼具转速控制和转矩控制两种模式，且通常工作于转矩控制模式，仅在定速巡航等特定工况下，才工作于转速控制模式。可见，电机控制的核心任务，是实现对电磁转矩的精准控制。

11.2.2 直流电机电磁转矩

直流电机具有良好的静态、动态特性，根本原因在于其转矩控制较容易[1]。如图11-6所示，直流励磁电流 I_m 产生主磁极 N 和 S，磁通量为 Φ_d；电枢绕组中通入电流 I_a 产生电枢磁动势 $F_a(I_a)$。由于电枢绕组通过换向器和电刷与外电路连接，而电刷又位于与主磁极垂直的几何中线上，因此 $F_a(I_a)$ 与 Φ_d 始终保持垂直。对于直流电机而言，其电磁转矩可描述为：

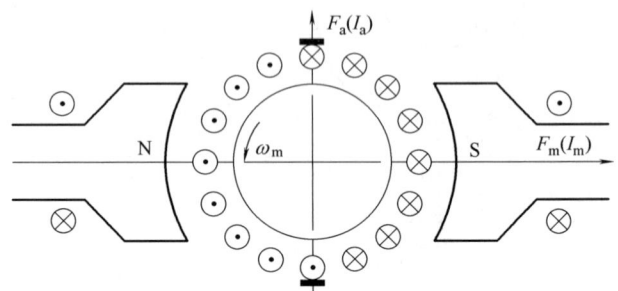

图11-6　两极直流电机示意图

$$T_e = C_T \Phi I_a \qquad (11\text{-}11)$$

式中，C_T 为转矩常数；Φ 为气隙磁通量，忽略磁饱和效应时，Φ 等于 Φ_d，与 I_m 成正比，且与 I_a 无关。因此，要想控制直流电机的转矩，只需对电枢电流 I_a 进行控制便可实现。

直流调速系统之所以具备优良的静态、动态特性是因为主磁通 Φ 唯一地由励磁电流 I_m 决定。在主磁通恒定的情况下，转矩由电枢电流 I_a 唯一决定，I_m 和 I_a 之间没有耦合，可分别控制。因此，如忽略磁饱和效应，直流电机电枢电流 I_a 和主磁通 Φ 正交，两者各自独立，互不影响，是直流电机容易控制的根本原因[1,3]。

11.2.3 交流电机电磁转矩

以异步电机为例，其电磁转矩可描述为：

$$T_e = C_k \Phi_m I_2 \cos\varphi_2 \qquad (11\text{-}12)$$

式中，C_k 为异步电机的转矩常数；Φ_m 为气隙主磁通；I_2 为转子电流；φ_2 为转子内功率因数角。

对于异步电机，I_2、φ_2 均为转差率 s 的函数，并且难以直接控制。可直接控制的仅有定子电流 I_1，但 I_1 是励磁电流 I_0 与 I_2 的折合值的矢量和。因此，多变量、强耦合、非线性是异步电机控制系统复杂的根本原因。

11.2.4 矢量控制基本原理

基于上述分析，可知如果能将交流电机等效的转换为类似于直流电机的控制模式，实现励磁电流和转矩电流的独立控制，则可得到与直流电机媲美的动态调速性能。

实现过程为：类似直流电机，将交流的定子电流抽象成两个量，其中一个量等同于直流电机的励磁电流，称之为励磁分量。由于该分量位于 dq 坐标系中的 d 轴（Direct Axis），故称之为直轴电流 i_d。另一个量等同于直流电机的电枢电流，当励磁电流固定时，该量直接决定电磁转矩，称之为转矩分量。由于该分量位于 dq 坐标系中的 q 轴（Quadrature Axis），故称之为交轴电流 i_q。

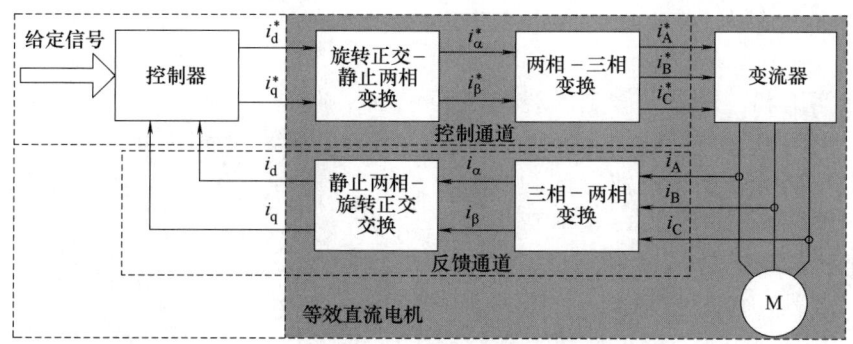

图 11-7 交流电机矢量控制系统原理示意图

至此,可以抽象出交流电机的矢量控制系统的基本结构,如图 11-7 所示。具体工作原理如下:

① 控制器根据给定信号(通常为磁链和转速)与反馈通道获取的实时定子电流直轴和交轴分量 i_d 和 i_q,确定定子电流直轴和交轴分量的给定值 i_d^* 和 i_q^*。由于 i_d 直接决定磁链值,i_q 直接决定转矩值,两者均为标量,且无耦合,因此,控制器通常为两个独立的 SISO(单输入单输出,Single Input Single Output)控制器,极大地简化了控制器设计。

② 矢量控制系统根据坐标反变换,将给定值 i_d^* 和 i_q^* 转换为定子三相电流给定值 i_A^*、i_B^*、i_C^*。整个坐标反变换过程由旋转正交-静止两相变换、两相-三相变换两步实现。

③ 变流器根据给定值 i_A^*、i_B^*、i_C^*,对输出电流进行电流闭环控制,并输出实际三相电流 i_A、i_B、i_C。

④ 矢量控制系统的反馈通道根据坐标变换,将 i_A、i_B、i_C 转换为实际定子电流直轴和交轴分量 i_d 和 i_q,供控制器使用。同样,整个坐标变化过程由三相-两相变换、静止两相-旋转正交变换两步实现。

由上述过程可知,图 11-7 中阴影部分的输入变量 i_d^* 和 i_q^* 均为标量,分别决定交流电机的磁链和转矩,可等效为直流电机。

可见,交流电机矢量控制系统的核心在于坐标反变换和坐标变换,而反变换的输出和变换的输入为矢量形式的三相定子电流,因此,该控制系统称为矢量变换控制系统,简称矢量控制(Vector Control)。

如图 11-7 所示为变流器采用 CFPWM 电流跟随 PWM 调制方法时,交流电机矢量控制系统的一般形式。当变流器采用 SVPWM 调制方法时,矢量控制系统的具体实现方法略有变化,如图 11-14 所示。

11.3 异步电机数学模型

11.3.1 静止三相坐标系中的异步电机数学模型

根据如图 11-1 所示三相异步电机结构,将电机转子等效为三相绕线型转子,考虑定子、转子绕组均采用 Y 形连接,且绕组对称,空间互差 $\frac{2\pi}{3}$ 电角度,可得如图 11-8 所示的物理模型。其中,ABC 定子绕组空间固定,abc 转子绕组以角速度 ω 随转子旋转。以 A 轴为参考，转子 a 轴与 A 轴之间的电角度为 θ。

忽略磁路饱和、铁损，假定各绕组自感、互感、电阻恒定。同时，定义电压的正方向为电压降低方向，电流方向为高电位流入低电位流出，即图 11-8 中箭头方向。异步电机的动态数学模型可通过磁链方程、电压方程、转矩方程和运动方程来描述[2]。

11.3.1.1 磁链方程

$$\begin{bmatrix} \boldsymbol{\Psi}_s \\ \boldsymbol{\Psi}_r \end{bmatrix} = \begin{bmatrix} \boldsymbol{L}_{ss} & \boldsymbol{L}_{sr} \\ \boldsymbol{L}_{rs} & \boldsymbol{L}_{rr} \end{bmatrix} \begin{bmatrix} \boldsymbol{i}_s \\ \boldsymbol{i}_r \end{bmatrix} \quad (11-13)$$

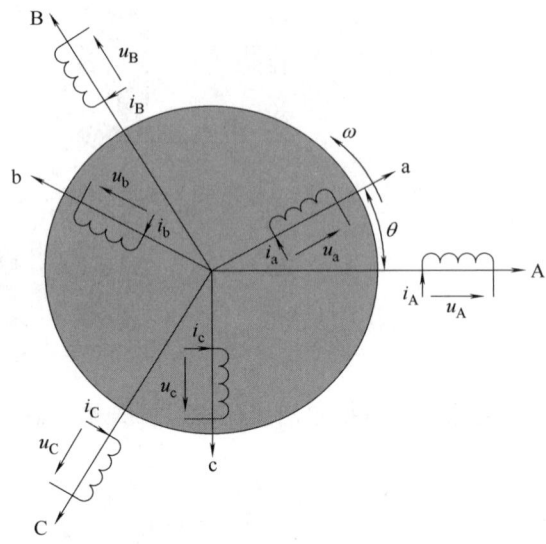

图 11-8　三相异步电机物理模型

式中，$\boldsymbol{\Psi}_s = \begin{bmatrix} \psi_A & \psi_B & \psi_C \end{bmatrix}^T$ 为定子磁链向量；$\boldsymbol{\Psi}_r = \begin{bmatrix} \psi_a & \psi_b & \psi_c \end{bmatrix}^T$ 为转子磁链向量；$\boldsymbol{i}_s = \begin{bmatrix} i_A & i_B & i_C \end{bmatrix}^T$ 为定子电流向量；$\boldsymbol{i}_r = \begin{bmatrix} i_a & i_b & i_c \end{bmatrix}^T$ 为转子电流向量；$\boldsymbol{L}_{ss}$、$\boldsymbol{L}_{sr}$、$\boldsymbol{L}_{rs}$、$\boldsymbol{L}_{rr}$ 为电感矩阵，其中 $\boldsymbol{L}_{ss}$、$\boldsymbol{L}_{rr}$ 为常数矩阵，

$$\boldsymbol{L}_{rs} = \boldsymbol{L}_{sr}^T = \begin{bmatrix} \cos\theta & \cos\left(\theta - \frac{2\pi}{3}\right) & \cos\left(\theta + \frac{2\pi}{3}\right) \\ \cos\left(\theta + \frac{2\pi}{3}\right) & \cos\theta & \cos\left(\theta - \frac{2\pi}{3}\right) \\ \cos\left(\theta - \frac{2\pi}{3}\right) & \cos\left(\theta + \frac{2\pi}{3}\right) & \cos\theta \end{bmatrix} \quad (11-14)$$

可见 $\boldsymbol{L}_{rs}$ 和 $\boldsymbol{L}_{sr}$ 均随 θ 变化，异步电机运转时，θ 为变量，故该矩阵是变参数的，这是系统非线性的根源之一[2]。

11.3.1.2 电压方程

$$\begin{bmatrix} u_A \\ u_B \\ u_C \\ u_a \\ u_b \\ u_c \end{bmatrix} = \begin{bmatrix} R_s & & & & & \\ & R_s & & & & \\ & & R_s & & & \\ & & & R_r & & \\ & & & & R_r & \\ & & & & & R_r \end{bmatrix} \begin{bmatrix} i_A \\ i_B \\ i_C \\ i_a \\ i_b \\ i_c \end{bmatrix} + \frac{d}{dt} \begin{bmatrix} \psi_A \\ \psi_B \\ \psi_C \\ \psi_a \\ \psi_b \\ \psi_c \end{bmatrix} \quad (11-15)$$

式中，u_A、u_B、u_C、u_a、u_b、u_c 为定子和转子瞬时相电压；R_s 和 R_r 为定子和转子电阻。代入磁链方程后，该式可写为：

$$\begin{aligned} \boldsymbol{u} &= \boldsymbol{Ri} + \frac{d\boldsymbol{\Psi}}{dt} \\ &= \boldsymbol{Ri} + \frac{d}{dt}(\boldsymbol{Li}) \\ &= \boldsymbol{Ri} + \boldsymbol{L}\frac{d\boldsymbol{i}}{dt} + \boldsymbol{i}\frac{d\boldsymbol{L}}{dt} \\ &= \boldsymbol{Ri} + \boldsymbol{L}\frac{d\boldsymbol{i}}{dt} + \boldsymbol{i}\omega\frac{d\boldsymbol{L}}{d\theta} \end{aligned} \quad (11-16)$$

式中，$L\dfrac{d\boldsymbol{i}}{dt}$ 为电流变化引起的变压器电动势；$i\omega\dfrac{d\boldsymbol{L}}{d\theta}$ 为由定转子位置相对变化引起的与转速 ω 成正比的运动电动势[2]。

11.3.1.3 转矩方程

$$T_e = -n_p L_{ms}[(i_A i_a + i_B i_b + i_C i_c)\sin\theta + \\ (i_A i_a + i_B i_b + i_C i_c)\sin(\theta+120°) + (i_A i_a + i_B i_b + i_C i_c)\sin(\theta-120°)] \tag{11-17}$$

式中，n_p 为电机极对数；L_{ms} 为定子互感。

11.3.1.4 运动方程

$$\frac{J}{n_p}\frac{d\omega}{dt} = T_e - T_L \tag{11-18}$$

式中，J 为系统总转动惯量；T_L 为总负载转矩。

至此，已经建立了异步电机的三相动态模型，由于该动态模型基于三相电压、电流、磁链建立，且以空间静止的 A 相绕组轴线为参考，因此称该模型为静止三相坐标系中的异步电机数学模型，具体如下：

$$\begin{cases} \boldsymbol{\Psi} = \boldsymbol{Li} \\ \boldsymbol{u} = \boldsymbol{Ri} + \boldsymbol{L}\dfrac{d\boldsymbol{i}}{dt} + i\omega\dfrac{d\boldsymbol{L}}{d\theta} \\ T_e = f(i_A, i_B, i_C, i_a, i_b, i_c, \theta) \\ \dfrac{J}{n_p}\dfrac{d\omega}{dt} = T_e - T_L \\ \omega = \dfrac{d\theta}{dt} \end{cases} \tag{11-19}$$

静止三相坐标系中的异步电机数学模型具有如下特性。

（1）非线性

磁链方程中电感矩阵随转子角度 θ 的变化，该非线性随着磁链方程进一步表现在电压方程和转矩方程中。

（2）强耦合性

定子和转子间有耦合（通过电感的变化），定转子三相绕组之间也存在交叉耦合。

（3）非独立性

如异步电机三相绕组为无中线 Y 形连接，可得，$\begin{cases} i_A + i_B + i_C = 0 \\ i_a + i_b + i_c = 0 \end{cases}$，$\begin{cases} \psi_A + \psi_B + \psi_C = 0 \\ \psi_a + \psi_b + \psi_c = 0 \end{cases}$，$\begin{cases} u_A + u_B + u_C = 0 \\ u_a + u_b + u_c = 0 \end{cases}$，可见三相中只有两相是独立的，可用两相模型代替[2]。

静止三相坐标系中的异步电机数学模型是一个多变量、非线性、强耦合高阶模型。其可控性较差，必须进一步简化，以实现三相定子电流直轴和交轴分量的解耦。

11.3.2 静止两相坐标系中的异步电机数学模型

静止三相坐标系异步电机数学模型中，三相定转子电压、三相定转子电流、三相定转子磁链中均只有两相是独立的，意味着只需两相就可以实现三相同样的物理效果，可在形式上简化异步电机的数学模型。从产生旋转磁动势的角度上看，两相同样可以产生相同的旋转磁动势。因此，可以用两相正交对称绕组进行等效代替。由于两相正交对称绕组，仍为空间静止状态，故称为静止两相坐标系中的异步电机数学模型。

11.3.2.1 变换及其逆变换

从静止三相坐标系到静止两相坐标系之间的变换，称为"三相-两相变换（克拉克Clarke变换）"，简称"3/2变换"[4,5]。静止两相坐标系又称作"$\alpha\beta$坐标系"。

由于从静止三相坐标系到静止两相坐标系之间的变换仅仅是数学形式上的公式变化，为确保两种坐标系上的物理效果相同，必须保证变换前后产生的磁动势相同，且瞬时功率不变或者幅值不变。当采用瞬时功率不变原则时，可得3/2变换的变换矩阵为：

$$C_{3s \to 2s} = \sqrt{\frac{2}{3}} \begin{bmatrix} 1 & -\frac{1}{2} & -\frac{1}{2} \\ 0 & \frac{\sqrt{3}}{2} & -\frac{\sqrt{3}}{2} \end{bmatrix} \tag{11-20}$$

相应的逆变换为：

$$C_{2s \to 3s} = \sqrt{\frac{2}{3}} \begin{bmatrix} 1 & 0 \\ -\frac{1}{2} & \frac{\sqrt{3}}{2} \\ -\frac{1}{2} & -\frac{\sqrt{3}}{2} \end{bmatrix} \tag{11-21}$$

通过3/2变换后，原来的定子三相电流i_A、i_B、i_C，变成了两相交流电流$i_{s\alpha}$、$i_{s\beta}$，即：

$$\begin{bmatrix} i_{s\alpha} \\ i_{s\beta} \end{bmatrix} = C_{3s \to 2s} \begin{bmatrix} i_A \\ i_B \\ i_C \end{bmatrix} \tag{11-22}$$

同理，原静止三相坐标系下的定子电压、磁链均可采用变换矩阵（11-20）转换至静止两相坐标系。

11.3.2.2 定子$\alpha\beta$、转子$\alpha'\beta'$坐标系中的异步电机模型

由于定子绕组本身是空间静止的，电流作用下产生的旋转磁动势的角速度为同步角速度ω_1，但是转子本身在以角速度ω旋转。因此，定子静止两相坐标系$\alpha\beta$静止，而转子坐标系$\alpha'\beta'$以角速度ω空间旋转，且与α轴夹角为θ。定子$\alpha\beta$、转子$\alpha'\beta'$坐标系中的异步电机模型如图11-9所示，其中F为定子磁动势。

因此，定子$\alpha\beta$、转子$\alpha'\beta'$坐标系中的异步电机磁链方程、电压方程、转矩方程分别如下[2]。

（1）磁链方程

$$\begin{bmatrix} \psi_{s\alpha} \\ \psi_{s\beta} \\ \psi_{r\alpha'} \\ \psi_{r\beta'} \end{bmatrix} = \begin{bmatrix} L_s & 0 & L_m\cos\theta & -L_m\cos\theta \\ 0 & L_s & L_m\sin\theta & L_m\cos\theta \\ L_m\cos\theta & L_m\sin\theta & L_r & 0 \\ -L_m\sin\theta & L_m\cos\theta & 0 & L_r \end{bmatrix} \begin{bmatrix} i_{s\alpha} \\ i_{s\beta} \\ i_{r\alpha'} \\ i_{r\beta'} \end{bmatrix} \tag{11-23}$$

式中，$L_s = L_m + L_{ls}$为定子两相绕组等效自感；L_{ls}为定子漏感；$L_m = \frac{3}{2}L_{ms}$，为定转子间等效互感；$L_r = L_m + L_{lr}$为转子两相绕组等效自感；L_{lr}为转子漏感。

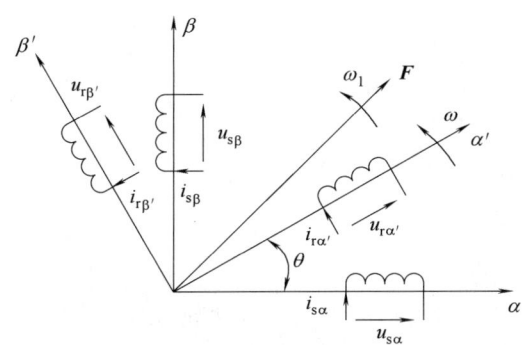

图 11-9 定子 αβ、转子 α'β'坐标系中的异步电机模型

(2) 电压方程

$$\begin{bmatrix} u_{s\alpha} \\ u_{s\beta} \\ u_{r\alpha'} \\ u_{r\beta'} \end{bmatrix} = \begin{bmatrix} R_s & & & \\ & R_s & & \\ & & R_r & \\ & & & R_r \end{bmatrix} \begin{bmatrix} i_{s\alpha} \\ i_{s\beta} \\ i_{r\alpha'} \\ i_{r\beta'} \end{bmatrix} + \frac{d}{dt} \begin{bmatrix} \psi_{s\alpha} \\ \psi_{s\beta} \\ \psi_{r\alpha'} \\ \psi_{r\beta'} \end{bmatrix}$$

(11-24)

(3) 转矩方程

$$T_e = -n_p L_m \left[(i_{s\alpha} i_{r\alpha'} + i_{s\beta} i_{r\beta'}) \sin\theta + (i_{s\alpha} i_{r\alpha'} - i_{s\beta} i_{r\beta'}) \cos\theta \right]$$

(11-25)

可见，3/2 变换减少了状态变量的维数，简化了定子和转子的自感矩阵[2]。但由于转子 α'β'坐标系并非静止的，而是以角速度 ω 旋转的，且与定子 αβ 坐标系存在夹角 θ。若要得到完整静止两相坐标系中的异步电机模型，需进一步通过"旋转正交-静止两相"变换，简称"2r/2s 变换"，将转子 α'β'坐标系转换至 αβ 坐标系。

11.3.2.3 静止两相坐标系中的异步电机模型

"2r/2s 变换"目的是将转子 α'β'旋转正交坐标系变换至 αβ 静止两相坐标系，以消除两个坐标系之间的 θ 角度耦合对磁链和转矩的影响。同样，根据变换前后产生磁动势相同的原则，可得变换矩阵为[2]：

$$C_{2r \to 2s}(\theta) = \begin{bmatrix} \cos\theta & -\sin\theta \\ \sin\theta & \cos\theta \end{bmatrix} \quad (11-26)$$

由公式（11-26）可知，2r/2s 变换本质上是将坐标系间的角度 θ，隐含在坐标轴上的物理量间了。因此，2r/2s 变换后，原转子电流 $i_{r\alpha'}$、$i_{r\beta'}$ 可描述为：

$$\begin{bmatrix} i_{r\alpha} \\ i_{r\beta} \end{bmatrix} = C_{2r \to 2s}(\theta) \begin{bmatrix} i_{r\alpha'} \\ i_{r\beta'} \end{bmatrix} \quad (11-27)$$

同理，原 α'β'坐标系下的转子电压、磁链均可采用变换矩阵（11-26）转换至静止两相坐标系。可得静止两相坐标系中的异步电机模型如图 11-10 所示，其中 F_r 为转子磁动势，F_m 为合成磁动势，$F_m = F + F_r$。

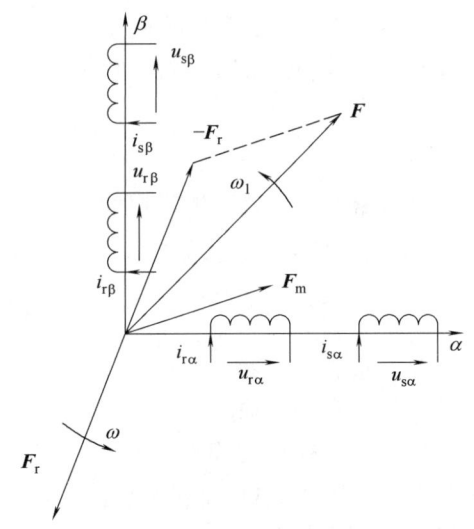

图 11-10 静止两相坐标系中的异步电机模型

至此，可得静止两相坐标系中的异步电机磁链方程、电压方程、转矩方程分别如下[2]。

(1) 磁链方程

$$\begin{bmatrix} \psi_{s\alpha} \\ \psi_{s\beta} \\ \psi_{r\alpha} \\ \psi_{r\beta} \end{bmatrix} = \begin{bmatrix} L_s & 0 & L_m & 0 \\ 0 & L_s & 0 & L_m \\ L_m & 0 & L_r & 0 \\ 0 & L_m & 0 & L_r \end{bmatrix} \begin{bmatrix} i_{s\alpha} \\ i_{s\beta} \\ i_{r\alpha} \\ i_{r\beta} \end{bmatrix}$$

(11-28)

(2) 电压方程

$$\begin{bmatrix} u_{s\alpha} \\ u_{s\beta} \\ u_{r\alpha} \\ u_{r\beta} \end{bmatrix} = \begin{bmatrix} R_s & & & \\ & R_s & & \\ & & R_r & \\ & & & R_r \end{bmatrix} \begin{bmatrix} i_{s\alpha} \\ i_{s\beta} \\ i_{r\alpha} \\ i_{r\beta} \end{bmatrix} + \frac{\mathrm{d}}{\mathrm{d}t} \begin{bmatrix} \psi_{s\alpha} \\ \psi_{s\beta} \\ \psi_{r\alpha} \\ \psi_{r\beta} \end{bmatrix} + \begin{bmatrix} 0 \\ 0 \\ \omega\psi_{r\beta} \\ -\omega\psi_{r\alpha} \end{bmatrix} \quad (11\text{-}29)$$

(3) 转矩方程

$$T_e = n_p L_m (i_{s\beta} i_{r\alpha} - i_{s\alpha} i_{r\beta}) \quad (11\text{-}30)$$

可见定转子间夹角 θ 对磁链和转矩的影响已经消除,但是静止两相坐标系中依然存在如下问题:

① 电压方程的存在较强的非线性耦合。
② 坐标轴上绕组中的电压、电流仍为交流,不便于控制。

11.3.3 旋转正交坐标系中的异步电机模型

为了进一步向直流电机靠拢,将静止两相坐标轴绕组中的电压、电流由交流变为直流标量,建立旋转正交坐标系。通过坐标系本身的旋转,达到变换前后产生磁动势相同的目的。从静止两相坐标系到旋转正交坐标系之间的变换,称为"静止两相-旋转正交变换 (Park 变换)",简称"2s/2r 变换"[6]。旋转正交坐标系又称作"dq 坐标系"。前述"2r/2s 变换"为"2s/2r 变换"的逆变换。根据磁动势相同原则,定义 dq 坐标系 d 轴与 αβ 坐标系 α 轴夹角为 φ,可得 2s/2r 变换矩阵为:

$$C_{2s\to 2r}(\varphi) = \begin{bmatrix} \cos\varphi & \sin\varphi \\ -\sin\varphi & \cos\varphi \end{bmatrix} \quad (11\text{-}31)$$

2s/2r 变换后,原来的定子电流 $i_{s\alpha}$、$i_{s\beta}$,可描述为:

$$\begin{bmatrix} i_{sd} \\ i_{sq} \end{bmatrix} = C_{2s\to 2r}(\varphi) \begin{bmatrix} i_{s\alpha} \\ i_{s\beta} \end{bmatrix} \quad (11\text{-}32)$$

同理,原静止两相坐标系下的定转子电压、电流、磁链均可采用变换矩阵 (11-31) 转换至旋转正交坐标系。如图 11-11 所示为旋转正交坐标系中的异步电机模型。

至此,可得旋转正交坐标系中的异步电机磁链方程、电压方程、转矩方程分别如下[2]。

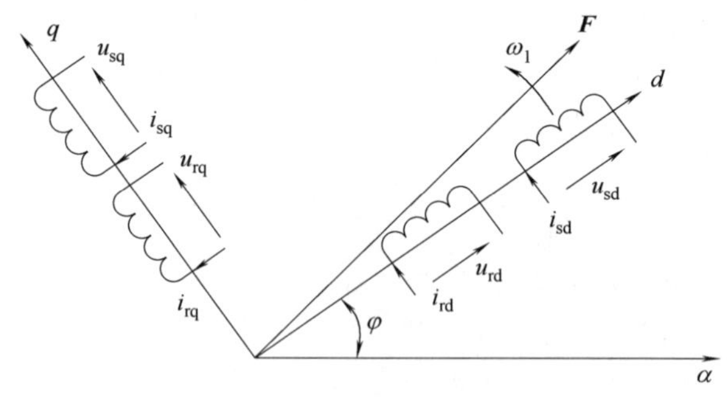

图 11-11 旋转正交坐标系中的异步电机模型

(1) 磁链方程

$$\begin{bmatrix} \psi_{sd} \\ \psi_{sq} \\ \psi_{rd} \\ \psi_{rq} \end{bmatrix} = \begin{bmatrix} L_s & 0 & L_m & 0 \\ 0 & L_s & 0 & L_m \\ L_m & 0 & L_r & 0 \\ 0 & L_m & 0 & L_r \end{bmatrix} \begin{bmatrix} i_{sd} \\ i_{sq} \\ i_{rd} \\ i_{rq} \end{bmatrix} \quad (11\text{-}33)$$

(2) 电压方程

$$\begin{bmatrix} u_{sd} \\ u_{sq} \\ u_{rd} \\ u_{rq} \end{bmatrix} = \begin{bmatrix} R_s & & & \\ & R_s & & \\ & & R_r & \\ & & & R_r \end{bmatrix} \begin{bmatrix} i_{sd} \\ i_{sq} \\ i_{rd} \\ i_{rq} \end{bmatrix} + \frac{\mathrm{d}}{\mathrm{d}t} \begin{bmatrix} \psi_{sd} \\ \psi_{sq} \\ \psi_{rd} \\ \psi_{rq} \end{bmatrix} + \begin{bmatrix} -\omega_1 \psi_{sq} \\ \omega_1 \psi_{sd} \\ -(\omega_1-\omega)\psi_{rq} \\ (\omega_1-\omega)\psi_{rd} \end{bmatrix} \tag{11-34}$$

(3) 转矩方程

$$T_e = n_p L_m (i_{sq} i_{rd} - i_{sd} i_{rq}) \tag{11-35}$$

可见，dq 坐标系中，转子和定子共同以同步角速度 ω_1 旋转，且 $\omega_1 = \dfrac{\mathrm{d}\varphi}{\mathrm{d}t}$。同时，定转子电压电流均为直流标量。但旋转正交坐标系中的异步电机模型仍存在如下问题：

① 电压方程中的非线性耦合加重了，且系统中增加了变量 ω_1。

② 并未实现类似直流电机的磁链和转矩的解耦控制，也就是说磁链不由 i_{sd} 唯一控制，转矩也不由 i_{sq} 唯一控制。

11.4 异步电机转子磁链定向矢量控制系统

11.4.1 转子磁链定向原理

旋转正交坐标系中的异步电机模型，通过坐标变换将定子和转子变换到以同步角速度 ω_1 旋转的正交 dq 坐标系，但仅明确了 dq 坐标系的角速度为 ω_1，并未指定该 dq 坐标系与什么物理量重合。异步电机中以同步角速度 ω_1 旋转的量有转子磁链、定子磁链和气隙磁链。转子磁链定向的基本原理是通过将 dq 坐标系与转子磁链重合，得到等效的直流电机模型，实现磁链和转矩的解耦控制，该控制系统称为转子磁链定向控制（Flux Orientation Control，FOC）系统[2]。

将 dq 坐标系的 d 轴强制与转子磁链矢量 $\pmb{\Psi}_r$ 重合，同时改称 d 轴为 m 轴，q 轴为 t 轴，称新的坐标系为"mt 坐标系"。由于 m 轴完全与 $\pmb{\Psi}_r$ 重合，因此原 q 轴磁链为 0，即：

$$\begin{cases} \psi_{rm} = \psi_{rd} = \psi_r \\ \psi_{rt} = \psi_{rq} = 0 \end{cases} \tag{11-36}$$

mt 坐标系中的异步电机模型，如图 11-12 所示。

此外，为确保 m 轴与 ψ_r 完全动态重合，有：

$$\frac{\mathrm{d}\psi_{rt}}{\mathrm{d}t} = \frac{\mathrm{d}\psi_{rq}}{\mathrm{d}t} = 0 \tag{11-37}$$

定义 mt 坐标系，将 d 轴按转子磁链定向的目的是实现定子电流励磁分量与转矩分量的解耦控制，即转子磁链 $\pmb{\Psi}_r$ 仅由励磁分量 i_{sm} 产生，电磁转矩仅由转矩分量 i_{st} 产生。具体推导过程如下。

(1) 转矩方程

将公式（11-33）改写为：

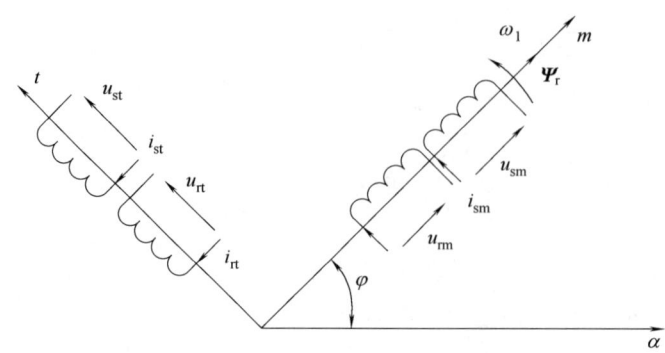

图 11-12 mt 坐标系中的异步电机模型

$$\begin{cases} \psi_{sd} = L_s i_{sd} + L_m i_{rd} \\ \psi_{sq} = L_s i_{sq} + L_m i_{rq} \\ \psi_{rd} = L_m i_{sd} + L_r i_{rd} \\ \psi_{rq} = L_m i_{sq} + L_r i_{rq} \end{cases} \tag{11-38}$$

由公式（11-38）第三、四行，可得：

$$\begin{cases} i_{rd} = \dfrac{1}{L_r}(\psi_{rd} - L_m i_{sd}) \\ i_{rq} = \dfrac{1}{L_r}(\psi_{rq} - L_m i_{sq}) \end{cases} \tag{11-39}$$

将公式（11-39）代入转矩方程（11-35）可得：

$$T_e = \dfrac{n_p L_m}{L_r}(i_{sq}\psi_{rd} - i_{sd}\psi_{rq}) \tag{11-40}$$

进一步地，将 d 轴按转子磁链定向后，根据公式（11-36），mt 坐标系中的转矩方程可写为，

$$T_e = \dfrac{n_p L_m}{L_r} i_{st}\psi_r \tag{11-41}$$

（2）转子磁链方程

根据公式（11-38），ψ_r 在 m 轴、t 轴上的分量可表示为：

$$\begin{cases} \psi_{rm} = \psi_r = L_m i_{sm} + L_r i_{rm} \\ \psi_{rt} = 0 = L_m i_{st} + L_r i_{rt} \end{cases} \tag{11-42}$$

根据公式（11-34）可得：

$$\begin{cases} u_{rd} = R_r i_{rd} + \dfrac{d\psi_{rd}}{dt} - (\omega_1 - \omega)\psi_{rq} \\ u_{rq} = R_r i_{rq} + \dfrac{d\psi_{rq}}{dt} + (\omega_1 - \omega)\psi_{rd} \end{cases} \tag{11-43}$$

对于笼型异步电机转子短路；对于绕线型异步电机，变频调速运行时，通常将转子直接短路。因此，u_{rd} 和 u_{rq} 均为 0。则在 mt 坐标系上：

$$\begin{cases} 0 = R_r i_{rm} + \dfrac{d\psi_{rm}}{dt} \\ 0 = R_r i_{rt} + (\omega_1 - \omega)\psi_{rm} \end{cases} \tag{11-44}$$

根据公式（11-44），可得：

$$i_{rm} = -\frac{d\psi_r}{dt}/R_r = \frac{-s\psi_r}{R_r} \tag{11-45}$$

式中，s 为微分算子。将公式（11-45）代入公式（11-42），可得：

$$\psi_r = \frac{L_m i_{sm}}{1+T_r s} \tag{11-46}$$

式中，$T_r = \frac{L_r}{R_r}$。重写转子磁链方程和转矩方程，可得：

$$\begin{cases} \psi_r = \dfrac{L_m i_{sm}}{1+T_r s} \\ T_e = \dfrac{n_p L_m}{L_r}\psi_r i_{st} = C_{TM}\psi_r i_{st} \end{cases} \tag{11-47}$$

式中，$C_{TM} = \dfrac{n_p L_m}{L_r}$ 为异步电机的转矩系数。由公式（11-47）可知，通过转子磁链定向，实现了定子电流励磁分量 i_{sm} 与转矩分量 i_{st} 的解耦控制。可通过 i_{sm} 和 i_{st}，对 ψ_r 和 T_e 分别进行控制，得到与直流电机类似的控制模式。

11.4.2 转子磁链观测

转子磁链 $\boldsymbol{\psi}_r$ 本身在以角速度 $\omega_1 = d\varphi/dt$ 旋转，且与 α 轴夹角为 φ。因此，实时获取转子磁链角度 φ，是根据公式（11-31）在 dq 坐标系与 $\alpha\beta$ 坐标系之间进行变换的关键。根据公式（11-47），在实际异步电机矢量控制中，特定工况下通常将 $\boldsymbol{\psi}_r$ 固定。因此，实时获取转子磁链幅值 ψ_r，是实现磁链闭环控制的关键。

然而，φ 和 ψ_r 均难以直接获得，需结合电机参数及电压、电流、转速等易测量，根据电机数学模型进行转子磁链观测。mt 坐标系上的转子磁链电流模型推导过程如下。

由公式（11-43）可得：

$$\frac{d\psi_{rq}}{dt} = -R_r i_{rq} - (\omega_1-\omega)\psi_{rd} \tag{11-48}$$

式中，i_{rq} 为不可直接测量变量，必须设法消除，故将公式（11-39）代入，可得：

$$\frac{d\psi_{rq}}{dt} = -\frac{1}{T_r}\psi_{rq} - (\omega_1-\omega)\psi_{rd} + \frac{L_m}{T_r}i_{sq} \tag{11-49}$$

代入公式（11-36），可得，mt 坐标系的旋转速度：

$$\omega_1 = \omega + \frac{L_m}{T_r \psi_r}i_{st} = \omega + \omega_s \tag{11-50}$$

式中，ω 为转子速度；$\omega_s = \dfrac{L_m}{T_r \psi_r}i_{st}$ 为转差角频率，即 mt 坐标系角速度与转子角速度之差。

综上，结合公式（11-47）和公式（11-50），可得 mt 坐标系上的转子磁链幅值 ψ_r 和相角 φ 的计算过程，如图 11-13 所示。

除 mt 坐标系上的转子磁链电流模型之外，$\alpha\beta$ 坐标系上的转子磁链电流模型、转子磁链电压模型等方法也可实现转子磁链的观测[2]。

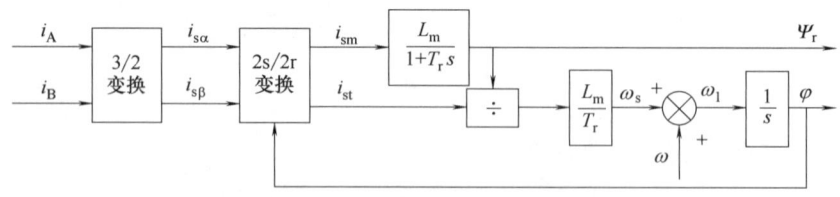

图 11-13 转子磁链电流模型

11.4.3 异步电机转子磁链定向矢量控制系统

根据如图 11-7 所示的交流电机矢量控制系统原理，结合各坐标系中的异步电机数学模型，可得异步电机转子磁链定向矢量控制系统典型结构，如图 11-14 所示。具体工作原理如下。

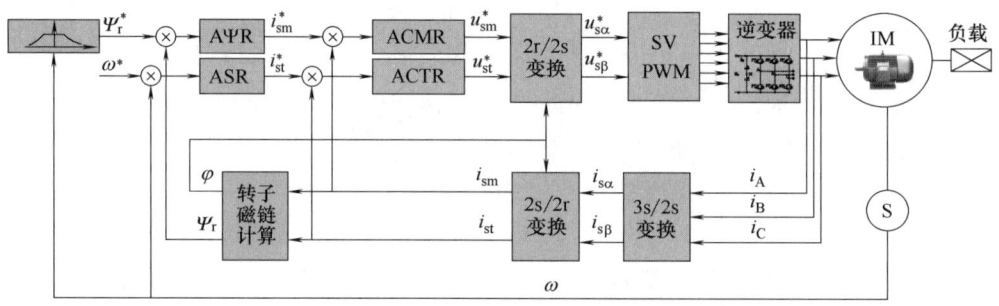

图 11-14 异步电机转子磁链定向矢量控制系统典型结构

（1）磁链闭环控制环节

包括磁链调节器 AΨR 和定子电流励磁分量调节器 ACMR。AΨR 以磁链幅值给定值 ψ_r^* 和实际值 ψ_r 之差为输入，输出为定子电流励磁分量给定值 i_{sm}^*，目的是实现磁链幅值的闭环控制。其中，ψ_r^* 为由转速决定的函数获得，通常在低速时，采用较大磁链幅值，以增强转矩输出能力；在额定转速以上的恒功率状态，采用较小磁链幅值，以实现在不增加定子电压的情况下提升转速[7]。进一步地，ACMR 以 i_{sm}^* 和定子电流励磁分量实际值 i_{sm} 之差为输入，输出为定子电压励磁分量给定值 u_{sm}^*，其作用是实现定子电流励磁分量的闭环控制。

（2）转速闭环控制环节

包括转速调节器 ASR 和定子电流转矩分量调节器 ACTR。ASR 以转速给定值 ω^* 和实际值 ω 之差为输入，输出为定子电流转矩分量给定值 i_{st}^*，其目的是实现转速的闭环控制。ACTR 以 i_{st}^* 和定子电流转矩分量实际值 i_{st} 之差为输入，输出为定子电压转矩分量给定值 u_{st}^*，其作用是实现定子电流转矩分量的闭环控制。

（3）坐标反变换与 SVPWM 环节

坐标反变换用于将 mt 坐标系中 u_{sm}^* 和 u_{st}^* 转换至 $\alpha\beta$ 坐标系中的定子电压矢量给定值 $u_{s\alpha}^*$ 和 $u_{s\beta}^*$；进一步地，SVPWM 根据 $u_{s\alpha}^*$ 和 $u_{s\beta}^*$ 确定逆变器功率管的开关状态，将交流电能转换为频率、有效值均可连续调节的交流电能，驱动异步电机运行。常见的逆变器结构包括：三相两电平逆变器、三相多电平逆变器、多相多电平逆变器等[8,9]。此外，SVPWM仅是实现交流电机矢量控制的调制方法之一，其他方法还包括 CFPWM 等[8,9]。

(4) 坐标变换与转子磁链计算环节

该环节的作用是根据测量得到的定子三相电流 i_A、i_B、i_C，获得定子电流的励磁分量 i_{sm} 和转矩分量 i_{st}，以进行闭环控制。同时，根据转子磁链模型获得磁链幅值 ψ_r 和角度 φ。其中，ψ_r 用于参与磁链闭环控制，φ 用于为 2r/2s 变换和 2s/2r 变换提供实时磁链空间角度。

本 章 小 结

本章以异步电机的结构和工作原理、运动控制系统的基本运动方程为切入，通过对比直流电机和交流电机的电磁转矩方程，阐述了异步电机控制系统的难点，并引入了矢量控制的基本原理；重点分析了异步电机在静止三相坐标系、静止两相坐标系、旋转正交坐标系中的数学模型；分析了异步电机转子磁链定向矢量控制系统的原理和系统结构。

参 考 文 献

[1] 汤蕴璆. 电机学：第 5 版 [M]. 北京：机械工业出版社，2014.

[2] 阮毅，杨影，陈伯时. 电力拖动自动控制系统——运动控制系统：第 5 版 [M]. 北京：机械工业出版社，2016.

[3] 潘月斗，楚子林. 现代交流电机控制技术 [M]. 北京：机械工业出版社，2018.

[4] Park R H. Two-reaction theory of synchronous machines generalized method of analysis-part I [J]. Transactions of the American Institute of Electrical Engineers，1929，48 (3)：716-727.

[5] Park R H. Two-reaction theory of synchronous machines-II [J]. Transactions of the American Institute of Electrical Engineers，1933，52 (2)：352-354.

[6] Clarke E. Circuit analysis of AC power systems：symmetrical and related components [M]. Wiley，1943.

[7] 李永东，郑泽东. 交流电机数字控制系统：第 3 版 [M]. 北京：机械工业出版社，2017.

[8] 吴斌. 大功率变频器及交流传动：第 2 版 [M]. 北京：机械工业出版社，2019.

[9] 王兆安，刘进军. 电力电子技术：第 5 版 [M]. 北京：机械工业出版社，2013.

第 12 章

永磁同步电机矢量控制系统

永磁同步电机具有结构简单、功率密度高等优点，广泛应用于各类电动汽车电驱动系统。本章将以永磁同步电机的结构及工作原理为切入，重点分析其静止三相坐标系和旋转正交坐标系中的模型，然后对其矢量控制系统总体结构和关键环节进行阐述分析。

配套课件

第12章 永磁同步电机矢量控制系统

12.1 永磁同步电机结构及工作原理

12.1.1 永磁同步电机结构

不同于异步电机依靠转子内的感应电流实现机电能量转换，同步电机通过在转子上布置专门的励磁结构以产生气隙磁场，实现转子与定子磁场的同步运行，即 $n = n_s = 60f/n_p$，其中为 n_s 同步转速；f 为定子电流频率；n_p 为极对数。

永磁同步电机通过永磁体转子产生气隙磁场，具有结构简单、功率密度高等优点，广泛应用于电动汽车电驱动系统。典型的三相永磁同步电机由机座、定子和转子三部分构成，如图 12-1 所示。永磁同步电机的定子结构和异步电机完全相同；转子由铁芯和永磁体构成。按照转子上永磁体安装位置的不同，常见的转子结构类型主要有表贴式、表嵌式和内置式。如图 12-2（a）为表贴式；图 12-2（b）为表嵌式；图 12-2（c）~（f）为内置式。

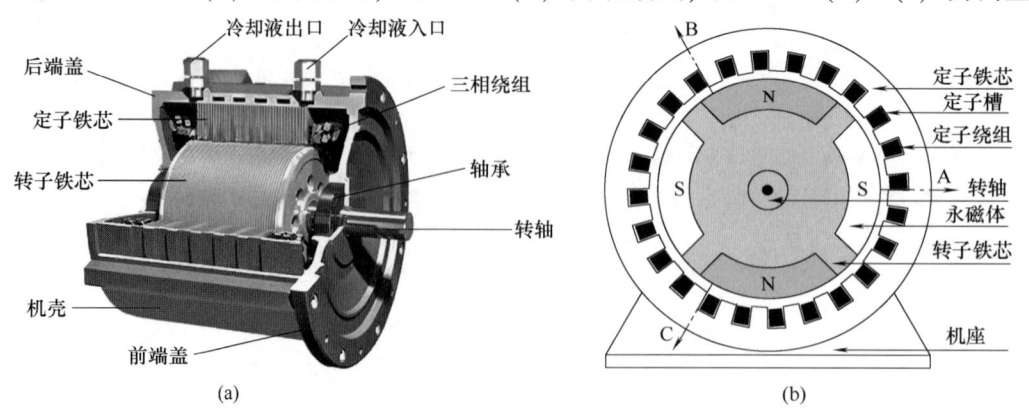

图 12-1 永磁同步电机结构
(a) 永磁同步电机剖视图　(b) 永磁同步电机横断面示意图（内嵌式）

表贴式永磁同步电机永磁体贴在转子铁芯表面，属于隐极转子结构。其优点是结构简单、制造方便、转动惯量小。由于表贴式永磁同步电机交轴和直轴磁路基本对称，凸极率

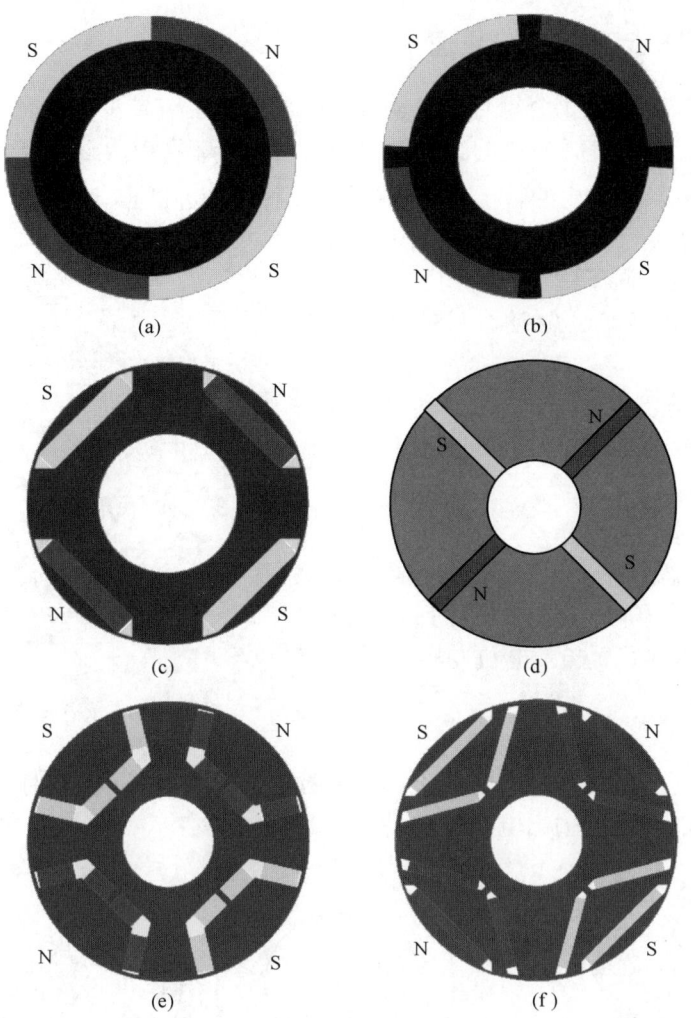

图 12-2 永磁同步电机转子结构
(a) 表贴式 (b) 表嵌式 (c) 径向内置式 (d) 切向内置式 (e) U形内置式 (f) V形内置式

$\rho=L_q/L_d\approx1$，因此无凸极效应和磁阻转矩。该类电机交轴和直轴磁路等效气隙大、电枢反应小，弱磁能力较差，易退磁，且受限于永磁体的安装强度，不宜高速运行，因此一般不用于电动汽车驱动。

表嵌式和内置式永磁同步电机属于凸极转子结构，永磁体表面嵌入或内置于转子铁芯，机械强度大，可高速运行，且交轴电感大于直轴电感，凸极率 $\rho=L_q/L_d>1$，凸极效应明显，磁阻转矩大，过载能力强。由于交轴和直轴磁路等效气隙小、电枢反应较大，存在较大弱磁升速空间，适合于电动汽车驱动[1]。

永磁同步电机由转子永磁体产生主磁通。永磁体一般采用铁氧体或钕铁硼材料，转子不产生铜耗，因此与同容量的异步电机相比，其效率和功率因数显著提高[2]。不足之处在于：当高温度过高（对于钕铁硼永磁体）或者过低（对于铁氧体永磁体），或者承受较大电流冲击、机械振动时，永磁体材料可能会产生不可逆的退磁，造成电机性能下降。

12.1.2 永磁同步电机工作原理

永磁同步电机三相定子绕组合成磁动势与磁场的产生与异步电机完全相同,当定子绕组通入频率为 ω_1、有效值为 I 的交流电流时,合成磁动势角速度等于 ω_1,幅值等于 $\sigma(3\sqrt{2}/2)I$。永磁转子产生的转子主磁场幅值恒定,当电机稳态运行时,定子磁场与转子磁场相互作用,在定子与转子间的气隙中形成气隙磁场,气隙磁场与转子磁场发生相互作用,产生电磁力和电磁转矩 T_e,驱动电机旋转,如图 12-3 所示。

定义气隙磁场超前于转子主磁场的角度为功率角 δ。根据功率角 δ 大小,永磁同步电机存在三种工作状态[3]。

(1) 理想空载

理想空载(忽略转子转动惯量、机械摩擦等)时,转子主磁场与气隙磁场对齐,功率角 $\delta=0$。此时,电磁转矩为 0,电机与逆变器不存在有功功率转换。

图 12-3 永磁同步电机工作原理

(2) 电动机

电动状态运行时,气隙磁场超前于转子主磁场,功率角 $\delta>0$。此时,永磁同步电机从逆变器获取电能,向负载输出电磁转矩。

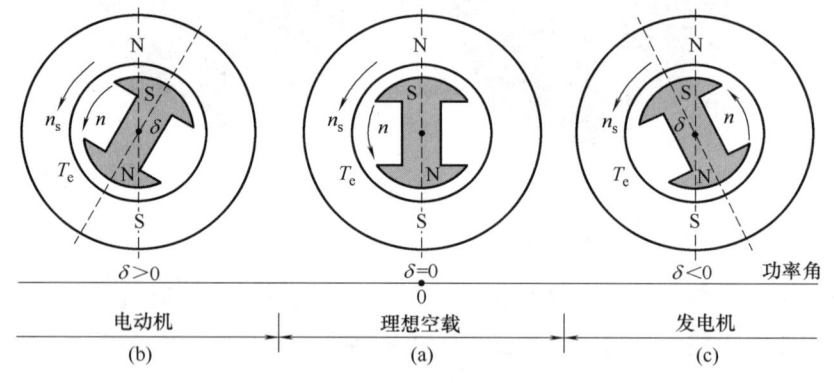

图 12-4 永磁同步电机三种工作状态

(3) 发电机

发电状态运行时,永磁同步电机转子由原动机驱动旋转,转子主磁场超前于气隙磁场,功率角 $\delta<0$。此时,永磁同步电机接受原动机的机械功率,并通过定子绕组向逆变器回馈电能。

上述三种状态下,稳定运行时,转子转速 n 恒等于同步转速 n_s,故而得名"同步电机"。

基于上述分析可知,控制永磁同步电机运行的关键在于:根据转子实时位置,通过对三相定子电流的控制,实现电机运行状态、输出转矩或制动转矩大小的调节。

12.2 永磁同步电机数学模型

12.2.1 永磁同步电机物理模型

考虑如图 12-5 所示三相两极永磁同步电动机物理模型,其三相定子绕组定义、电流方向定义与异步电机相同。不同的是,由于转子主磁场由永磁体产生,且转子上不存在绕组及电流,故可直接定义转子 dq 坐标系。其中,d 轴为转子永磁体 N 极方向,q 轴超前 d 轴 90°。d 轴超前 A 相轴线的角度为 θ。

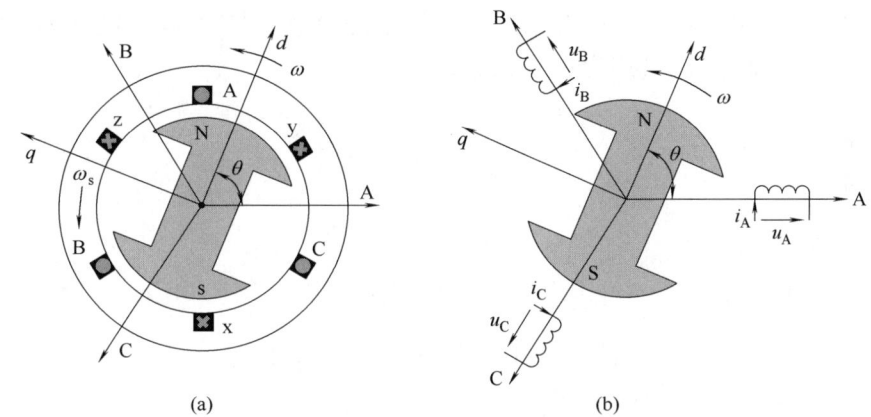

图 12-5　三相两极永磁同步电动机物理模型
(a) 物理结构　(b) 结构示意图

对永磁同步电机进行分析之前,作如下假设:

① 定子绕组呈 Y 形连接,三相绕组呈对称分布,各绕组轴线空间相差 120°,三相合成磁动势沿气隙按正弦规律分布。

② 转子具有凸极结构,且没有阻尼绕组,永磁体产生的主磁场沿气隙按正弦规律分布。

③ 忽略定子铁心与转子铁心的涡流损耗与磁滞损耗。

④ 电动机的绕组电阻与电感等参数在运行过程中的变化均忽略不计。

12.2.2 静止三相坐标系中的永磁同步电机数学模型

结合前述永磁同步电机的物理模型,从基本的电磁关系入手,将永磁同步电动机的数学模型用电压方程、磁链方程、转矩方程和运动方程予以描述[1]。

12.2.2.1 磁链方程

三相定子绕组的全磁链 $[\boldsymbol{\varPsi}_1(\theta, i)]$ 为:

$$\boldsymbol{\varPsi}_1(\theta, i) = \boldsymbol{\varPsi}_{11}(\theta, i) + \boldsymbol{\varPsi}_{12}(\theta) \tag{12-1}$$

式中,$\psi_{12}(\theta)$ 表示转子永磁磁场匝链到定子绕组的磁链,它仅与转子位置 θ 有关,

$$\boldsymbol{\Psi}_{12}(\theta) = \begin{bmatrix} \psi_{fA}(\theta) \\ \psi_{fB}(\theta) \\ \psi_{fC}(\theta) \end{bmatrix} = \psi_f \begin{bmatrix} \cos(\theta) \\ \cos\left(\theta - \dfrac{2\pi}{3}\right) \\ \cos\left(\theta + \dfrac{2\pi}{3}\right) \end{bmatrix} \tag{12-2}$$

式中，$\psi_{fA}(\theta)$、$\psi_{fB}(\theta)$、$\psi_{fC}(\theta)$ 分别为永磁磁场交链至 A、B、C 三相定子绕组的磁链分量，与定子电流无关，ψ_f 为永磁磁链峰值。$\boldsymbol{\Psi}_1(\theta, i)$ 为定子绕组电流产生的磁场匝链到自身的磁链分量：

$$\boldsymbol{\Psi}_{11}(\theta, i) = \begin{bmatrix} \psi_{1A}(\theta,i) \\ \psi_{1B}(\theta,i) \\ \psi_{1C}(\theta,i) \end{bmatrix} = L \begin{bmatrix} i_A \\ i_B \\ i_C \end{bmatrix} = \begin{bmatrix} L_{AA}(\theta) & M_{AB}(\theta) & M_{AC}(\theta) \\ M_{BA}(\theta) & L_{BB}(\theta) & M_{BC}(\theta) \\ M_{CA}(\theta) & M_{CB}(\theta) & L_{CC}(\theta) \end{bmatrix} \begin{bmatrix} i_A \\ i_B \\ i_C \end{bmatrix} \tag{12-3}$$

式中，$L_{AA}(\theta)$、$L_{BB}(\theta)$、$L_{CC}(\theta)$ 为三相定子绕组的自感；$M_{AB}(\theta)$、$M_{AC}(\theta)$、$M_{BA}(\theta)$、$M_{BC}(\theta)$、$M_{CA}(\theta)$、$M_{CB}(\theta)$ 为定子三相绕组之间的互感。

$$\begin{cases} L_{AA} = L_{s0} - L_{s2}\cos 2\theta \\ L_{BB} = L_{s0} - L_{s2}\cos 2\left(\theta - \dfrac{2\pi}{3}\right) \\ L_{CC} = L_{s0} - L_{s2}\cos 2\left(\theta + \dfrac{2\pi}{3}\right) \end{cases} \tag{12-4}$$

式中，L_{s0} 为单相定子绕组自感平均值；L_{s2} 为单相定子绕组自感二次谐波幅值。

$$\begin{cases} M_{AB} = M_{BA} = -M_{s0} + M_{s2}\cos 2\left(\theta + \dfrac{\pi}{6}\right) \\ M_{BC} = M_{CB} = -M_{s0} + M_{s2}\cos 2\left(\theta - \dfrac{\pi}{2}\right) \\ M_{CA} = M_{AC} = -M_{s0} + M_{s2}\cos 2\left(\theta + \dfrac{5\pi}{6}\right) \end{cases} \tag{12-5}$$

式中，M_{s0} 为两个单相定子绕组互感平均值的绝对值；M_{s2} 为两个单相定子绕组互感的二次谐波幅值。综上，可得出永磁同步电机的电感矩阵。

$$L = \begin{bmatrix} L_{s0} & -M_{s0} & -M_{s0} \\ -M_{s0} & L_{s0} & -M_{s0} \\ -M_{s0} & -M_{s0} & L_{s0} \end{bmatrix} + \begin{bmatrix} -L_{s2}\cos 2\theta & M_{s2}\cos 2\left(\theta + \dfrac{\pi}{6}\right) & M_{s2}\cos 2\left(\theta + \dfrac{5\pi}{6}\right) \\ M_{s2}\cos 2\left(\theta + \dfrac{\pi}{6}\right) & -L_{s2}\cos 2\left(\theta - \dfrac{2\pi}{3}\right) & M_{s2}\cos 2\left(\theta - \dfrac{\pi}{2}\right) \\ M_{s2}\cos 2\left(\theta + \dfrac{5\pi}{6}\right) & M_{s2}\cos 2\left(\theta - \dfrac{\pi}{2}\right) & -L_{s2}\cos 2\left(\theta + \dfrac{2\pi}{3}\right) \end{bmatrix} \tag{12-6}$$

可见，永磁同步电机的电感矩阵包含常量、与转子位置 θ 相关的变量两大部分。

12.2.2.2　电压方程

在定子 ABC 坐标系中，可将三相定子电压方程描述如下：

$$\begin{bmatrix} u_A \\ u_B \\ u_C \end{bmatrix} = \begin{bmatrix} R_s & & \\ & R_s & \\ & & R_s \end{bmatrix} \begin{bmatrix} i_A \\ i_B \\ i_C \end{bmatrix} + \frac{d}{dt}\begin{bmatrix} \Psi_A(\theta,i) \\ \Psi_B(\theta,i) \\ \Psi_C(\theta,i) \end{bmatrix} \tag{12-7}$$

式中，u_A、u_B、u_C 为定子绕组瞬时相电压；R_s 为定子电阻。

12.2.2.3　转矩方程

根据能量法，电磁转矩等于电流不变时磁场储能对机械角位移的偏导，

$$T_e = n_p \left[\frac{1}{2} [i_A \quad i_B \quad i_C] \frac{\partial(\boldsymbol{L})}{\partial \theta} \begin{bmatrix} i_A \\ i_B \\ i_C \end{bmatrix} + [i_A \quad i_B \quad i_C] \frac{d[\boldsymbol{\Psi}_{12}(\theta)]}{d\theta} \right] \quad (12\text{-}8)$$

式中，n_p 为永磁同步电动机的极对数。代入电感矩阵（12-6）及 $\boldsymbol{\Psi}_{12}(\theta)$，并对 θ 求偏导，可得：

$$T_e = -n_p [i_A \quad i_B \quad i_C] \begin{bmatrix} -L_{s2}\sin2\theta & M_{s2}\sin2\left(\theta+\frac{\pi}{6}\right) & M_{s2}\sin2\left(\theta+\frac{5\pi}{6}\right) \\ M_{s2}\sin2\left(\theta+\frac{\pi}{6}\right) & -L_{s2}\sin2\left(\theta-\frac{2\pi}{3}\right) & M_{s2}\sin2\left(\theta-\frac{\pi}{2}\right) \\ M_{s2}\sin2\left(\theta+\frac{5\pi}{6}\right) & M_{s2}\sin2\left(\theta-\frac{\pi}{2}\right) & -L_{s2}\sin2\left(\theta+\frac{2\pi}{3}\right) \end{bmatrix} \begin{bmatrix} i_A \\ i_B \\ i_C \end{bmatrix}$$

$$-n_p \psi_f [i_A \quad i_B \quad i_C] \begin{bmatrix} \sin(\theta) \\ \sin\left(\theta-\frac{2\pi}{3}\right) \\ \sin\left(\theta+\frac{2\pi}{3}\right) \end{bmatrix} \quad (12\text{-}9)$$

根据公式（12-8）和公式（12-9），可知永磁同步电机的转矩由两部分构成，第一部分为转子的凸极结构形成的磁阻转矩，第二部分为永磁转矩。

12.2.2.4 运动方程

与第 11 章 "11.3.1 静止三相坐标系中的异步电机数学模型"所述异步电机运动方程相同。

综上分析，相比异步电机，尽管永磁同步电机没有转子绕组，但定子磁链、定子电压均受转子位置影响，电磁转矩与定子瞬时电流、转子位置强耦合。可见，静止三相坐标系中的永磁同步电机数学模型是一个多变量、非线性、强耦合系统。

永磁同步电机矢量控制系统的思路与异步电机相同，即通过坐标变换，得到等效的直流电机模型，实现磁链和转矩的解耦控制。

12.2.3 旋转正交坐标系中的永磁同步电机模型

永磁同步电机坐标变换的原理和过程与异步电机类似，即先通过 "3/2 变换"将静止三相坐标系简化为静止两相坐标系 [$\alpha\beta$ 坐标系，如图 12-6（a）所示]，然后进一步通过 "2s/2r 变换"转换至旋转正交坐标系 [dq 坐标系，如图 12-6（b）所示]。

同样，永磁同步电机的 dq 坐标系理论上可定位至任何位置，但由静止三相坐标系中的永磁同步电机数学模型可知，定子磁链、定子电压和电磁转矩均与转子位置 θ 密切相关，加之永磁转子已天然具备 dq 坐标系。因此，可将永磁同步电机的 dq 坐标系与磁极轴线重合，以简化模型。

以定子电流为例，变换公式为：

$$\begin{bmatrix} i_d \\ i_q \end{bmatrix} = C_{2s \to 2r}(\theta) \cdot C_{3s \to 2s} \cdot \begin{bmatrix} i_A \\ i_B \\ i_C \end{bmatrix} \quad (12\text{-}10)$$

同理，可得电压、磁链等物理量的变换过程。

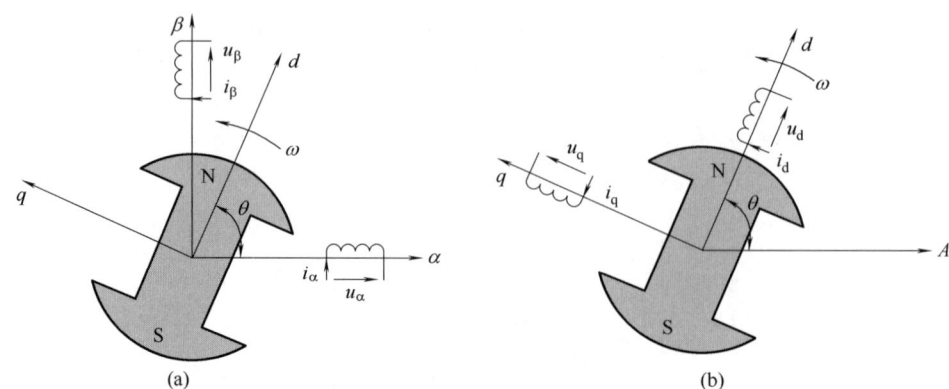

图 12-6 静止两相和旋转正交坐标系中的永磁同步电动机模型
(a) 静止两相坐标系 (b) 旋转正交坐标系

旋转正交坐标系中的永磁同步电机磁链方程、电压方程、转矩方程分别如下。

(1) 磁链方程

$$\begin{cases} \psi_d = \psi_f + L_d i_d \\ \psi_q = L_q i_q \end{cases} \tag{12-11}$$

从上式可以看出,由于永磁体产生的磁场为正弦波分布,所以当磁链变换至旋转正交坐标系后仅与定子绕组中的 d 轴匝链,与 q 轴没有匝链。

(2) 电压方程

$$\begin{cases} u_d = R_1 i_d + \dfrac{\mathrm{d}\psi_d}{\mathrm{d}t} - \omega\psi_q \\ u_q = R_1 i_q + \dfrac{\mathrm{d}\psi_q}{\mathrm{d}t} + \omega\psi_d \end{cases} \tag{12-12}$$

(3) 转矩方程

$$\begin{aligned} T_e &= n_p(\psi_d i_q - \psi_q i_d) \\ &= n_p i_q [\psi_f + (L_d - L_q) i_d] \\ &= T_{e1} + T_{e2} \end{aligned} \tag{12-13}$$

可见,旋转正交坐标系中永磁同步电动机的转矩分为两部分:永磁体产生的磁链与定子电流转矩分量作用后产生的永磁转矩 T_{e1};转子凸极效应产生的磁阻转矩 T_{e2}。

综上,旋转正交坐标系中永磁同步电动机基本实现了定子电流励磁分量 i_d 与转矩分量 i_q 的解耦控制。可通过控制 i_d 和 i_q,对 ψ_d 和 T_e 进行控制,得到与直流电机类似的控制模式。

12.3 永磁同步电机矢量控制系统

12.3.1 永磁同步电机矢量控制系统总体结构

如图 12-7 所示,永磁同步电机矢量控制系统总体上与异步电机类似。

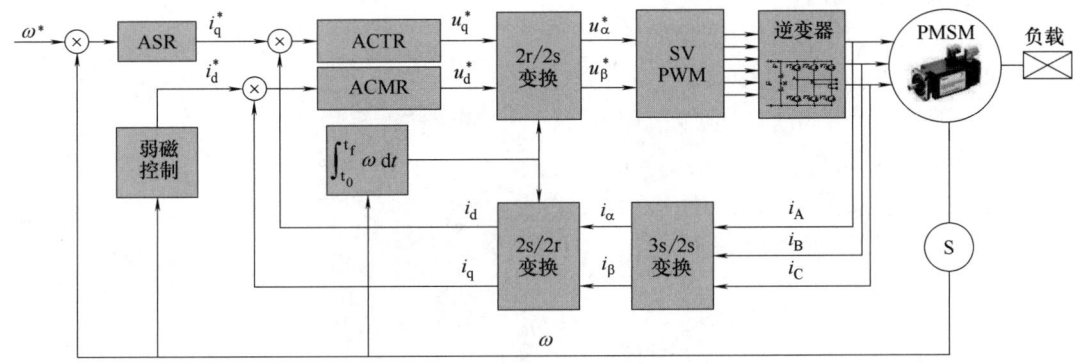

图 12-7 永磁同步电机矢量控制系统

与异步电机矢量控制系统的区别主要包括：

① 由于永磁同步电机转子磁链位置与转子位置 θ 一致，因此不需要转子磁链观测环节，直接通过增量式光电编码器、旋转变压器等传感器获取转速，并对转速进行积分，便可获得转子位置 θ。

② 不同于异步电机的转子磁链幅值由定子电流的励磁分量产生，对于永磁同步电机，由于转子永磁体磁场恒定，当电机转速升高至一定程度时，永磁体在定子绕组上产生的反电势将高于逆变器所能提供的最高电压。此时，若需转速进一步提高，需在定子电流的励磁分量上增加一个去磁电流，以削弱气隙磁场，称弱磁控制。

12.3.2 弱磁控制与转子位置估算

12.3.2.1 弱磁控制

根据电压方程（12-12），同时忽略电机高速运行时的定子电阻压降，可得：

$$\begin{cases} i_d^2+i_q^2 \leqslant i_{smax}^2 \\ (L_q i_q)^2 + (\psi_f + L_d i_d)^2 \leqslant \left(\dfrac{u_{smax}}{\omega}\right)^2 \end{cases} \tag{12-14}$$

式中，i_{smax} 为逆变器输出相电流峰值；u_{smax} 为逆变器输出相电压峰值。将公式（12-14）第二行改写成：

$$\dfrac{\left(i_d+\dfrac{\psi_f}{L_d}\right)^2}{\rho^2}+i_q^2 \leqslant \left(\dfrac{u_{smax}}{\omega L_q}\right)^2 \tag{12-15}$$

以 i_d 和 i_q 为横轴和纵轴，并假定 i_{smax}、u_{smax}、ω、L_d 和 L_q 固定，可得电流矢量的电流极限圆和电压极限椭圆，如图 12-8 所示。

如图 12-8 所示，电流矢量的电流极限圆的圆点为 O，半径为 i_{smax}；电压极限椭圆的焦点为 $\left(-\dfrac{\psi_f}{L_d}, 0\right)$，长轴为 $\dfrac{u_{smax}}{\omega L_d}$，短轴为 $\dfrac{u_{smax}}{\omega L_q}$，可见当 $\rho=L_q/L_d=1$ 时，椭圆将变成圆。因此，对于表贴式永磁同步电机，电流极限和电压极限均为圆。

当 i_{smax}、u_{smax}、ω、L_d 和 L_q 固定时，实际的电流矢量 (i_d, i_q) 受电流极限与电压极限的双重限制，只能工作于两者的交集内。例如，当 $\omega=\omega_{r1}$ 时，电流矢量 (i_d, i_q) 被限

制在 abcd 围成的区域内。

对于电动汽车，由于动力电池的输出电压和电流有限，因此逆变器 i_{smax} 和 u_{smax} 有限。随着转速的增加，电压极限椭圆的长短轴逐渐减小。当采用 $i_d = 0$ 控制方式时，电压极限椭圆的右侧边界只能减小至 O 点处。此时可获得电机最高转速[1]：

$$\omega_{max} = \frac{u_{smax}}{\sqrt{(L_q i_q)^2 + \psi_f^2}} \quad (12-16)$$

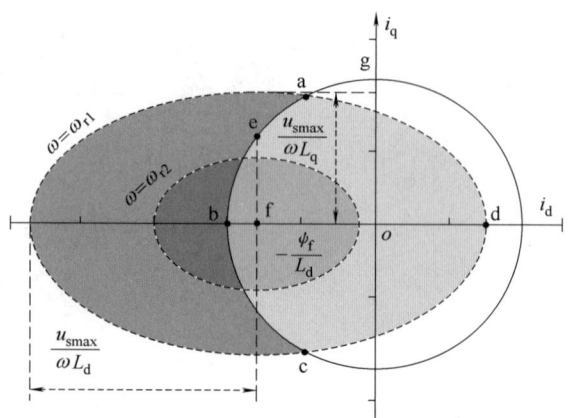

图 12-8　电流极限圆与电压极限椭圆

因此，欲进一步增加转速，可将 i_d 设置为负值，在定子电流的励磁分量上增加去磁电流，以削弱气隙磁场。根据公式（12-15），i_d 为负值时，公式左部可减小，以在同样的 i_q 下获得更高的转速。

定子电压达到极限，进行弱磁控制时，电流矢量（i_d, i_q）将由图 12-8 中的 g 点移动到 e 点，再到 f 点。

伴随着 i_d 的减小，气隙磁场逐渐减弱，u_{smax} 有限的情况下，转速便可进一步增加。但根据转矩方程（12-13），i_d 的减小也使电机的最大输出转矩下降了，因此弱磁之后，电机呈现出如图 2-6 所示的恒功率特性。理想空载时 $i_q = 0$，电机电磁转矩为 0，可获得理论最高转速，即[1]：

$$\omega_{lim} = \frac{u_{smax}}{\sqrt{(L_q i_q)^2 + (\psi_f + L_d i_d)^2}} = \frac{u_{smax}}{\sqrt{(\psi_f + L_d i_d)^2}} = \frac{u_{smax}}{\psi_f + L_d i_{smax}} \quad (12-17)$$

除弱磁升速目的外，在电流极限圆与电压极限椭圆交集内，可通过控制 i_d、i_q 的比例，以实现最大转矩/电流比控制（Maximum Torque Per Ampere，MTPA）、效率最优控制等目的[4-8]。

12.3.2.2　转子位置获取

转子位置是永磁同步电机矢量控制系统中的重要参数。通常可通过增量式光电编码器、旋转变压器等传感器获取实时位置 $\theta(t)$，并根据公式（12-18）实时计算当前转速。

$$\omega = \frac{d\theta}{dt} = \frac{\theta(t) - \theta(t-1)}{\Delta t} \quad (12-18)$$

式中，$\theta(t-1)$ 为上一时刻转子位置。该方法存在的主要问题增量式光电编码器只能获取转子的相对位置，而初始位置 θ_0 通常难以获取。解决的方法包括：

① 使用绝对值式光电编码器，直接获取 θ_0。该方法的不足在于绝对值式光电编码器原理复杂、成本高，同时无法消除因长期机械磨损造成的位置偏移。

② 采用开环控制强行将转子拖至指定位置后，再启用矢量闭环控制。该方法的不足在于电机启动瞬间可能存在倒转、速度不稳定。

③ 利用凸极效应，采用高频信号注入等方法，获取初始位置。

此外，为降低系统成本，同时避免编码器、旋转变压器等传感器受电磁干扰，反电势法、高频信号注入法等无传感器控制方法也得到了一定应用[9-12]。

本 章 小 结

本章主要介绍了永磁同步电机的结构及工作原理；分析了永磁同步电机物理模型、静止三相坐标系上的电机模型、旋转正交坐标系上的电机模型；阐述了永磁同步电机矢量控制系统总体结构，并对弱磁控制、转子位置估算等关键环节进行重点分析。

参 考 文 献

［1］ 袁登科，徐延东，李秀涛. 永磁同步电动机变频调速系统及其控制［M］. 北京：机械工业出版社，2015.

［2］ 汤蕴璆. 电机学：第5版［M］. 北京：机械工业出版社，2014.

［3］ 刘杰，宗长富. 电动汽车电力电子技术应用［M］. 北京：北京交通大学出版社，2018.

［4］ 王成元，夏加宽，杨俊友，等. 电机现代控制技术［M］. 北京：机械工业出版社，2006.

［5］ Dianov A, Tinazzi F, Calligaro S, et al. Review and classification of MTPA control algorithms for synchronous motors［J］. Transactions on Power Electronics，2021，37（4）：3990-4007.

［6］ Uddin M N, Radwan T S, Rahman M A. Performance of interior permanent magnet motor drive over wide speed range［J］. Transactions on Energy Conversion，2002，17（1）：79-84.

［7］ Lin F J, Hung Y C, Chen J M, et al. Sensorless IPMSM Drive System Using Saliency Back-EMF-Based Intelligent Torque Observer With MTPA Control［J］. Transactions on Industrial Informatics，2014，10（2）：1226-1241.

［8］ Kwang-Woon, Lee, Sungin, et al. A Seamless Transition Control of Sensorless PMSM Compressor Drives for Improving Efficiency Based on a Dual-Mode Operation［J］. Transactions on Power Electronics，2014，30（3）：1446-1456.

［9］ 申永鹏，刘安康，崔光照，等. 扩展滑模观测器永磁同步电机无传感器矢量控制［J］. 电机与控制学报，2020，24（8）：51-57.

［10］ 谷善茂，何凤有，谭国俊，等. 永磁同步电动机无传感器控制技术现状与发展［J］. 电工技术学报，2009，24（11）：14-20.

［11］ 李冉，赵光宙，徐绍娟. 基于扩展滑模观测器的永磁同步电动机无传感器控制［J］. 电工技术学报，2012，27（3）：79-85.

［12］ Kim H, Son J, Lee J. A High-Speed Sliding-Mode Observer for the Sensorless Speed Control of a PMSM［J］. Transactions on Industrial Electronics，2011，58（9）：4069.

第 13 章

电机控制器硬件和软件

本章以电动汽车交流电机控制系统硬件总体结构为切入，重点阐述了逆变主电路及其驱动保护单元、低压辅助电源单元、相电流采样与信号处理单元等功能电路的结构原理。然后以 TI C2000 系列微控制器为例，从总体结构、系统时钟及主中断软件实现等方面分析了交流电机控制系统软件结构。

第13章 电机控制器硬件和软件

13.1 系统硬件总体结构

如图 13-1 所示，动力电池系统输出的直流动力电源经由干预充电控制电路后，接入

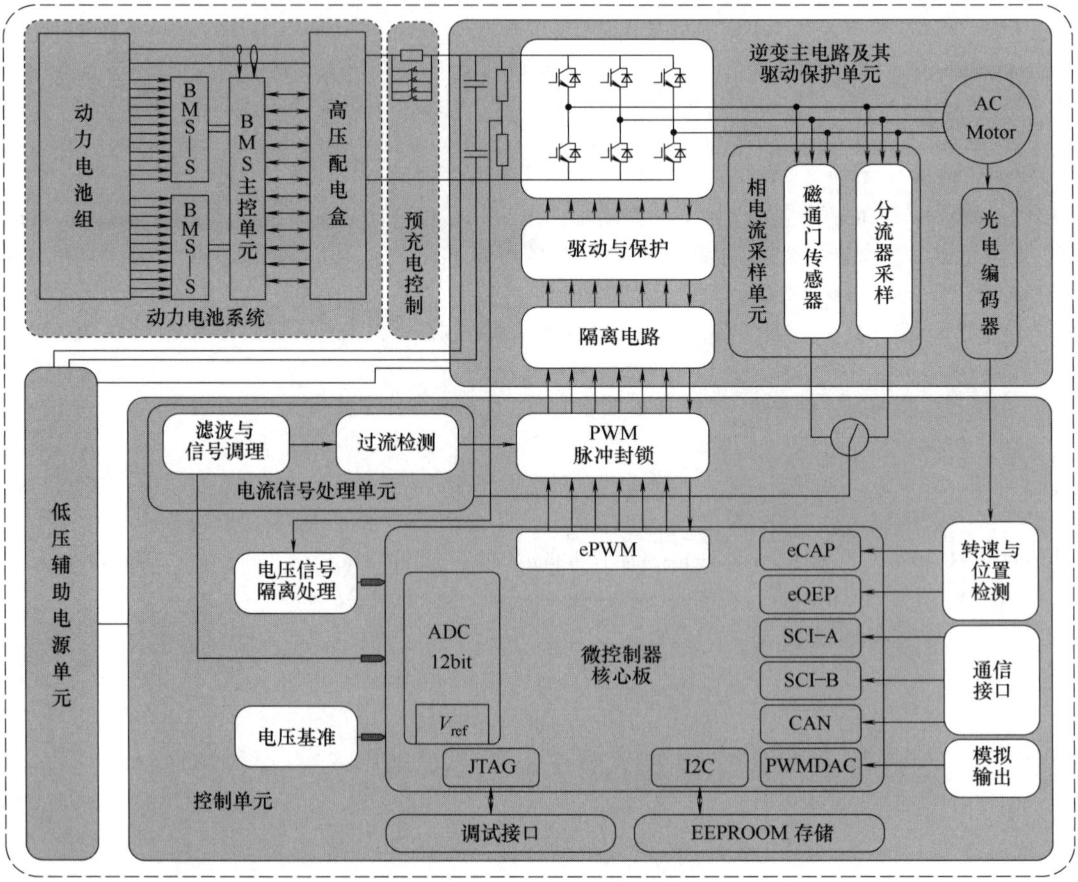

图 13-1 电机控制器硬件结构

电机控制器。直流动力电源除为逆变主电路提供动力电源外，同时为低压辅助电源提供高压输入电源。

电动汽车电机控制器由逆变主电路及其驱动保护单元、低压辅助电源单元、相电流采样与信号处理单元、控制单元等功能模块构成，如图 13-1 所示。

13.2　逆变主电路及其驱动保护单元

逆变主电路及其驱动保护单元接收来自控制单元的 6 路 PWM 信号，将信号隔离、功率放大后作用于功率开关器件（MOSFET、IGBT、SiC MOSFET 或者 GaN MOSFET）。同时，该单元还负责将保护电路输出的故障和状态信号经隔离后，反馈至控制单元。

用于电机控制领域的逆变主电路结构包括：两电平三相桥式逆变电路、三电平 NPC 逆变电路以及其他多电平逆变电路[1]。功率开关器件可采用分离元件、功率集成电路（Power Integrated Circuit，PIC）或者智能功率模块（Intelligent Power Model，IPM）等形式。

13.2.1　分离元件或 PIC

当采用分离元件或 PIC 时，驱动与保护电路可采用驱动模块或驱动集成电路等形式。驱动模块内置 DC/DC 隔离电源以及信号隔离，可实现过流检测、过温检测、驱动欠压保护、有源钳位等功能，某些驱动模块还可进行死区设置、驱动波形设置。典型的 2SP0115T 半桥驱动模块内部结构，如图 13-2 所示。控制单元只需提供上下桥臂 PWM 信号 INA/INB（也可工作于半桥模式，仅提供 INA 即可）、模式设置信号 MOD、阻塞时间设置信号 TB，同时提供 15V 电源，即可实现上下桥臂 IGBT 的驱动。故障信号可直接从 SO1 和 SO2 端子获取。

当采用驱动集成电路时，PWM 和故障检测信号的隔离、过流保护、欠压保护、驱动

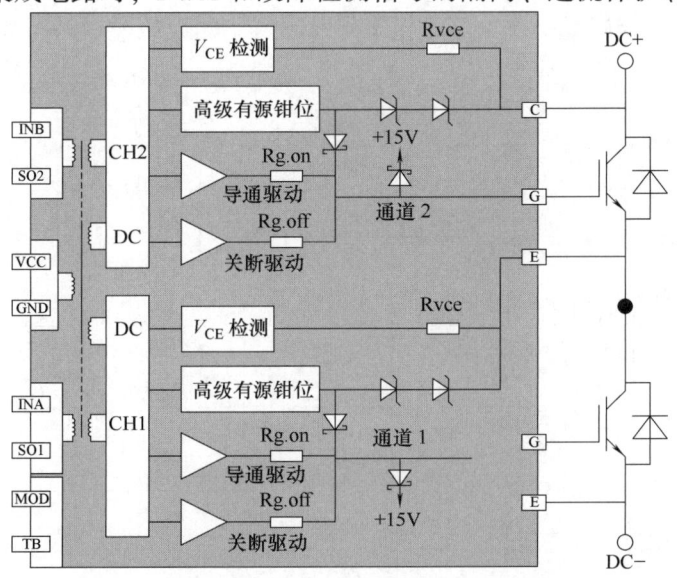

图 13-2　2SP0115T 半桥驱动模块内部结构

逻辑等由驱动集成电路完成，外围电路仅包含少量电阻、电容等器件。不同于驱动模块内置 DC/DC 隔离电源，驱动集成电路需外部提供输入侧电源、输出侧驱动电源和反向偏置电源。典型的驱动集成电路 HCPL-316J 内部结构及应用，如图 13-3 所示。

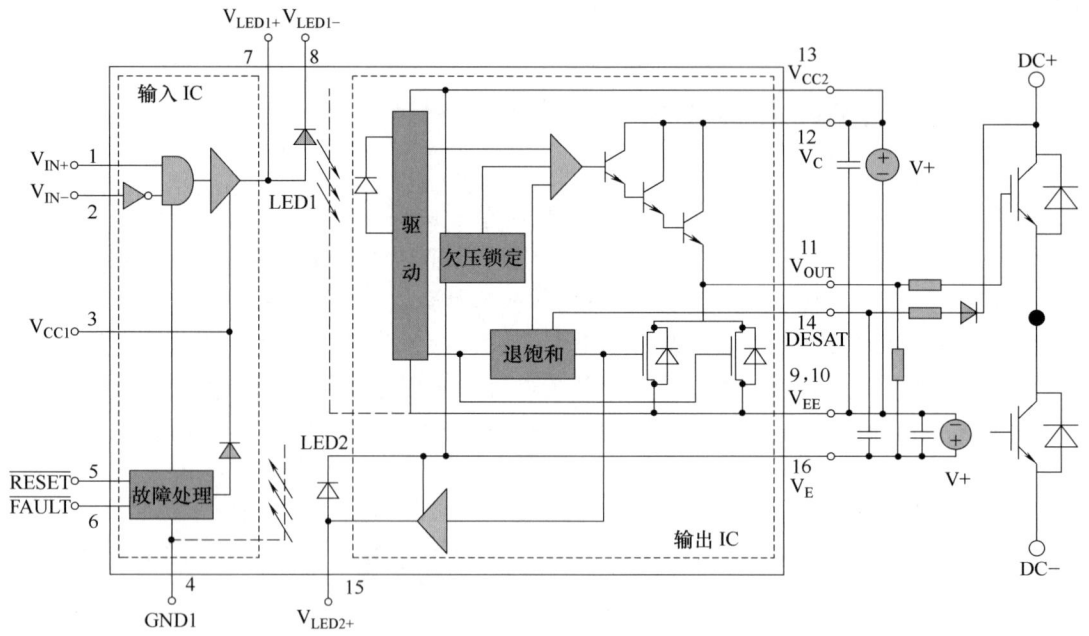

图 13-3　HCPL-316J 内部结构及应用

13.2.2　IPM

IPM 通过将驱动与保护电路、多个功率开关器件集成至一个模块内，提高了功率密度，降低了开发周期。典型的 PM75RLA120 型 IPM 内部集成了 7 只 IGBT，同时内置 IGBT 栅极驱动电路，具有短路过电流、过温和控制电源欠压保护功能，其内部结构，如图 13-4 所示。

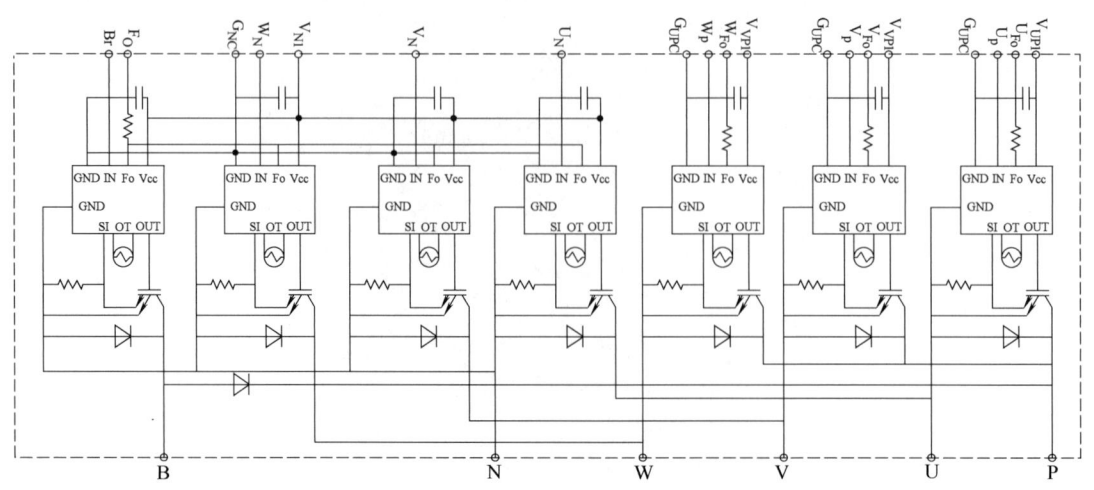

图 13-4　PM75RLA120 型 IPM 内部结构图

13.3 低压辅助电源单元

交流电机控制器需要多路低压辅助电源，为不同功能单元提供工作电源。典型的，采用两电平三相桥式逆变电路时，系统通常需要三路 24V 电源供上桥臂 IGBT 驱动使用、1 路 24V 电源供三个下桥臂 IGBT 驱动使用、1 路 5V 电源供控制单元使用、1 路 24V 供散热风扇及大功率继电器使用、1 路±15V 电源供控制信号处理使用，并且上述电源各通道之间需要电气隔离，提供足够高的驱动电流和较低的电压纹波。通常，低压辅助电源从直流母线获取高电压输入，采用多路输出反激式或正激式开关电源结构，输出多路低压直流[2,3]。

13.4 相电流采样与信号处理单元

13.4.1 霍尔/磁通门电流传感及信号处理电路

霍尔与磁通门电流传感器是两种基于不同物理原理的电流传感器，但其使用特性类似。

13.4.1.1 霍尔电流传感器工作原理

霍尔电流传感器的基本工作原理为霍尔效应，可实现直流电流、交流电流的隔离检测，根据其结构和磁通测量方式，可分为开环式霍尔电流传感器和闭环式霍尔电流传感器[5]。

开环霍尔电流传感器结构，如图 13-5 所示，开环式霍尔电流传感器由霍尔元件、磁芯以及放大电路三部分组成。当被测电流流经放置于测量孔位的导线时，在环形磁芯内产生与电流强度成正比的磁通量 $\varPhi$；根据霍尔效应，放置于磁环气隙内的霍尔元件受该磁通量作用，将在霍尔元件两端产生正比于磁感应强度 B 的电动势差 E_{Hall}，再经放大电路，输出正比于电流信号的电压信号 U_{out}，即：

$$E_{Hall} = BI_{Hall}\frac{R_{Hall}}{d} \tag{13-1}$$

式中，B 为磁感应强度，$B=\varPhi S$；S 为磁环气隙截面积；I_{Hall} 为霍尔激励电流；R_{Hall}

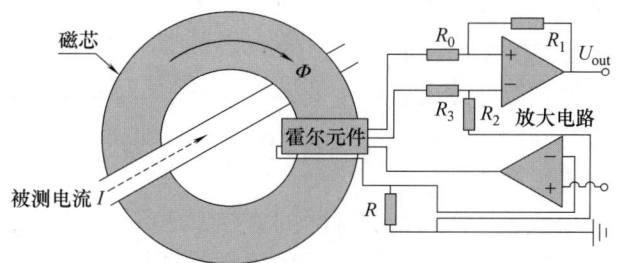

图 13-5 开环霍尔电流传感器结构

为霍尔系数；d 为霍尔元件厚度。

开环霍尔电流传感器的特性：

① 结构简单、可靠性好、过载能力强。

② 由如图 13-6 所示的软磁材料磁滞曲线可知，随着磁场强度 H 的增加，磁感应强度 B 呈现非线性变化，导致线性度较差。

③ 动态响应特性较差，频带宽度窄。

上述分析可知，磁芯的 B-H 曲线非线性特性是导致开环霍尔电流传感器线性度较差的主要因素。闭环霍尔电流传感器通过引入零磁通法，有效地提升了测量精度，属于磁平衡电流传感器，由磁芯、霍尔元件、放大电路和二次线圈四部分组成，其结构如图 13-7 所示。测量原理为：被测电流流经放置于测量孔位的导线时，在环形磁芯内产生磁通量 Φ，二次线圈产生大小相等、方向相反的磁通 Φ'，此时霍尔元件内部为零磁通。对于直流或者低频交流，反向磁通 Φ' 过小，磁通量 Φ 和 Φ' 无法完全抵消，根据霍尔元件检测到剩余磁通量 $|\Phi-\Phi'|$，闭环控制电路立刻调整补偿电流以维持零磁通状态，通过检测二次线圈电流 I_s 即可实现电流测量。

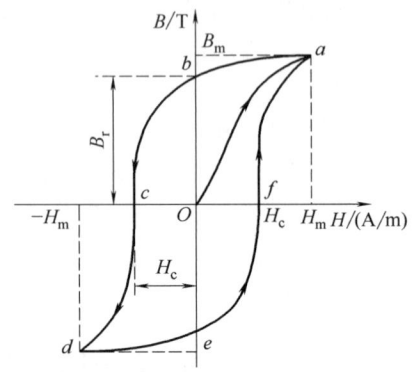

图 13-6 典型软磁材料磁滞曲线

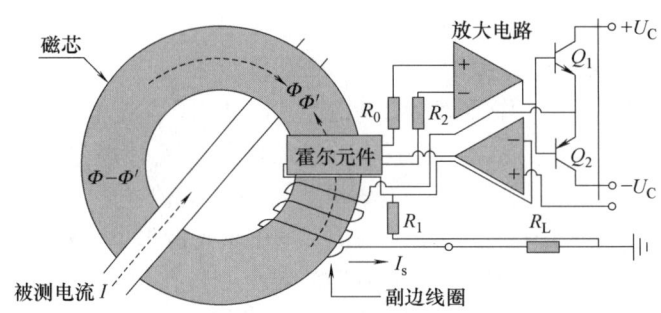

图 13-7 闭环式霍尔电流传感器结构

闭环霍尔电流传感器特性：

① 磁芯处于零磁通状态，消除了磁芯的 B-H 非线性特性影响，具有良好的线性度。

② 霍尔元件仅用来测量剩余磁通量 $|\Phi-\Phi'|$，有效提升了测量精度。

③ 高频交流由二次线圈直接进行磁通抵消，低频或直流由闭环控制系统进行磁通抵消，因此具有较高的测量带宽。

13.4.1.2 磁通门电流传感器工作原理

对于磁平衡式电流传感器，剩余磁通量 $|\Phi-\Phi'|$ 的高灵敏度检测是确保其电流测量精度的基础。但受限于霍尔元件的低磁灵敏度和高温度漂移，闭环式霍尔电流传感器的测量精度和稳定性有待进一步提升[5,6]。

磁通门传感器是利用铁磁体在磁饱和区时的磁导率非线性特性实现磁场测量的一种装置。它具有高灵敏度、良好的温度稳定性，适用于微弱磁场的检测。在如图 13-7 所示闭环式霍尔电流传感器结构的基础上，由磁通门传感器代替霍尔元件进行剩余磁通量检测便

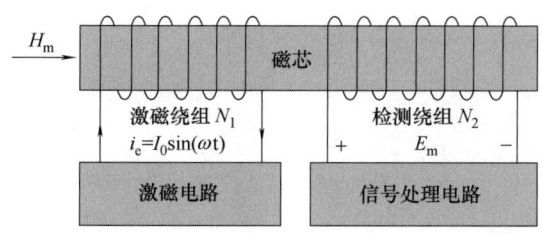

图 13-8 磁通门传感器结构

可构成磁通门式电流传感器。

磁通门传感器由磁芯、励磁电路、励磁绕组、检测绕组和信号处理电路等组成，如图 13-8 所示。当励磁电路输出角频率为 ω 的正弦励磁电流 $i_e = I_0\sin(\omega t)$ 时，产生的励磁磁场强度为 $H_e = N_1 I_0 \sin(\omega t)$，$N_1$ 为励磁绕组匝数。当磁芯饱和时，其磁导率 μ 随着 H_e 周期性变化。由于 μ 为标量，其变化周期为 H_e 的一半，故其频率为 2ω，可描述为：

$$\mu(t) = \mu_d + \sum_{k=1}^{\infty} \mu_{2k0}\cos(2k\omega t) \tag{13-2}$$

式中，μ_d 为直流分量；μ_{2k0} 为各次谐波幅值。当被测磁场强度 $H_m = 0$ 时，检测绕组两端电动势为：

$$E_m = -N_2 A \frac{d}{dt}(\mu H_e) = -N_2 A \left\{ \left[\mu_d + \sum_{k=1}^{\infty} \mu_{2k0}\cos(2k\omega t) \right] \omega H_0 \cos(\omega t) - \left[\sum_{k=1}^{\infty} 2k\omega\mu_{2k0}\sin(2k\omega t) \right] H_0 \sin(\omega t) \right\} \tag{13-3}$$

式中，$H_0 = N_1 I_0$；A 为磁芯截面积。对公式（13-3）进行分解，其仅包含励磁磁场强度 H_e 的奇次谐波。当被测磁场 $H_m \neq 0$ 时，检测绕组两端电动势为：

$$\begin{aligned} E_m &= -N_2 A \left[\mu \frac{d}{dt}(H_m + H_e) + (H_m + H_e)\frac{d}{dt}\mu \right] \\ &= -N_2 A \left\{ \left[\mu_d + \sum_{k=1}^{\infty} \mu_{2k0}\cos(2k\omega t) \right] \omega H_m \cos(\omega t) - \left[\sum_{k=1}^{\infty} 2i\omega\mu_{2k0}\sin(2k\omega t) \right] H_m \sin(\omega t) \right\} + N_2 S H_m \sum_{i=1}^{\infty} 2i\omega\mu_{2k0}\sin(2k\omega t) \end{aligned} \tag{13-4}$$

由公式（13-4）可知，当被测磁场强度 $H_m \neq 0$ 时，检测绕组两端电动势中出现了幅值与被测磁场强度 H_m 成正比的偶次谐波。信号处理电路提取感应电动势的特定偶次谐波分量的幅值，便可得出被测磁场强度。

得益于磁通门传感器较高的灵敏度和良好的温度稳定性，磁通门电流传感器的精度和稳定性较闭环霍尔电流传感器有了显著提升。此外，磁通门电流传感器可采用整体磁芯结构，消除气隙、漏磁以及安装位置偏差对剩余磁通量检测的影响。但是，由于励磁信号的存在，其输出信号的噪声较霍尔电流传感器大。

13.4.1.3 信号处理电路

霍尔/磁通门电流传感器可实现直流电流、交流电流的隔离检测，其信号处理电路包括电源、电压基准源、滤波及信号调理等部分。典型的，当采用单电源供电时，基于 CK-SR 50-NP 磁通门电流传感器的电流检测与信号处理电路如图 13-9 所示。

如图 13-9 所示，CKSR 50-NP 和 OPA350 均采用+5V 单电源供电；CKSR 50-NP 的输出信号即后级信号调理电路的输入 V_i：

$$V_i = V_{ref} + G_s I_t \tag{13-5}$$

式中，$G_s = 0.0125$ 为 CKSR 50-NP 电流灵敏度，即检测电流每变化 1A，输出电压变化 12.5mV；I_t 为检测电流。

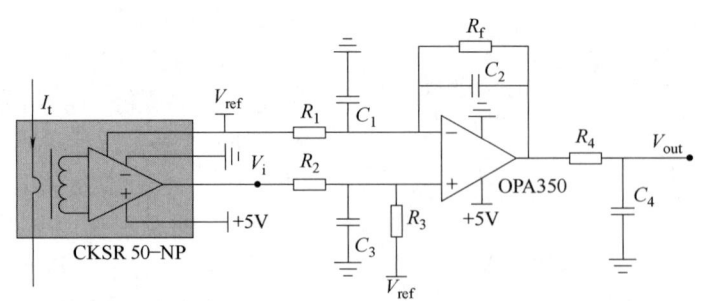

图 13-9 磁通门电流传感及信号处理电路

信号调理电路由高带宽轨至轨运算放大器 OPA350 及其周边元件构成，输出电压为：

$$V_{out} = V_{ref} + \frac{R_3(R_f+R_1)}{R_1(R_2+R_3)}(V_i - V_{ref}) = V_{ref} + G_s I_t \frac{R_3(R_f+R_1)}{R_1(R_2+R_3)} \quad (13-6)$$

当 $R_1 = R_2 = 1\text{k}\Omega$、$R_3 = R_f = 2.2\text{k}\Omega$、$V_{ref} = 2.5\text{V}$ 时，可得：

$$V_{out} = 2.5 + 0.0275 I_t \quad (13-7)$$

当 $C_1 = C_3 = 5.6\text{nF}$、$C_2 = 1\text{nF}$、$C_4 = 100\text{pF}$、$R_4 = 10\Omega$ 时，信号调理电路呈低通特性，可消除霍尔/磁通门传感器产生的高频干扰，$V_i \sim V_{out}$ 交流传输特性，如图 13-10 所示。

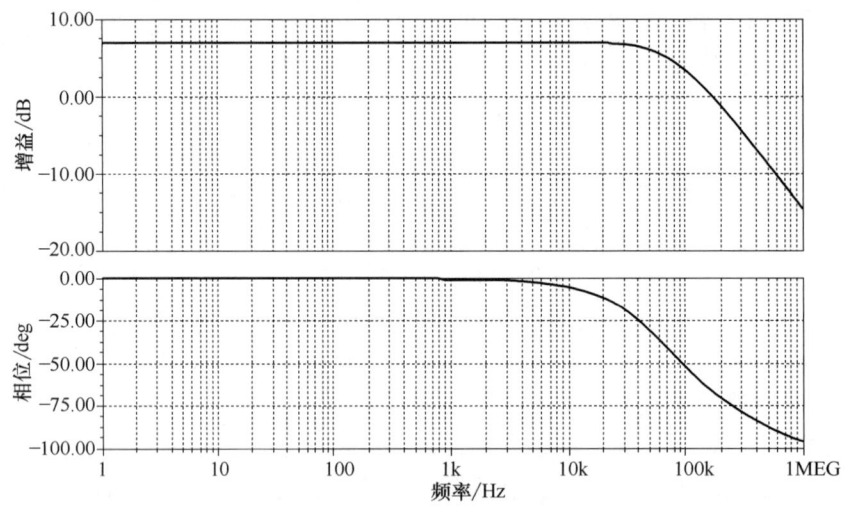

图 13-10 $V_i \sim V_{out}$ 交流传输特性

13.4.2 分流器电流采样及信号处理电路

（1）分流器工作原理

分流器是一个低值电阻，当被测电流流经分流器时，其两端产生与被测电流成正比的电位差，通过对该电位差的隔离、放大，便可实现交直流电流测量。

一方面，由于大电流流经分流器时，会产生额外的热量，一般而言伴随着被测量电流的增加，分流器阻值应适当降低。另一方面，分流器阻值过低也会造成低电流测量时分流器两端电位差过低，进而影响测量精度。因此，分流器阻值的选取应综合考虑高电流时的热损耗和低电流时的电位差[7,8]。工程中，一般选取由锰铜、康铜或者镍铬合金等低温度系数材料制成的精密电阻，阻值一般为 100μΩ 至数 mΩ[7]。

除温度特性之外，影响分流器电流检测电路性能的关键因素还包括分流器的分布电感、信号处理电路的静态和动态性能等因素。一般而言，在小量程电流检测时，分流器测量电路具有精度高、响应速度快，线性度好等优点。

（2）信号处理电路

由于被测量电流直接流经分流器，故分流器电流采样电路的关键是对采样信号进行模拟量隔离。模拟量的隔离采用线性光耦，或者专用隔离式精密放大器实现。

如图 13-11 所示，采用 AMC1301 增强隔离式精密放大器，所构建的分流器电流采样及信号处理电路由分流器、差分隔离电路和信号调理电路三部分构成。当分流器阻值低、量程大时，分流器和差分隔离电路之间可加入前端放大电路。

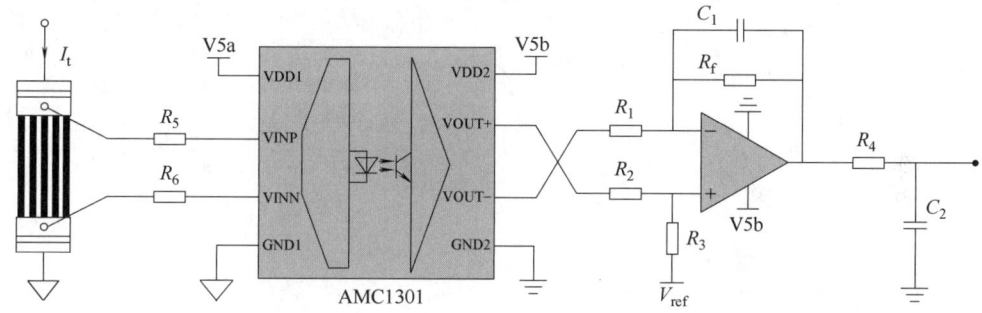

图 13-11 分流器电流采样及信号处理电路

AMC1301 具有 ±250mV 的满量程输入、1MHz 的输入带宽、0.03% 的非线性度和 10^{-6}V/℃ 的温度漂移，隔离强度达 7kV，并且具有 $G=8.2$ 的固定增益。分流器输出电压信号可直接接入 AMC1301 差分输入端口。由于 AMC1301 采用差分输出方式，因此当采用单端输入 A/D 转换器时，信号调理电路在进行信号放大的同时，还需完成差分-单端转换。

当采用 100mV/50A 分流器时，AMC1301 输出端差分电压为：

$$V_{i+} - V_{i-} = G \cdot R_s \cdot I_t \tag{13-8}$$

式中，$R_s = 2\text{m}\Omega$ 为分流器电阻值。

当 $V_{ref}=2.5\text{V}$、$R_1=R_2=R_a=1.5\text{k}\Omega$、$R_f=R_3=R_b=2\text{k}\Omega$ 时，信号调理电路输出为：

$$V_{out} = V_{ref} + \frac{R_b}{R_a}(V_{i+} - V_{i-}) = 2.5 + 0.021867 I_t \tag{13-9}$$

13.5 控制单元

控制单元包括过流检测与 PWM 脉冲封锁电路、转速与位置检测电路、通信接口电路、模拟量输出电路、调试接口与存储电路、微控制器核心板等子部分。

13.5.1 过流检测与 PWM 脉冲封锁电路

当功率主电路发生过流、过压、过温等报警或故障信号时，控制单元必须尽快封锁 PWM 脉冲输出，以避免故障扩大造成设备损坏。PWM 脉冲封锁可采用微控制器内部的错误控制（Trip Zone，TZ）子模块或外部电路实现。

当采用 TZ 子模块实现时，微控制器通过相应 I/O 管脚接收来自过流检测电路、IGBT 驱动与保护电路的故障信号，并根据程序配置，调整 PWM 管脚状态，从而实现系统保护。

当采用外部电路实现时，PWM 脉冲封锁电路根据过流检测电路、IGBT 驱动与保护电路输出的故障信号，阻断 PWM 信号输出路径，实现对系统的保护。如图 13-12 所示为典型过流检测与 PWM 脉冲封锁电路结构。

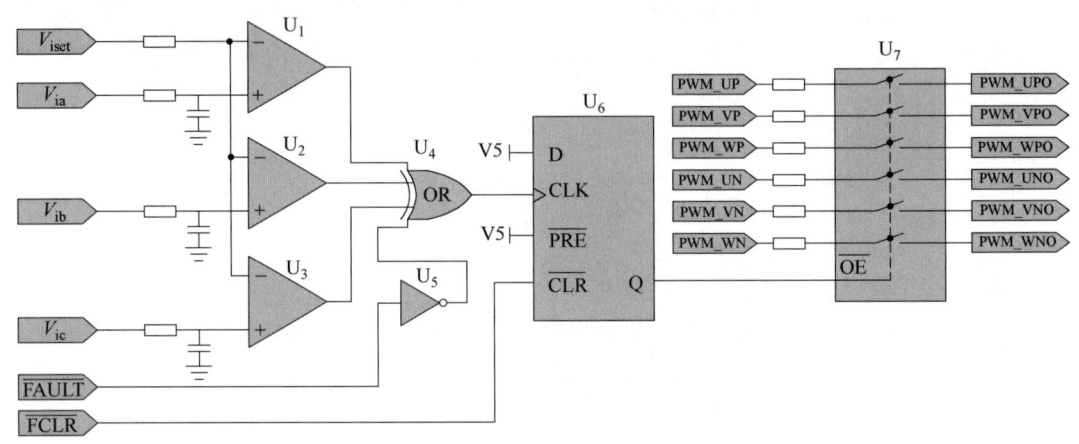

图 13-12　过流检测与 PWM 脉冲封锁电路

如图 13-12 所示，ABC 相电流采样信号 V_{ia}、V_{ib} 和 V_{ic} 分别经电阻和电容构成的低通滤波电路后接入比较器 $U_1 \sim U_3$ 的同相输入端；同时，$U_1 \sim U_3$ 的反相输入端接入设定的电流报警阈值 V_{iset}；三个比较器的输出端接入逻辑或门 U_4 的输入端，同时来自驱动与保护电路的低电平有效信号 $\overline{FAULT}$ 经逻辑非门 U_5 后也接入 U_4 的输入端；当任意相电流过大时，或者 $\overline{FAULT}$ 使能后，U_4 输出端由低跳变至高电平；D 触发器 U_6 的 Q 输出端输出高电平，三态缓冲器 U_7 的低电平使能端子 $\overline{OE}$ 被拉高，其输出端子进入高阻态，六路 PWM 脉冲被切断。只有当微控制器将 $\overline{FCLR}$ 置低后，U_6 的 Q 输出端才能再次输出低电平，建立 PWM 脉冲传输通道。

13.5.2　转速与位置检测电路

常用的转速与位置传感器为增量式光电编码器、旋转变压器。

（1）增量式光电编码器

增量式编码器由光栅盘、光电检测装置（发光管和光敏元件）和信号处理电路构成，其中光栅盘上刻有按一定规律排布的透光孔，且与电机同步旋转，发光管照射光栅盘，将光栅透过的光信号投射至光敏元件，信号处理电路根据光敏元件输出信号，转换成相应的脉冲输出。典型的，如图 13-13 所示的增量式光电编码器有 A、B 和 Z 三路脉冲输出，其中，电机转过特定角度 θ' 后，A、B 分别输出一脉冲，且 B 脉冲滞后 A 脉冲 1/4 个脉冲周期，据此可判定电机旋转方向；Z 通道脉冲为零位脉冲，电机每旋转一周输出一脉冲，可用于基准点定位。

θ' 为增量式光电编码器的分辨率，通常用线数 360°/θ' 线表示，即旋转一周输出的脉冲数量。A、B 和 Z 脉冲的输出方式有集电极/漏极开路输出、推挽输出、差分输出等。

电机控制领域微控制器通常内置编码器接口模块（Quadrature Encoder Pulse，QEP），用于实现 A、B 和 Z 脉冲的捕捉。但微控制器一般采用 3.3V 供电，编码器一般采用 5V 供电，因此外部电路只需做相应的电平适配即可。例如，可采用 TXB0106 完成 3.3V、5V 之间的双相电平转换。

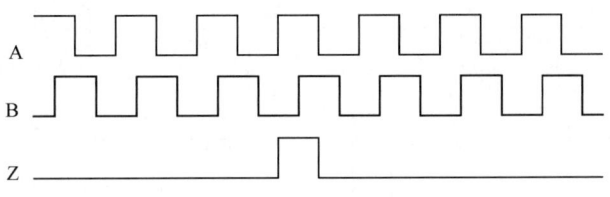

图 13-13　增量式光电编码器脉冲波形

（2）旋转变压器

旋转变压器是以可变耦合原理工作的交流控制电机，其副边绕组输出电压与转子转角呈确定的函数关系，故可用来测量电机转子位置和旋转速度。旋转变压器内部没有易损元件，同时输出为模拟信号，抗干扰性和可靠性强。

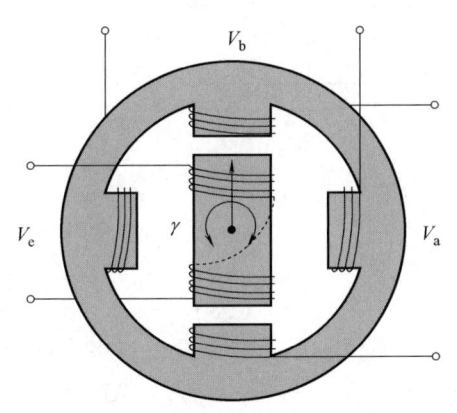

图 13-14　旋转变压器结构示意图

如图 13-14 所示，旋转变压器转子绕组为变压器的原边，通入励磁电压 $V_e = V_{em}\sin(\omega_e t)$，$V_{em}$ 和 ω_e 分别为励磁电压的幅值和角频率；定子侧安装有两个位置固定且互相垂直的绕组 a、b，作为变压器的副边，用来感应转子位置的变化。励磁电压可通过电刷/滑环与转子绕组连接，也可采用环形耦合变压器取代电刷/滑环，构成无刷式旋转变压器。

由图 13-14 可知，当转子角度为 γ 时，a、b 绕组输出的感应电动势为：

$$\begin{cases} V_a = V_{em}\sin(\omega_e t)\cos\gamma \\ V_b = V_{em}\sin(\omega_e t)\sin\gamma \end{cases} \quad (13\text{-}10)$$

进一步地，$V_b/V_a = \tan\gamma$，对 V_b/V_a 求反正切即可得到转子实时角度 γ，即 $\gamma = \arctan(V_b/V_a)$。但由于反正切只包含了 $\left(-\dfrac{\pi}{2}, \dfrac{\pi}{2}\right)$ 范围内的角度信息，湮没了 [0, 2π) 内的其他信息，故还应根据励磁电压、V_a 和 V_b 的瞬时波形的正负关系将反正切得到的角度转换至 [0, 2π)。当 V_e 频率为 10kHz 时，V_e、V_a、V_b 和 γ 的波形如图 13-15 所示。

直接利用反正切计算转子位置实时性好，但抗干扰性差、波动大、计算量大。采用基于锁相环、观测器的闭环解码方法可提升解码精度及稳定性[9]。当采用软件实现旋转变压器解码时，对微控制器的 A/D 转换器性能、运算速度等要求较高，并且实时性较差，故实际电机控制器通常采用专用旋转变压器–数字转换（Resolver to Digital Converter，RDC）芯片实现转子位置的"硬解码"。

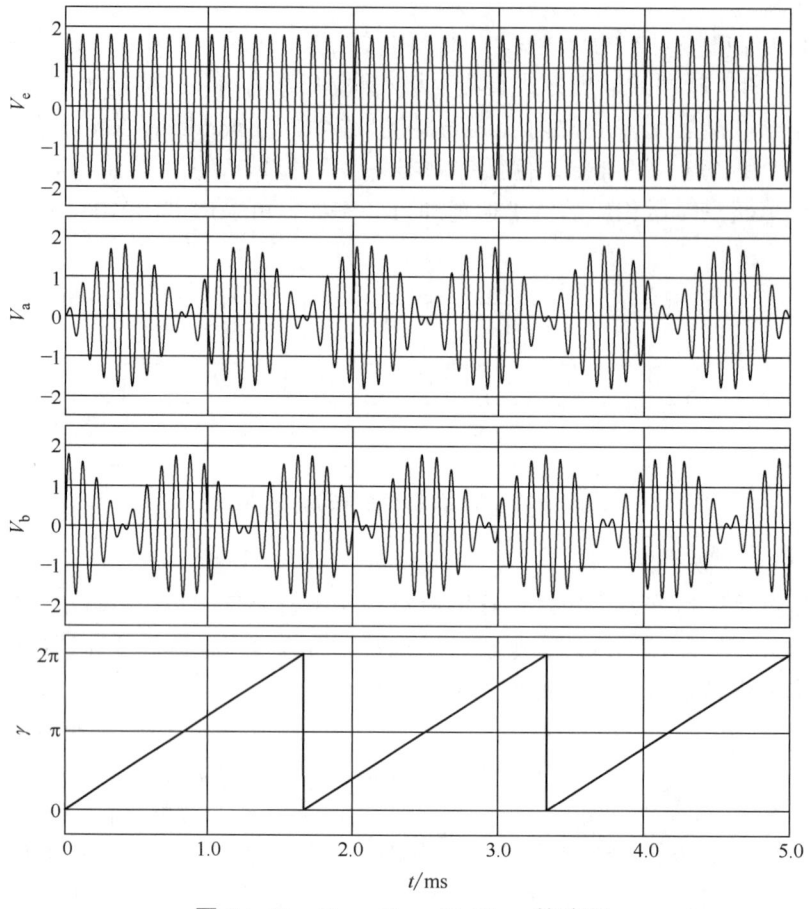

图 13-15　V_e、V_a、V_b 和 γ 的波形

13.5.3　通信接口

电机控制器通信接口电路用于与其他控制器、操作面板等进行数据交换。常用通信接口包括通用异步收发器总线（Universal Asynchronous Receiver/Transmitter，UART）、控制器局域网（Controller Area Network，CAN）总线等。

(1) UART 总线

UART 总线采用异步方式实现通信双方的数据传输，当通信双方参考电平相等时，双方仅需将发送（Tx）和接收（Rx）两条连接线交叉连接，便可以约定的总线速率，按特定的位流以字节为单位进行数据交互。典型的 UART 总线应用和数据流格式如图 13-16 所示。

如图 13-16 所示，发送方通过在 Tx 管脚发送低电平起始位，发起数据通信，并按位次以设定的波特率发送字节中的各 bit 和奇偶校验 bit，字节发送完毕后，以高电平为停止位；接收方检测到 Rx 管脚上的下降沿和起始位后，以设定的波特率检测各 bit，并进行奇偶校验。

为延长通信距离、提升抗干扰能力，实际应用中通常采用 RS232、RS485 等物理接口规范。典型的 UART-RS485 通信系统如图 13-17 所示。RS485 采用差分信号，可抑制共

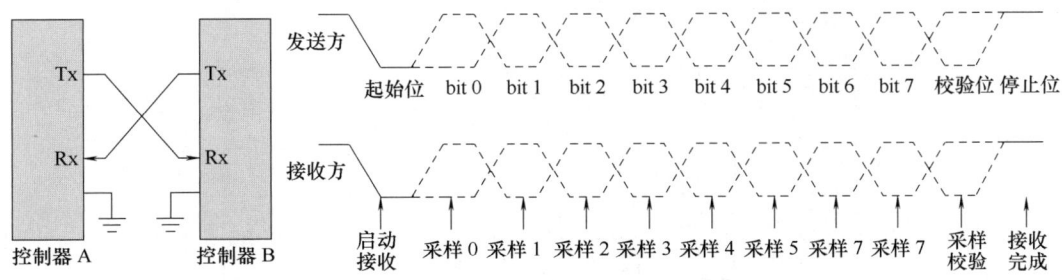

图 13-16　典型 UART 总线应用和数据流格式

模噪声引起的干扰。TIA/EIA-485-A 标准规定 RS485 收发器必须在-7V 至+12V 共模电压范围内工作，如节点数量多、节点间通信距离远、现场干扰强，当节点间共模电压超出-7V 至+12V 时，将影响通信质量甚至损坏收发器。此时，可采用隔离式 RS485 总线接口电路，通过电源隔离和信号隔离，防止电流在通信双方地电平之间流动，避免产生环路电流，如图 13-17 所示的右侧节点。此外，为避免 ESD、EFT 和浪涌造成的通信干扰或器件损坏，应在 RS485 通信端口放置 TVS 二极管、压敏电阻、气体放电管等端口保护器件。

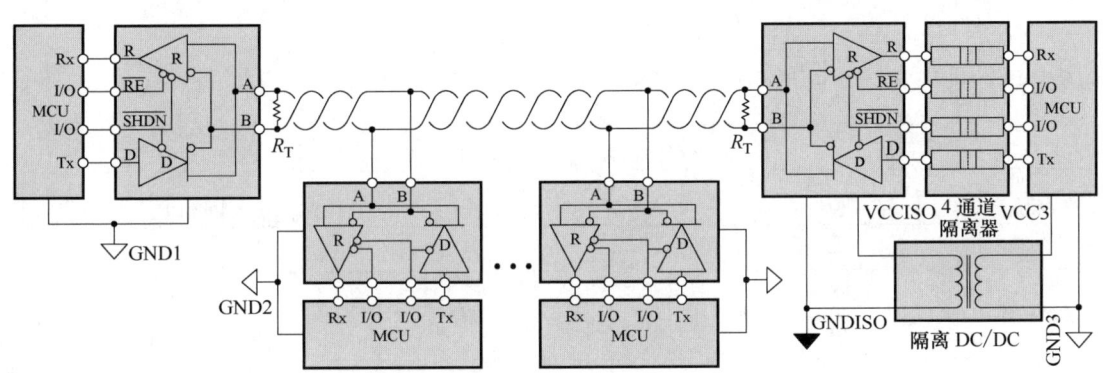

图 13-17　典型 UART-RS485 通信系统

（2）CAN 总线

CAN 总线是当前汽车高速网络系统的主要总线技术，用于多个车载控制器之间的实时数据交互，典型电动汽车 CAN 网络结构如图 13-18 所示。CAN 总线是差分串行数据总线，通信数据最高可达 1Mb/s；CAN 总线采用 NRZ（非归零）编码，以及非破坏性总线性仲裁技术，确保了高优先级节点的实时数据传输，避免了高总线负载率时的网络瘫痪；CAN 总线具有完善的故障界定及总线故障管理机制，同时每帧数据都具有 CRC 效验，确保了数据可靠性。得益于其上述优点，在 CAN 总线物理层和数据链路层的基础上，开发了 SAE J1939、CANopen 等网络层和应用层规范，将其推广应用至工业自动化、运动控制等领域。

CAN 总线的数据链路层定义了四种帧类型，分别是消息帧、远程帧、错误帧和超载帧。其中，消息帧用于发送普通数据；远程帧用于向其他节点请求具有同一标识符的消息帧；错误帧用于发送节点检测到的错误信息；超载帧用于在先前和后续消息帧之间提供附加延时[10]。CAN2.0A 和 CAN2.0B 定义的消息帧格式，如图 13-19 所示。

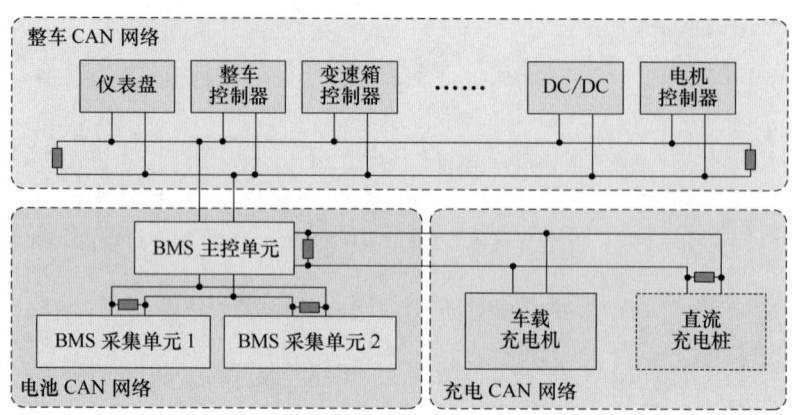

图 13-18 电动汽车 CAN 网络结构

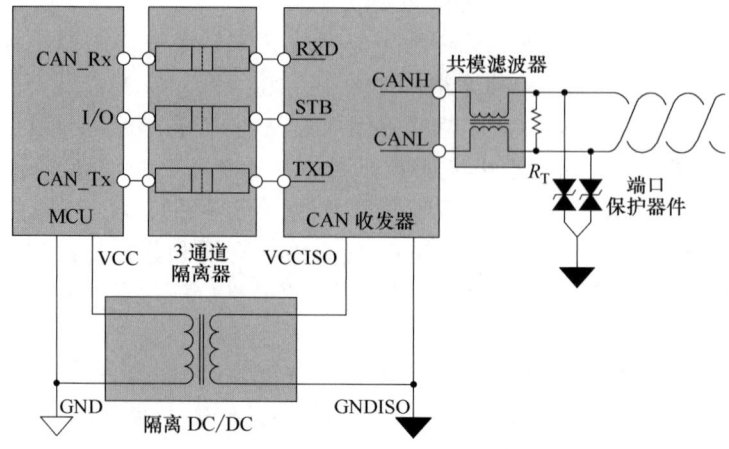

图 13-19 CAN2.0A 和 CAN2.0B 消息帧格式

图 13-20 隔离式 CAN 总线接口电路

隔离式 CAN 总线接口电路如图 13-20 所示，微控制器 CAN 模块的 CAN_Rx、CAN_Tx 两个端口，通过信号隔离电路（光耦或磁耦）与 CAN 收发器相应端子连接；CAN 收发器支持 Standby 模式时，微控制器可通过 I/O 端子对其相应管脚进行控制；CAN 总线差分信号由 CANH、CANL 管脚输出，为提高对共模干扰的抑制能力，可在总线上串联共模滤波器；TVS 二极管、压敏电阻或气体放电管等端口保护器件可降低 ESD、EFT 和浪涌造成的通信干扰，避免器件损坏。R_T 为总线终端电阻。当系统节点少、现场干扰弱、通信质量高时，可采用非隔离式 CAN 总线接口，将微控制器与 CAN 收发器直接连接。

13.5.4 模拟量输出电路

电机控制器的模拟量输出电路通过模拟电压、电流信号指示系统的状态、运行参数，用于供其他装置使用或进行系统测试。典型的模拟量输出为 0~5V 电压信号、4~20mA 电流信号。

实现数字量至模拟电压信号转换的方式有：①采用集成 D/A 转换器，通过 SPI、UART、I2C 等总线，将特定数字量发送至转换器，转换器采用电阻网络分压等方法，完成模拟量转换；②采用 PWMDAC 方法，通过调整 PWM 信号的占空比 D，实现输出电压平均值的调节，然后对输出的方波信号进行低通滤波，等效输出电压 $E_o = E_i \cdot D$，E_i 为 PWM 信号高电平电压值。如图 13-21 所示的 PWMDAC 电路，当 $R_1 = 2.2\text{k}\Omega$、$C_1 = 220\text{nF}$ 时，构成的一阶 RC 低通滤波器截止频率为 $f_c = 1/(2\pi R_1 C_1) = 328.83\text{Hz}$，其交流传输特性如图 13-22 所示。

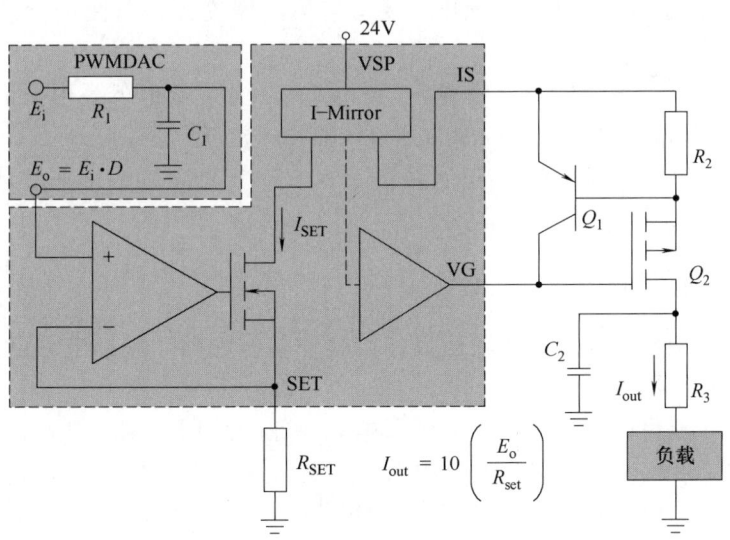

图 13-21　PWMDAC 与电压/电流转换电路

模拟电流信号的输出通常是在模拟电压信号的基础上，通过电流闭环控制实现的。如图 13-21 所示为集成电压-电流转换器 XTR111 的内部结构，结合前端 PWMDAC 电路，可实现 4~20mA 输出电流的连续调节：

$$I_{out} = 10\left(\frac{E_o}{R_{set}}\right) = 10\left(\frac{E_i \cdot D}{R_{set}}\right) \tag{13-11}$$

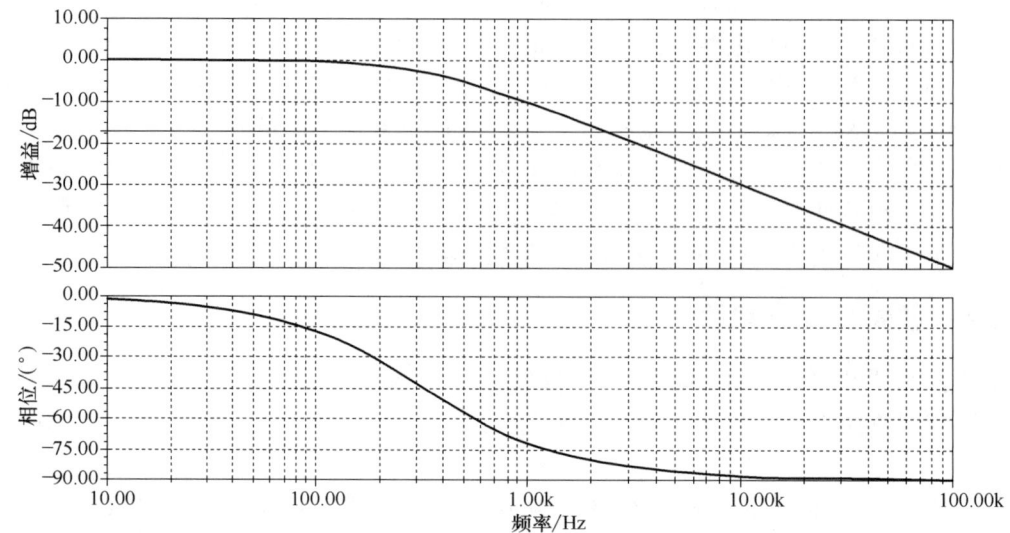

图 13-22　一阶 RC 低通滤波器交流传输特性

13.5.5　调试接口与存储电路

对于量产电机控制器，其程序烧录文件通常在微控制器焊接前由专用设备进行烧录，也可在产品下线后通过 BootLoader 进行烧录。对于实验设备，由于需要频繁的程序调试，故需通过微控制器的 JTAG、SWD 等调试接口与仿真器连接，以便进行代码下载及程序调试。

存储电路用于电机控制器掉电保存电机参数、系统历史状态等相关信息，通常采用 EEPROM、FRAM（Ferroelectric Random Access Memory，铁电存储器）等非易失性存储器，通过 I2C、SPI 总线与微控制器进行数据交互。EEPROM 的擦写次数通常可达 100 万次擦写，FRAM 的擦写次数可达万亿次，并且具有高写入速度。

13.5.6　微控制器核心板

核心板是确保微控制器执行各项运算和控制的基本电路，包括电源电路、晶振电路、看门狗电路、微控制器等。

电源电路用于提供微控制器运行的低压电源，通常采用低压降（Low Dropout，LDO）线性稳压器提供 1.8V、3.3V、5V 等电源供微控制器的内核、外设和存储器使用。

晶振电路用于为微控制器提供系统运行的时钟信号，可采用石英晶体振荡器、温度补偿晶体振荡器（Temperature Compensated Crystal Oscillator，TCXO）、陶瓷谐振器等。

看门狗用于防止系统因 EMI 干扰、程序（错误）等原因造成的程序跑飞或死循环。多数微控制器内部设置有专用的看门狗模块，当系统需要更高可靠性时，可采用专用看门狗芯片通过 I2C 等总线与微控制器连接。系统运行时，微控制器定期向看门狗芯片发送清零指令；当超过设定时间计数器仍未清零时，看门狗芯片便使能微控制器复位端子，将其复位。

微控制器是电机控制器的核心，需具备多通道 PWM、多通道 ADC 转换、多通信接口、多 I/O 接口以及高运算能力，电机控制领域典型的微控制器包括 Infineon 的 AURIX™ TriCore™ 系列、Texas Instruments 的 C2000 系列等。

以 C2000 系列的 TMS320F2837xD 微控制器为例，它具有两个 32 位 TMS320C28x CPU，均可提供 200MHz 的信号处理性能；其三角函数加速器 TMU 能够快速执行 Clark 和 Park 变换以及转矩闭环计算中常见的三角函数运算；复杂数学单元 VCU 能够高效执行常见复杂数学运算；两个 CLA 实时控制协处理器可分别与两个主 C28x CPU 同时执行代码，将实时控制系统的计算性能提高一倍；IEEE 754 单精度浮点单元（FPU）可高效执行浮点数运算。其主要外设包括[11]以下几个部分：

（1）系统外设
① 两个支持 ASRAM 和 SDRAM 的外部存储器接口（EMIF）。
② 两个 6 通道直接存储器存取（DMA）控制器。
③ 多达 169 个具有输入滤波功能的独立可编程、多路复用通用输入/输出（GPIO）引脚。
④ 扩展外设中断控制器（ePIE）。
⑤ 支持多个具有外部唤醒功能的低功耗模式（LPM）。

（2）通信外设
① USB 2.0（MAC+PHY）。
② 支持 12 引脚 3.3V 兼容通用并行接口（uPP）。
③ 两个 CAN 模块。
④ 三个高速 SPI 端口。
⑤ 两个多通道缓冲串行端口（McBSP）。
⑥ 四个串行通信接口（SCI/UART）。
⑦ 两个 I2C 接口。

（3）模拟外设
① 多达四个模数转换器（ADC），支持 16 位或 12 位模式
② 当选择 16 位模式时，每个 ADC 的采样速率可达 1.1MSPS，支持多达 12 路外部差分输入。
③ 当选择 12 位模式时，每个 ADC 的采样速率可达 3.5MSPS，支持多达 24 路外部单端输入。
④ 每个 ADC 均有采样保持（S/H）电路，支持饱和失调电压校准、延迟采集、高/低电平和过零比较。
⑤ 八个窗口比较器。
⑥ 三个 12 位缓冲 DAC 输出。

（4）其他外设
① 24 个具有增强特性的 PWM 通道。
② 16 个高分辨率 PWM（HRPWM）通道。
③ 6 个增强型捕捉采集（eCAP）模块。
④ 3 个增强型正交编码器脉冲（eQEP）模块。
⑤ 8 个 Δ-Σ 滤波器模块（SDFM）输入通道，每通道有 2 个并联滤波器。

除上述功能模块外，电机控制器硬件还包括功率母排、IGBT 吸收电路、散热系统、机械结构等。

13.6 交流电机控制系统软件

13.6.1 前/后台软件总体结构

典型的交流电机控制系统前/后台软件结构，如图 13-23 所示。微控制器启动运行后，首先进行相关寄存器的初始化，包括系统时钟寄存器、中断管理寄存器、外设时钟寄存器、GPIO 寄存器、UART/SPI/I2C/CAN 通信接口寄存器等；然后，对系统控制周期、总线通信速率、控制器参数、电机参数等相关参数进行初始化；其次，对非易失性存储器、A/D 转换器、D/A 转换器、RDC 芯片、时钟芯片等外部器件进行初始化；接下来，对 PWM、ADC 等微控制器关键外设进行配置，并重点进行 ADC 和 PWM 的外设中断配置；最后，启用电机控制系统主中断，系统开始执行后台任务。后台任务通常以顺序或者时间片方式循环执行。

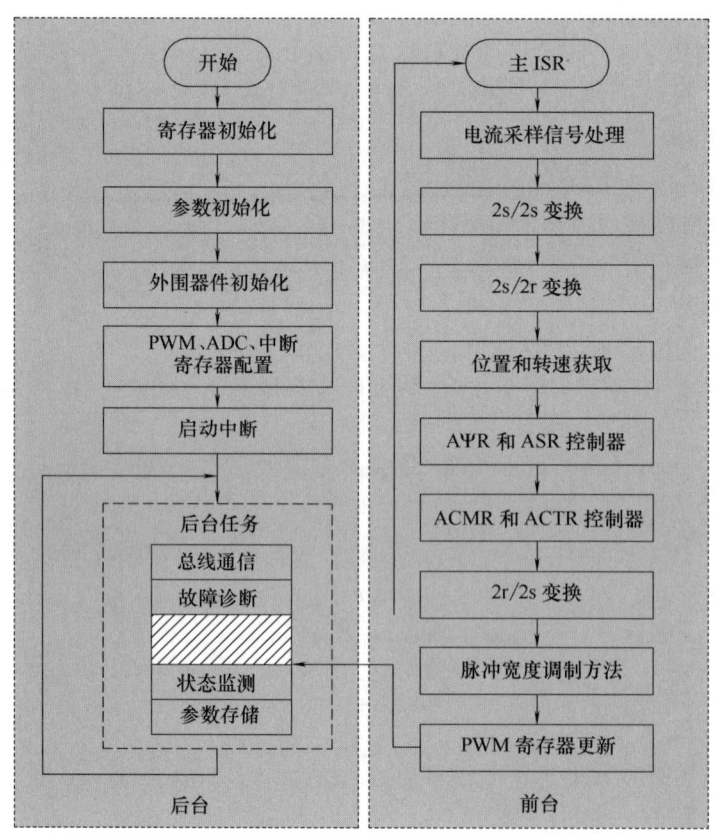

图 13-23 交流电机控制系统前/后台软件结构

对于固定开关频率的电机控制系统，通常由 PWM 或 ADC 以固定周期触发系统主中断。在主 ISR（Interrupt Service Routine，中断服务程序）依次处理电流信号处理、3s/2s 变换、2s/2r 变换、位置和转速获取、磁链调节器 AΨR 和定子电流励磁分量调节器 AC-MR、转速调节器 ASR 和定子电流转矩分量调节器 ACTR、2r/2s 变换。最后，根据 2r/2s 变换输出的 $u_{s\alpha}^*$ 和 $u_{s\beta}^*$ 给定值，采用特定的脉冲宽度调制方法，更新下一控制周期内 PWM 的比较寄存器、动作寄存器。该部分程序可以看作前台行为，对实时性要求极高。

此外，对于异步电机，在执行 AΨR 之前还需执行转子磁链观测器程序，以获取实时转子磁链的角度与幅值。

当系统后台任务多、逻辑复杂、实时性要求高时，交流电机控制系统可采用 uC/OS-II、uC/OS-III、eCos、FreeRTOS 等嵌入式操作系统，对多个任务进行调度管理[12]。

13.6.2 系统时钟及主中断软件实现

时钟是微控制器的脉搏。微控制器每条指令均以特定的时钟速率执行，每个事件的响应均以系统时钟为最小时间单位。对于固定开关频率的电机控制系统，通常由 PWM 或 ADC 以固定周期触发系统主中断。典型的 TI C2000 系列微控制器系统时钟及主中断的产生如图 13-24 所示。

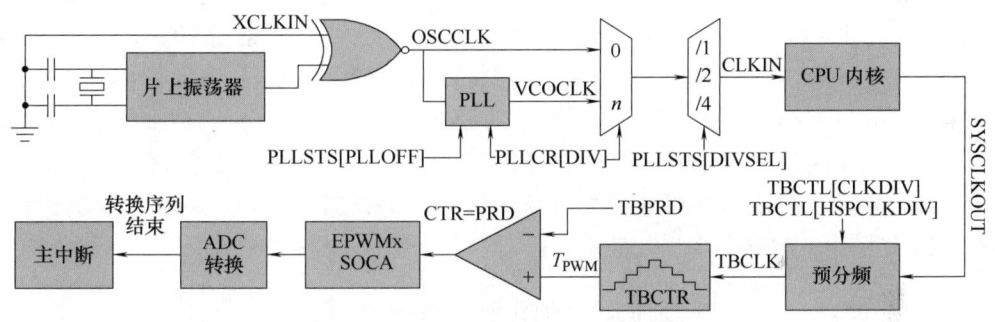

图 13-24 系统时钟及主中断的产生

系统时钟源可来自外部时钟源 XCLKIN 或片上振荡器，两者经异或门后产生 OSC-CLK。如图 13-24 所示，当采用片上振荡器时，XCLKIN 管脚接地，片上振荡器电路根据外接晶体振荡器，产生特定频率的信号。尽管 OSCCLK 可直接供后级使用，但其频率还不够高，通常作为锁相环（Phase Locked Loop，PLL）的输入。当 PLL 使能后，由 PLLCR[DIV] 倍频数和 PLLSTS[DIVSEL] 共同决定 CPU 内核时钟 CLKIN 的频率。例如，对于 TMS320x2833x 系列微控制器，当 PLLSTS[DIVSEL] = 2、PLLCR[DIV] = 0xA、外接晶体振荡器频率为 30MHz 时，$f_{CLKIN} = (OSCCLK * 10)/2 = 150MHz$。

CLKIN 经过 CPU 内核后，输出 SYSCLKOUT 供外设使用，SYSCLKOUT 与 CLKIN 同频[13-15]。

增强脉冲宽度调制（ePWM）模块的预分频单元对 SYSCLKOUT 进一步分频，得到 PWM 发生器的时钟信号 TBCLK。TBCLK 由预分频位 TBCTL[CLKDIV] 和 TBCTL[HSPCLKDIV] 决定，即 $f_{TBCLK} = f_{SYSCLKOUT}/(CLKDIV * HSPCLKDIV)$，当 TBCTL[CLKDIV] 和 TBCTL[HSPCLKDIV] 均对应 1 时，$f_{TBCLK} = 150MHz$。

TBCTR 为 ePWM 模块的计数器，以 f_{TBCLK} 为时钟计数，它有连续增、连续减、连续增减三种计数模式，由 TBCTL[CTRMODE] 寄存器位设定。根据 TBCTR 的值是否等于 0

（0匹配）、周期寄存器 TBPRD（周期匹配）、比较寄存器 CMPA 或 CMPB（比较匹配），一方面，ePWM 模块的动作（Action-Qualifier, AQ）子模块决定 ePWMA 和 ePWMB 通道的动作（高低电平），进一步地，经过死区控制（Dead-band, DB）子模块和事件触发（Event-trigger, ET）子模块的处理后，在微控制器相应的管脚上输出 PWM 波形；另一方面，ET 子模块决定是否触发 ePWM 中断或 ADC。通常令 ET 子模块工作于周期匹配模式（TBCTR=TBPRD），并触发 EPWMxSOCA 或 EPWMxSOCB，启动 ADC 转化，并将 ADC 转换完成中断作为主中断，如图 13-24 所示。

13.6.3 SVPWM 脉冲发生及电流采样软件实现

通常令 TBPRD=$f_{TBCLK}/f_{PWM}/2$，TBCTR 工作于连续增减计数模式，AQ 子模块工作于比较匹配模式，ET 子模块工作于周期匹配模式。当 ADC 转换序列结束后，触发 ADC 转换序列结束中断作为主中断，则主中断的发生间隔固定为 $1/f_{PWM}$，即控制周期。如图 13-25 所示为 SVPWM 脉冲发生及电流采样时序图。

ePWM1/2/3 的 AQ 子模块 AQCTLA 寄存器均设置为 CAD_CLEAR+CAU_SET（即 CAD=01、CAU=10，减计数过程中 TBCTR=CMPA 时置低、增计数过程中 TBCTR=CMPA 时置高）。此时，ePWM1A、ePWM2A 和 ePWM3A 分别根据其 TBCTR 计数器与 ePWM1.CMPA、ePWM2.CMPA 和 ePWM3.CMPA 的比较匹配关系决定输出波形的跳变。同时，将 ePWM1/2/3 的 DB 子模块设置为高有效互补（Active high complementary, AHC），EPWMxA 同时作为上升沿和下降沿延时输入源，死区完全使能。此时，EPWMxA、EPWMxB 工作于互补模式，后者自动反相，并根据 DBRED 和 DBFED 的值插入死区延时，输出互补 PWM 波形，决定逆变器下桥臂开关，如图 13-25 所示。

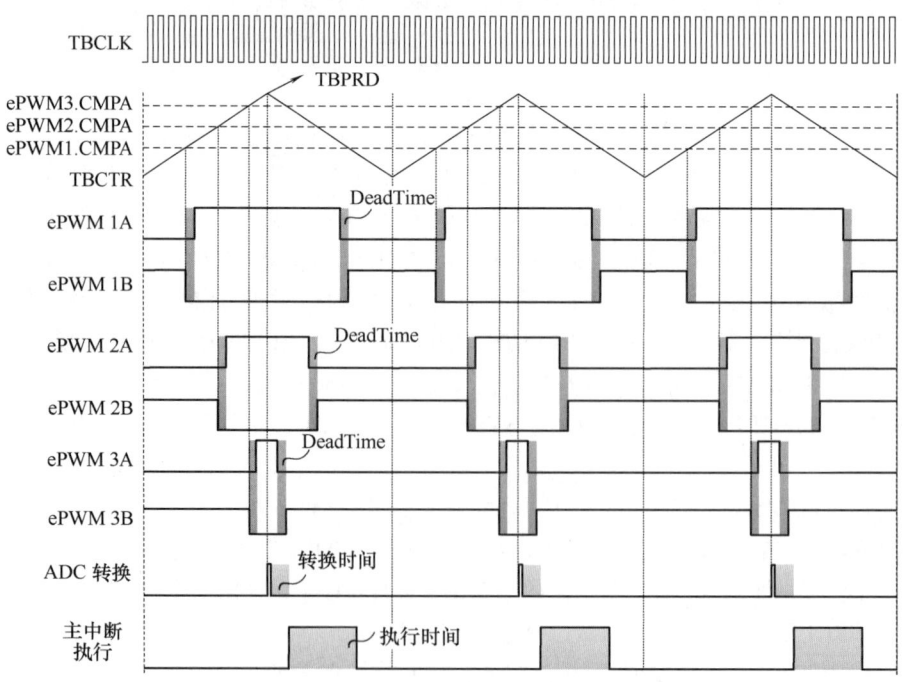

图 13-25　SVPWM 脉冲发生及电流采样时序图

令 ET 子模块设置为 TBCTR=TBPRD 时 EPWMA 触发 ADC 事件（ETSEL［SOCASEL］= 010，ETSEL［SOCAEN］=1）；ADC 模块设置为 EPWMSOCA 启动 SEQ1（ADCTRL2［EPWM_SOCA_SEQ1］=1），同时使能 SEQ1 中断模式 0（ADCTRL2［INT_ENA_SEQ1］=1，ADCTRL2［INT_MOD_SEQ1］=0）。

在 PWM 控制周期的中间，即 TBCTR=TBPRD 时，EPWMA 触发 ADC 通道排序器 SEQ1；ADC 根据 SEQ1 中的通道顺序，启动 AD 转换；当转换序列结束后，产生主中断，如图 13-25 所示。

本 章 小 结

电机控制器硬件上可分为逆变主电路及其驱动保护单元、低压辅助电源单元、相电流采样与信号处理单元、控制单元四大部分。

逆变主电路及其驱动保护单元是电机控制器的功率主电路，可采用分离元件、PIC 或 IPM 等电力电子半导体器件；相电流的采样可采用霍尔、磁通门电流传感器或分流器实现；控制单元是电机控制器的"大脑"，包括过流检测与 PWM 脉冲封锁电路、转速与位置检测电路、通信接口电路、模拟量输出电路、调试接口与存储电路、微控制器核心板等部分。

交流电机控制系统对实时性要求高，理解系统主中断的产生、SVPWM 脉冲发生和电流采样过程，是掌握交流电机控制系统软件工作原理的关键。

伴随着 SiC 和 GaN 等宽禁带电力电子器件的应用，电机控制系统呈现高频化趋势，对驱动保护电路的响应速度、电流采样及转换速度、控制算法处理速度提出了新的挑战。

参 考 文 献

［1］吴斌，卫三民，苏位峰，等. 大功率变频器及交流传动［M］. 北京：机械工业出版社，2015.
［2］马尼克塔拉. 精通开关电源设计：第 2 版［M］. 王志强，译. 北京：人民邮电出版社，2015.
［3］Robert A. Mammano. 电源设计基础［M］. 文天祥，译. 沈阳：辽宁科学技术出版社，2018.
［4］李树成. 直流电流检测中霍尔传感器的应用［J］. 通信电源技术，2017，34（04）：240-241.
［5］刘海艳. 磁通门微电流传感器设计［J］. 自动化技术与应用，2016，35（09）：101-105.
［6］罗颖，谢小军，朱才溢，等. 大电流检测技术探析［J］. 仪器仪表标准化与计量，2020（03）：32-34.
［7］Grundkötter E, Weβkamp P, Melbert J. Transient thermo-voltages on high-power shunt resistors［J］. IEEE Transactions on Instrumentation and Mea-surement, 2018, 67（2）: 415-424.
［8］Braudaway D W. Behavior of resistors and shunts: with today's high-precision measurement capability and a century of materials experience, what can go wrong?［J］. Transactions on Instrumentation and Measurement, 1999, 48（5）: 889-893.
［9］王迪，马钧华. 基于 TMS320F28379D 和 ∑-Δ 调制的旋变软件解算系统［J］. 轻工机械，2021，39（05）：58-63.

［10］ 罗峰，孙泽昌. 汽车 CAN 总线系统原理、设计与应用［M］. 北京：电子工业出版社，2010.

［11］ 德州仪器. TMS320F2837xD 双核微控制器 数据表（Rev. 0）［R/OL］. https：//www. ti. com. cn/product/cn/TMS320F28379D.

［12］ Jean J. Labrosse. 嵌入式实时操作系统 uC/OS-Ⅱ：第 2 版［M］. 邵贝贝，译. 北京：北京航空航天大学出版社，2003.

［13］ 巫付专，但永平，王海泉，等. TMS320F28335 原理及其在电气工程中的应用［M］. 北京：电子工业出版社，2020.

［14］ Texas Instrument. TMS320x2833x, 2823x Delfino Technical Reference Manual［R/OL］. https：//www. ti. com. cn/.

［15］ Texas Instrument. TMS320F2803x Piccolo Technical Reference Manual（Rev. A）［R/OL］. https：//www. ti. com. cn/.